공학도를 위한

LabVIEW 기초

공학박사 이영석 저

B.C.Info

머리말

현대 산업사회에서 자동제어는 빼놓을 수 없는 요소이고 그 중에서 PC기반제어는 다양한 확장성으로 사용되는 분야가 넓지만 그 기반이 되는 C언어는 초보자가 배우기 어렵다는 단점이 있습니다. C언어가 처음 접해서 툴 사용법을 배우고 능숙하게 프로그램을 작성하기까지는 적지 않은 시간과 노력이 필요한데 비해 LabVIEW는 그래픽 아이콘으로 구성되어 있어 직관적이고 다양한 기능을 간단하게 표현할 수 있다는 장점이 있습니다. 또한 LabVIEW는 본 교재에 상세히 나온 것과 같이 컴퓨터를 통해 측정(DAQ) 및 다양한 장비의 제어 등 사용자가 원하는 프로그램을 제작, 구현하여 컨트롤 할 수 있는 프로그램입니다.

이 책의 특징 및 구성은

- LabVIEW의 기본적인 정의 및 특징 설명
- 프로그램 설계시 가장 기초적 사항들을 상세하게 설명
- 공학도와 산업현장실무자 누구나 쉽게 배울 수 있도록 LabVIEW의 대한 분석과 학습자가 스스로 자기학습하여 LabVIEW를 활용해 응용프로그램을 작성할 수 있게 구성되었습니다.

본 교재를 마치며 LabVIEW를 처음 접하는 여러분들께 큰 도움이 되기를 바라며, 젊은 공학도와 산업현장실무자들이 창의력을 마음껏 발휘하여 자신들이 직접 만든 프로그램에 자부심을 가지고 미래사회에 요구되는 진취적이고 능동적인 인재가 되는 첫걸음이 되었으면 합니다.

마지막으로 이 책을 출판하는데 있어 많은 도움을 주신 복두출판사 관계자 여러분들께 진심으로 감사의 마음을 전하며 여러분 모두에게 항상 행복이 함께하길 기원합니다.

2014년 3월 저자 씀

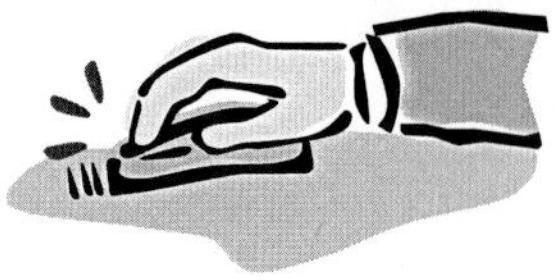

추천사

3D 프린터, 60km로 달리는 치타로봇(MIT), 구글이 선보일 스마트 안경 등 우리의 미래를 전혀 예측을 하지 못하는 상상할 수 조차 없었던 일들이 주변에서 우리를 매일 놀라게 합니다. 에디슨이 언급했던 “minor invention은 6일에 한번씩 발명되고, 그보다 큰 발명은 6개월에 한번씩 이루어진다”고 했던 예언은 어쩌면 더 짧아지고 더 놀라워진다고 봐야 할 것입니다. 이 모두가 가능한 것이 우리가 지금 살고 있는 세상이고, ICT를 통해서 이루어낸 쾌거라 할 수 있을 것입니다.

이렇듯 “융합”이라는 키워드를 통해 우리는 과거와 현재의 기술이 극복하지 못해온 공학적인 難題를 새로운 시각에서 바라보고, 문제를 풀어갈 수 있다는 강한 믿음을 갖게 되는 사회에 살고 있습니다. 이러한 융합적 공학시대에, 빠른 이해와 다문학적인 접근이 결국 한 국가의 성장과 퇴보까지 결정된다는 것을 여러 매체를 통해서 경험하고 있으며, 대학 등 연구기관의 연구개발을 통해 얻어낸 기술들을 빠른 시간 내에 효과적으로 기업체에 이전하고, 산업현장의 요구를 교육 현장에 접목시키는 등 산학협력의 필요성도 한층 높아가고 있습니다.

“Software is the Instruments”
내쇼날인스트루먼트는 지금으로부터 대략 15년 전에 “Software is the Instruments” 라는 모토를 시작으로, 소프트웨어에 대한 시장의 인식이 매우 저조하던 시절부터 현재에 이르기까지 끊임없는 노력으로 소프트웨어가 많은 부분의 하드웨어를 대체하는 현상들을 직접 목격하기에 이르기까지 많은 어려움과 도전을 반복하며 적지 않은 분야에서 기술의 표준을 경험하여 왔습니다.

이것이 NI가 추구해온 소프트웨어와 하드웨어의 “융합”이라는 키워드를 통해 과거와 현재의 기술이 극복하지 못한 공학적인 어려움을 새로운 시각에서 바라보고, 문제를 풀어갈 수 있다는 강한 믿음을 갖게 되지 않았나 회상해 봅니다.

LabVIEW는 최초의 그래픽 기반 프로그래밍 언어로써 순서도를 그려나가면서 하나의 어플리케이션 프로그래밍을 완성하기 때문에 누구나 쉽게 프로그래머가 될 수 있습니다. 1986년 매킨토시 버전으로 출발하여 LabVIEW는 전세계 엔지니어에게 높은 생산 효율성을 보장하는 검증된 프로그래밍 언어로 널리 알려져 있습니다. 본인은 또한 오랜 시간 LabVIEW 사용자들을 만나오면서 LabVIEW 사용으로 인한 성공적인 어플리케이션 개발을 관찰하여 왔습니다.

특히나 이번 교재 집필자이신 한국폴리텍 II대학 메카트로닉스공학과 이영석교수님의 “공학도를 위한 LabVIEW 기초”는 다년간의 창의공학 교육을 통해 공학교육의 철학을 많은 학생들에게 전해오신 분이시기에 분명 좋은 결과가 있을 것으로 판단됩니다. 바쁜 강의 일정과 싸우면서 집필하신 결과물로 탄생된 “공학도를 위한 LabVIEW 기초” 교재의 집필을 축하드리며, 좋은 결과가 있기를 기원합니다.

한국내쇼날인스트루먼트㈜
아카데믹 사업부 부장 박세일

이 책의 차례

1 LabVIEW 입문

1. LabVIEW란 008
2. LabVIEW 시작 009
3. 메인메뉴 011
4. 도움말 035
5. 아이콘(icon)과 와이어(wire) 037
6. 와이어 연결하기 038
7. 팔레트 039
8. 터미널/노드/상수/컨트롤/인디케이터 043
9. 설정 045
10. 언어 046

2 LabVIEW 기본 프로그래밍 1

1. 입력과 출력 053
2. 프로그래밍 도구 053
3. 데이터 타입 060
4. 수식연산 068
   응용문제 / 수식연산의 활용 075
5. 논리연산 077
   응용문제 / 논리연산의 활용 085
6. 타입 변환 함수 090
   응용문제 / 타입 변환 함수의 활용 093

3 LabVIEW 디버깅

1. 디버깅(Debugging) 097
2. 디버깅(Debugging)하는 방법 097

4 배열

1. 배열이란? 109
2. 배열의 사용법 109
3. 클러스터란? 143
4. 클러스터의 사용법 143
응용문제 / 클러스터의 활용 162

5 구조

1. 구조 167
응용문제 / For 루프의 활용 178
응용문제 / While 루프의 활용 203
응용문제 / 배열 생성 프로그램 225

6 그래프

1. 웨이브 폼 챠트 251
2. 웨이브 폼 그래프 256
응용문제 / 파형 생성 그래프 260
3. 다중 그래프 286
4. XY 그래프, Express XY 그래프 292
응용문제 / 원 생성 그래프 309

제1장

LabVIEW 입문

제1장 LabVIEW 입문

1. LabVIEW란

랩뷰(LabVIEW)는 1986년에 출시되었으며, Laboratory Virtual Instrument Engineering Workbench의 약자로 프로그램의 모든 아이콘과 흐름을 그래픽화한 언어이다. 랩뷰는 제어, 계측 분야에서 사용하기 편리한 프로그래밍 언어로서 사용자들에게 우수한 통합과 광범위한 호환성을 제공하는 종합적인 개발 환경이다. 다시 말해서 랩뷰는 그래픽 아이콘 및 흐름 차트를 연상케 하는 와이어를 사용하여 컨트롤, 테스트 및 측정 시스템을 개발할 수 있는 그래픽 프로그래밍 환경이다. 또한 프로그램자체가 아이콘 형태로 실제와 동일하게 동작되기 때문에 가상기기(Virtual Instrument)라고 부른다.

1 LabVIEW의 장점

아이콘으로 이루어져 있는 소스코드를 통하여 데이터 흐름을 직관적으로 관찰할 수 있으며, 개발 시간을 단축시킬 수 있다. 여러 가지 장점 중 일부를 아래와 같이 나열해보았다.

1) 생산성 가속화 : LabVIEW의 고유한 그래픽 프로그래밍 환경, 내장된 소프트웨어 함수 및 하드웨어인터페이스 라이브러리, 및 데이터 분석, 시각화, 공유 기능을 통해 더 많은 작업을 짧은 시간에 수행할 수 있다.
2) 텍스트 라인 작성이 아닌 드래그 앤 드롭, 그래픽 함수 블록으로 그래픽 프로그래밍이다.
3) 직관적인 데이터 흐름 파트의 표현방식으로 이것을 통해 코드를 편리하게 개발, 유지 및 이해 할 수 있다.
4) 텍스트 기반 코드 및 DLL* 통합 또는 네이티브 및 타사 .m 파일을 편리하게 통합할 수 있다.
   ※ DLL[dynamic linking library] : 윈도즈 등의 운영 체계 본래 기능으로, 소프트웨어의 루틴을 몇 개의 파일로 나누어 디스크에 두고 필요한 것만을 실행 메모리에 실어서 사용하기 위한 파일. DLL로 사용되는 파일은 확장자가 'dll' 로 되어 있기 때문에 'DLL 파일'이라고 부른다.
5) 다이나믹 시뮬레이션 다이어그램 및 상태차트와 같은 추가 연산 모델로 통합
6) LabVIEW가 내재적으로 여러 스레드에서 실행되므로 대형 데이터 세트 및 복합 알고리즘을 더욱 신속하게 처리한다.
7) 내장된 디버깅 및 시각화 도구를 사용하여 병렬 실행을 위해 코드를 편리하게 최적화

위와 같은 장점뿐만 아니라 그래픽 사용자 언어로서, 컴퓨터를 통한 DAQ(측정)* 및 사용자가 원하는 제작 및 제어 컨트롤 할 수 있는 프로그램이다.

※ DAQ : Date Acquisition의 약자로 DAQ 하드웨어를 이용한 디지털 입출력과 카운터/타이머, 아날로그 입출력 측정을 말한다.

2. LabVIEW 시작

LabVIEW 시작 Icon을 누르면 【그림】 1-1과 같은 초기화면이 뜬다.

【그림】 1-1 초기 로딩

이후에 【그림】 1-2와 같이 화면이 뜨면서 초기에 선택할 항목들을 보여준다

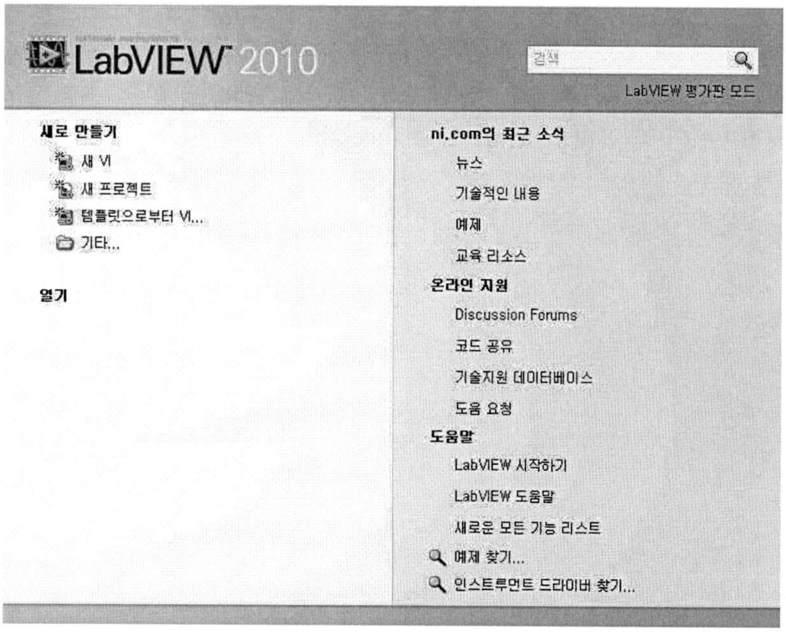

【그림】 1-2 시작화면

여기서 새 VI를 클릭하면 빈 VI화면이 【그림】 1-3과 같이 뜬다.

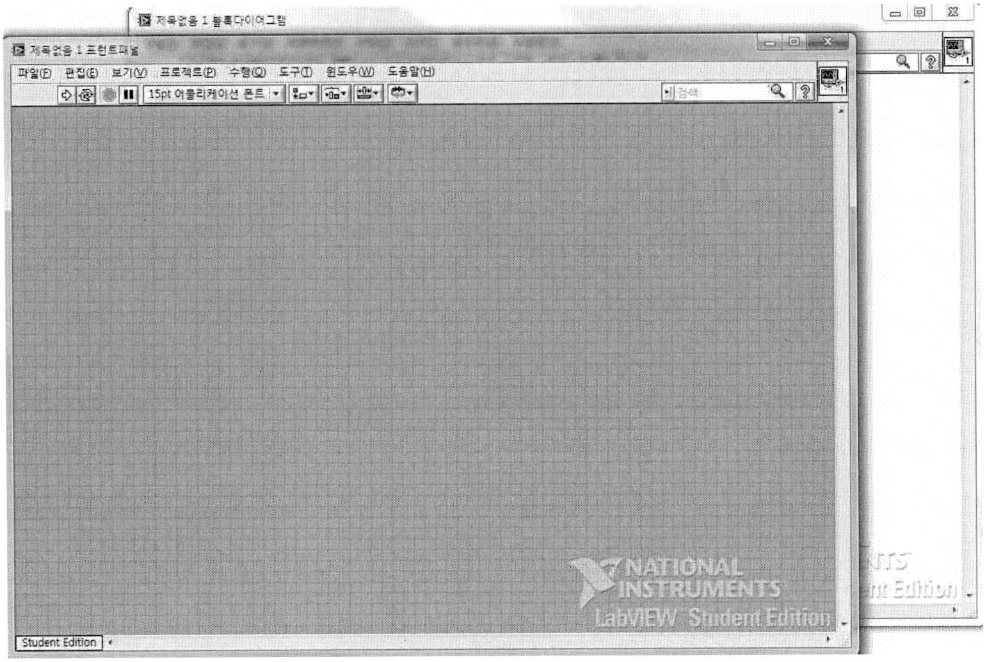

【그림】 1-3 프로그램 생성 초기화면

Ctrl + T 단축키를 누르면 화면이 【그림】 1-4와 같이 나타난다. 여기서 왼쪽 화면은 프런트 패널(Front Panel), 오른쪽 화면은 블록 다이어그램(Block diagram)이라 한다. [블록다이어그램]은 소스 코드를 작성 하는 부분이며, [프런트패널]은 프로그램을 실행할때 사용자에게 보여지는 부분이다. 흔히 UI(User Interface)라고 부른다.

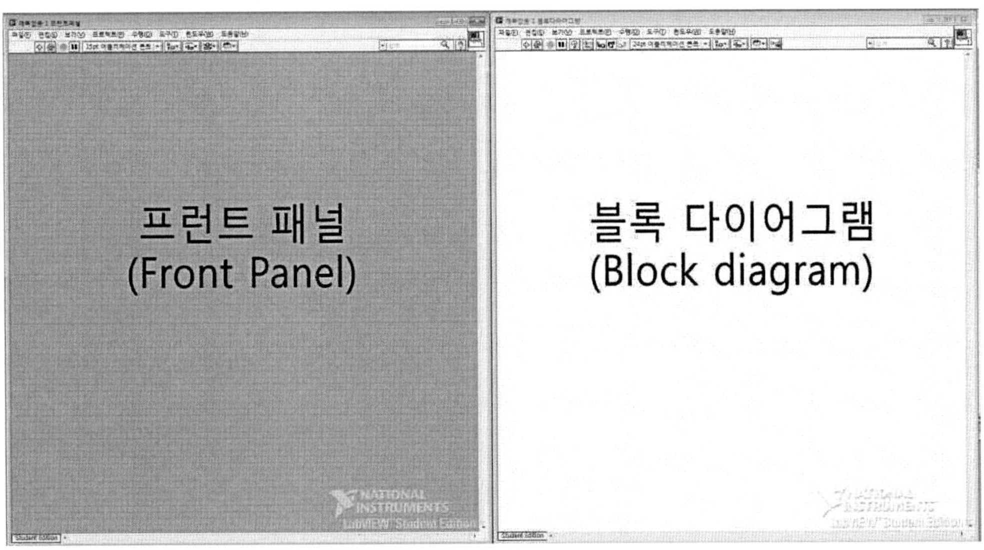

【그림】 1-4 Ctrl+T 정렬화면

3. 메인메뉴

1 파일(F)

상단 메뉴바에 파일(F)을 제일 먼저 누르거나 단축키 Alt + F 를 누르면 【그림】 1-5와 같이 메뉴가 나타난다.

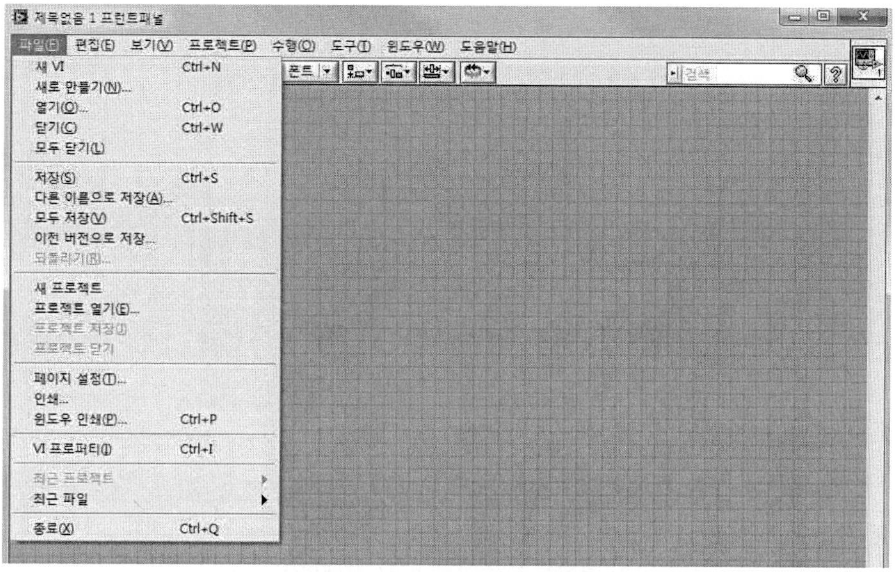

【그림】 1-5 메인메뉴-파일

1) 새 VI

만약 작업 중에 또다른 새 VI를 열어야 할 때에는 상단메뉴〉파일(F)〉새 VI를 누르거나 단축키 Ctrl + N 을 누르면 【그림】 1-6과 같이 초기화면이 생성된다.

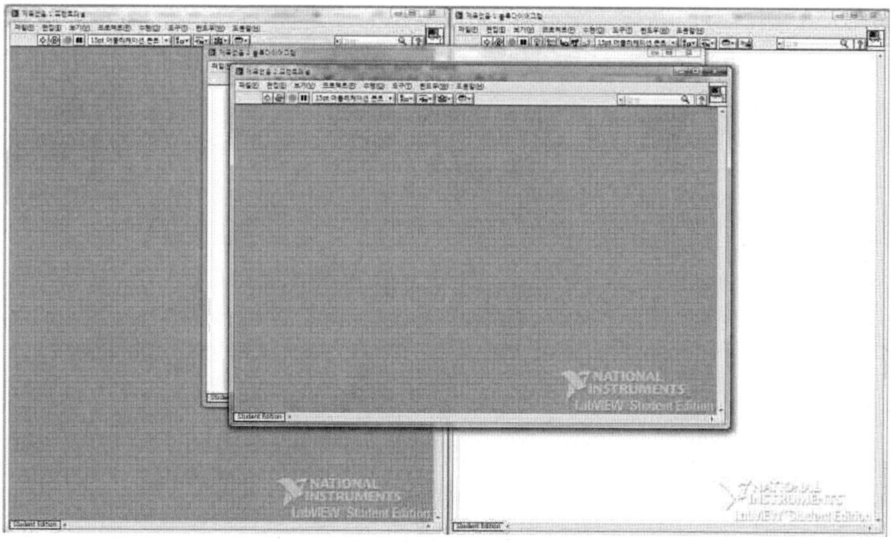

【그림】 1-6 새로운 프로그램

먼저 블록 다이어그램을 닫으면 프런트 패널은 남아있고 프런트 패널을 먼저 닫으면 블록 다이어그램도 함께 닫힌다. 이 둘은 단축키 Ctrl + E 로 통용하여 사용 할 수 있다.

2) 새로만들기(N)

상단메뉴〉파일(F)〉새로 만들기(N)을 누르면 【그림】 1-7과 같은 템플릿이 열린다

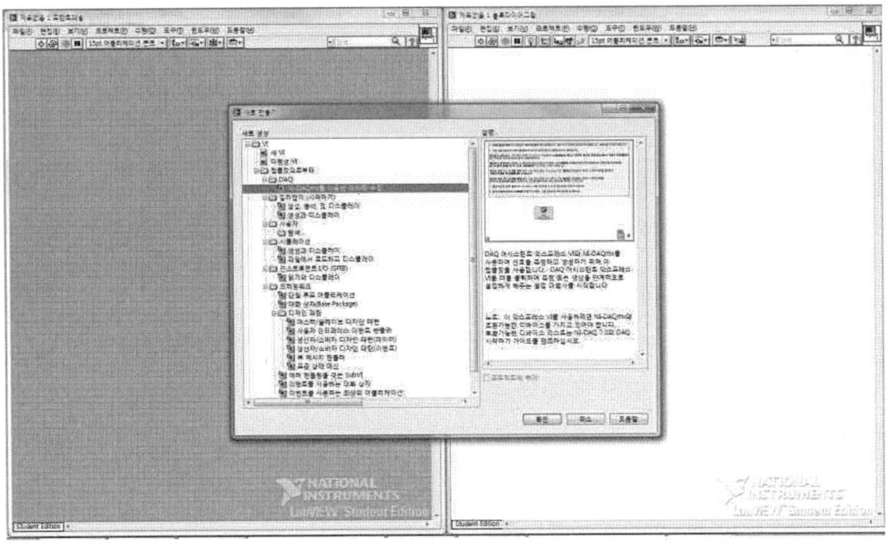

【그림】 1-7 탬플릿

가장 적합하도록 미리 만들어진 것이므로 요구에 따라 선택하여 사용하면 된다. 통상적으로 프로그램 할 경우에는 개인의 능력에 따라 프로그램의 구조가 많이 다르지만 템플렛을 사용 할 경우 훨씬 빠르게 작성할 수 있으며 효율적인 프로그램이 가능하다.

3) 열기(O)

상단메뉴〉파일(F)〉열기(O)를 누르거나 단축키 Ctrl + O 를 누르면, 【그림】 1-8과 같은 템플릿이 열린다. 이때 원하는 디렉토리로 찾아가서 선택하면 된다.

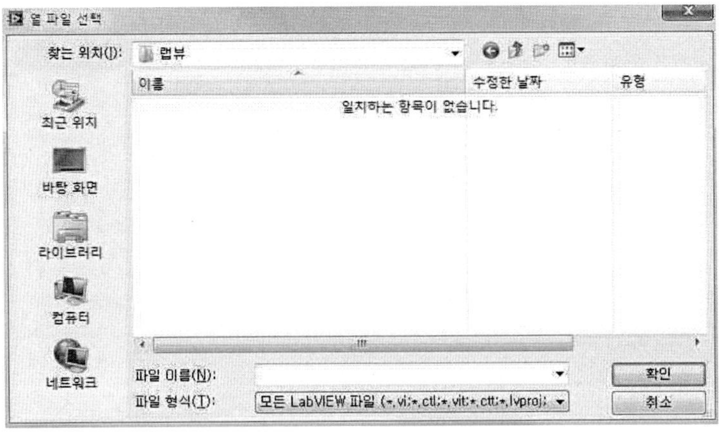

【그림】 1-8 열기

4) 닫기(C)

프런트 패널이나 블록다이어그램에서 상단메뉴>파일(F)>닫기(C)를 누르거나 단축키 Ctrl+C를 누르면, 저장 유무 창이 나온 후 그 창만 닫힌다. Labview는 VI를 여러 개 열어 놓을 수는 있지만 각각 활성화시켜 실행 할 수 있으며 창(W)을 통하여 리스트를 보면 여러 개가 활성화 되어있는 것을 알 수 있다.

5) 모두닫기(L)

Labview VI의 변경된 사항을 모두 닫고자 할 때는 상단메뉴>파일(F)>모두닫기(L)를 누른다.

6) 저장(S)

현재 사용하고 있는 VI를 저장할 때는 상단메뉴>파일(F)>저장(S) 또는 Ctrl+S 를 누른다.

7) 다른 이름으로 저장(A)

다른 이름을 저장할 때는 상단메뉴>파일(F)>다른 이름으로 저장(A)을 누른다.

8) 모두 저장(Shift + Ctrl + S)

열려진 모든 창을 저장할 때는 상단메뉴>파일(F)>모두 저장 ⇧Shift+Ctrl+S 를 누른다.

9) 이전 버전으로 저장

상단메뉴>파일(F)>이전버전으로 저장을 누르면 【그림】 1-9와 같이 버전 선택창이 열린다.

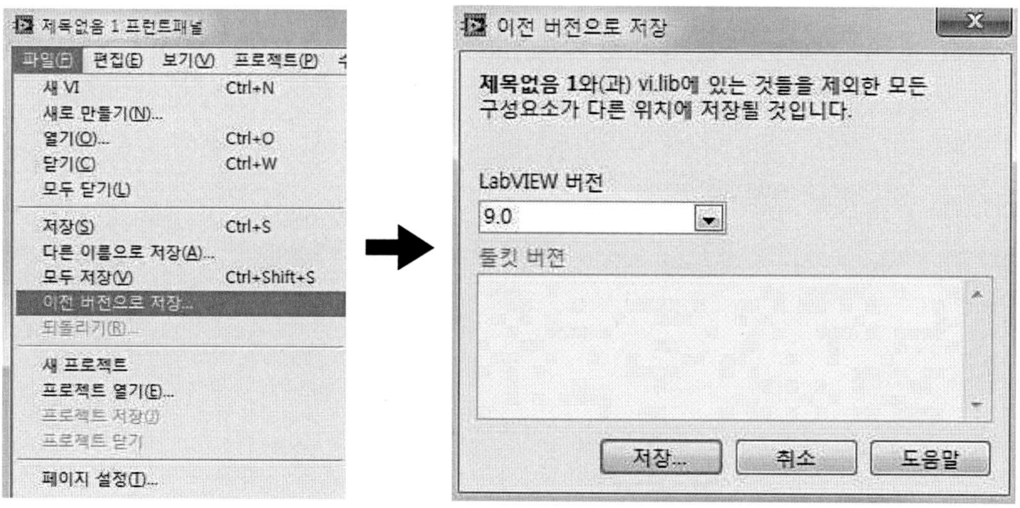

【그림】 1-9 메인메뉴-파일-이전버전으로저장

10) 페이지설정(T)

상단메뉴〉파일(F)〉〉페이지설정(T)을 누르면 【그림】 1-10과 같이 페이지 설정 창이 열린다.

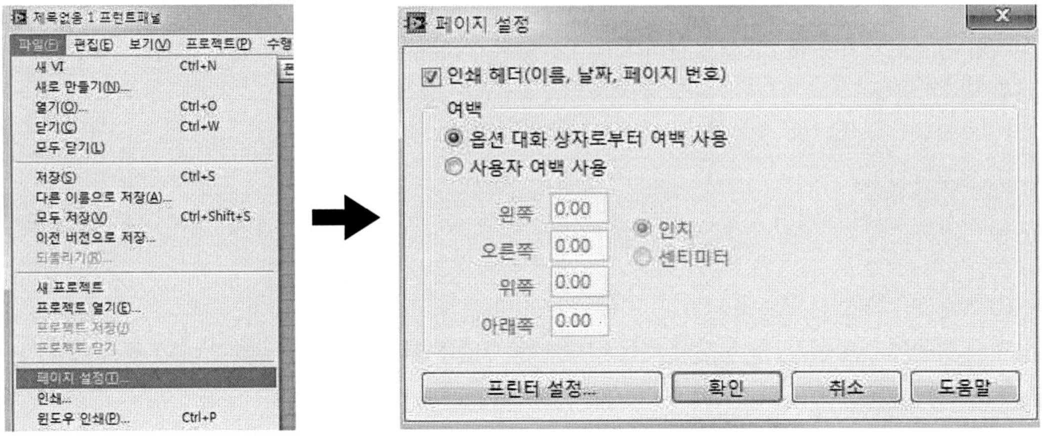

【그림】 1-10 메인메뉴-파일-페이지 설정

11) 인쇄

인쇄는 상단메뉴〉파일(F)〉〉인쇄를 누른다. 이때 【그림】 1-11과 같은 창들이 열린다.

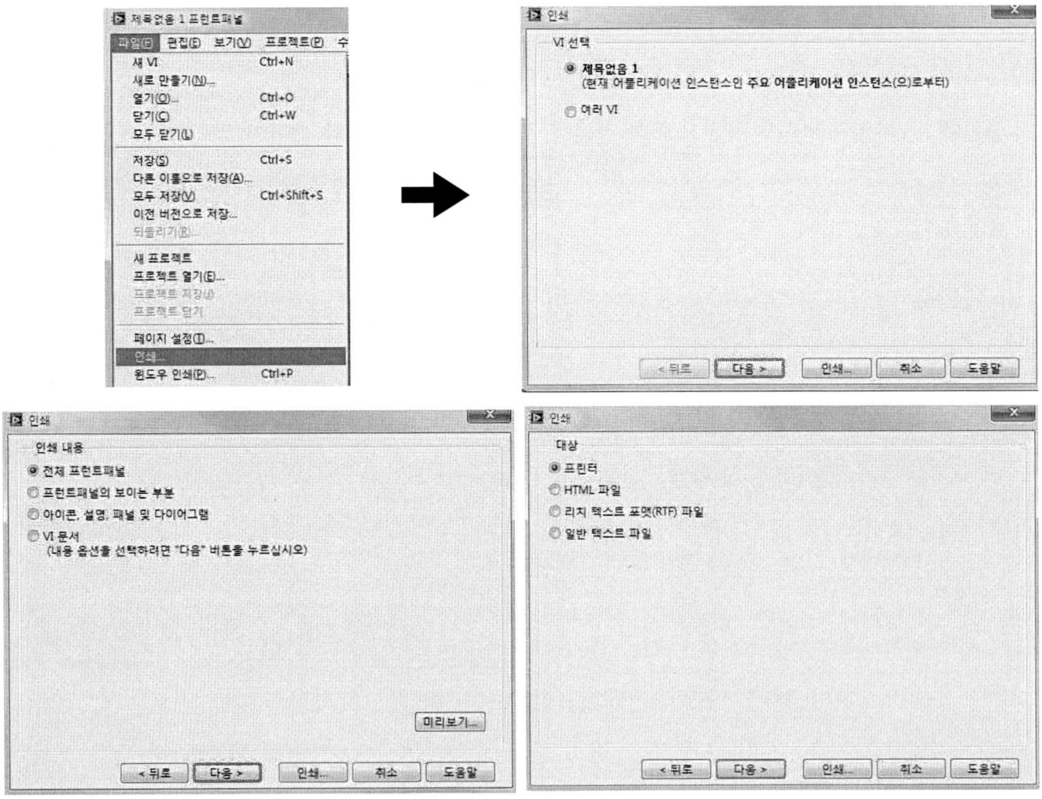

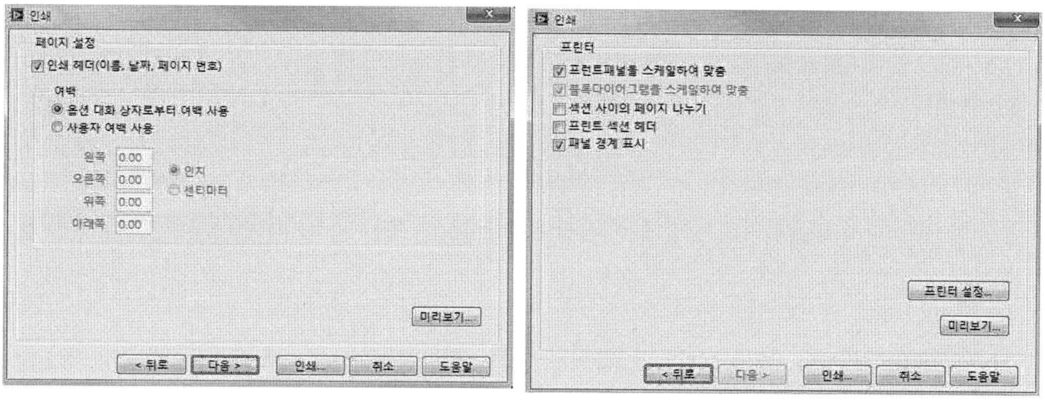

【그림】 1-11 인쇄 설정

【그림】 1-11과 같이 사용자가 필요에 따라 인쇄 설정하여 인쇄한다.

12) 윈도우 인쇄(P)

상단메뉴〉파일(F)〉윈도우 인쇄(P) 또는 단축키 Ctrl + P 를 누르면 현재 활성화 된 윈도우를 한 장의 용지에 인쇄한다. (프런트 패널이나 블록다이어그램 모두 가능하다.)

13) 최근파일

상단메뉴〉파일(F)〉최근 파일을 클릭하면 지금까지 작업했던 파일목록을 확인 할 수 있다.

2 편집(E)

상단메뉴〉편집(E)을 누르면 【그림】 1-12와 같이 메뉴가 나타난다.

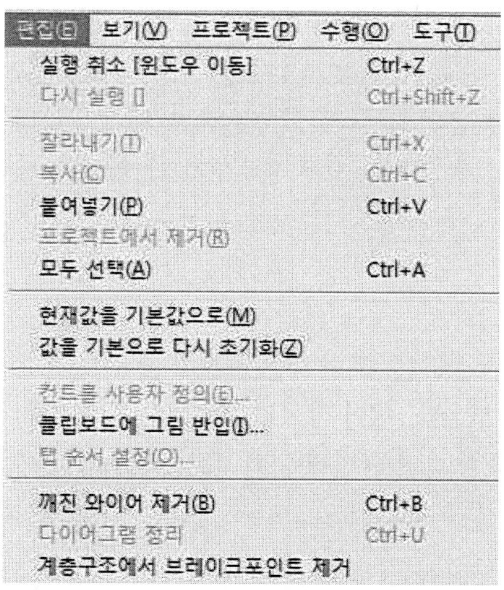

【그림】 1-12 메인메뉴-편집

1) 실행취소[윈도우타일]

상단메뉴〉편집(E)〉실행취소[윈도우타일] 또는 단축키 Ctrl + Z 를 누르면 이전 작업을 취소 할 수 있다.

2) 다시실행(Shift+Ctrl+Z)

취소한 것을 다시 되돌리려면 상단메뉴〉편집(E)〉다시실행 또는 단축키 ⇧Shift + Ctrl + Z 를 누른다.

3) 잘라내기(Ctrl+X), 복사(Ctrl+C), 붙여넣기(Ctrl+V), 삭제(Delete), 모두 선택(Ctrl+A) 등은 기존 윈도우 명령어들과 동일하다.

4) 값을 기본으로 다시 초기화(Z)

상단메뉴〉편집(E)〉값을 기본으로 다시 초기화(Z)는 앞에 3)번 내용과는 반대 기능으로서 현재값을 다시 초기화하고자 할 때 사용한다.

5) 클립보드에 그림 반입(I)

상단메뉴〉편집(E)〉클립보드에 그림 반입(I)은 프론트 패널이나 블록다이어그램에 그림을 위치 시키는 기능으로서 클립보드에 그림 반입을 누르면 그림을 선택하기 위한 디렉토리가 표시되고 원하는 그림을 선택하면 클립보드 내에 복사가 되어 원하는 곳에 붙여넣기 단축키 Ctrl + V 를 누르면 그림이 삽입된다.

6) 깨진 와이어 제거(B)

상단메뉴〉편집(E)〉깨진 와이어 제거(B) 또는 단축키 Ctrl + B 는 블록다이어그램 상에서 프로그램시 와이어 에러가 발생할 경우 와이어들이 점선으로 깨져 나타나는데 각각 마우스로 원하는선을 클릭하여 삭제 할 수 있지만 모두 지우고자 할 때 깨진 와이어 제거(B) 또는 단축키 Ctrl + B 를 누른다.

7) Sub VI 생성(S)

상단메뉴〉편집(E)〉Sub VI 생성(S)은 흔히 다른 프로그램에서는 Sub Routine이라고 하는 것을 Labview에서는 Sub VI라 부른다. 이미 작성된 프로그램 중에서 일부분을 마우스로 드래그하여 선택한 후 Sub VI 생성(S)을 누르면 한번에 Sub VI가 만들어지는 기능이다.

이 기능을 알아보기 위해 다음 【그림】 1-13과 같은 예제를 만들어 보자.

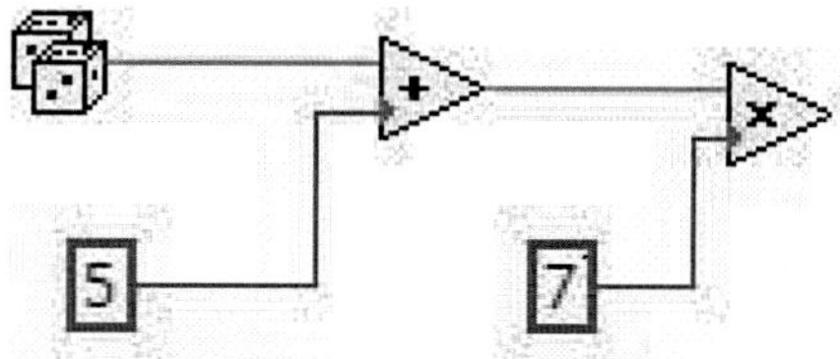

【그림】 1-13 난수를 이용한 수식연산

① 먼저 블록다이어그램 상에 마우스 오른쪽버튼을 클릭하여 함수 팔레트를 띄워보자. 그 후 숫자형을 클릭하면 【그림】 1-14와 같은 노드(node)를 볼 수 있다.

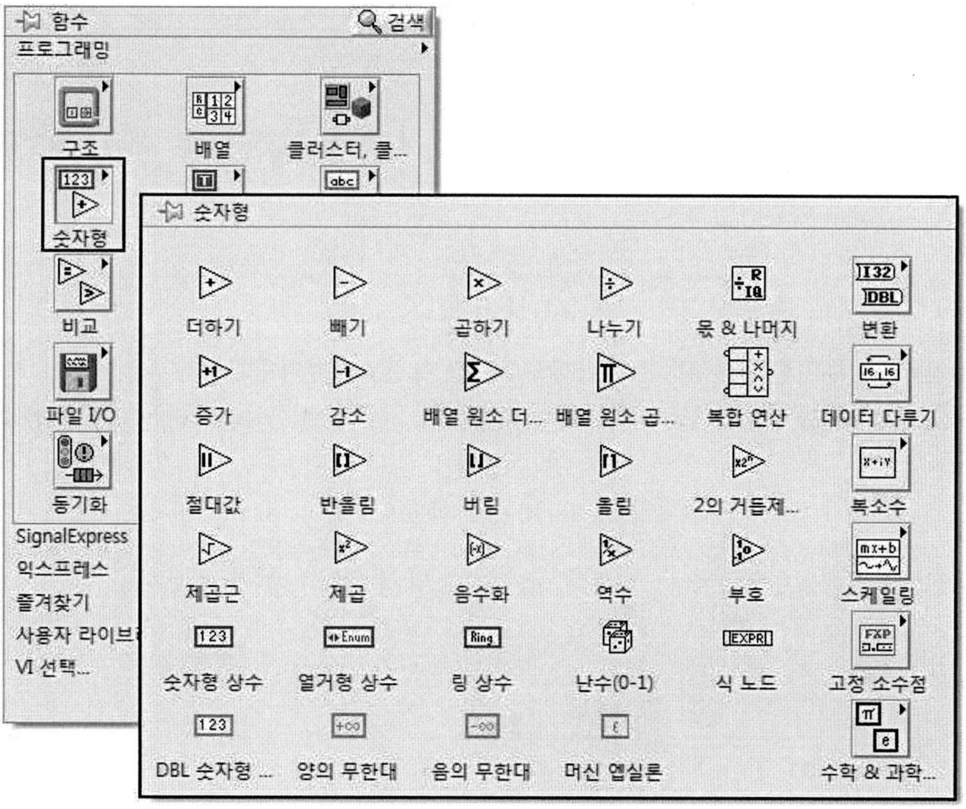

【그림】 1-14 숫자형 함수

② 이 노드들 중 【그림】 1-15에 표시된 "난수"를 클릭한다.

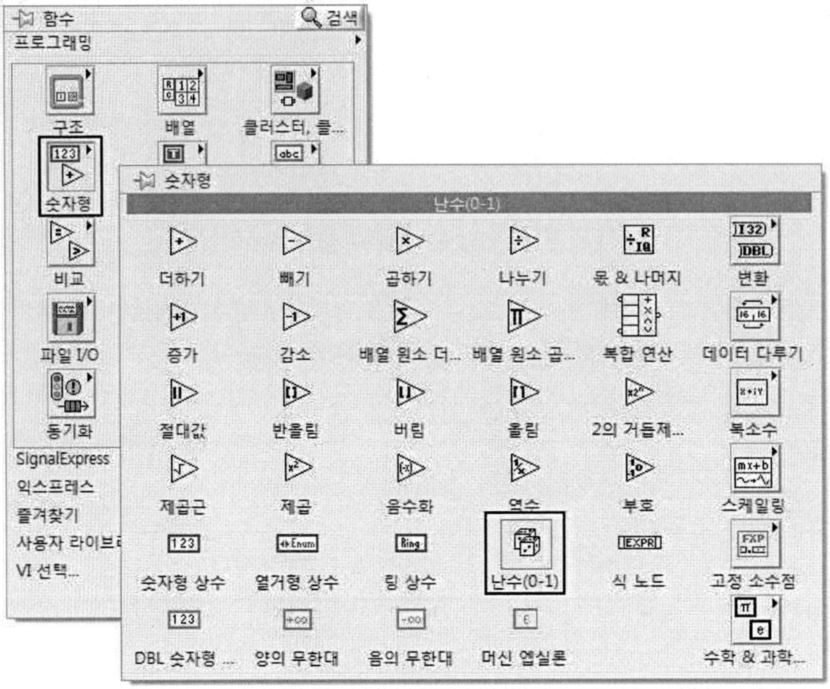

【그림】 1-15 난수함수

③ 선택한 난수를 블록다이어그램 화면에 드래그 한 뒤 클릭하여 가져다 놓자.

【그림】 1-16 난수 함수 아이콘

④ 아까 보았던 노드들 중에서 '더하기'를 클릭한 뒤 화면에 가져다 놓아 보자.

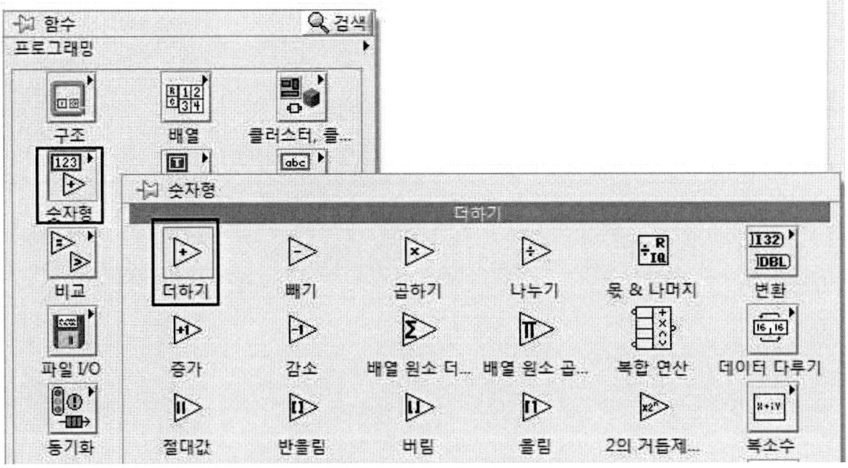

【그림】 1-17 더하기 함수

⑤ 각 노드를 마우스로 살펴 보면 점 같은 것이 보인다. 이 중 난수의 점을 클릭한 뒤 더하기 노드의 뒷부분에 있는 점 두 개중 위에 부분에 드래그하여 연결시켜 보자.

【그림】 1-18 난수 함수와 더하기 함수의 연결

⑥ 다시 함수 팔레트로 돌아와서 곱하기를 넣고 연결해 보자.

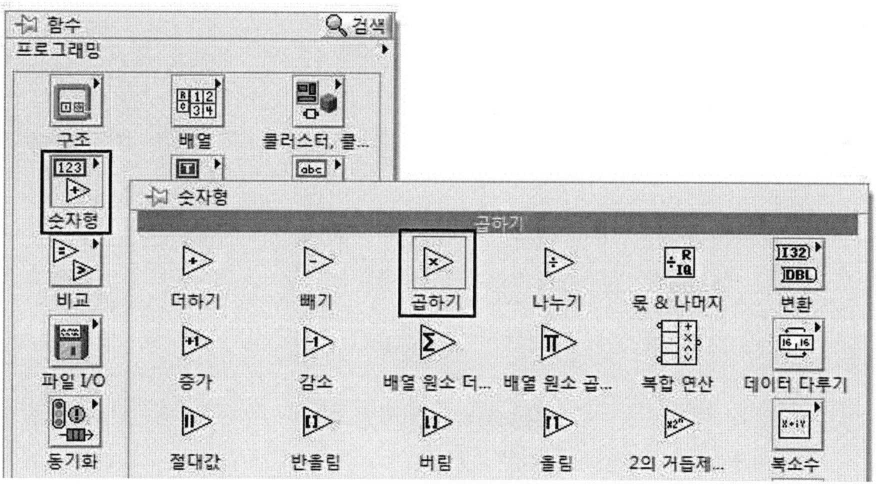

【그림】 1-19 곱하기 함수

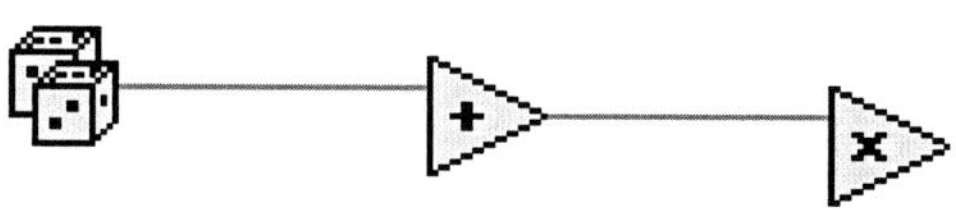

【그림】 1-20 함수들의 연결

⑦ 다 연결되었으면 함수 팔레트에서 숫자형 상수를 2개 꺼내어 넣고 연결해보자. 숫자상수는 초기에 0이 들어가 있다. 이것을 더블클릭하여 임의의 숫자를 넣을수 있다. 예제에서는 5와 7을 넣도록 하자. (2번 반복하여 넣어야 한다.)

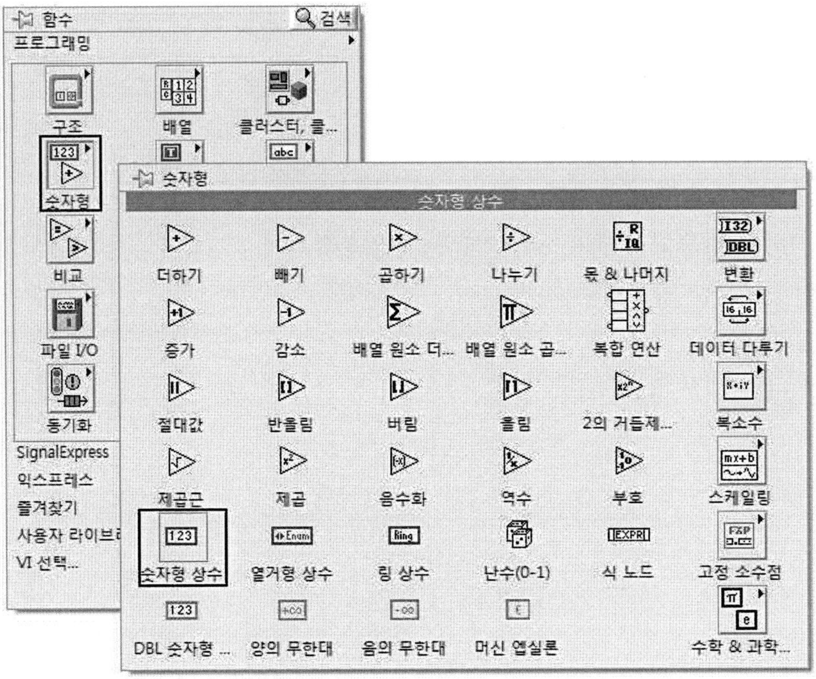

【그림】 1-21 숫자형 상수

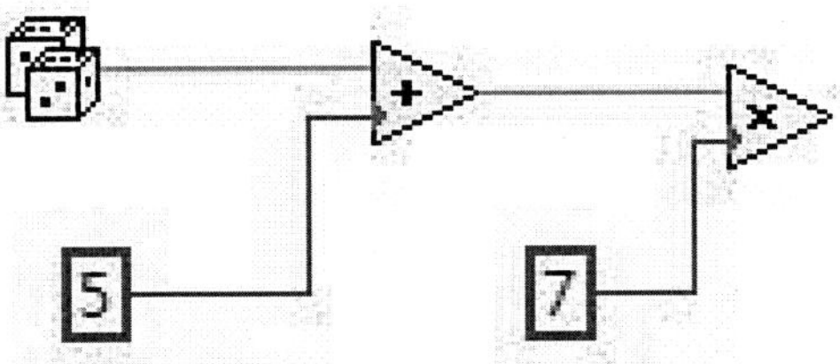

【그림】 1-22 숫자형 상수의 연결

⑧ 【그림】 1-23에 보이는 곱하기 노드의 꼭지점의 점을 마우스 오른쪽버튼을 클릭하면 여러 가지 메뉴를 볼 수 있는데 이중 '생성' 에 들어가 '인디케이터' 를 클릭해보자. 자동으로 노드 하나가 생성이 될 것이다.

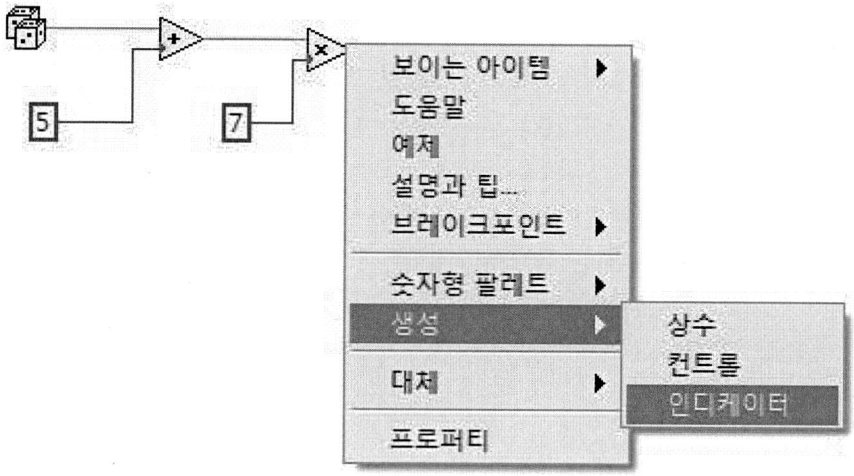

【그림】 1-23 단축 메뉴

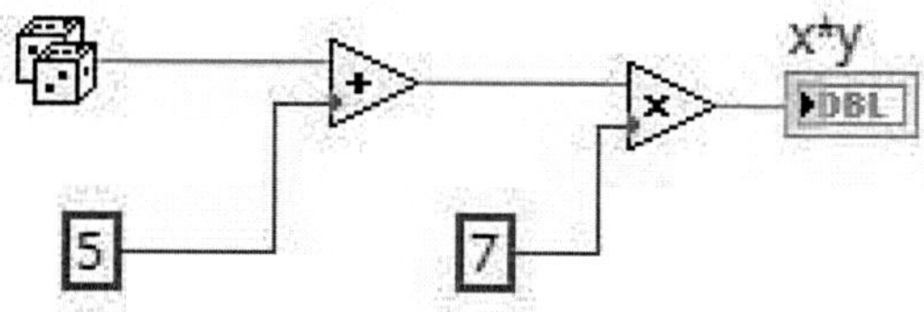

【그림】 1-24 인디케이터 생성

⑨ 이 예제는 난수(0에서 1사이의 값이 랜덤하게 나옴)에서 나온 값과 더하기 노드에 연결되어있는 숫자상수 '5' 를 더하여 그 값을 곱하기 노드에 연결되어있는 숫자상수 '7' 에 곱하여 나온 값을 x*y숫자표에 출력해주는 프로그램이다. 이러한 프로그래밍에 대해선 차후 뒤에서 더 자세히 알아보도록 하자.

⑩ 【그림】 1-25와 같이 난수부터 곱하기 노드까지 드래그 해보자.

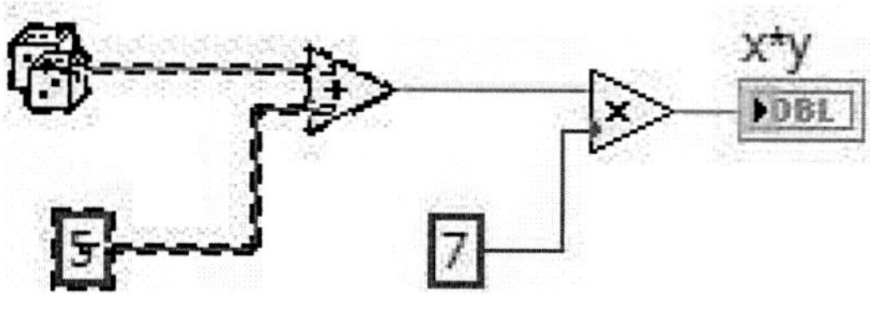

【그림】 1-25 아이콘 드래그

⑪ 이후 위에서 언급한 것처럼 상단메뉴〉편집〉Sub VI 생성을 클릭해 보자.

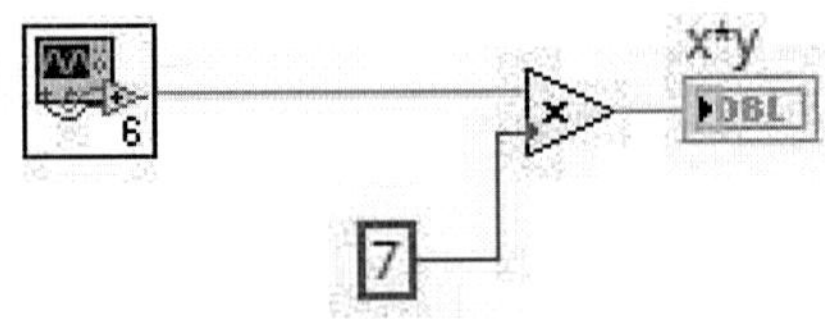

【그림】 1-26 메뉴-편집-Sub VI 생성

⑫ 드래그 했던 부분이 그림과 같이 변하는 것을 볼수 있다. 여기서 Sub VI생성은 쉽게 말하자면 지정한 여러 가지의 노드 및 와이어들을 묶어 하나의 펑션으로서 압축해주는 기능이다.

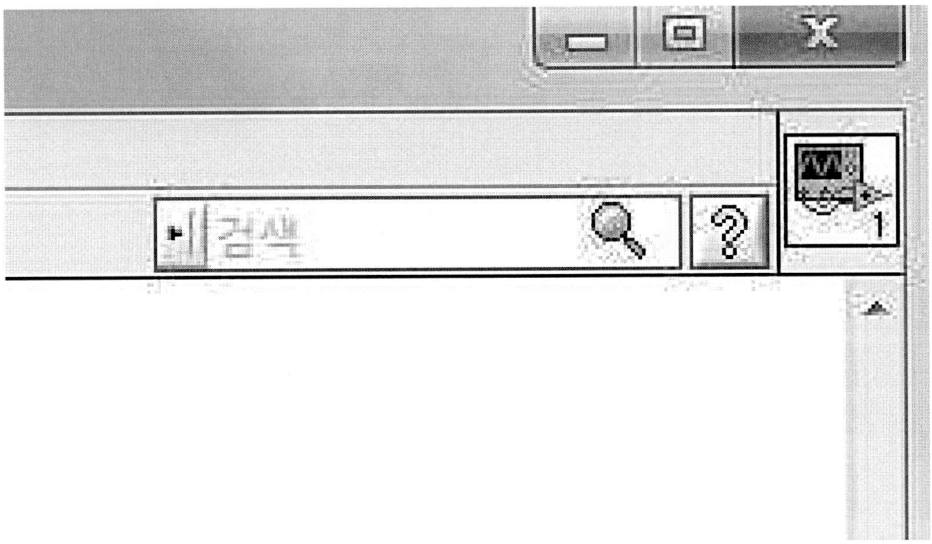

【그림】 1-27 Sub VI 아이콘 편집

⑬ 이때 원형으로 마킹 된 부분에 새로 생긴 아이콘을 마우스 왼쪽 버튼을 두 번 클릭하여 선택하면 별도의 프런트 패널이 열리면서 Sub VI로 만든 내용들이 보인다. '다른 이름으로 저장'을 눌러 Sub VI의 이름을 정의하여 저장한다.

8) 먼저 프런트패널의 빈화면을 마우스 오른쪽버튼을 클릭하여 컨트롤 팔레트를 띄운다. 이후 【그림】 1-28과 같이 숫자형〉탱크를 클릭한 뒤 화면에 놓는다.

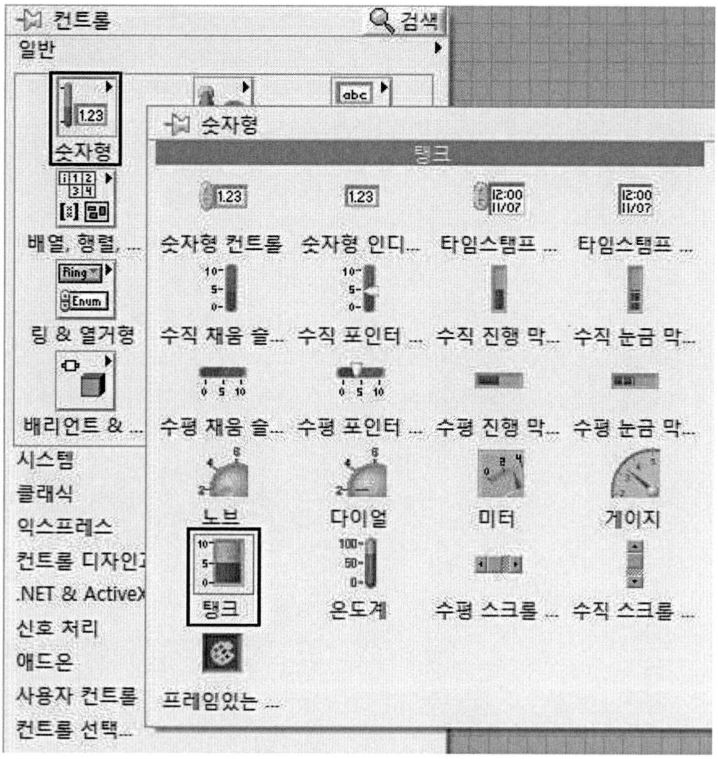

【그림】 1-28 탱크 함수

※ 이 탱크를 마우스로 살펴보면 【그림】 1-29와 같이 파란색 점들이 표시되는 경우가 있다. 이 점을 클릭&드래그하여 탱크의 크기를 조절 할 수가 있는데, 상단 메뉴의 편집〉패널 눈금 정렬 비활성화(G) 또는 단축키 Ctrl+# 을 누르면 프런트패널 상의 점선에 관계 없이 탱크의 크기 조절이 가능하고, 패널 눈금 정렬 활성화(G) 또는 Ctrl+# 을 눌렀을 경우 프런트 패널상의 점선이 기준이 되어 크기 조절이 가능하게 된다.

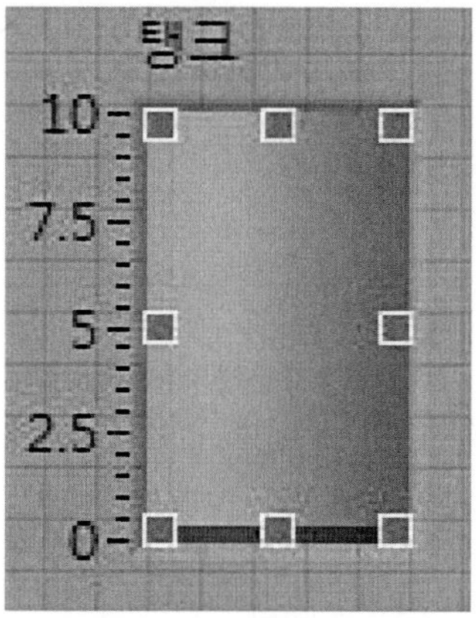

【그림】 1-29 탱크 함수 아이콘의 크기 조절

9) 컨트롤 패널의 빈 화면에서 마우스 오른쪽 버튼을 클릭하여 컨트롤 팔레트를 띄운 뒤 불리언〉원형 LED를 선택한 뒤 화면에 가져다 놓는다.

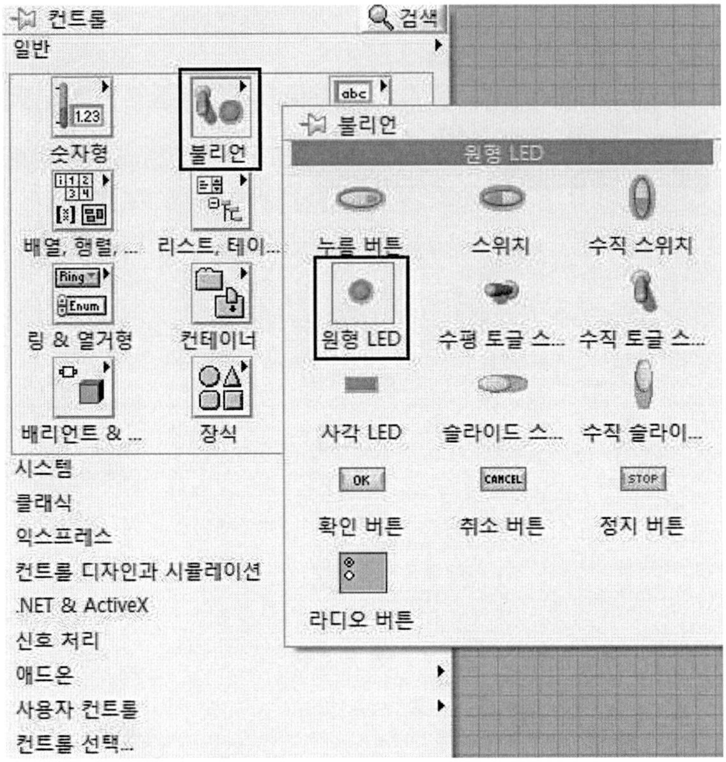

【그림】 1-30 불리언 함수

【그림】 1-31처럼 2개의 원형 LDE를 가져다 놓은 뒤 화면에 놓은 LED 2개를 드래그 후 상단 메뉴〉편집〉아이콘 정렬 또는 단축키 ⇧Shift + Ctrl + A 를 누르면 아이콘들이 정렬된다.

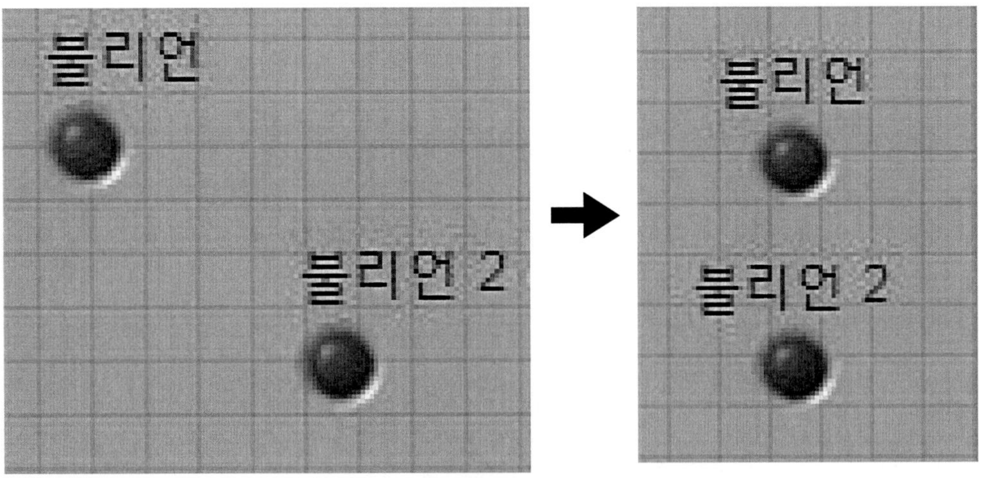

【그림】 1-31 아이콘 정렬

10) 위와 같은 과정을 거쳐 3개의 LED를 아래 그림과 같이 놓은 뒤 상단메뉴>편집>아이콘 간격 조절 또는 단축키 Ctrl + D 를 누르면 선택된 아이콘들의 간격이 자동으로 조절된다.

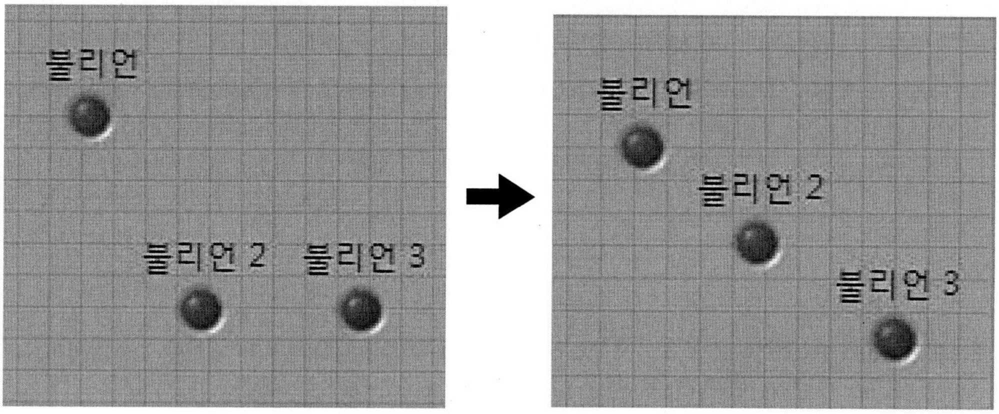

【그림】 1-32 아이콘 간격 조절

3 보기(V)

보기(V)를 누르면 【그림】 1-33과 같은 메뉴가 나타난다.

【그림】 1-33 메인메뉴-보기

1) 에러 리스트(L)

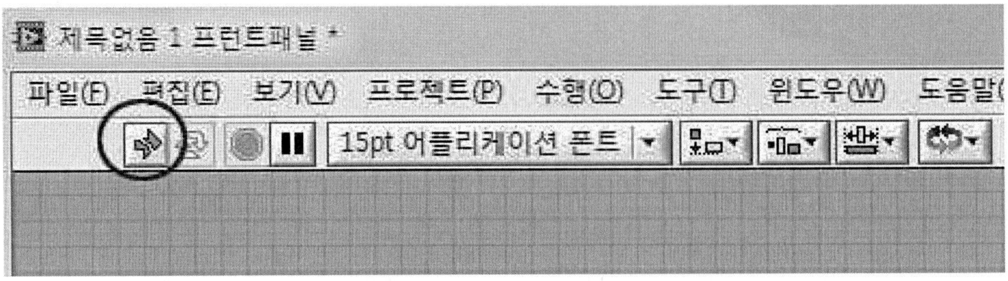

【그림】 1-34 실행 메뉴

【그림】 1-34와 같이 상단 메뉴바의 프로그램 실행시작 버튼이 깨져 있을 경우 프로그램 에러가 있다는 표시이다. 에러를 보려면 상단메뉴>보기>에러리스트(L)를 선택하거나 단축키 Ctrl + L 을 누르면 오류의 원인을 【그림】 1-35와 같이 보여준다.

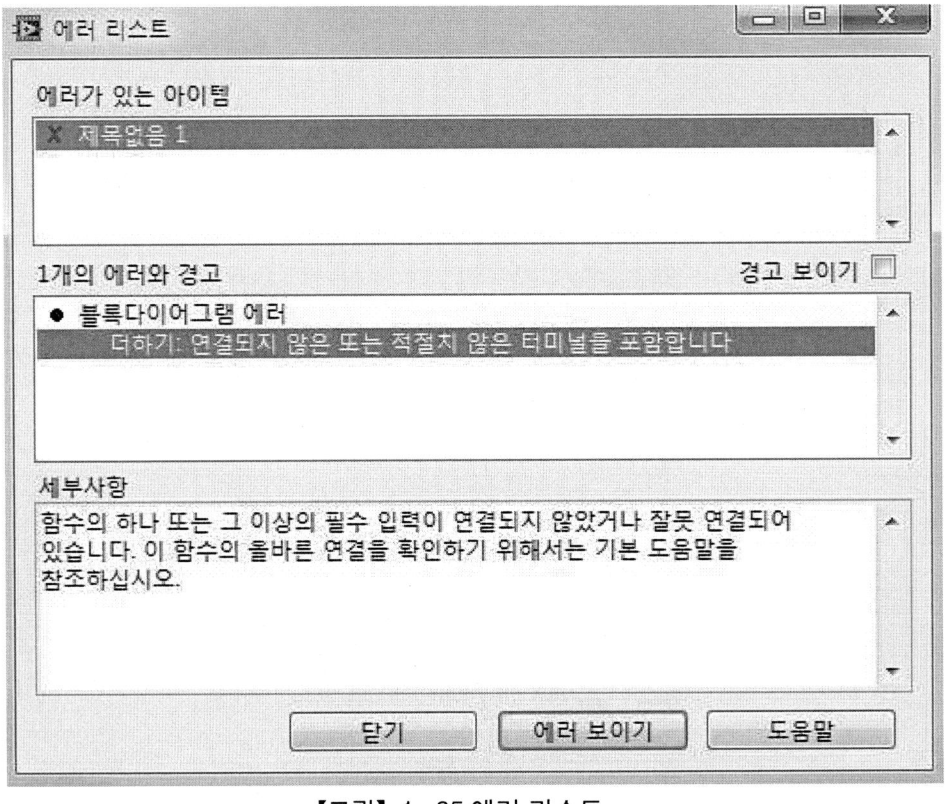

【그림】 1-35 에러 리스트

이때 '에러 보이기'를 클릭하면 블록 다이어그램 상에 에러가 있는 곳의 아이콘이 깜박이며, 이 부분을 수정하면 에러가 없어진다.

4 프로젝트

1) 새 프로젝트(N)

상단 메뉴〉프로젝트(P)〉새 프로젝트(N)를 선택하면 【그림】 1-37과 같은 창이 뜬다.

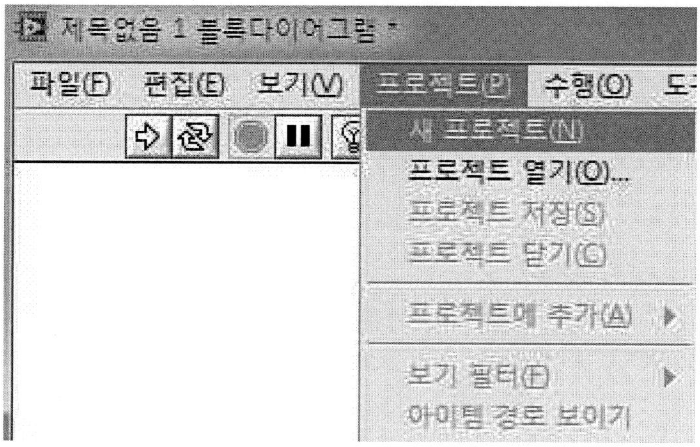

【그림】 1-36 메인메뉴-프로젝트

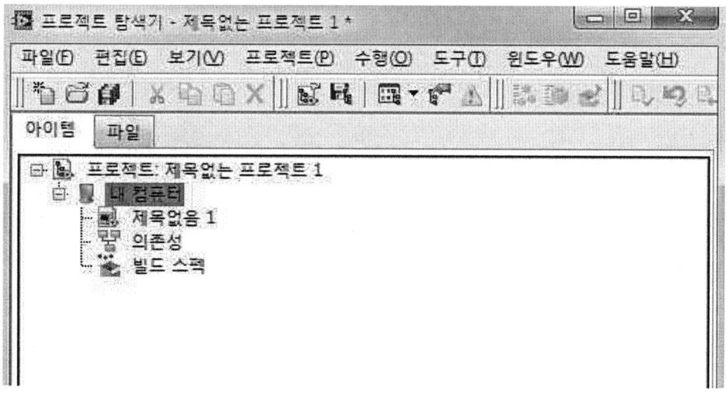

【그림】 1-37 프로젝트 탐색기

2) 프로젝트 열기(O)

상단 메뉴〉파일을 연 뒤 프로젝트 열기를 선택하면 열기창이 열리며 필요한 프로젝트를 불러온다.

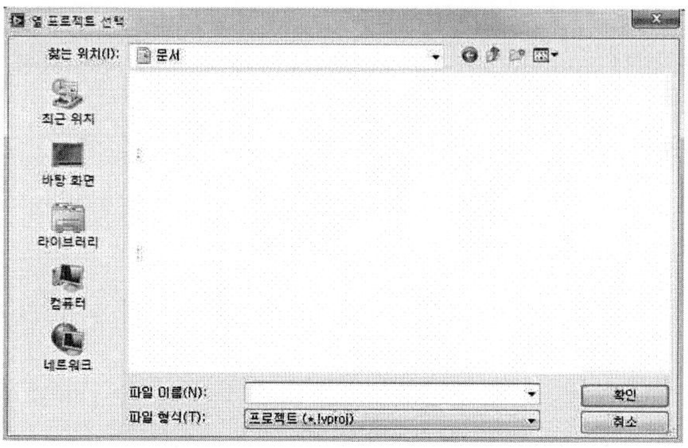

【그림】 1-38 프로젝트 열기

3) 프로젝트 추가(A)

상단 메뉴>프로젝트(P)>프로젝트 추가(A)를 선택하면 【그림】 1-39와 같이 프로젝트에 필요한 VI나 파일을 추가할 수 있다.

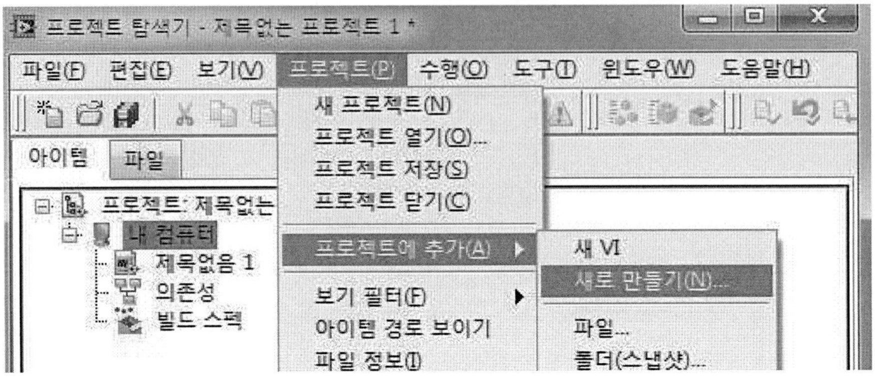

【그림】 1-39 프로젝트 탐색기-새로만들기

5 수행

프로그램 실행에 관한 것을 말한다.

1)실행(R) 또는 " Ctrl+R "

실행에 앞서 Sub VI생성에서 다루었던 예제문제를 다시 만들거나 불러와 보자.

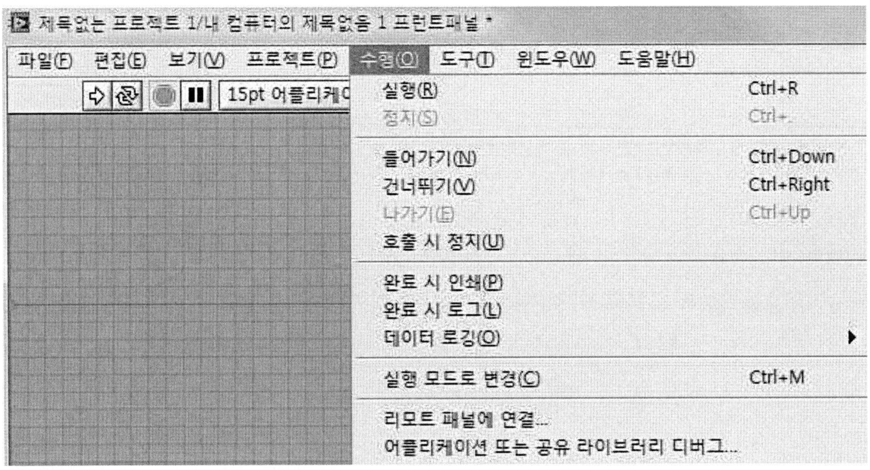

【그림】 1-40 메인 메뉴-수행

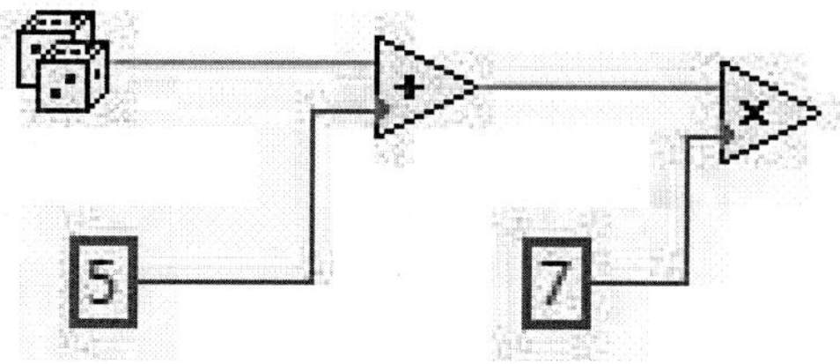

【그림】 1-41 난수를 이용한 수식연산

【그림】 1-41과 같이 예제가 완성되면 이번엔 블록다이어그램 화면상에서 마우스 오른쪽 버튼을 클릭을 하여 함수 팔레트를 띄워보자. 함수팔레트〉구조〉While루프를 선택한 뒤 【그림】 1-43과 같이 화면상에 예제를 드래그하여 While루프 구조를 안에 넣어보자.

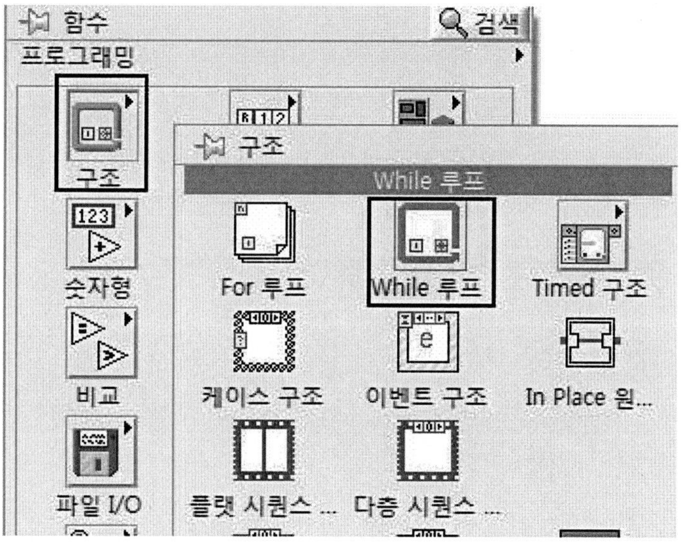

【그림】 1-42 구조 함수

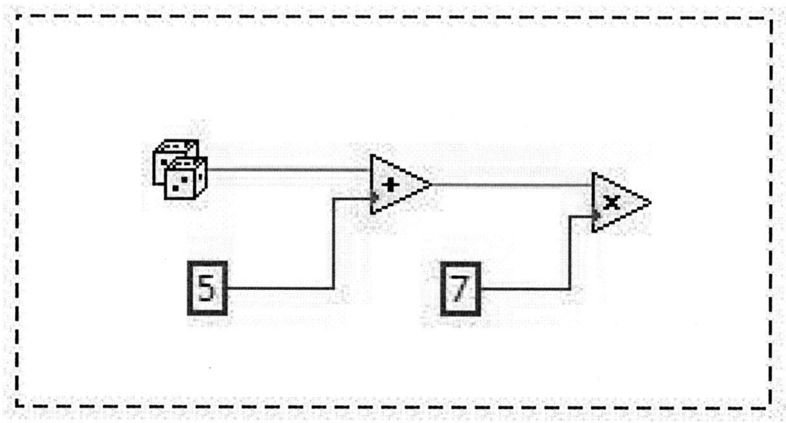

【그림】 1-43 구조만들기(기본 예제를 마우스로 드래그한 상태)

루프가 만들어지면【그림】1-44와 같은 프로그램이 완성된다.

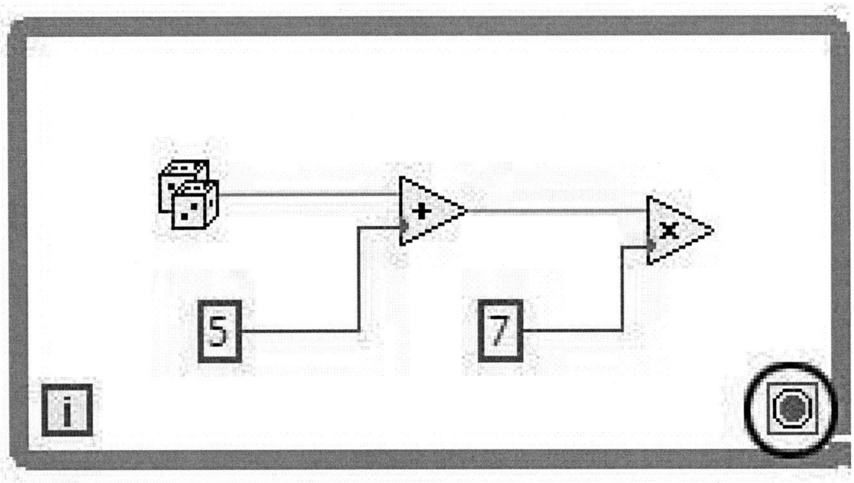

【그림】1-44 While 루프 구조

이 프로그램 중 우측 하단의 빨간색 점에 마우스 커서를 옮기면 다른 노드들처럼 점 하나가 나온다. 이점에 마우스 오른쪽 버튼을 클릭 한 후 컨트롤 생성을 눌러준다.

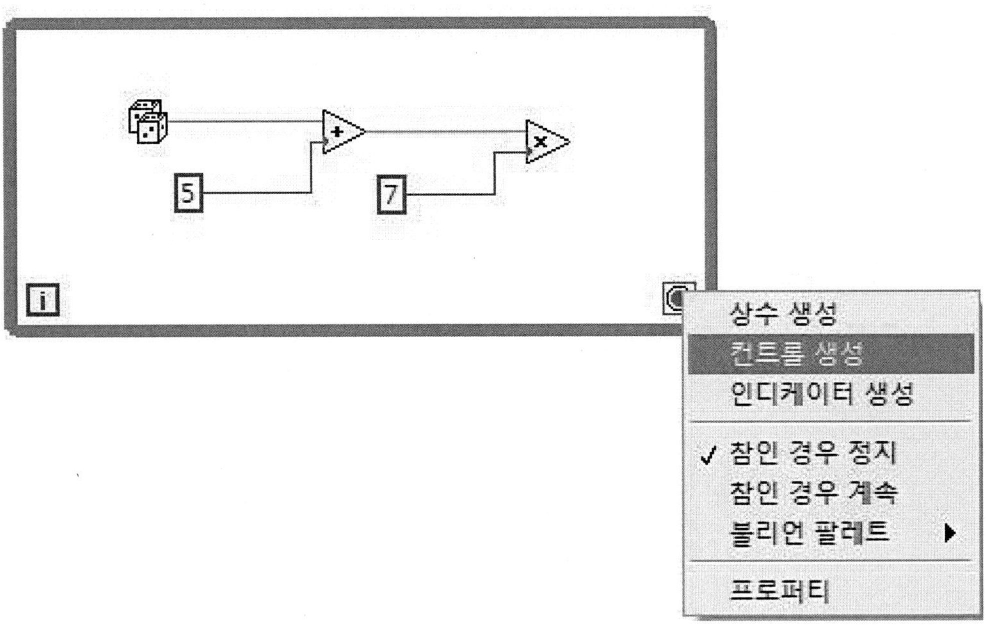

【그림】1-45 While 루프 단축메뉴

정상적으로 진행 되었다면 【그림】 1-46과 같이 정지버튼이 생긴다.

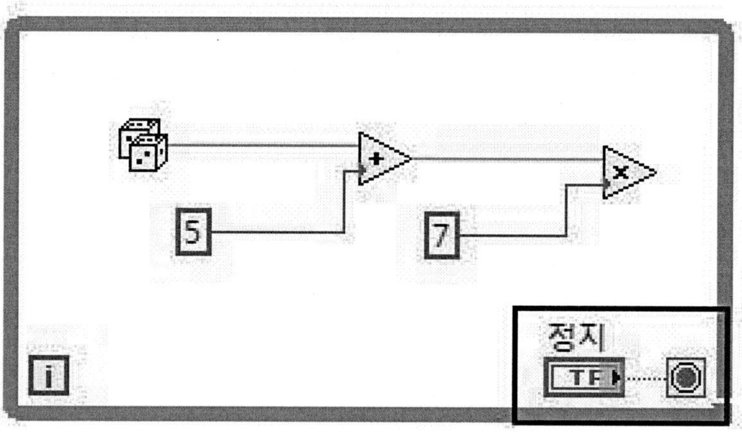

【그림】 1-46 While 루프 정지 버튼

이처럼 예제가 다 만들어졌다면 블록다이어그램 혹은 프론트패널의 상단 메뉴부분을 살펴보자. 【그림】 1-47은 현재 실행이 동작하지 않을 때의 모양이다. 표시된 화살표가 실행버튼이다.

【그림】 1-47 실행 메뉴 1

실행버튼을 눌러 프로그램이 실행 중일 경우엔 【그림】 1-48와 같이 표시된다.

【그림】 1-48 실행 메뉴 2

실행 버튼은 상단 메뉴>수행>실행(R) 혹은 단축키 Ctrl + R 으로도 실행 시킬수 있다.
아래 【그림】 1-49는 현재 실행이 동작하지 않을 때의 모양이다. 이 화살표가 정상적인 모양이 아닐 경우에는 앞에 서술한 에러리스트를 참고한다.

【그림】 1-49 에러리스트

3) 수행모드로 변경(C) 또는 " Ctrl+M "

수행모드로 변경(C)은 바탕화면을 마치 실행중의 프론트 패널과 같이 눈금을 없애는 기능으로서 한 번 더 누르면 '편집모드로 변경' 되는 토글기능을 갖고 있다.

【그림】 1-50 실행모드 기본 프런트패널 화면

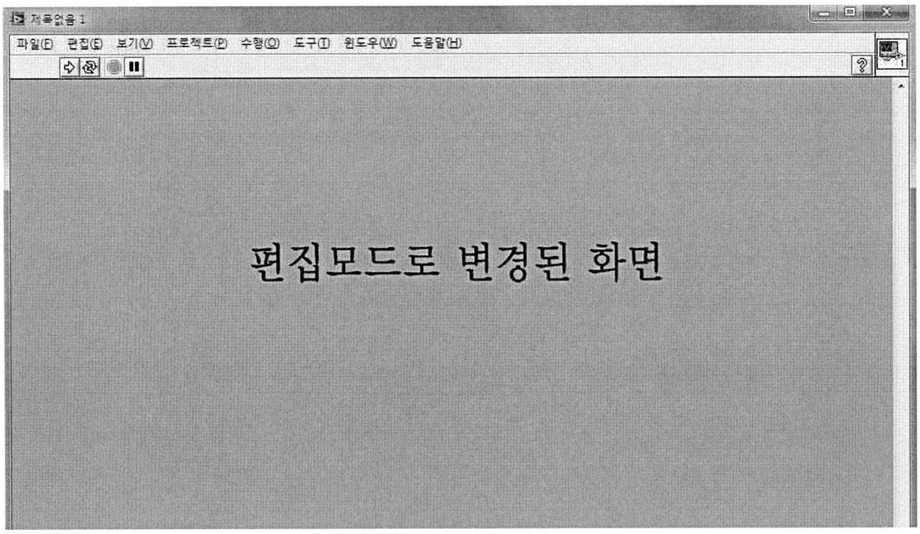

【그림】 1-51 실행모드 편집모드로 변경된 화면

6 도구

상단의 도구(T)는 【그림】 1-52와 같은 메뉴바가 나타난다.

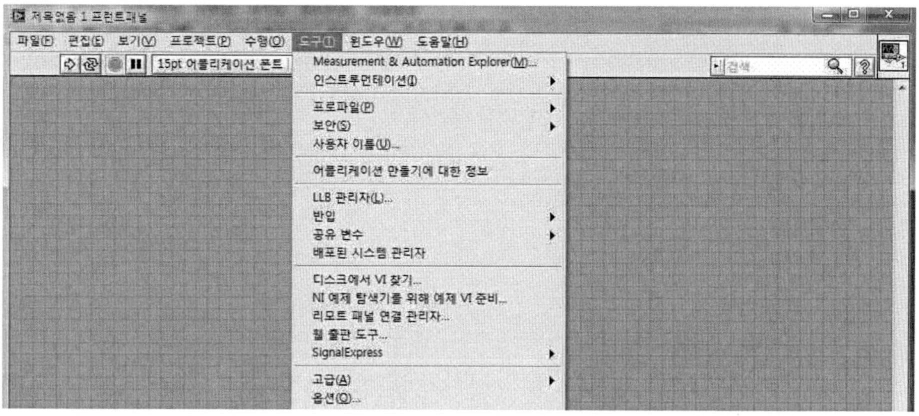

【그림】 1-52 옵션창

1) Measurement & Automation Explorer

상단메뉴>도구(T)>Measurement & Automation Explorer는 Labview와 외부 신호 관계를 S/W적으로 연결지어주는 프로그램으로서 어떠한 종류의 신호를 계측하는가에 따라 선택항목이 달라진다.

2)옵션(O)

상단메뉴>도구(T)>옵션(O)으로 구성은 【그림】 1-53과 같다.

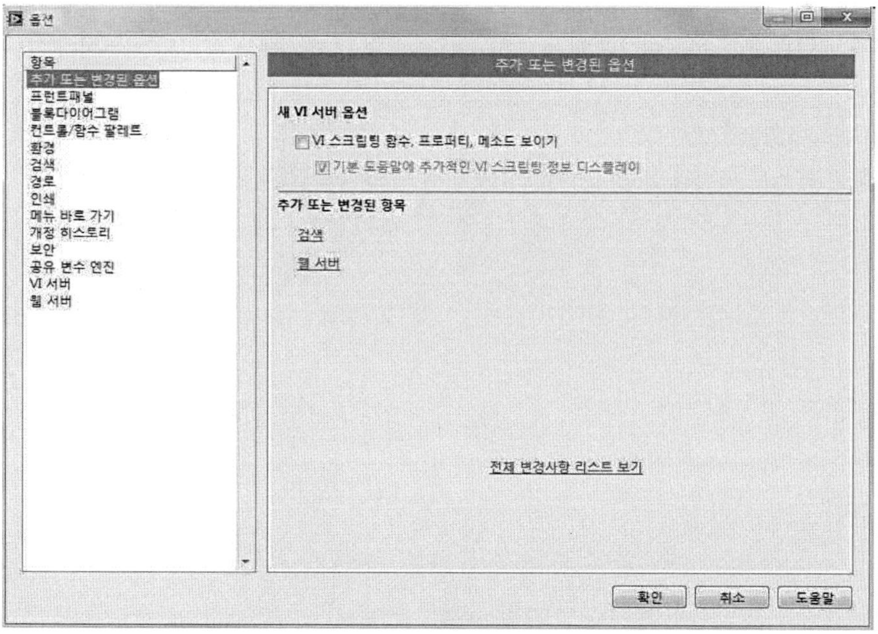

【그림】 1-53 옵션창

7 윈도우(W)

각종 화면을 제어하는 기능을 갖고 있다.

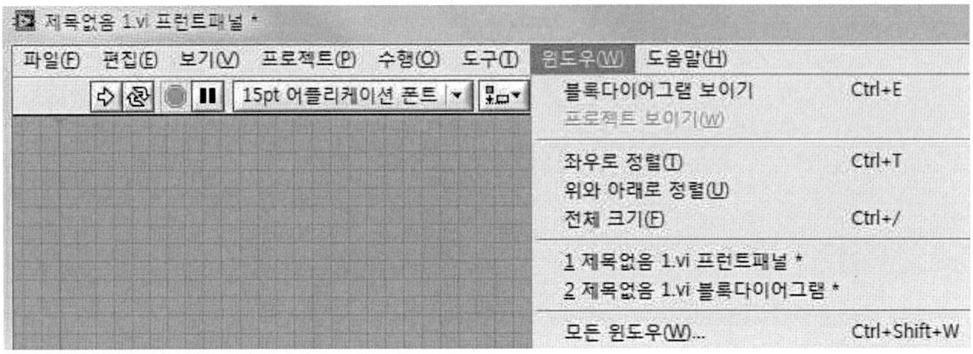

【그림】 1-54 메인메뉴-윈도우

① 블록다이어그램 보이기 또는 " Ctrl+E "
단축키 [Ctrl]+[E]를 사용하여 토글기능으로 동작시킨다. 프런트 패널과 블록 다이어그램을 상호 변환하여 활성화시킨다.

② 좌우로 정렬 또는 " Ctrl+T "
프런트 패널과 블록 다이어그램을 윈도우 사이즈에 맞게 좌우로 펼치는 기능이다.

③ 위아래로 정렬
프런트 패널과 블록 다이어그램을 윈도우 사이즈에 맞게 위아래로 펼치는 기능이다.

④ 전체크기 또는 " Ctrl+/ "
활성화된 프런트 패널과 블록다이어그램을 전체 윈도우로 펼친다.

4. 도움말

1 도움말 (H)

도움말 기능은 필요할 때마다 선택하여 사용할 수 있다. 이 중에는 간단한 도움말 기능과 더불어 상세 도움말 및 각종 예제까지 볼 수 있다.

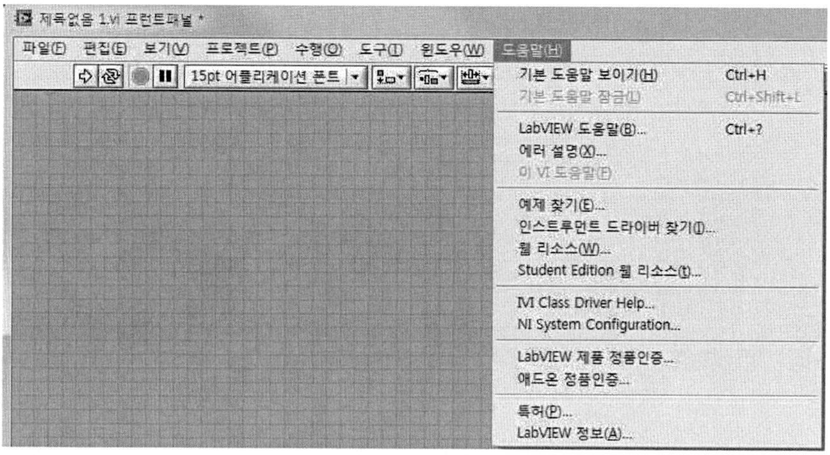

【그림】 1-55 메인메뉴-도움말

1) 기본 도움말 보이기(H) 또는 단축키 Ctrl + H 마우스 커서가 놓인 곳의 아이템에 대한 간단한 설명을 보여준다. 먼저 앞에서 사용했던 "난수" 하나를 화면에 놓아보자.

【그림】 1-56 난수 함수 아이콘

그 뒤 이 난수 아이콘을 마우스 오른쪽 버튼을 클릭한 뒤 【그림】 1-57과 같이 도움말을 눌러보자.

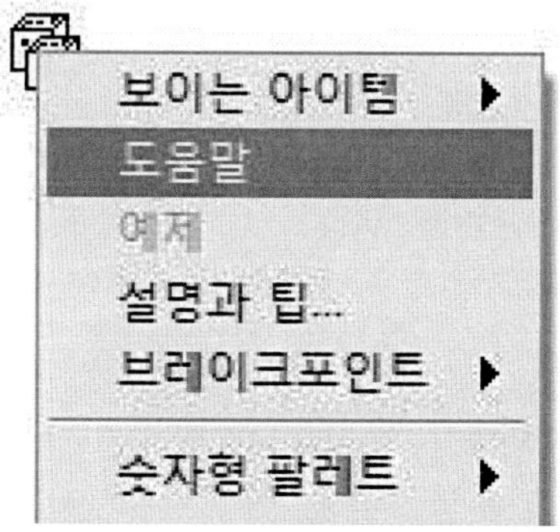

【그림】 1-57 함수 아이콘 단축 메뉴

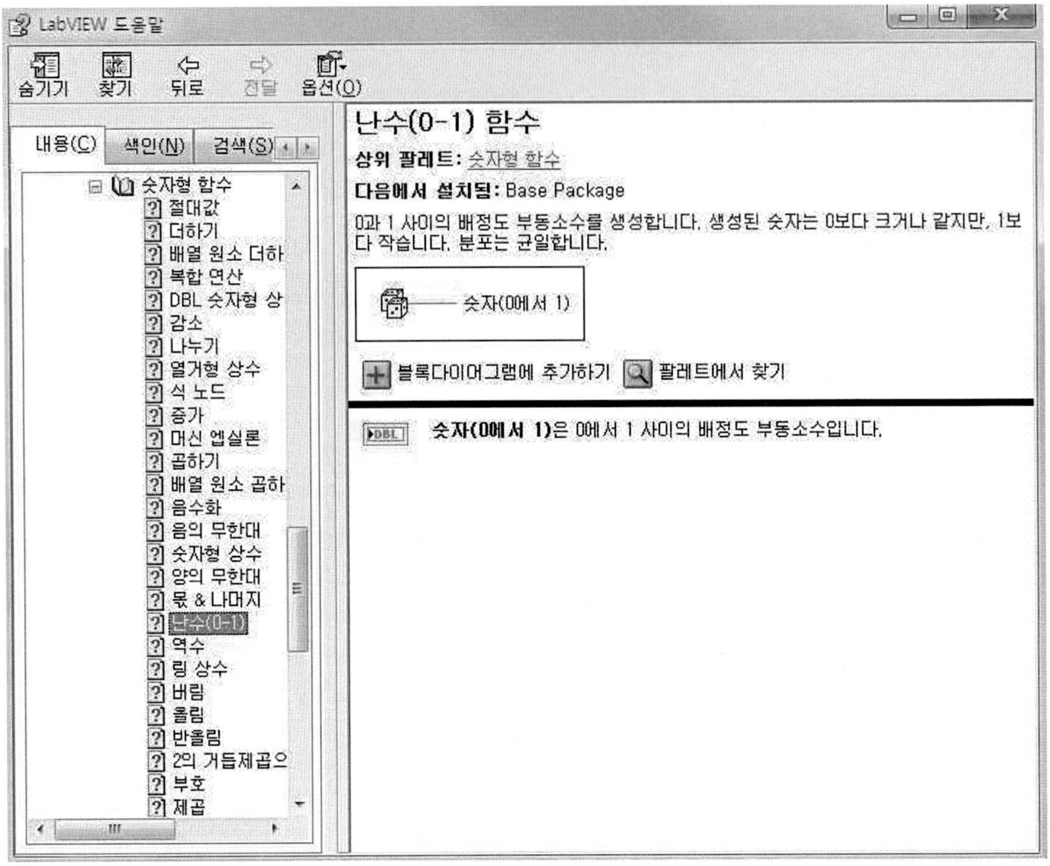

【그림】 1-58 도움말 창

【그림】 1-58과 같이 해당하는 아이콘에 대한 도움말 창이 나온다.

5. 아이콘(icon)과 와이어(wire)

Labview는 그래픽 언어(graphic language)로 구성이 되어 있으며 사용자가 보기에는 아이콘과 와이어로 보인다. 그래픽 아이콘 및 흐름 차트를 연상케하는 와이어를 통해 각 객체간의 데이터를 전달한다. 프로그래밍 한 후 블록다이어그램에서 디버깅 툴을 클릭하여 실행하면 프로그램이 와이어를 따라 모니터링 됨을 알 수 있다.

Labview의 아이콘으로는 【그림】 1-59와 같다.

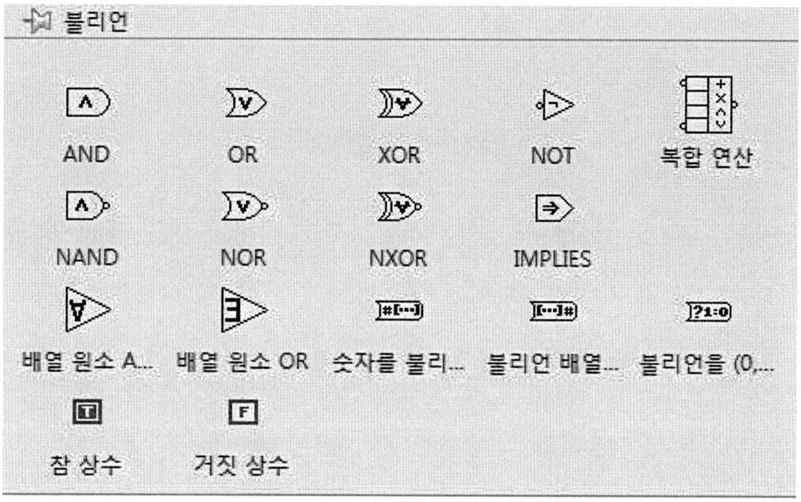

【그림】 1-59 LabVIEW의 아이콘

【그림】 1-59와 같은 아이콘들을 블록다이어그램에서 마우스 오른쪽 버튼을 눌러 아이콘들이 보이면 원하는 아이콘을 마우스 왼쪽 버튼을 눌러 클릭한 뒤 블록다이어그램 상 원하는 위치에서 마우스 왼쪽 버튼을 클릭하면 그곳에 원하는 아이콘이 놓여진다.

【그림】 1-60 난수 함수 아이콘 예

6. 와이어 연결하기

선을 연결 할 때는 마우스 포인터 아이콘이 실타래 모양으로 선택한 상태에서 연결하고자 하는 노드 포인트에 마우스 왼쪽 버튼을 클릭한 후 노드 포인트에 가서 마우스를 클릭하면 선이 연결된다. 아래 【그림】 1-62는 선이 올바르게 연결된 상태를 보여주고, 에러가 생기면 【그림】 1-63과 같이 선은 점선으로 깨지게 된다.

【그림】 1-61 선연결하기

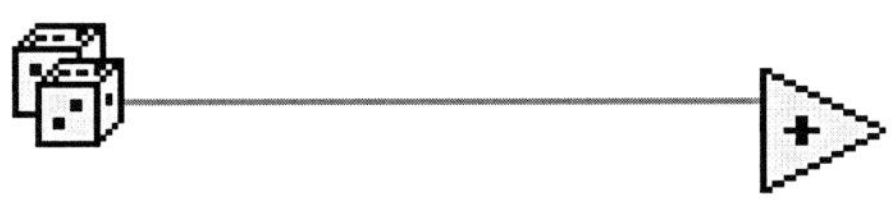

【그림】 1-62 올바르게 연결된 상태

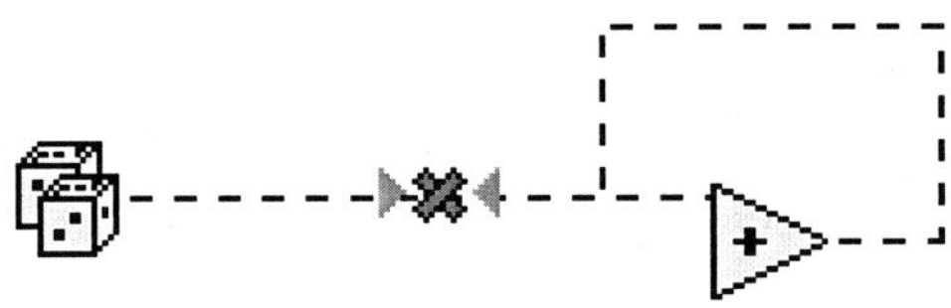

【그림】 1-63 올바르지 않은 연결된 상태

블록다이어그램에서 선 연결 시 에러가 발생하는 경우가 있다. 에러의 대부분이 선 연결할 때 나타나는데 이를 방지하려면 함수에서 원하는 아이콘을 선택한 후 드래그 하여 노드를 연결하고자하는 노드에 최대한 가까이 접근 시키면 자동으로 와이어가 생성되는 것을 확인 할 수 있다. 그때 드래그한 마우스를 해제하여 아이콘을 고정시킨다. 단, 상기 절차 순서에 따르지 않고 함수에서 원하는 아이콘을 드래그하여 블록 다이어그램상에 마우스를 우선 해제한 상태에서 연결하고자 하는 노드에 접근하면 자동으로 와이어가 생성되지 않는다.

7. 팔레트

1 함수, 컨트롤 팔레트

상단 메뉴에 보기(V)를 클릭하면 함수 팔레트(블록다이어그램)와 컨트롤 팔레트(프런트패널)라는 것을 볼 수 있다. 이 중 함수 팔레트는 현재 보고 있는 창이 블록다이어그램일 경우, 컨트롤 팔레트는 프런트 패널일 경우 활성화 시킬 수 있다.

먼저 프론트패널 상에서 화면에 커서를 대고 마우스 오른쪽 버튼 클릭 혹은 상단메뉴>보기(V)에서 해당하는 팔레트를 클릭해보자.

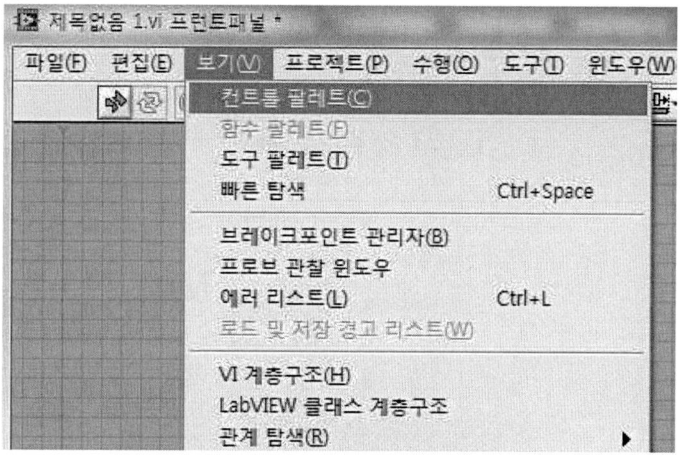

【그림】 1-64 메인메뉴-보기(V)

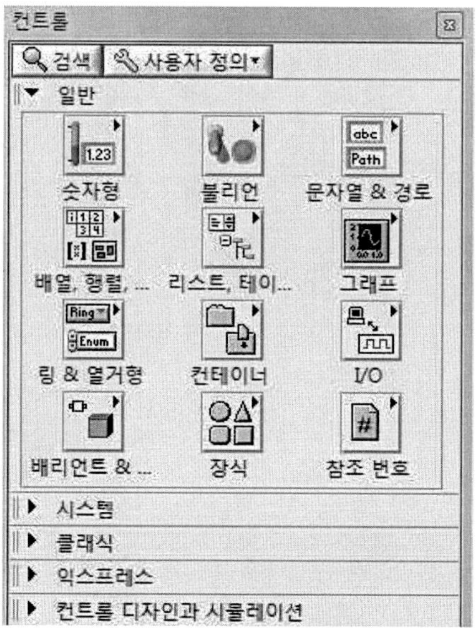

【그림】 1-65 컨트롤 팔레트(블록다이어그램)

이번엔 블록다이어그램 패널 상에서 화면에 커서를 대고 마우스를 오른쪽버튼 클릭 혹은 상단 메뉴>보기(V)에서 해당하는 팔레트를 클릭해보자. 앞에서 설명했듯이 블록다이어그램에서는 함수팔레트만 보이고 프런트 패널에서는 컨트롤 팔레트만 보인다.

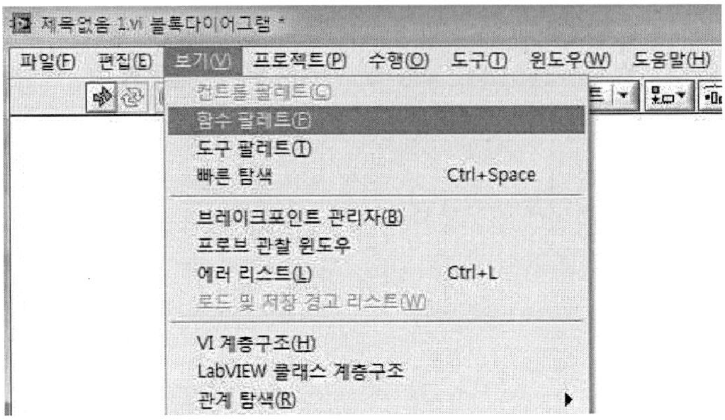

【그림】 1-66 메인메뉴-보기(V)

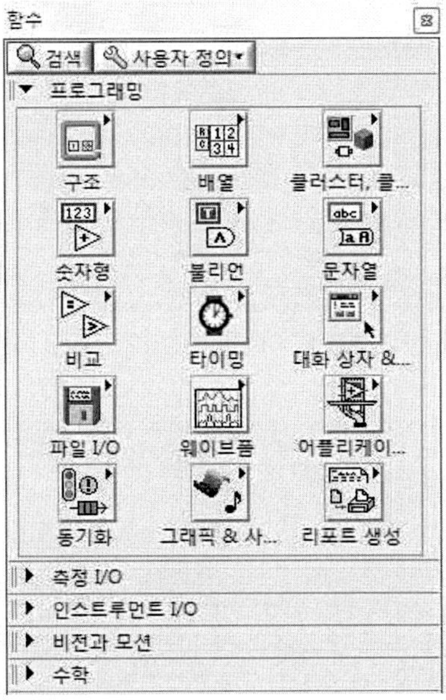

【그림】 1-67 컨트롤 팔레트(프런트패널)

2 도구팔레트

도구 팔레트는 상단메뉴〉보기〉도구팔레트 또는 ⇧Shift + 마우스 오른쪽 버튼 클릭으로 생성할 수 있으며 【그림】 1-68과 같은 창이 열린다. 도구 팔레트는 프런트 패널과 블록 다이어그램 양쪽 모두에서 사용된다.

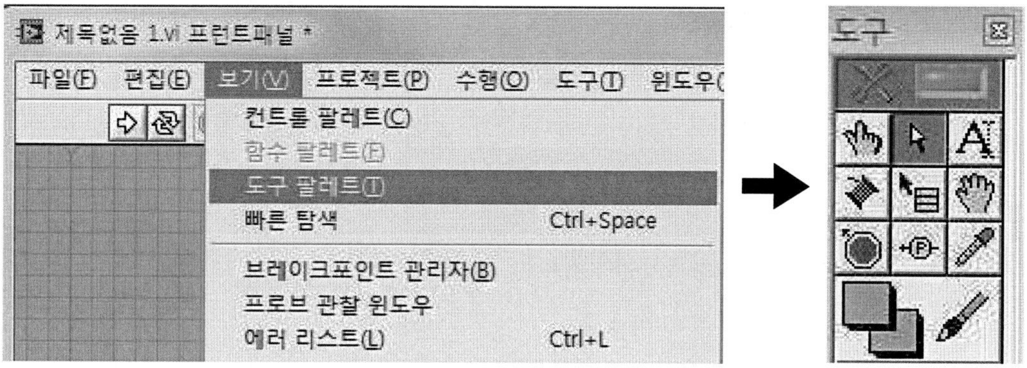

【그림】 1-68 메인메뉴-보기-도구팔레트

1) 도구팔레트 아이콘

도구 팔레트는 다음의 도구를 가지고 있는데, 이것을 사용하여 프런트패널과 블록 다이어그램 객체를 작동하고 변경할 수 있다.

【그림】 1-69 사각 LED(다이나믹 내비게이션)

도구팔레트 【그림】 1-69 오른쪽을 보면 제일 위의 사각형 LED가 밝은 연두색이면 다이나믹 내비게이션(Dynamic navigation) 기능이 켜진 상태로서, 마우스 포인터가 아이콘 위에 올라가면 포인터가 필요한 아이콘으로 자동 변화한다. 만약 사각형 LED가 짙은 녹색이면 다이나믹 내비게이션(Dynamic navigation)이 꺼진 상태이므로 마우스로 클릭하여 활성화시켜 사용하거나 키보드의 스페이스바(space bar) 도구메뉴 선택 스위치로 사용한다.

2) 도구팔레트 자세히 살펴보기

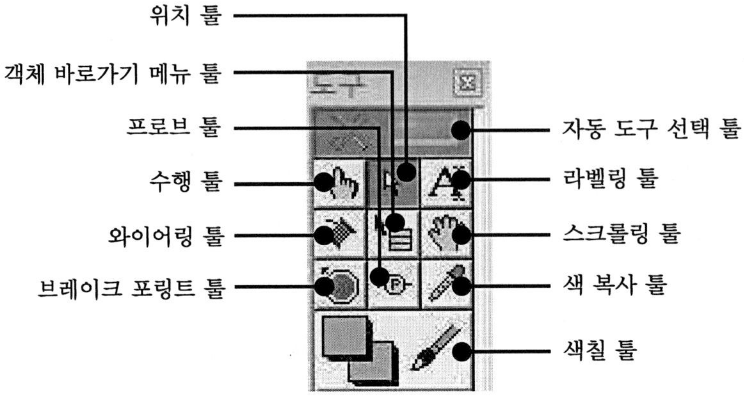

【그림】 1-70 도구팔레트

3) 도구팔레트 아이콘 툴 이름 및 기능

툴 이 름	기 능
자동도구 선택 툴	마우스의 포인터가 위치하는 곳에 따라 최적의 기능으로 변경된다. 이 기능은 자동 도구 선택을 비활성하고 도구를 수동으로 선택 할 수 있다.
수행 툴	컨트롤 및 인디케이터 등의 값을 변경할 때 사용된다.
위치 툴	각 패널 상에서 원하는 객체의 위치를 선택하여 정하고 이동 또는 삭제, 크기 조정 등의 작업시 사용된다.
라벨링 툴	기존의 라벨을 편집하거나, 글을 쓰고자 하는 위치에 왼쪽 마우스를 클릭하여 원하는 텍스트를 입력할 때 사용된다.
와이어링 툴	블록다이어그램에 상에서 선을 연결할 때 사용된다.
객체 바로 가기 메뉴 툴	사용자가 원하는 객체의 바로가기 메뉴를 열때 사용된다.
스크롤링 툴	각 패널 상에서 화면을 이동할 때 사용된다.
브레이크 포인트 툴	프로그램 실행을 일시 정지하기 위하여 VI, 함수, 노드, 와이어, 구조에 브레이크 포인트를 설정할때 사용된다.
프로브 툴	의심스럽거나 예상치 못한 결과를 생성하는 VI에 데이터 값을 모니터링할 때 사용된다.
색 복사 툴	사용자가 원하는 색상을 복사할 때 사용된다.
색칠 툴	색상 변경을 원할 때 사용 되며, 오른쪽 마우스 버튼을 클릭하면 색 선택창이 나타난다. 이때 원하는 색에 마우스를 선택하면 색을 변경 할 수 있다.

【표】 1-1 도구팔레트의 아이콘 툴 이름 및 기능

8. 터미널/노드/상수/컨트롤/인디케이터

터미널은 PC기반 프로그래밍 언어에서 입력, 출력 변수에 해당되며, 컨트롤은 입력 터미널 【그림】 1-71이고, 인디케이터는 출력터미널 【그림】 1-72에 해당된다. 【그림】 1-73과 같이 프런트패널에서 컨트롤이과 인디케이터를 생성하면 【그림】 1-74와 같이 블록다이어그램에서 각각의 입력, 출력 터미널이 생성된다.

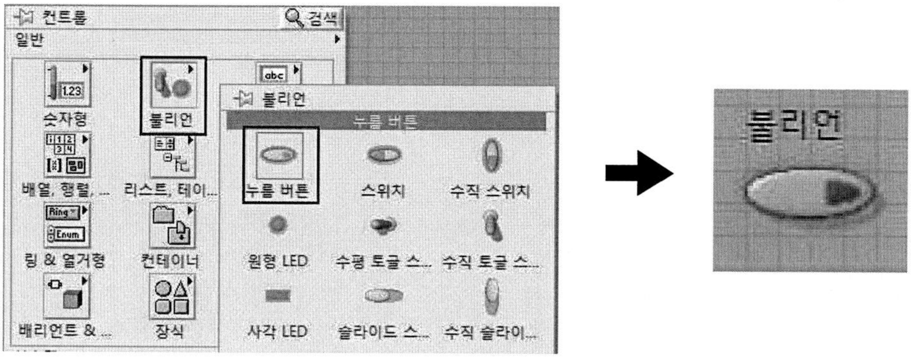

【그림】 1-71 누름버튼 컨트롤(입력)

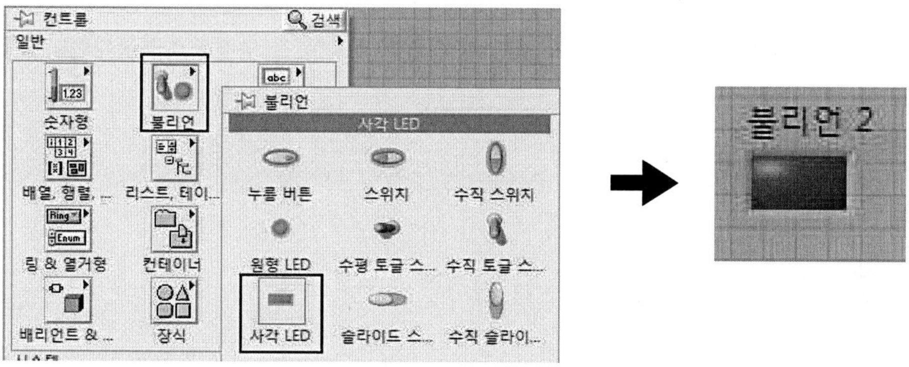

【그림】 1-72 사각 LED 인디케이터(출력)

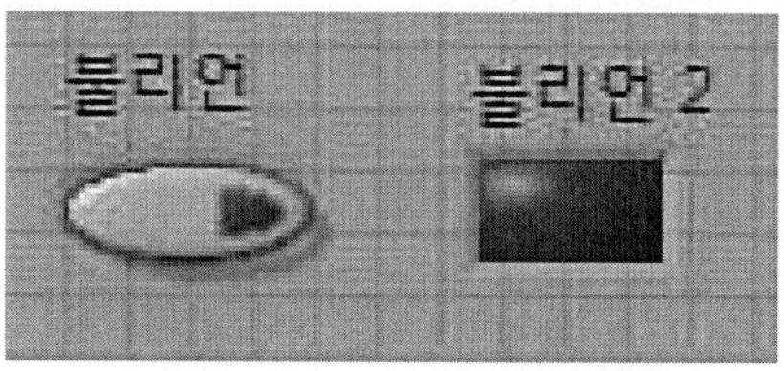

【그림】 1-73 프런트패널
누름버튼 스위치(입력)와 사각 LED(출력)

【그림】 1-74 블록다이어그램
누름버튼 스위치(입력)와 사각 LED(출력)

입력, 출력 터미널이 생성되면 【그림】 1-75,76과 같이 터미널은 컨트롤로 변경, 인디케이터로 변경이 가능하다.

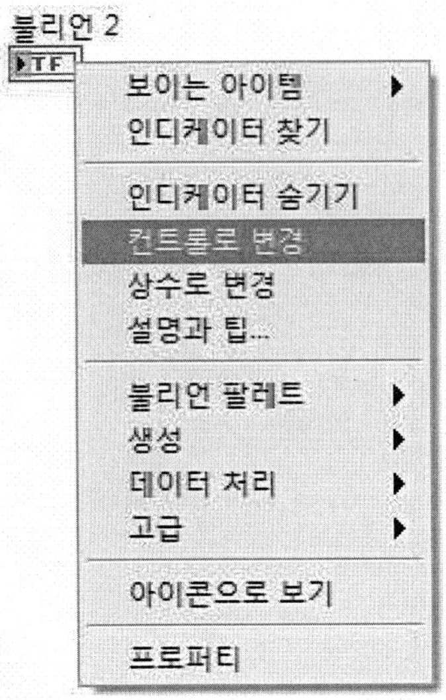

【그림】 1-75 컨트롤로 변경하기

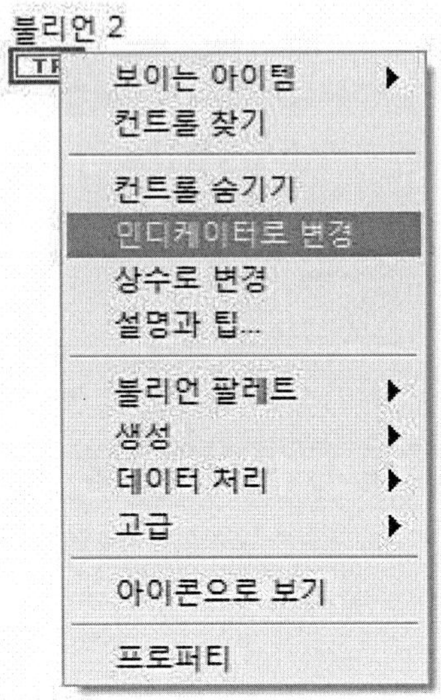

【그림】 1-76 인디케이터로 변경하기

노드는 입력 또는 출력을 가지며, 프로그래밍이 실행될 때 연산을 수행하는 블록다이어그램의 객체이다. 또한 함수 팔레트에 있는 상수를 제외한 모든 함수, 구조, 서브VI 등의 아이콘들을 노드라고 한다.

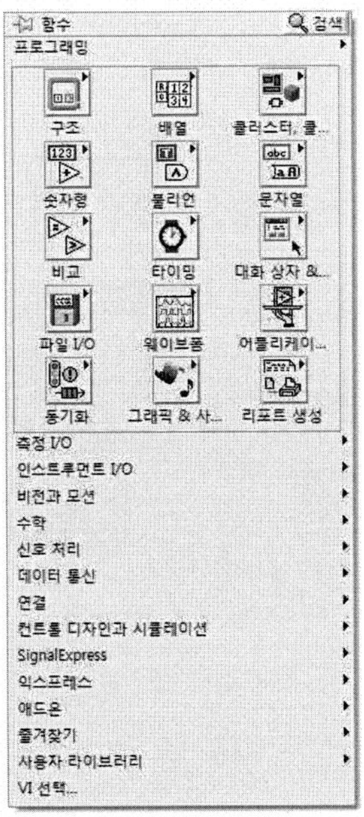

【그림】 1-77 함수팔레트(노드)

9. 설정

상단메뉴〉도구(T)〉옵션(O)을 클릭해 보자.
【그림】 1-78과 같은 그림을 볼 수 있다. 여기서는 Labview의 각종 환경을 설정 할 수 있다. 그 중 프로그램에 유용한 설정을 하나 알아보자. [옵션] 창이 열리면, 항목에서 〈블록다이어그램〉을 선택하고 "프런트패널 터미널을 아이콘으로 놓기"의 체크를 해제한다. 옵션 체크를 해제하는 이유는 블록다이어그램 터미널 아이콘 사이즈가 작아져서 블록다이어그램 공간에 많은 정보를 기록 할 수 있다. 그러므로 공간을 염두에 두면서 프로그래밍 해야한다.

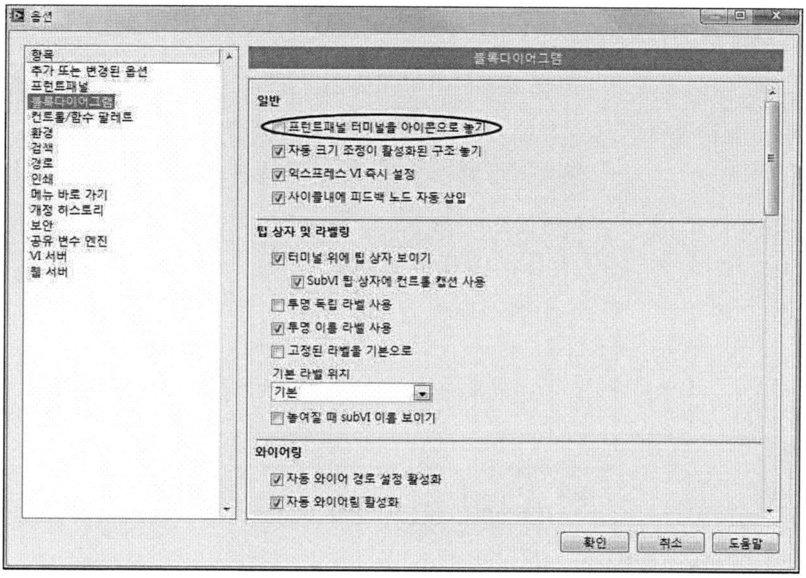

【그림】 1-78 프런트패널 터미널을 아이콘으로 놓기 해제

【그림】 1-79, 1-80의 그림을 보면 "프런트패널 터미널을 아이콘으로 놓기" 옵션을 해제한 후의 그림과 해제 전의 그림을 비교할 수 있다.

【그림】 1-79 프런트패널 터미널을 아이콘으로 놓기 해제 전

【그림】 1-80 프런트패널 터미널을 아이콘으로 놓기 해제 후

10. 언어

1 수치(데이터)의 표현

컴퓨터 PCU에서는 모든 정보를 ON과 OFF, 또는 "1" 과 "0" 의 상태로 기억하고 처리한다. 따라서 수치 연산도 1과 0으로 처리된 수치, 즉 2진수(Binary Number : BIN)로 처리한다.

한편, 일상생활에서는 10진수가 알기 쉽고 가장 널리 사용되고 있다. 그래서 PLC의 수치정보를 읽을 경우에는 10진수에서 16진수로, 16진수에서 10진수로 변환이 필요하다.

(1) 10진수(Decimal)

10진수란 "0~9의 종류의 기호를 사용하여 순서와 크기(양)를 표현하는 수" 를 말한다. 그리고 0,1,2,3,4,…,9 다음에 "10" 으로 자리올림하고 계속 진행된다.

예를 들면, 10진수..153..을 행과 "행의 가중치" 란 측면에서 보면 【그림】 1-81과 같다.

$$153 = 100 + 50 + 3$$
$$= 1 \times 100 + 5 \times 10 + 3 \times 1$$
$$= 1 \times 10^2 + 5 \times 10^1 + 3 \times 10^0$$

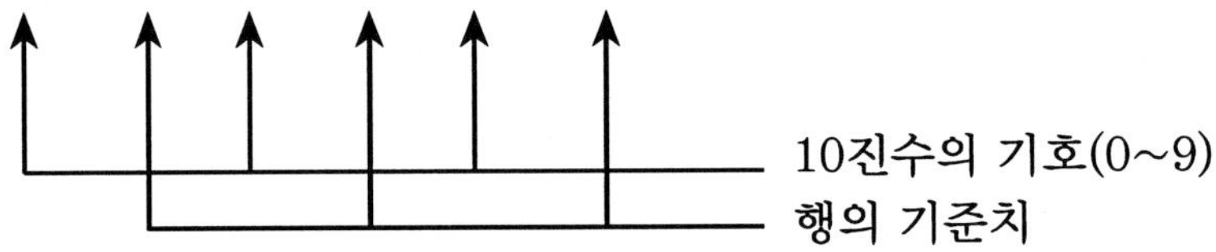

【그림】 1-81 10진수의 예

(2) 2진수(Binary … Bin)

2진수란 "0과 1의 두 종류 기소를 사용하여 순서와 크기를 나타내는 수" 를 말한다. 그래서 0,1 다음에 "10" 으로 자리올림하고, 계속 진행된다. 즉 0,1의 한 자리 수를 비트라고 한다.

2진수	10진수	변 환
0	0	$0 \times 2 = 0$
1	1	$1 \times 2^0 = 1$
10	2	$0 \times 2^0 + 1 \times 2^1 = 2$
11	3	$1 \times 2^0 + 1 \times 2^1 = 3$
100	4	$0 \times 2^0 + 0 \times 2^1 + 1 \times 2^2 = 4$
101	5	$1 \times 2^0 + 0 \times 2^1 + 1 \times 2^2 = 5$

【그림】 1-82 2진수,10진수의 예

예를들면 다음의 2진수는 10진수로 얼마나 되는지 생각해보자.

“10111001”

10진수에서 행 번호와 행의 가중치를 고려하였듯이 우측부터 비트번호와 비트 가중치를 붙여보자.

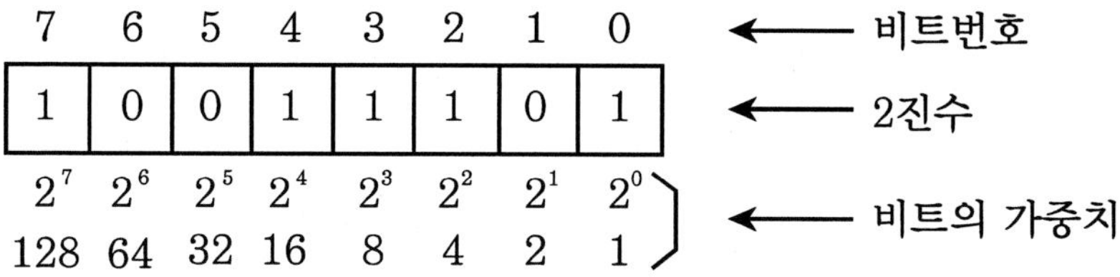

【그림】 1-83 10진수의 예

10진수와 같이 각 비트의 코드, 가중치, 곱의 합을 생각해보자.

= 1 × 128 + 0 × 64 + 1 × 32 + 1 × 16 +1 × 8 + 1 × 4 + 0 × 2 + 1 × 1

= 128 + 16 + 8 + 4 + 1

= 157

157의 10진수를 2진수로 변환해 보자.

157/2=78 나머지 1, 78/2=39 나머지 0, 39/2=19 나머지 1, 19/2=9 나머지 1, 9/2=4 나머지 1, 4/2=2 나머지 0, 2/2=1 나머지 0, 1/2=0 나머지 1

이며, 나머지 값을 끝으로부터 역순으로 나열하면 10011101이 되며 2진수가 된다. 즉 2진수는 “코드가 1인, 비트의 가중치를 가산한 것” 이 10진수로 되는 것이다. 일반적으로 8비트를 1바이트, 16비트(2바이트)를 1워드라 한다.

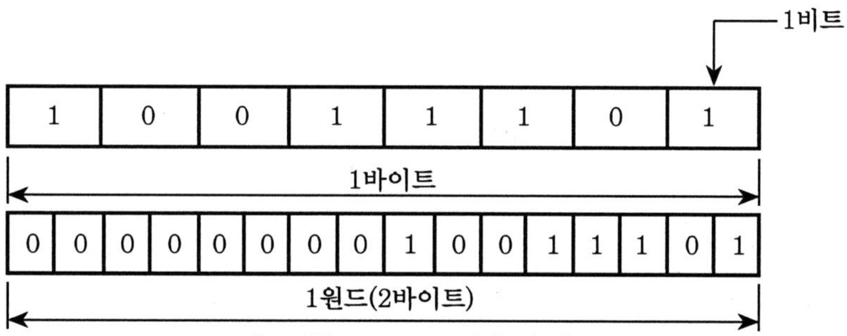

【그림】 1-84 10진수의 예

(3) 16진수(Hexadecimal ···············HEX)

16진수도 10진수, 2진수와 동일하게 생각하여 "0~9, A~F의 종류의 기호를 사용하여 순서와 크기를 나타내는 수"를 말한다.

그리고 0,1,2 ·················· D,E,F 다음에 "10"으로 자리올림을 하고 계속 진행된다.

10진수	16진수	2진수	BCD	
0	0	0		0000
1	1	1		0001
2	2	10		0010
3	3	11		0011
4	4	100		0100
5	5	101		0101
6	6	110		0110
7	7	111		0111
8	8	1000		1000
9	9	1001		1001
10	A	1010	0001	0000
11	B	1011	0001	0001
12	C	1100	0001	0010
13	D	1101	0001	0011
14	E	1110	0001	0100
15	F	1111	0001	0101
16	10	10000	0001	0110
17	11	10001	0001	0111
18	12	10010	0001	1000

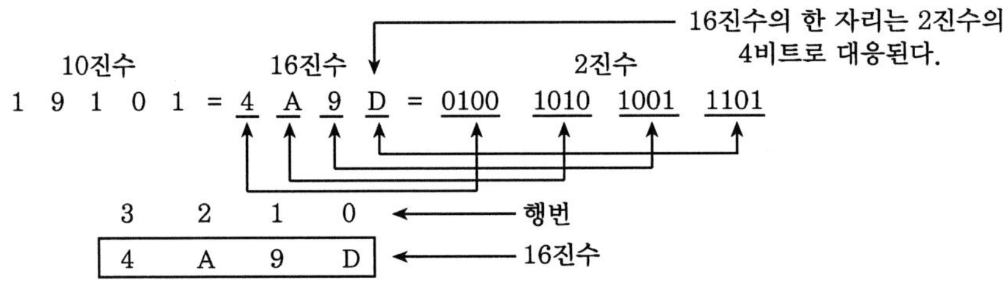

$= (4) \times 16^3 + (A) \times 16^2 + (9) \times 16^1 + (D) \times 16^0$

$= 4 \times 4096 + 10 \times 2568 + 9 \times 16 + 13 \times 1$

$= 19101$

【그림】 1-85 10진수의 예

19101은 10진수로 환산한 값이다. 10진수 19101을 16진수로 변환하면, 19101/16=1193 나머지 13(D), 1193/16=74 나머지 9, 74/16=4 나머지 10(A), 4/16=0 나머지 4이며, 나머지를 역순으로 나열하면 4A9D가 된다.

(4) 2진화 10진수(Binary Coded Decimal ··················· BCD)

2진화 10진수는 "10진수의 각행의 숫자를 2진수로 나타낸 수"를 말한다. 예를들면, 10진수의 157은 다음과 같이 10진수의 0~9999(4행의 최대치)를 16비트로 나타낸다. 각 비트의 가중치는 다음과 같다.

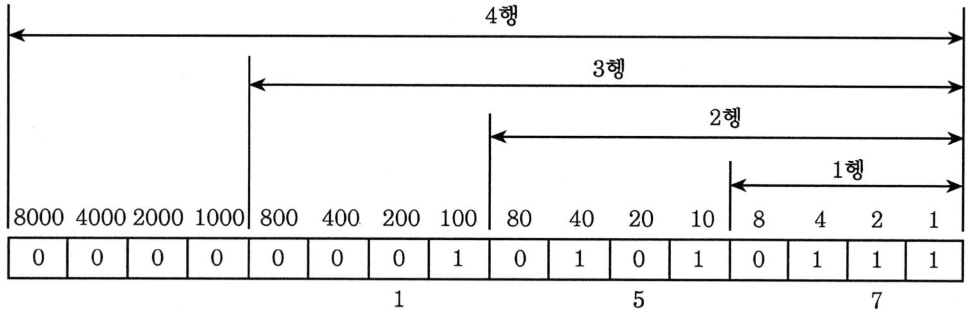

【그림】 1-86 10진수의 예

2 정수의 표현

정수 표시는 최상위 비트(MSB)가 0이 되며 양수를 나타내고 1이면 음수로 나타나게 된다. 이때 0,1에 따라 음수 양수를 표시하는 최상위 비트를 Sign 비트라고 한다. 16비트도 32비트에서는 MSB의 위치가 다르기 때문에 Sing 비트 위치에 주의해야 한다.

(1) 16비트일 경우

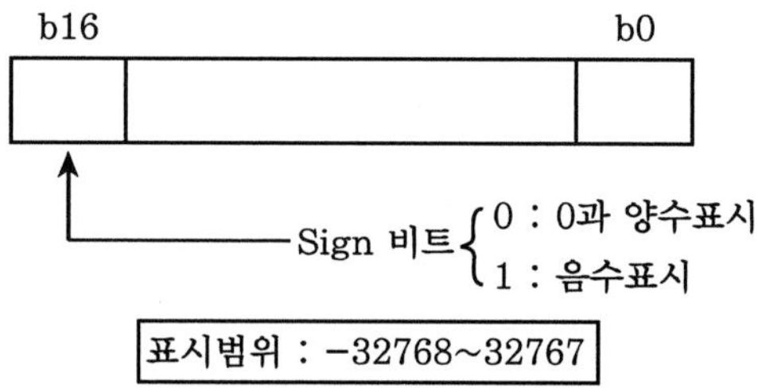

【그림】 1-87 10진수의 예

(2) 32비트일 경우

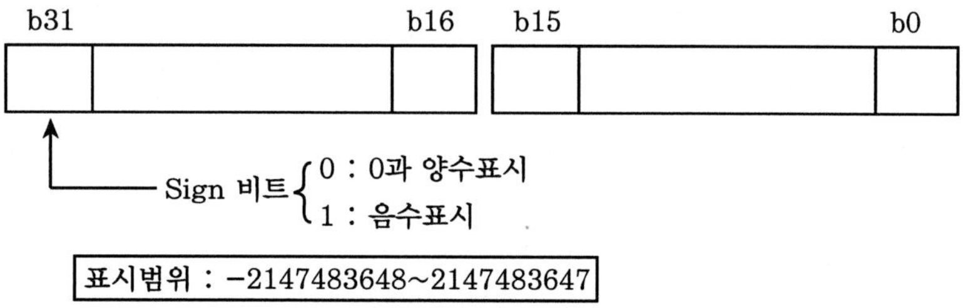

【그림】 1-88 10진수의 예

3 음수의 표현

음수를 바이너리 코드로 표현하고자 할 때는 먼저 부호를 생략한 데이터를 바이너리 코드로 전환한 후 1의 보수를 취하면 된다

[예 – 0001을 표기하는 방법]

① 부호를 생략한 0001을 바이너리 코드로 전환하다.(b0=1)

b15				b0
1	0	~	0	1

【그림】 1–89 10진수의 예

② ①의 결과를 반전시킨다.(b0=0)

b15				b0
1	1	~	1	0

【그림】 1–90 10진수의 예

③ ②의 결과에 +1을 한다.

b15						b0
1	1	1	1	~	1	1

【그림】 1–91 10진수의 예

–0001=hFFFF

즉, 음의 정후 –0001을 바이너리 코드로 전환했을 경우 hFFFF와 동일한 결과가 나타난다. 또 무보호 정수(UINT) 정수의 최대값 65,535를 바이너리 코드로 전환해 보면 hFFFF가 나타난다. 역으로 말하면 hFFFF는 –0001 또는 65,535로 인식할 수 있는데, 변수 설정시 설정한 데이터 타입에 따라 정수(INT) 또는 무부호 정수(UINT)로 인식하게 된다.

4 아스키코드(ASCII Code)

아스키코드는(ASCII Code) American Standard Code for Information Interchange의 약자로, 1962년 안시(ANSI)가 정의한 미국 표준 정보 교환 코드이다. 이 코드는 숫자로 문자를 표현하기 위한 일종의 약속이며 특수문자, 문자, 숫자에 번호를 부여하여 컴퓨터에서 처리하기 쉽게 만든 것이다. 또한 7비트로 구성되어 많은 종류의 문자로 나타낼 수 있다.

제2장

LabVIEW 기본프로그래밍1

제2장 LabVIEW 기본 프로그래밍 1

1. 입력과 출력

프런트 패널의 객체는 컨트롤과 인디케이터로 나눠지는데, 이때 컨트롤은 사용자 입력을 위한 객체이고 인디케이터는 프로그램의 실행 결과를 출력하는 객체이다.

【그림】 2-1와 같이 예를 들면 '5' 라는 숫자는 사용자가 설정한 '입력값' 으로 즉, 컨트롤이 되며, X는 받아들인 데이터를 숫자로서 표현하는 '출력개체' 로, 즉 인디케이터이다.

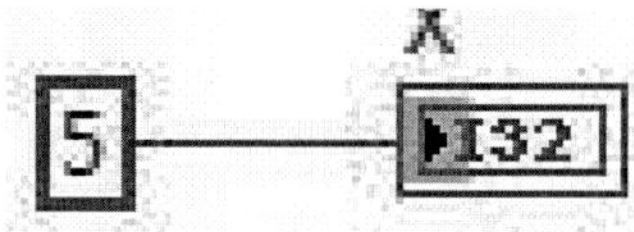

【그림】 2-1 인디케이터

그리고 LabVIEW에서 데이터의 흐름은 항상 컨트롤에서 인디케이터로 흐르게 되므로 와이어를 연결했을 때 컨트롤에서 인디케이터로 연결해야 한다. 이 규칙을 따르지 않으면 실행 버튼이 깨어져서 VI를 실행할 수 없다.

2. 프로그래밍 도구

1. 프런트패널과 블록다이어그램의 각 화면 상단 메뉴바 밑에 배치되어있는 도구바를 이용하여 실행 및 디버깅, 정렬, 문자 폰트 변경 등을 수행 할 수 있다.

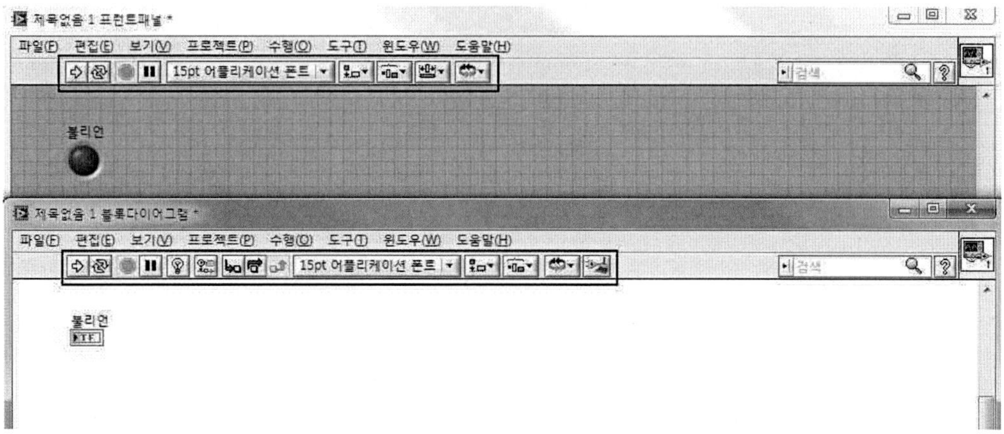

【그림】 2-2 프런트패널과 블록다이어그램

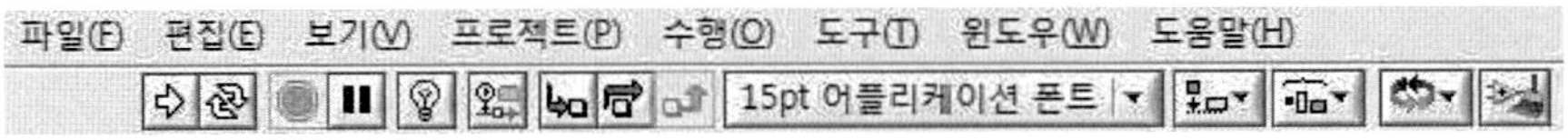

【그림】 2-3 디버깅 메뉴

Bit	경우의 수
	실행
	디버깅 반복실행
	강제종료 및 일시정지
	아이콘 정렬

【표】 2-1 디버깅 메뉴 경우의 수

다음 예제를 통하여 숫자형 컨트롤과 숫자형 인디케이터를 사용하는 방법과 차이점을 확인해보자.

1) 더하기와 빼기
숫자 두 개를 입력받아서 더하고 VI를 만들어보자.

(1) 프런트패널 상에서 마우스 오른쪽버튼클릭 〉숫자형〉숫자형 컨트롤 두 개를 【그림】 2-5와 같이 위치시킨다.

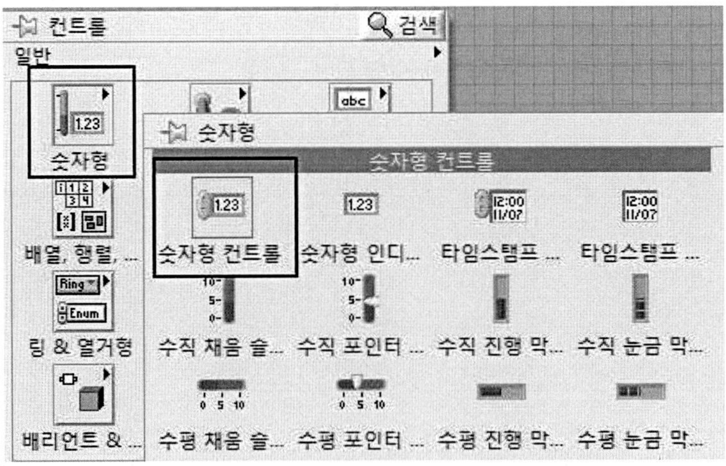

【그림】 2-4 컨트롤 팔레트와 숫자형 컨트롤

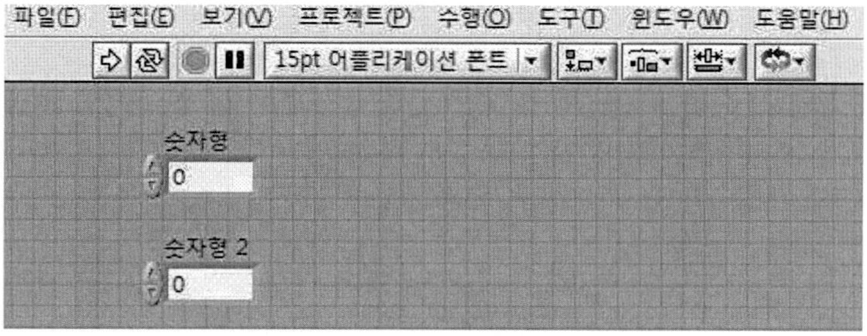

【그림】 2-5 2개의 숫자형 컨트롤

(2) 숫자형 라벨을 각각 X와 Y로 바꾼다. 이때 ⇧Shift + 마우스 오른쪽 버튼 클릭으로 나오는 도구상자에서 A를 이용하여 라벨을 바꿀 수 있다. 자동선택으로 설정되어 있을 때는, 고치고 싶은 라벨에 마우스 커서를 놓은 후 더블클릭하여 바꿀 수 있다.

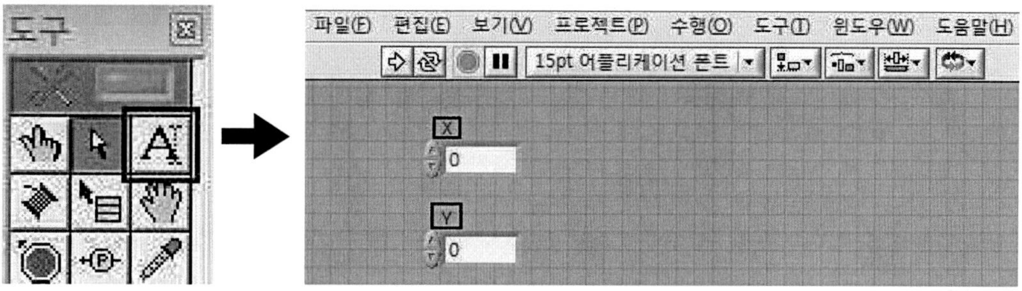

【그림】 2-6 도구상자 A를 이용하여 라벨바꾸기

(3) 마우스 오른쪽 버튼 클릭>숫자형>숫자형 인디케이터 두 개를 【그림】 2-8과 같이 프런트 패널에 위치시키고, 상단메뉴 객체 정렬 도구 를 이용하여 정렬한다.그후 인디케이터의 라벨을 각각 X+Y와 X−Y로 바꾼다.

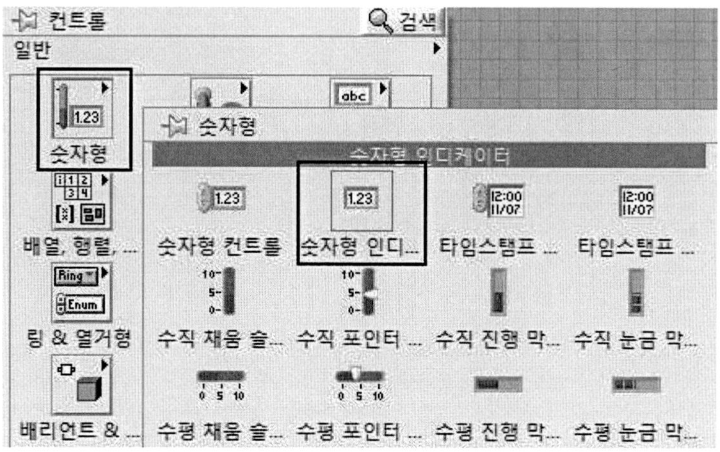

【그림】 2-7 숫자형 인디케이터

【그림】 2-8 2개의 숫자형 인디케이터 위쪽 경계 맞추기

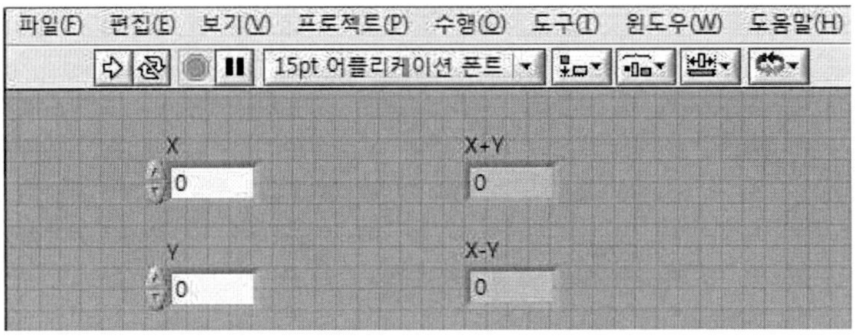

【그림】 2-9 인디케이터의 이름(라벨)바꾸기

(4) 마우스 오른쪽 버튼 클릭>숫자형 팔레트>수직채움 슬라이드 두 개를 【그림】 2-10과 같이 프런트 패널에 위치시킨다.

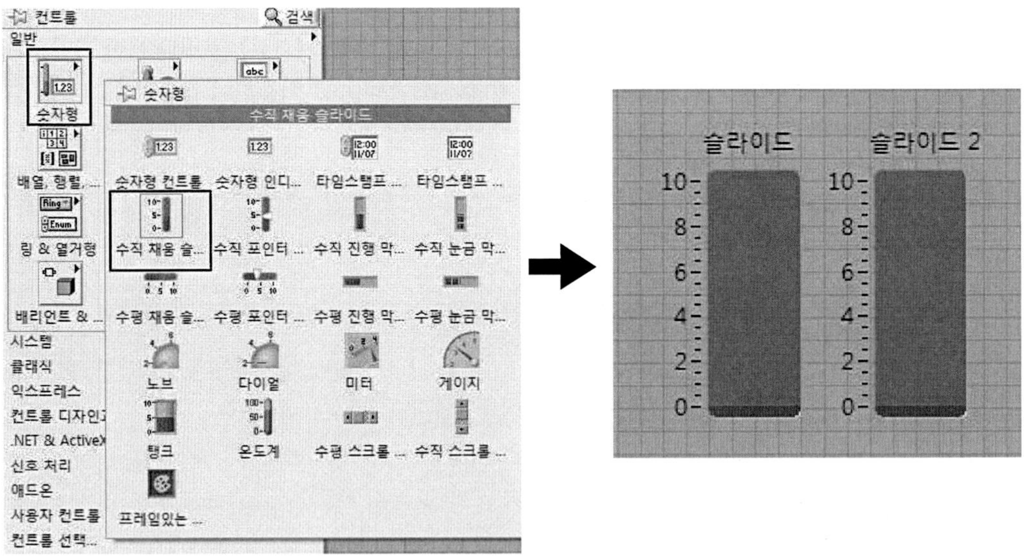

【그림】 2-10 수직 채움 슬라이드

(5) 수직 채움 슬라이드는 초기 컨트롤 상태 이므로 "슬라이드 2"에 마우스를 가져가 마우스 오른쪽 버튼을 클릭하여 인디케이터로 변경한다.

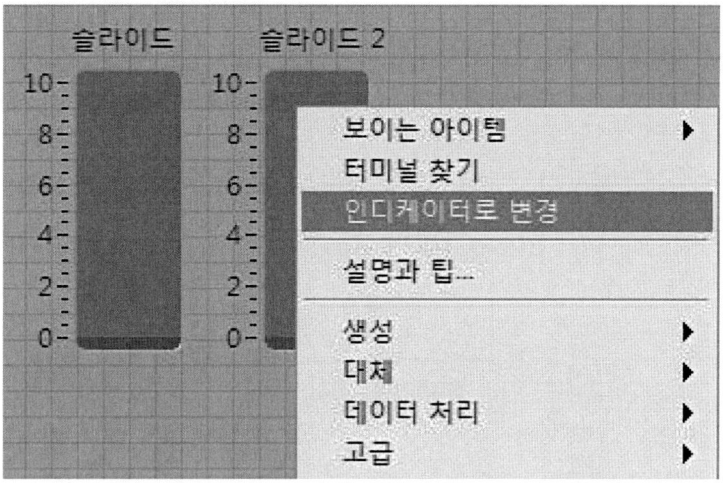

【그림】 2-11 수직 채움 슬라이드2의 컨트롤을 인디케이터로 변경하는 방법

정확하게 컨트롤과 인디케이터를 구분하기 위해서는 각 아이콘에 대응되는 터미널을 확인해야 한다.

※ 슬라이드의 구분을 확인하기 위해 블록다이어그램 창을 열어보자.

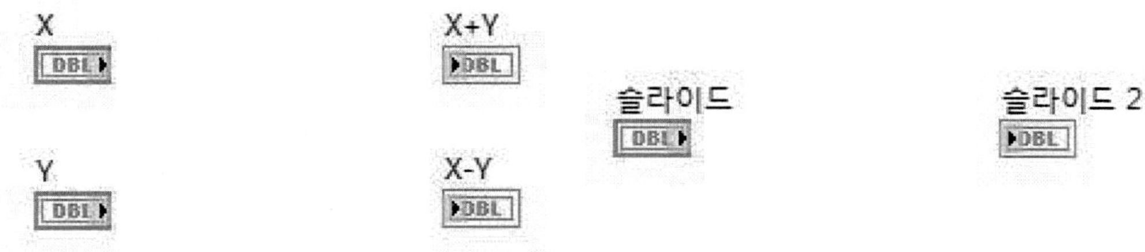

【그림】 2-12 블록다이어그램에서의 숫자형 컨트롤,
인디케이터 및 슬라이드아이콘 정렬

먼저 [정렬 도구 아이콘]를 이용하여 그림과 같이 터미널을 정렬해 주도록 하자.

그림에 나와있는 굵은 테두리의 DBL 은 컨트롤이고 얇은 테두리의 DBL 은 인디케이터이다. 이때 주황색은 실수 형태의 숫자형임을 의미하고, DBL은 대정도형임을 의미한다. 검은색 삼각형 위치도 서로 다르다. 컨트롤은 나가는 쪽에 삼각형이 있고 인디케이터는 들어오는 쪽에 삼각형이 있다.

(6) 블록다이어그램 상에서 마우스 오른쪽 버튼 클릭〉프로그래밍〉숫자형〉더하기와 빼기를 찾아서 위치시키고 【그림】 2-14, 2-15와 같이 와이어를 연결한다.

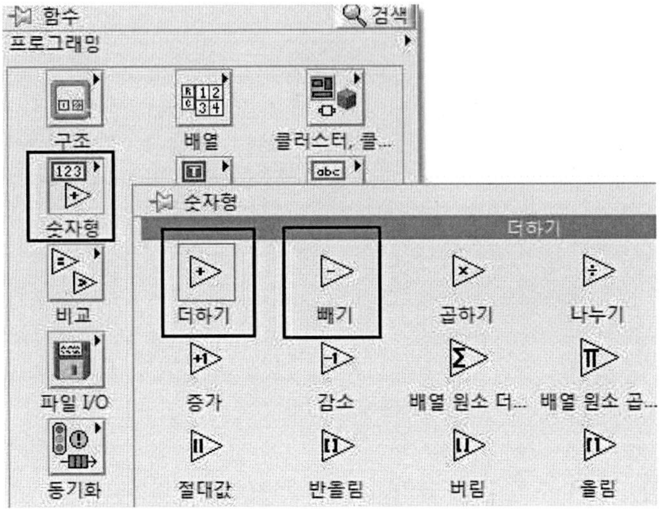

【그림】 2-13 더하기 함수

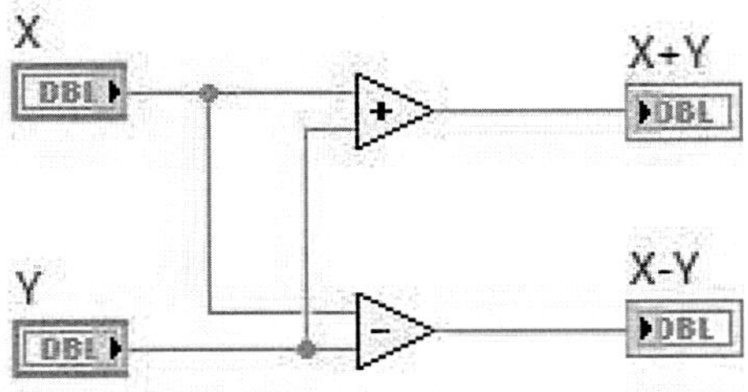

【그림】 2-14 더하기,빼기 함수 연결하기

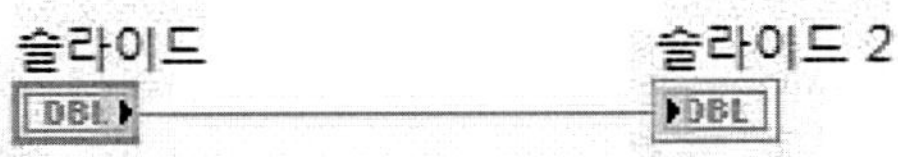

【그림】 2-15 슬라이드 함수 연결하기

(7) 단축키 Ctrl + S 를 눌러 더하기와 빼기. VI로 저장한다.

(8) 다시 프런트패널 창으로 돌아와서 컨트롤인 X에 마우스 커서를 놓고 클릭한 뒤 4를 입력하고, Y에 마우스 커서를 놓고 클릭한 뒤 1를 입력하고, 슬라이드는 마우스 클릭으로 값을 입력한 후 상단 메뉴바 밑에 위치한 실행 버튼을 눌러서 프로그램을 실행한다.

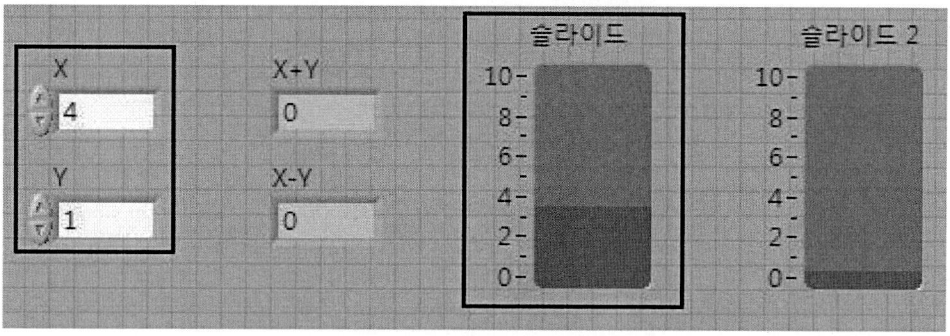

【그림】 2-16 프런트패널 상에서의 아이콘 1

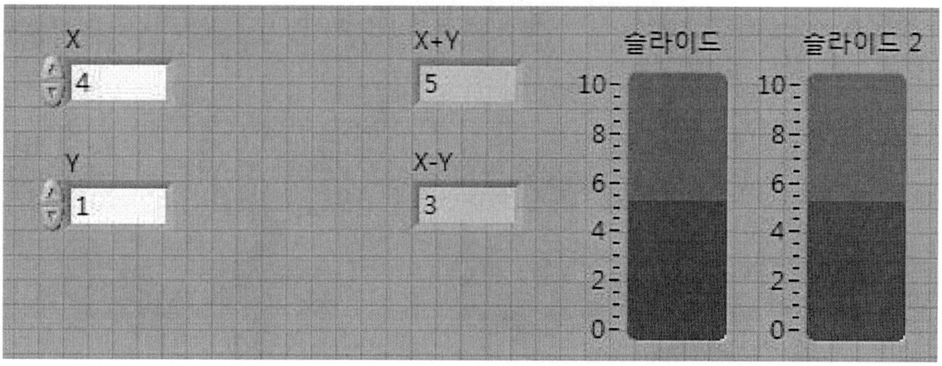

【그림】 2-17 프런트패널 상에서의 아이콘 2

실행이 완료되면 【그림】 2-17과 같은 결과가 나온다.

X의 값은 4이고 Y의 값은 1이므로 그 둘의 연산값인 X+Y의 값은 5, X-Y의 값은 3이 된다. 슬라이드의 경우 슬라이드의 값이 다른 연산 없이 바로 슬라이드2에 전달되므로 두 슬라이드의 높이는 같다.

3. 데이터 타입

LabVIEW의 숫자형, 불리언, 그리고 문자열의 세 가지 데이터 타입에 대하여 알아보자.

【그림】 2-18 3가지의 데이터 타입

각 숫자형, 불리언, 문자열에는 컨트롤과 인디케이터를 가지고 있으므로 "숫자형 컨트롤"과 "숫자형 인디케이터", "불리언 컨트롤"과 "불리언 인디케이터", 그리고 "문자열 컨트롤"과 "문자열 인디케이터"로 나눠진다.

1 숫자형변수

숫자형은 소수점이 있는 실수와 소수점이 없는 정수를 포함한 숫자이며 산술연산(더하기, 빼기, 곱하기, 나누기 등)이나 삼각함수 같은 연산에서 입력과 출력으로 사용되는 값도 숫자형이다. 또한 숫자형은 크게 실수형, 정수형, 양의 정수형, 복소수형으로 나눠지며 같은 실수형 안에서도 DBL 등 메모리 크기와 용도에 따라 총 14개의 다른 형태로 구분되는데, 이것은 숫자형의 단축메뉴 해당 아이콘을 마우스 오른쪽 버튼 클릭에서 형(Representation)에서 선택이 가능하다.

【그림】 2-19 와 같이 실수형과 정수형을 선택는 방법은 다음과 같다.
먼저 프런트패널 상에서 숫자형을 불러오자. 오른쪽 마우스버튼 클릭〉컨트롤〉숫자형〉숫자형클릭

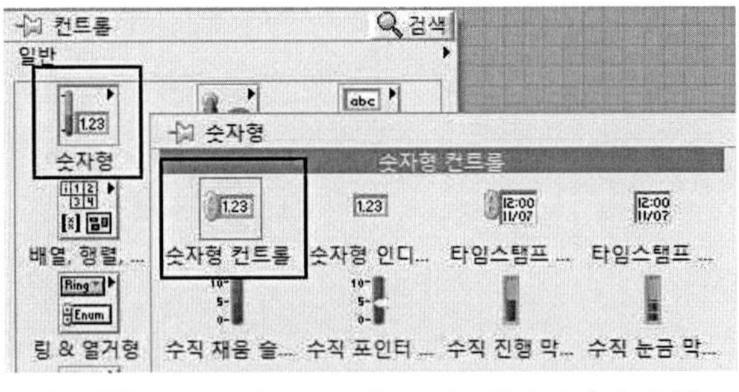

【그림】 2-19 숫자형 데이터의 종류들(바이트)

숫자형 아이콘에 마우스 오른쪽 버튼 클릭>형(실수형, 정수형)

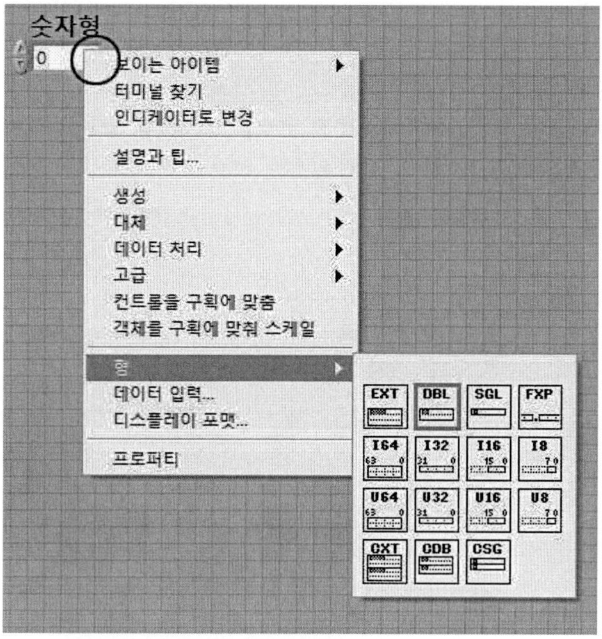

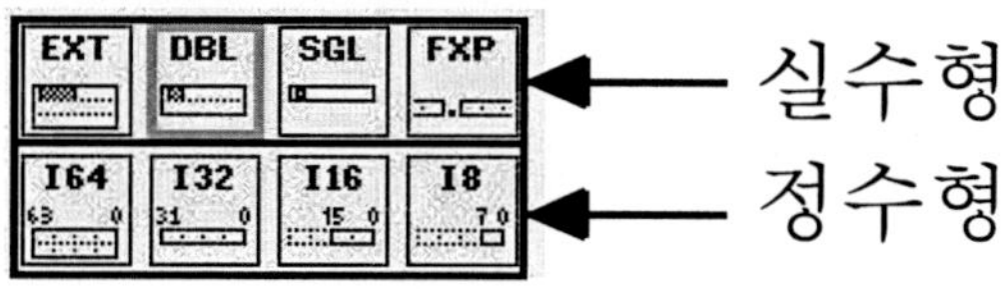

【그림】 2-20 숫자형 데이터의 종류 실수형과 정수형

① 실수형(Floating Point Numbers)

FXP(Fixed Point Number) : 고정소수점수

SGL(Single Precision) : 싱글정밀도 32비트 실수

DBL(Double Precision) : 더블정밀도 64비트 실수

* 랩뷰에서 실수형식으로 64비트 더블정밀도(DBL)를 사용한다.

EXT(Extended Precision) : 확장정밀도 80비트 실수

② 정수형(Integers)

I8 : 바이트 정수(Byte Integer) 8비트

I16 : 워드정수(Word Integer) 16비트

I32 : 롱정수(Long Integer) 32비트

I64 : 쿼드정수(Quad Integer) 64비트

와이어로 연결할 때 숫자형은 숫자형끼리 연결해야 하며, 같은 숫자형인 정수와 실수를 연결할 경우에는 자동으로 형이 바뀐다. 예를 들면 배정도 DBL을 정수 64인 I64에 연결하면 반올림 처리되어 실수가 정수로 바뀐다.

먼저 프런트패널 상에서 오른쪽 마우스 버튼 클릭>숫자형>숫자형 컨트롤 2개를 불러온 뒤, 【그림】 2-22와 같이 각 컨트롤에 실수와 정수로 이름을 바꿔준다.

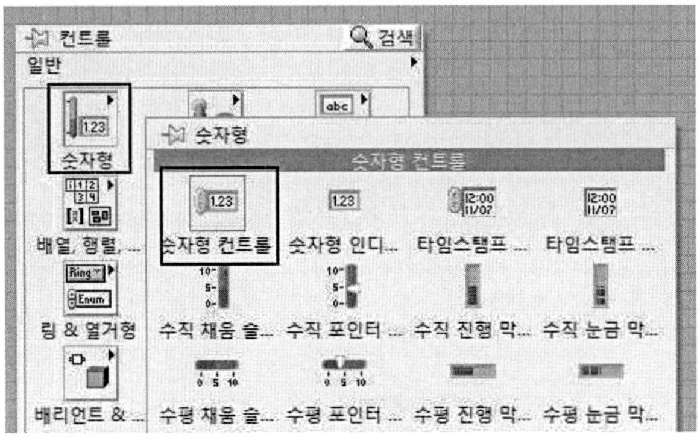

【그림】 2-21 숫자형 컨트롤

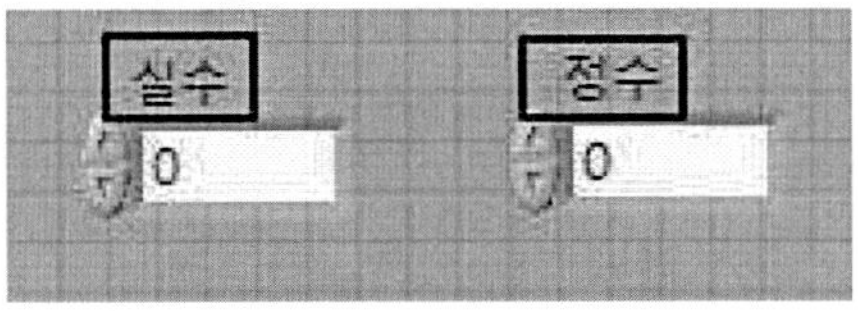

【그림】 2-22 실수와 정수

【그림】 2-23과 같이 정수 컨트롤 오른쪽 마우스 클릭>형>I64 클릭

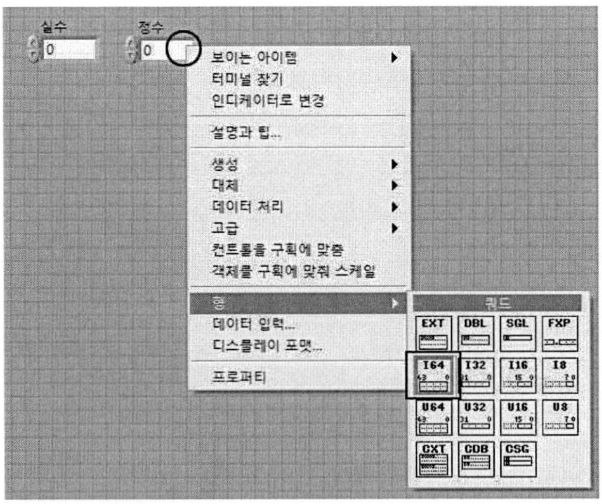

【그림】 2-23 실수를 정수로 바꾸기

블록다이어그램 상으로 와서 정수 아이콘 오른쪽 마우스 버튼 클릭>인디케이터로 변경하기를 클릭하여 변경해준 뒤 【그림】 2-25와 같이 실수와 정수에 와이어를 연결한다.

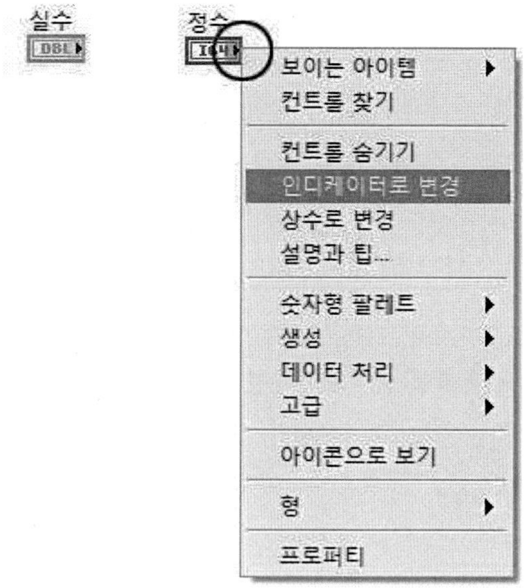

【그림】 2-24 인디케이터 변경(블록다이어그램)

【그림】 2-25 와이어 연결하기

블록다이어그램 상에서 터미널 형태의 차이로 숫자형의 데이터 형을 구분할 수 있다. 실수와 복소수는 주황색이고 정수와 자연수는 파란색임을 확인할 수 있을 것이다.

아래 【그림】 2-26과 같이 팔레트의 아이콘들은 형태만 다를 뿐이지 같은 숫자형 변수들이다. 숫자형은 여러 가지 형태의 아이콘으로 표현이 가능하고 보기 좋은 사용자 인터페이스를 만들기 위하여 슬라이드나 다이얼 같은 아이콘을 사용 할 수 있다.

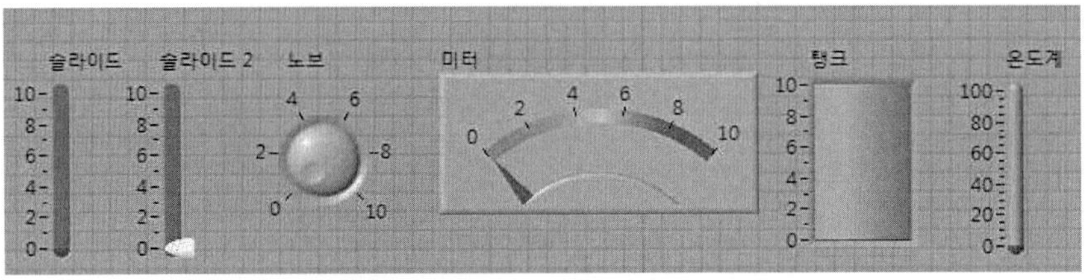

【그림】 2-26 여러 가지 숫자형 변수들

블록다이어그램 상에서 숫자형 컨트롤, 인디케이터와 함께 숫자형 상수를 사용할 수 있다. 이것은 마우스 오른쪽 버튼 클릭〉숫자형〉숫자형 상수를 찾을 수 있다.

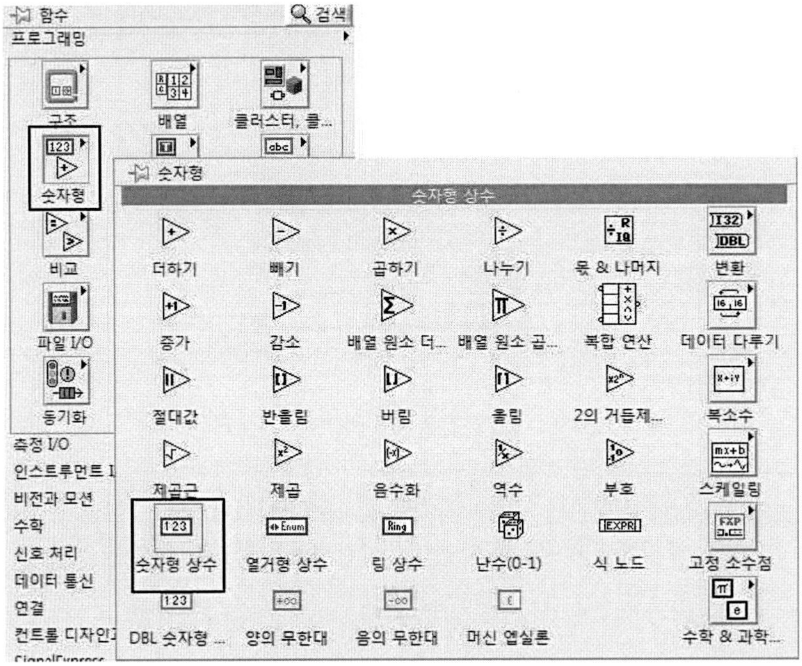

【그림】 2-27 숫자형 상수

2 불리언 변수

불리언은 【그림】 2-28과 같이 프런트패널 창〉마우스 오른쪽 버튼 클릭〉컨트롤 팔레트에서 찾을 수 있다. 불리언은 참(True)과 거짓(False)의 값을 가지는 논리 데이터이며, 와이어가 초록색이다 불리언은 스위치같은 컨트롤, 또는 LED와 같은 인디케이터에 사용된다.

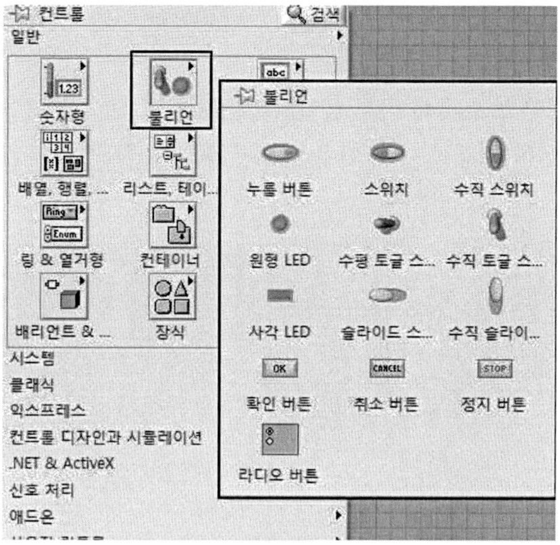

【그림】 2-28 불리언 변수의 종류

또한 불리언 함수 및 상수는 블록다이어그램 창〉마우스 오른쪽 버튼 클릭〉함수팔레트에서 찾을 수 있다.

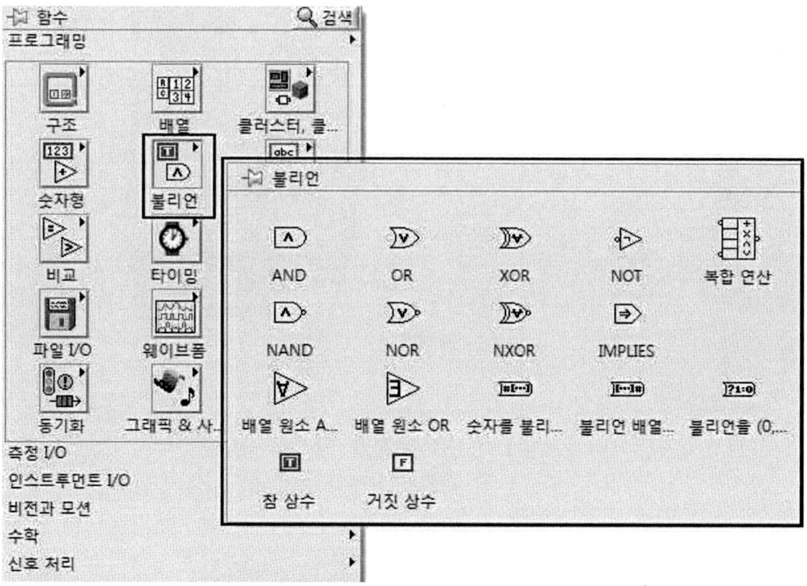

【그림】 2-29 불리언 함수의 종류

불리언 함수는 논리 연산(AND, OR, XOR, NOT, NAND, NOR, NXOR 등)을 의미한다. 자세한 설명은 뒤에서 알아보자.

3 문자열 변수

문자열은 앞서 1장에서 배운 아스키코드(ASCII Code)로 구성된 데이터 타입이다. 문자열은 통신((TCP/IP) 및 GPIB* 통신, 시리얼 등의 관련 프로그램을 할 때 데이터 타입으로 사용되며 Text 문 작성, 하드디스크 저장, 다른 프로그램 언어, 엑셀(Excel) 또는 메모장에서 읽을 수 있다.
* GPIB(General Purpose Interface Bus) : 컴퓨터와 주변기기를 접속하기 위한 통신규격

프런트패널 상에서 마우스 오른쪽 버튼 클릭〉문자열&경로 에서 문자열 컨트롤, 인디케이터를 찾을 수 있으며, 블록다이어그램 상에서 마우스 오른쪽 버튼 클릭〉문자열에서 문자열 함수와 상수를 찾을 수 있다.

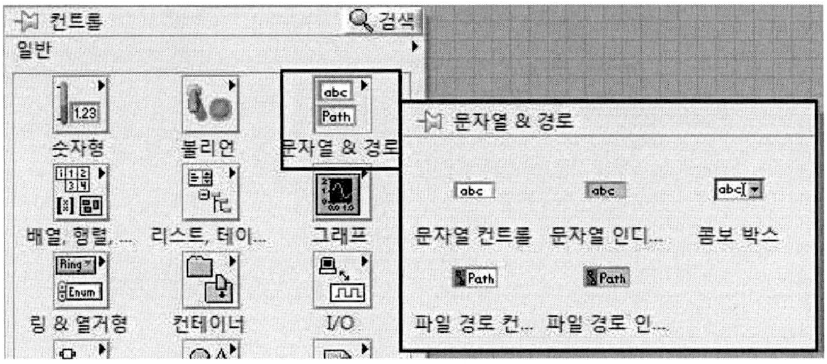

【그림】 2-30 문자열 변수의 종류

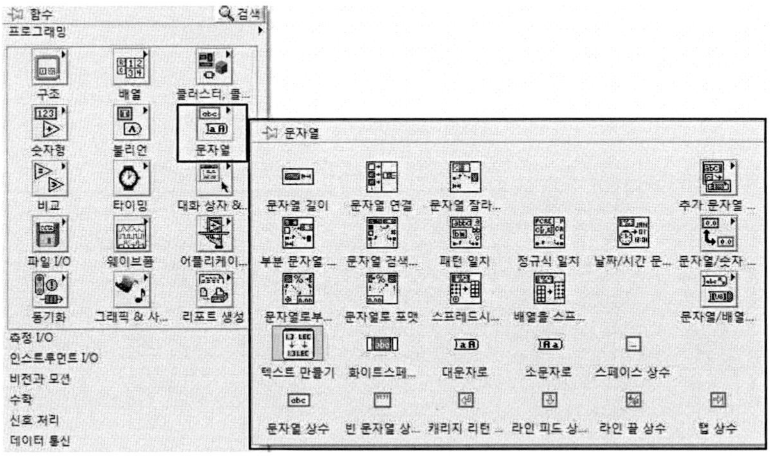

【그림】 2-31 문자열 함수의 종류

【그림】 2-32를 보면 왼쪽 흰색이 컨트롤이고, 오른쪽 회색이 인디케이터이다.

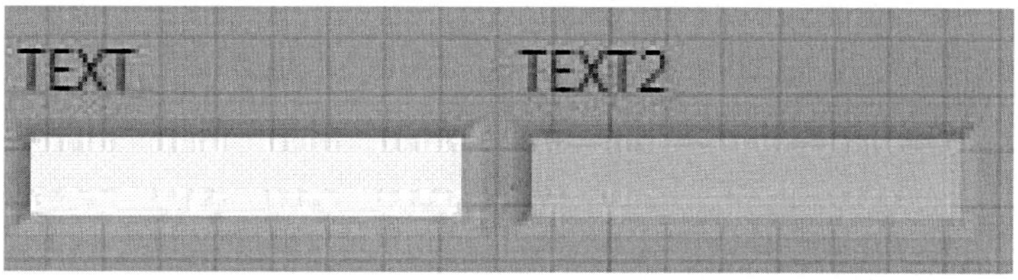

【그림】 2-32 문자열 컨트롤과 인디케이터

【그림】 2-33과 같이 문자열 아이콘을 마우스로 클릭하면 여덟 개 방향으로 크기를 바꿀 수 있다.

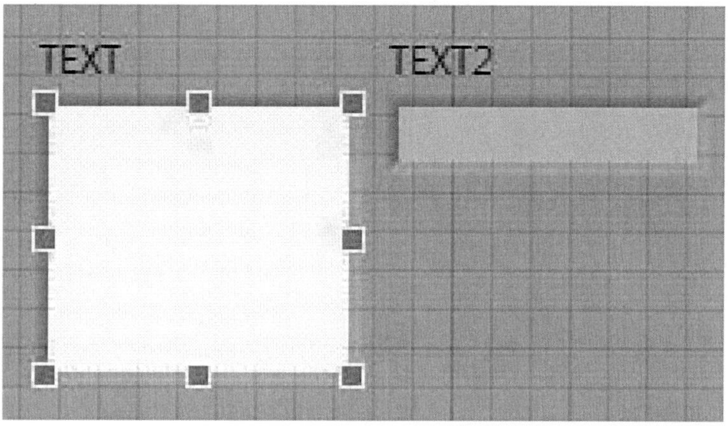

【그림】 2-33 문자열 컨트롤과 인디케이터의 크기조절

LabVIEW의 데이터 타입은 숫자형, 불리언, 그리고 문자열로 세가지 이다. 숫자형은 주황색 또는 파란색, 불리언은 녹색, 문자열은 분홍색으로 구분되며, 이러한 데이터 타입이 흐르는 와이어 역시 그 색깔을 따른다.

【그림】 2-34 데이터 타입 색

또한 각각의 데이터 타입에는 컨트롤, 블록 다이어그램 창에서의 인디케이터, 상수가 있다. 프런트 패널에는 컨트롤과 인디케이터의 아이콘을 놓을 수 있고, 블록다이어그램에서는 컨트롤과 인디케이터의 터미널과 상수 및 관련 함수를 이용하여 프로그래밍 할 수 있다.

4. 수식연산

수식연산은 위에서 잠시 다루어 봤던 +, - 등의 연산을 말한다. 간단한 예제를 통해 수식연산의 사용법과 용도를 자세히 알아보자. 먼저 블록다이어그램 화면에서 마우스 오른쪽 버튼을 클릭하여 함수 패널을 띄운 뒤 숫자형>더하기,빼기,곱하기,나누기 노드의 각 아이콘들을 클릭하여 【그림】 2-36과 같이 놓는다. (이후 그림과 같이 각 아이콘들을 드래그한 후 정렬 기능을 사용하여 아이콘을 가지런히 놓아 보자.)

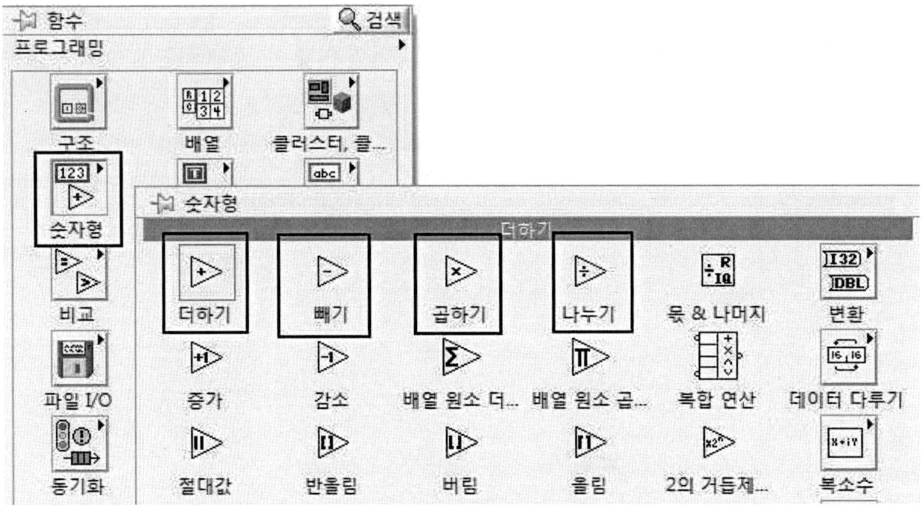

【그림】 2-35 더하기,빼기,곱하기,나누기 함수

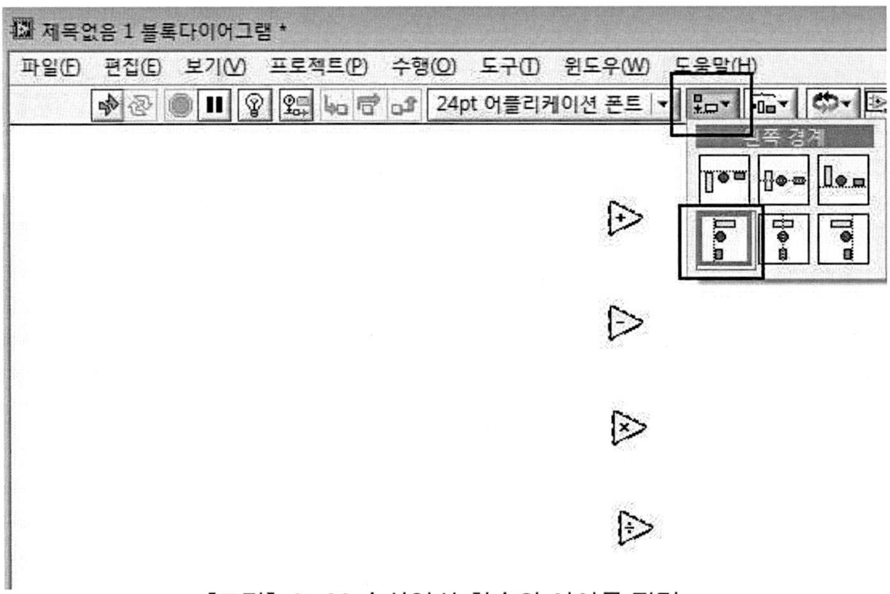

【그림】 2-36 수식연산 함수와 아이콘 정렬

연산 노드들의 아이콘들 다 가져다 놓았다면 이번엔 숫자형 상수를 2개 가져다 넣어보자.
블록다이어그램 패널에서 마우스 오른쪽 버튼을 클릭하여 함수팔레트를 띄운 뒤 숫자형>숫자형 상수를 클릭하면 한다.(마찬가지로 【그림】 2-38를 참고하여 아이콘들을 정렬해보자.)

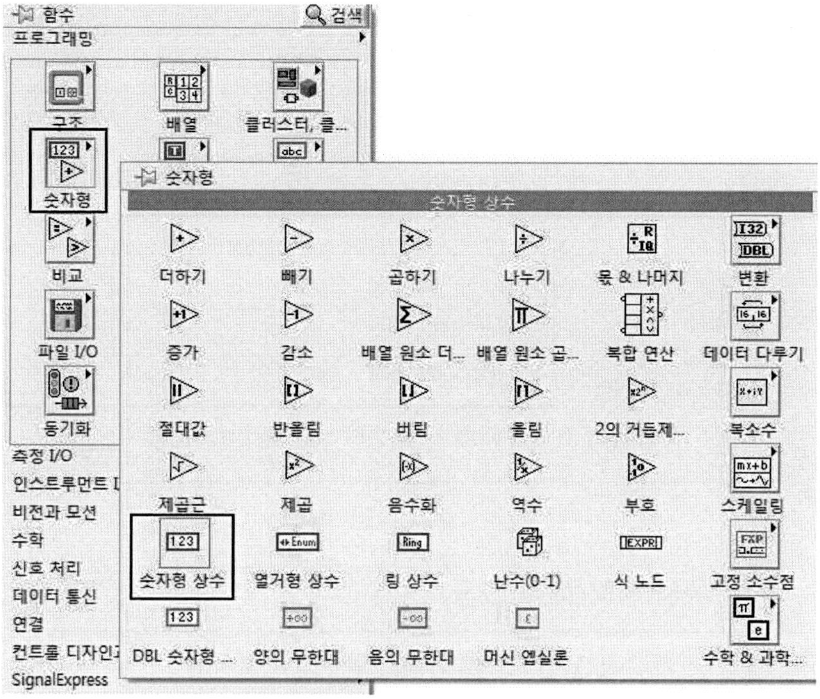

【그림】 2-37 숫자형 상수

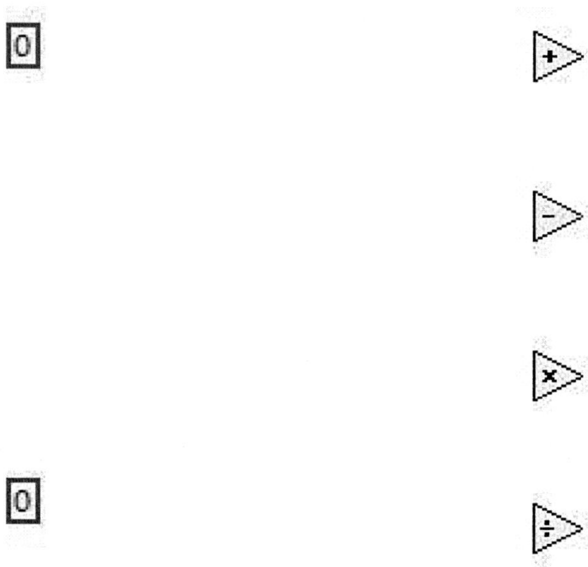

【그림】 2-38 상수와 수식연산 함수

앞에서 언급했듯이 각 노드들의 사용법은 도움말을 통하여 확인해 볼수 있다.
더하기 노드아이콘을 마우스 오른쪽 버튼 클릭>도움말을 클릭하면 【그림】 2-39와 같은 도움말을 볼 수 있다.

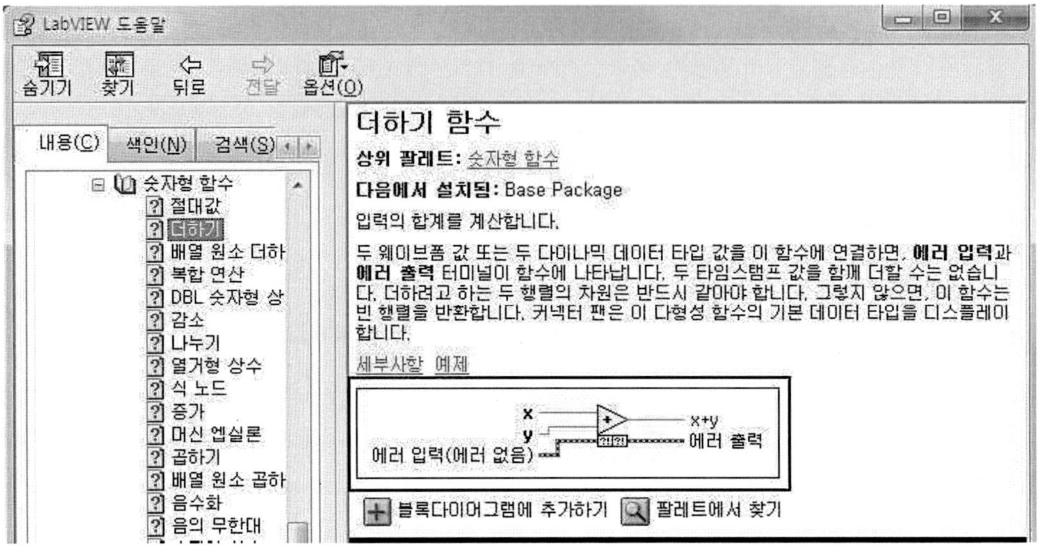

【그림】 2-39 더하기 함수의 사용 방법(도움말)

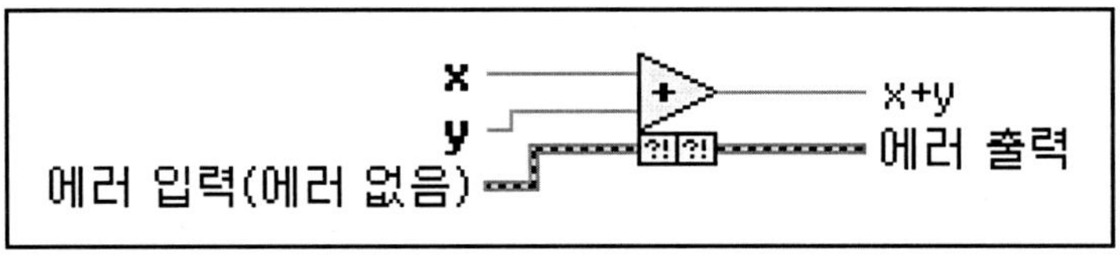

【그림】 2-40 더하기 함수의 세부사항

노드의 좌측 X의 값과 Y의 값을 합하여 우측의 X+Y로 출력한다는 뜻이다.
우선 아까 만들어 둔 숫자형 상수중 위의 것을 각 연산 노드들의 'X'에 연결해보자.
와이어 연결은 노드의 점을 클릭한 뒤 드래그 하여 연결할 노드의 점에 커서를 가져다 놓으면 된다.

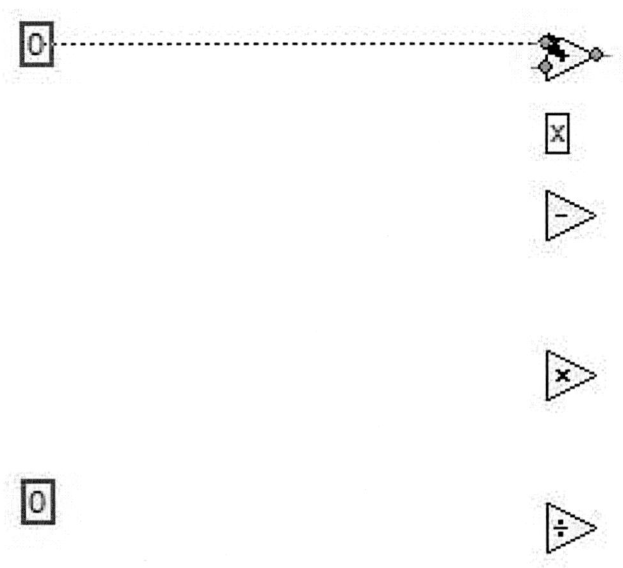

【그림】 2-41 와이어 연결하기 1

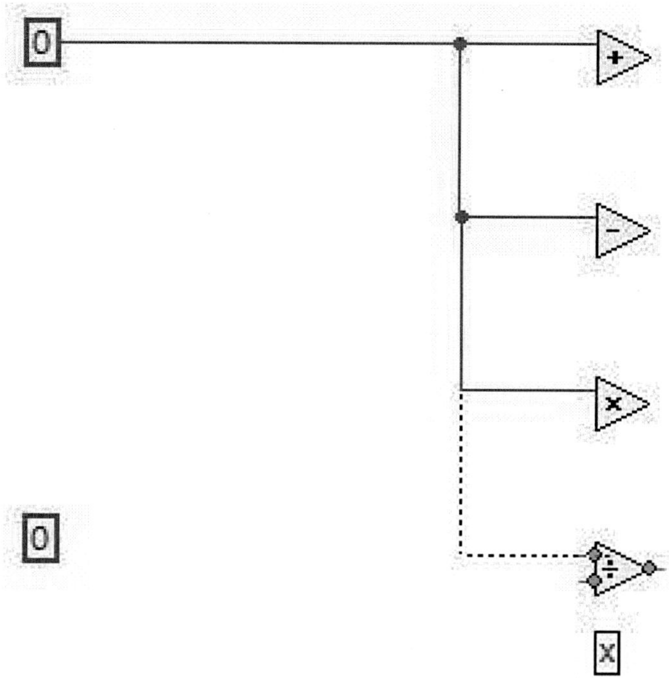

【그림】 2-42 와이어 연결하기 2

X에 연결이 끝나면 위와 마찬가지로 아래에 남아있는 상수를 각 노드의 'Y' 에 연결해보자.

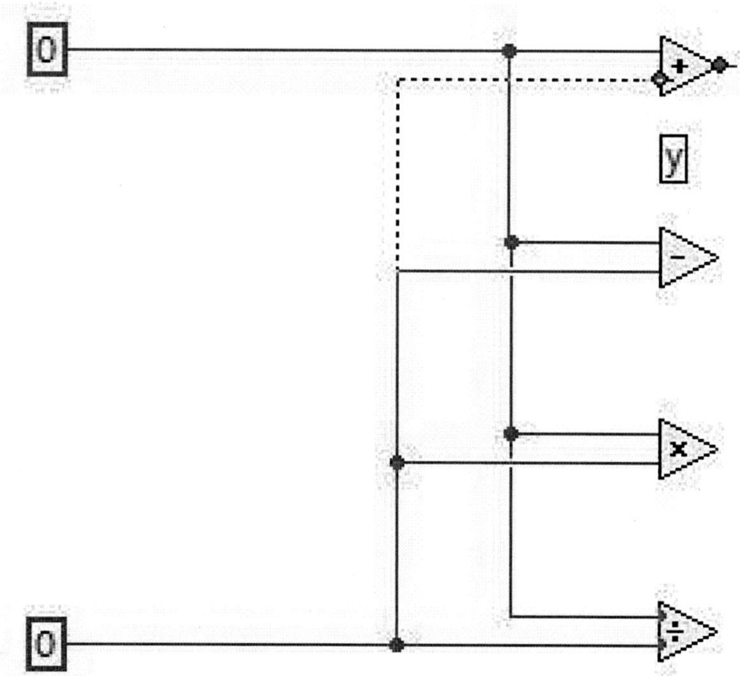

【그림】 2-43 와이어 연결하기 3

여기까지 연결이 되었다면 각 노드들의 출력을 표시해줄 인디케이터를 만들어 보자.
전에 언급하였듯 각 노드의 우측꼭지점에서 출력이 나오는데 이부분에 마우스 커서를 가져다 놓은 뒤 마우스 오른쪽 버튼을 클릭하여 메뉴를 띄우고 생성〉인디케이터를 누르면 각 노드들의 출력값이 표시되는 인디케이터를 만들 수 있다.

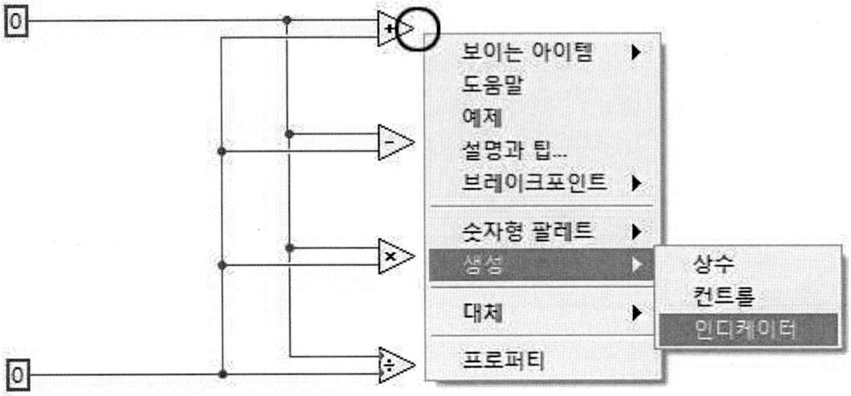

【그림】 2-44 수식연산 함수의 단축 메뉴(인디케이터)

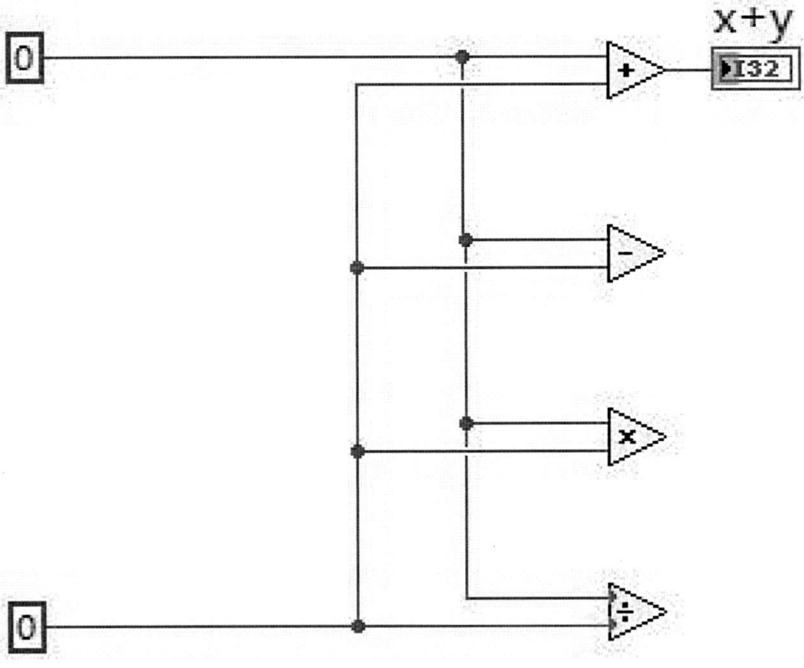

【그림】 2-45 인디케이터 생성하기

예를들어 '배정도' 를 사용할 경우 생성된 인디케이터를 마우스 오른쪽 버튼을 클릭하여 메뉴를 띄운 뒤 형〉배정도를 눌러 【그림】 2-46과 같이 바꿔주도록 하자.

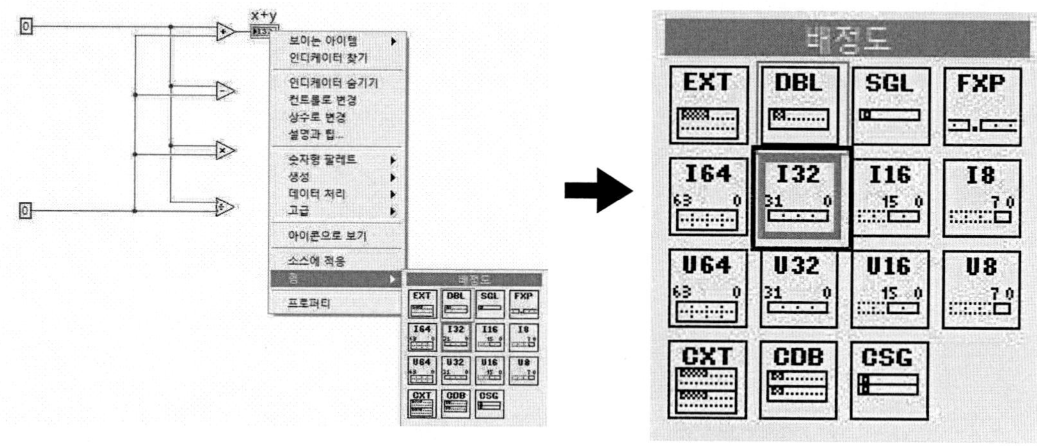

【그림】 2-46 숫자형 인디케이터의 데이터 타입 바꾸기

위의 과정을 반복하여 각 연산노드 4개에 인디케이터를 생성 한 뒤 배정도로 바꿔주자.
또한 숫자형 상수에 마우스 커서를 놓고 더블클릭하여 '0' 으로 되어있던 기본값을 각각 10과 5로 바꾸어주도록 하자.

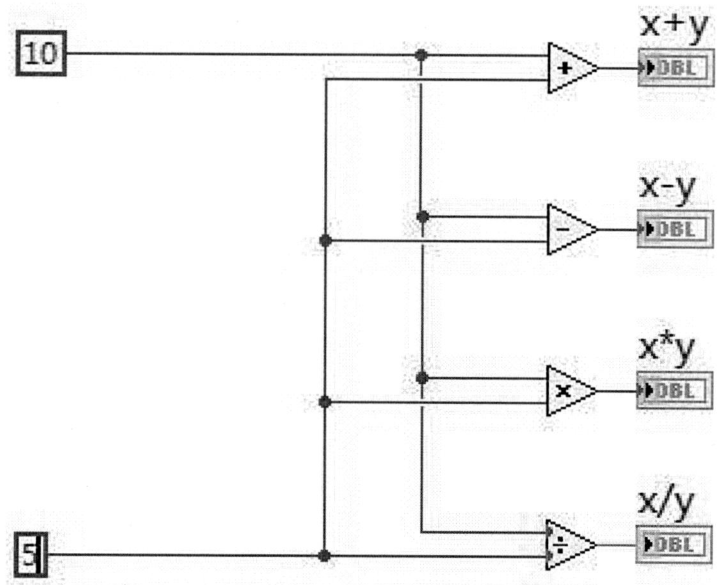

【그림】 2-47 4칙 연산 프로그램(블록다이어그램)

여기까지 작업이 정상적으로 진행되었다면 프런트 패널상에 【그림】 2-48과 같은 인디케이터들이 보일 것이다.(인디케이터의 위치는 저마다 다를 수 있으므로 정렬기능을 이용하여 보기편하게 정렬하자.)

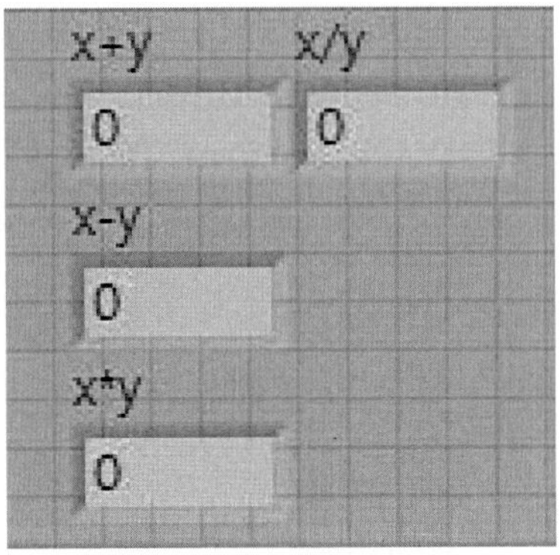

【그림】 2-48 4칙 연산 프로그램(프런트패널)

【그림】 2-48에서 보이는 위쪽 숫자형 상수 '10'을 X라 하고, 숫자형 상수 '5'를 Y라 하자. 각각의 인디케이터는 해당 연산식에 X와 Y의 값을 대입하여 계산을 하기 위하여 상단 도구바에 있는 실행을 눌러보자.

【그림】 2-49 실행

실행이 완료되면 【그림】 2-50과 같은 결과가 나온다.

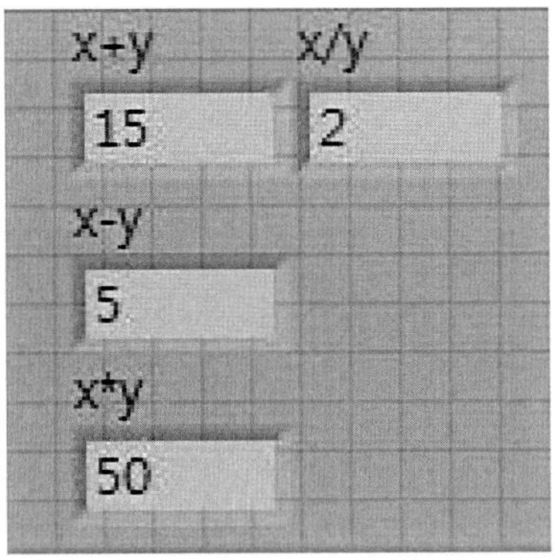

【그림】 2-50 4칙 연산 프로그램의 실행 예시

X+Y는 X(10)와 Y(5)의 값을 '더하여' 15의 값이 나오고

X−Y는 X(10)에서 Y(5)를 '빼서' 5의 값이 나왔으며

X×Y는 X(10)에 Y(5)를 '곱하여' 50의 값이 나왔고

X/Y는 X(10)를 Y(5)로 '나누어' 몫인 2의 값이 나왔다.

이처럼 Labview에서는 연산노드들을 통하여 각종 수식연산이 가능하다.

응용문제 수식연산의 활용

화씨온도 100(° F)를 섭씨온도(° C)로 바꿔주는 프로그램을 구성하시오.

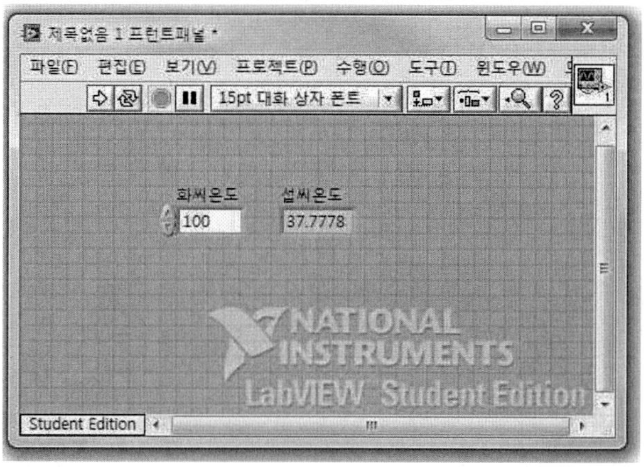

【그림】 2-51 화씨온도를 섭씨온도로 바꾸기(프런트패널)

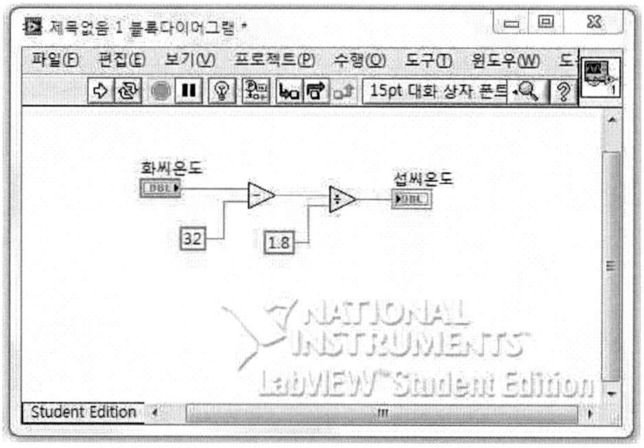

【그림】 2-52 화씨온도를 섭씨온도로 바꾸기(블록다이어그램)

화씨온도 = (섭씨온도) × 1.8 + 32

풀이) 100° F(화씨온도) = (섭씨온도(° C)) × 1.8 +32
= (100−32) ÷ 1.8 ≒ 37.78(° C)

화씨온도로 나타낼 때 1.8을 곱해주는 이유는 섭씨온도에선 눈금이 100등분이였으나, 화씨온도에서 눈금은 180등분이므로 180/100으로 나누어 1.8이 된다. 또한 32를 더해주는 이유도 화씨온도 척도에서는 물이 어는점이 32° F이므로 32를 더해주는 것이다.

① 화씨온도(° F)

° F로 표시하며, 이 척도에서는 물이 어는점을 32° F, 끓는점을 2/2° F(180 등분으로 나눔)로 나타낸다. 또한 화씨온도(° F)는 미국에서 사용되는 단위이다.

② 섭씨온도(° C)

° C로 표시하며, 이 척도에서는 물이 어는점을 0° C, 끓는점을 100° C(100등분으로 나눔)로 나타낸다. 또한 섭씨온도(° C)는 우리나라에서 사용되는 단위이다.

③ 절대온도(K)

K로 표시하며, 이 척도에서는 물이 어는점을 273K, 끓는점을 373K(100등분으로 나눔)로 나타낸다.

5. 논리연산

Labview에서는 숫자의 수식연산뿐만이 아니라 참과 거짓으로 계산되는 논리연산의 수행도 가능하다.
참과 거짓을 사용하기 때문에 불리언 데이터(0과 1 혹은 참[True]과 거짓[False])를 가지고 사용할 수 있으며 그 값을 Labview를 통해 어떻게 나오는지 확인이 가능하다.
다음 예제를 통해 사용법과 용도를 알아보자

① 프런트패널 상에서 마우스 오른쪽 버튼을 클릭하여 컨트롤 팔레트를 띄운다. 이후 불리언에서 누름 버튼 3개를 【그림】 2-54와 같이 가져다 놓는다.(상단메뉴 객체정렬을 이용하여 정렬해보자.)

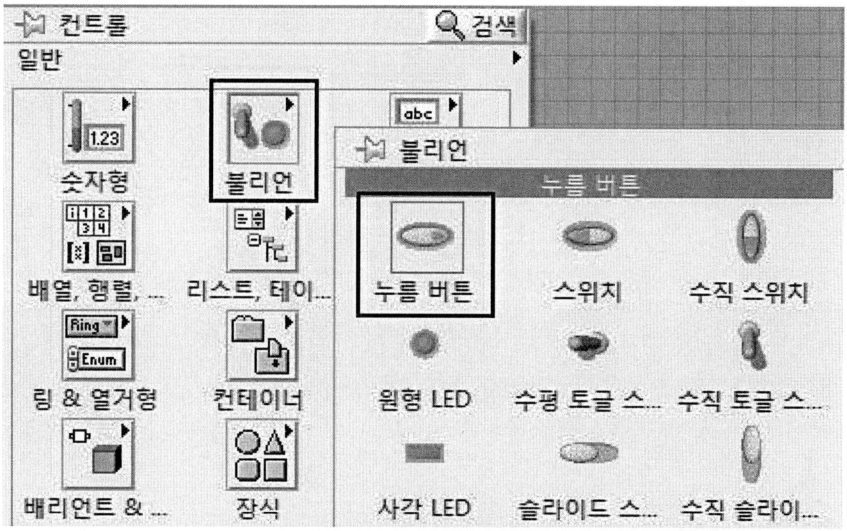

【그림】 2-53 누름 버튼

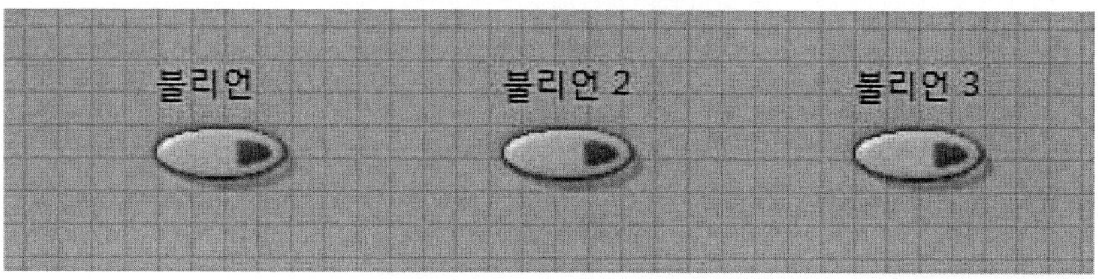

【그림】 2-54 누름 버튼

② 이번에는 동작을 표시해줄 인디케이터를 만들자.
프런트패널 상에서 마우스 오른쪽 버튼 클릭〉불리언〉사각 LED를 3개 가져다 놓는다.(마찬가지로 상단메뉴 객체정렬을 이용하여 정렬하자.)

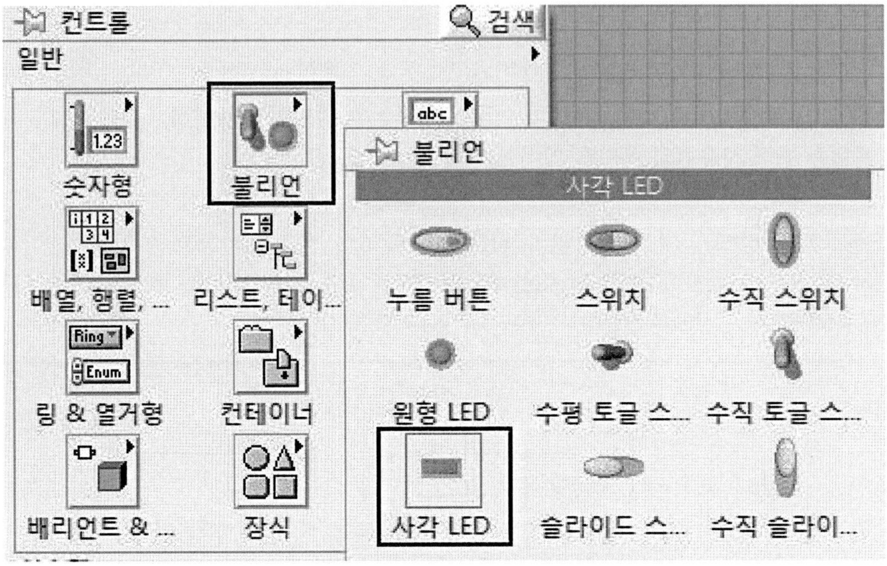

【그림】 2-55 사각 LED

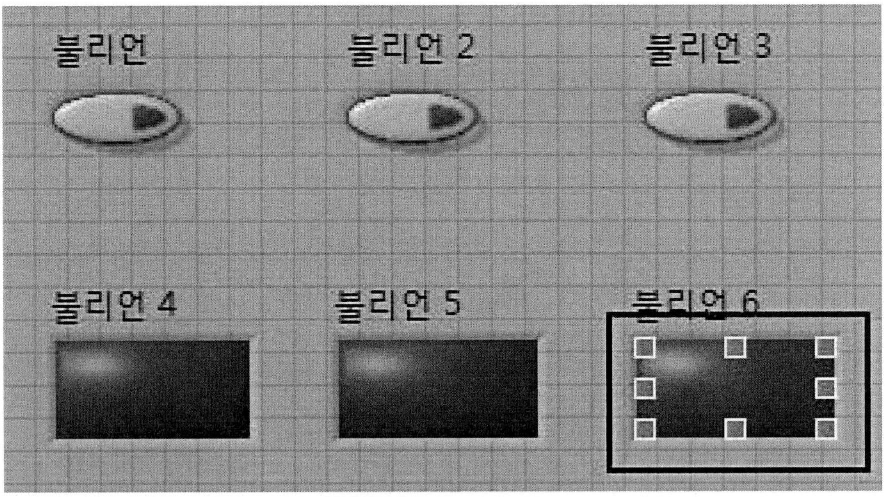

【그림】 2-56 사각 LED

크기 조절은 앞서 슬라이드를 조절했을 때와 마찬가지로 LED아이콘의 끝부분에 마우스 커서를 가져다 놓으면 【그림】 2-56과 같이 파란점이 생성되는데 이때 클릭 후 드래그로 아이콘의 크기를 조절할 수 있다.

※ '누름 버튼' 은 입력장치(컨트롤 타입)이며, '사각 LED '는 출력장치(인디케이터 타입)이다. 혼동하지 않도록 하자. 다만 사용자의 임의설정에 따라 반대 타입으로 바꿀 수도 있다.

③ 블록다이어그램 화면을 보면 컨트롤 패널에서 생성했던 불리언들이 생겼을 것이다. 【그림】 2-57과 같이 정렬해주도록 하자.

【그림】 2-57 누름버튼과 LED 아이콘 정렬

④ 프로그래밍을 위해 각 불리언에 마우스 커서를 놓은 후 불리언→X, 불리언2→Y, 불리언3→Z, 블리언4→AND, 블리언5→OR,블리언 6→NOT으로 바꿔주자.

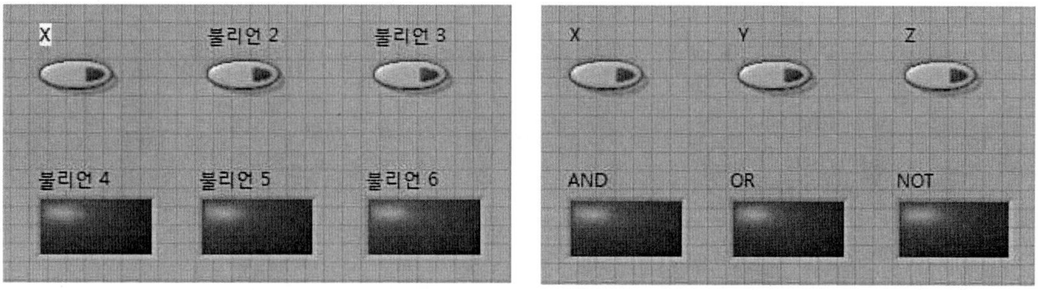

【그림】 2-58 누름버튼과 LED의 이름(라벨)바꾸기(프런트패널)

컨트롤 패널 혹은 블록다이어그램 패널에서 이름을 바꾸면 자연스럽게 반대쪽 화면의 이름도 같이 바뀐다.

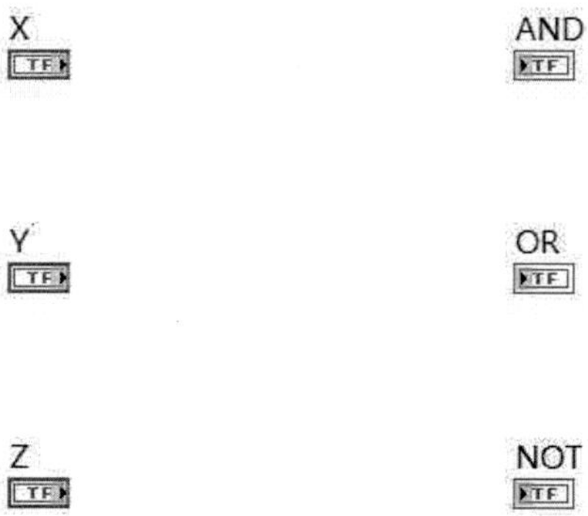

【그림】 2-59 누름버튼과 LED의 이름(라벨)바꾸기(블록다이어그램)

⑤ 이번에는 가장 중요한 논리연산을 해줄 노드를 삽입도록 한다. 그전에 각 논리연산 노드의 간단한 작동원리에 대하여 알아보자.

1) AND 노드 : 입력되는 2개의 값이 모두 ON 혹은 1일 때 출력이 나오는 노드

[AND 진리표]

X	Y	출력값
0	0	0
1	0	0
0	1	0
1	1	1

【그림】 2-60 AND 함수

2) OR 노드 : 입력되는 2개의 값중 하나라도 ON 혹은 1일 때 출력이 나오는 노드

[OR 진리표]

X	Y	출력값
0	0	0
1	0	1
0	1	1
1	1	1

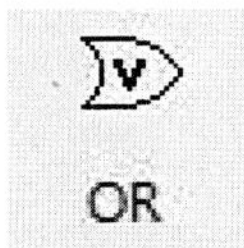

【그림】 2-61 OR 함수

3) NOT 노드 : 입력되는 값이 0 혹은 OFF일 때 출력이 나오는 노드
(즉 입력값과는 반대로 작동한다.)

[NOT 진리표]

X	Y
0	0
1	0
0	1
1	1

【그림】 2-62 NOT 함수

이 3가지의 노드들을 【그림】 2-64와 같이 블록다이어그램 화면에 넣어보자. 블록다이어그램 상에서 마우스 오른쪽 버튼 클릭〉불리언〉AND, OR, NOT에서 찾을 수 있다.

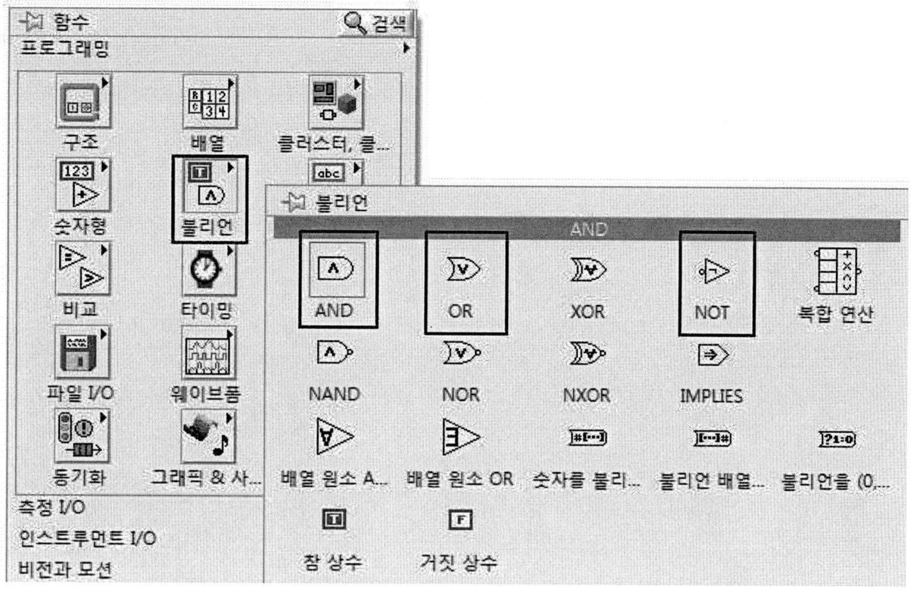

【그림】 2-63 AND 함수

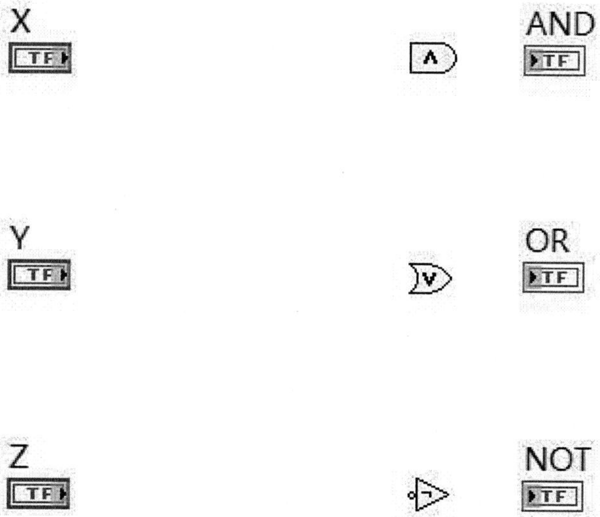

【그림】 2-64 와이어 연결하기 1

⑥ 각 노드를 정렬하여 놓은 다음 X는 AND, OR노드의 X에, Y는 AND, OR노드의 Y에 【그림】 2-65와 같이 연결해 보자.

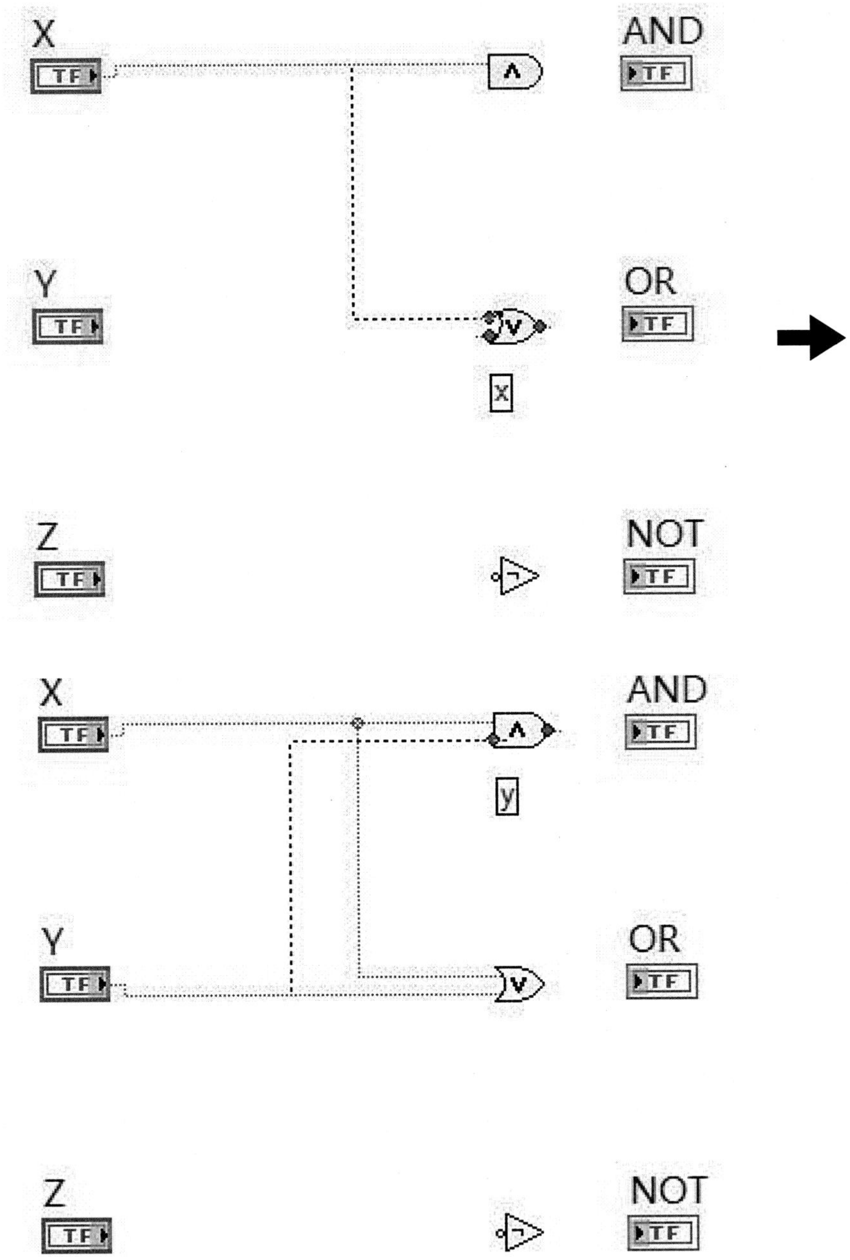

【그림】 2-65 와이어 연결하기 2

⑦ Z는 NOT에 연결해준다.

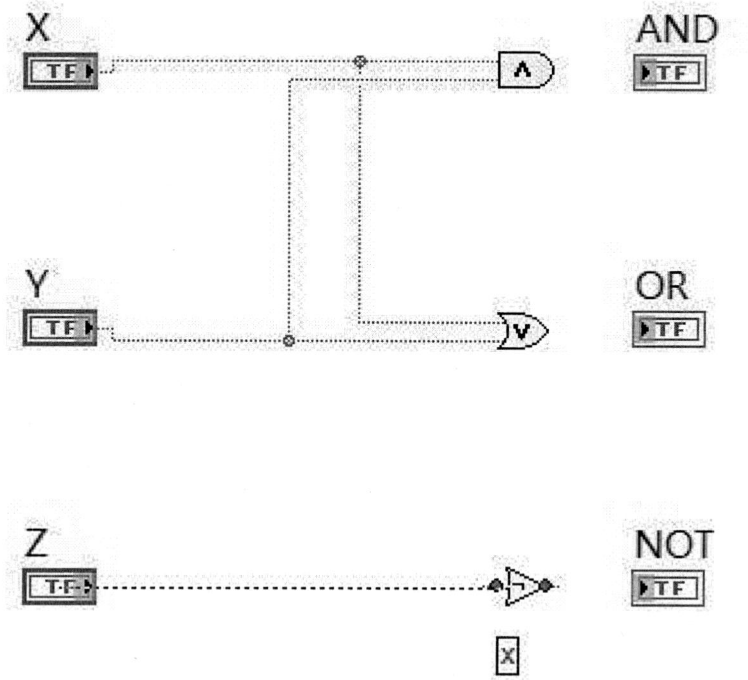

【그림】 2-66 와이어 연결하기 3

⑧ 이제 각 노드의 출력을 해당 인디케이터에 연결해보자.
(AND->AND, OR->OR, NOT->NOT)

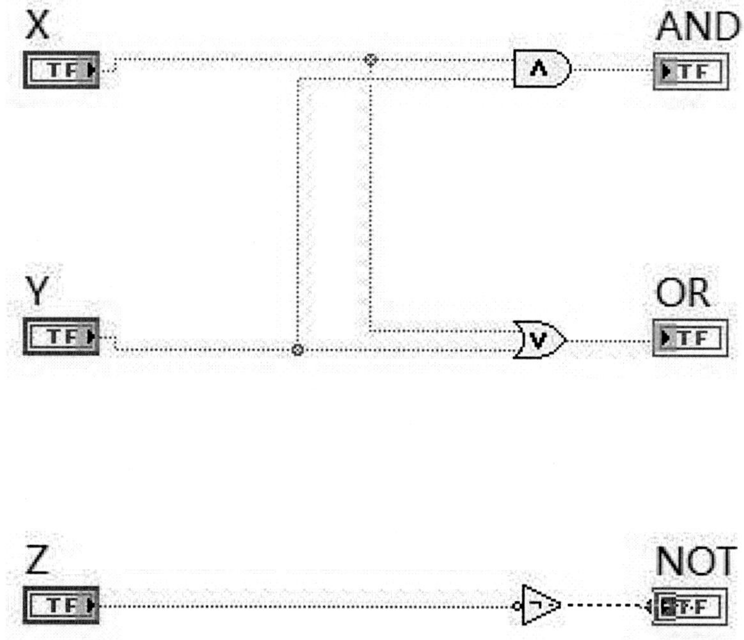

【그림】 2-67 와이어 연결하기 4

⑨ 이것으로 프로그램은 완성되었다.

이제 상단 도구바에서 실행버튼을 눌러보자. 컨트롤 패널에 【그림】 2-68과 같이 화면이 출력된다.

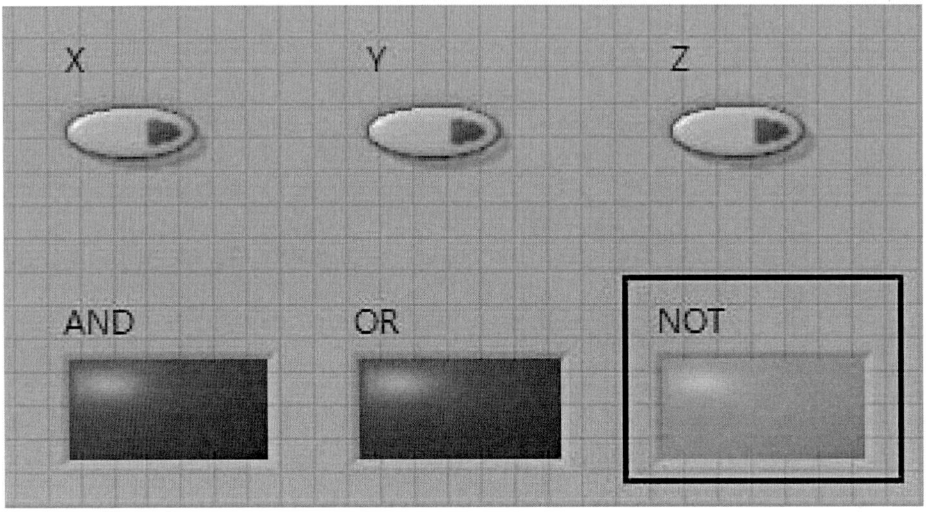

【그림】 2-68 논리연산 실행 예시

현재 X, Y, Z의 값은 0이므로 AND, OR LED는 꺼져있고 NOT LED는 켜져있다.

여기서 X, Y, Z의 누름버튼 모양을 마우스로 클릭하면 ON, OFF를 조작할 수있는대 임의로 조작을 한 뒤 실행버튼을 눌러 나오는 결과가 ⑤번에서 설명한 각 노드의 진리표와 일치하는지 확인해 보도록 하자.

응용문제 논리연산의 활용

논리연산을 활용하여 OFF(리셋) 우선 자기 유지 회로중 논리 기호 방식으로 랩뷰 프로그래밍을 구성 하시오.

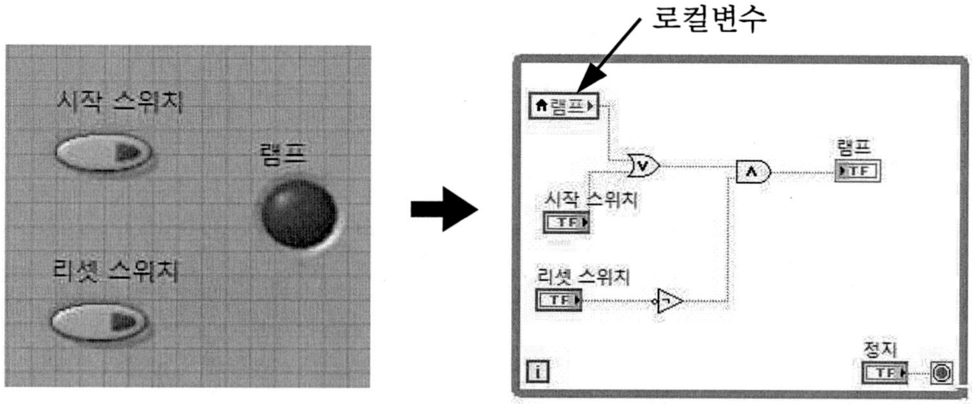

【그림】 2-69 자기유지회로 논리 기호 방식의 랩뷰 프로그래밍

① 자기 유지 회로
자신의 릴레이에 내장되어 있는 접점을 이용하여 릴레이의 코일 측에전기를 공급하여 동작을 제어하는 것으로 한번 입력된 신호는 해제하는 신호가 있을 때 까지 작동된 상태를 유지한다.

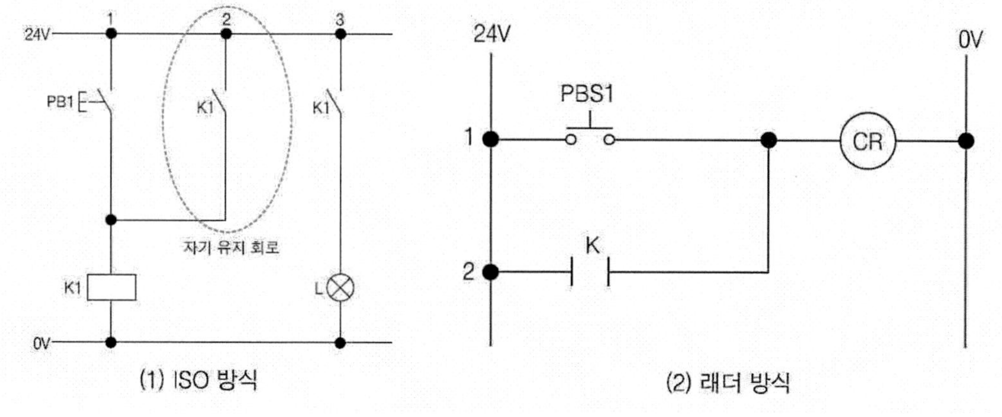

【그림】 2-70 자기유지회로

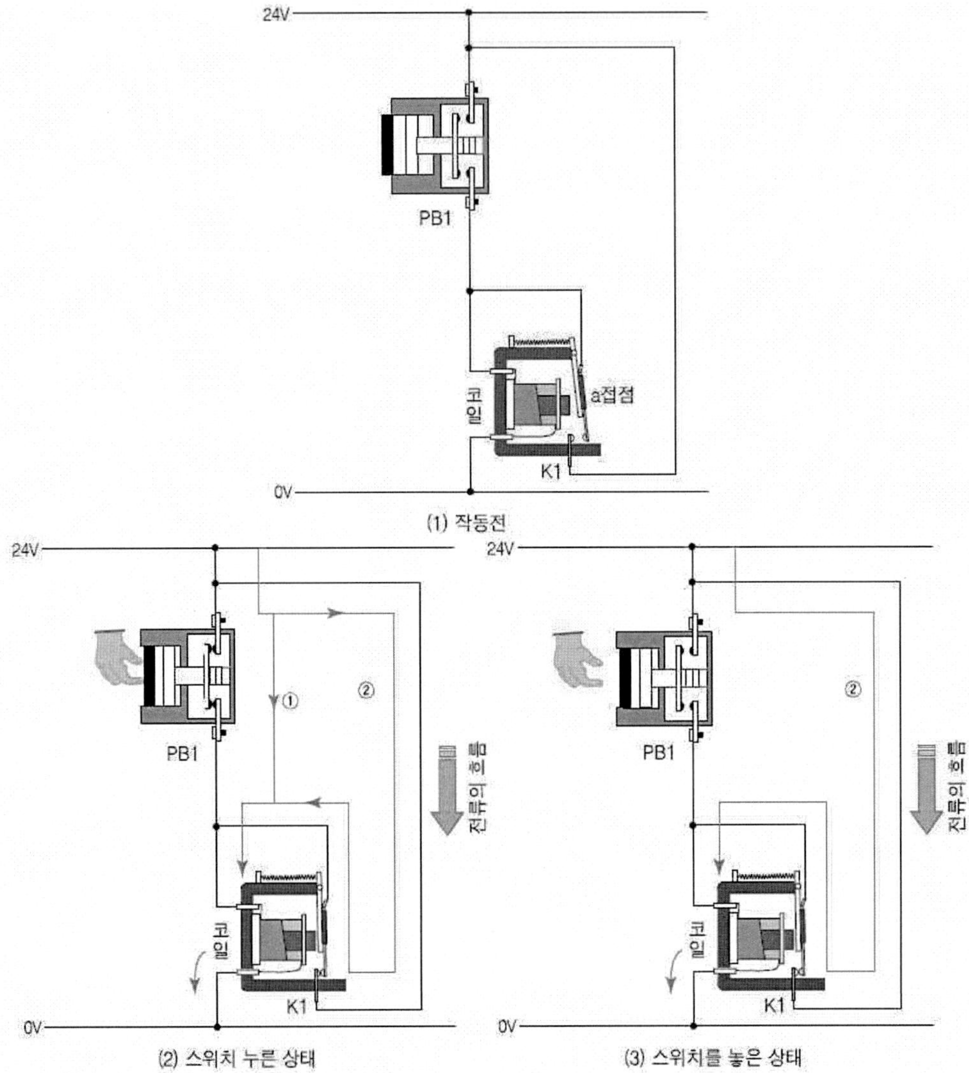

【그림】 2-71 자기유지회로의 원리

② 자기 유지 회로의 원리

【그림】 2-71 (1)을 릴레이 a접점 하나와 푸쉬 버튼 스위치와 릴레이 코일에 병렬로 접속 한 경우 【그림】 2-71의 (2) 푸쉬 버튼 스위치를 누르면 ①을 통하여 릴레이 코일에 전류가 흐르게 되므로 ②를 통해서도 릴레이 a접점에 의해 코일 K1에 전류가 흐른다.

【그림】 2-71의 (3)과 같이 손을 떼면 푸쉬 버튼 스위치의 접점은 열려 전류를 공급할 수 없지만, 기존 ②의 경로를 통하여 릴레이의 코일에 전류를 계속 공급하여 주기 때문에 릴레이 K1이 동작된 상태를 유지할 수 있다.

③ 자기 유지 해제 회로

【그림】 2-70의 회로도에서는 제어 모선에 공급되는 전원이 차단되기 전에는 램프의 불은계속 들어오게 된다. 램프의 불을 끄기 위해서는 리셋 스위치를 사용하여 K릴레이를 소자 시켜야 된다.

자기 유지 회로는 전기 신호의 기억이 필요한 공압 전기 제어 장치에 필요하며 2가지 형태가 제어 회로에 사용되는데 하나가 'ON 우선 자기 유지 회로' 이고 다른 하나는 'OFF 우선 자기 유지 회로' 이다.

(1) ON(셋) 우선 자기 유지 회로

릴레이를 작동시키기 위한 전기신호가 짧은 시간동안 존재하다가 없어져도 그 릴레이가 계속하여 작동된 상태를 유지하기 위해서는 자기 자신의 접점을 이용하여 자기 자신에게 전기를 공급하여 주면 가능해진다. ON 푸시버튼 PBS1을 누르면 릴레이 K가 여자(ON)되고 병렬 연결된 접점 K가 폐로되어 ON 푸시버튼을 떼어도 K1은 여자된 상태로 남아 있는다. OFF 푸시버튼을 누르면 자기 유지 회로가 해제된다. 이러한 회로를 ON우선 자기 유지 회로 또는 SET우선 자기 유지 회로라 한다. 【그림】 2-72의 PBS1은 a접점, PBS2는 b접점 스위치이다.

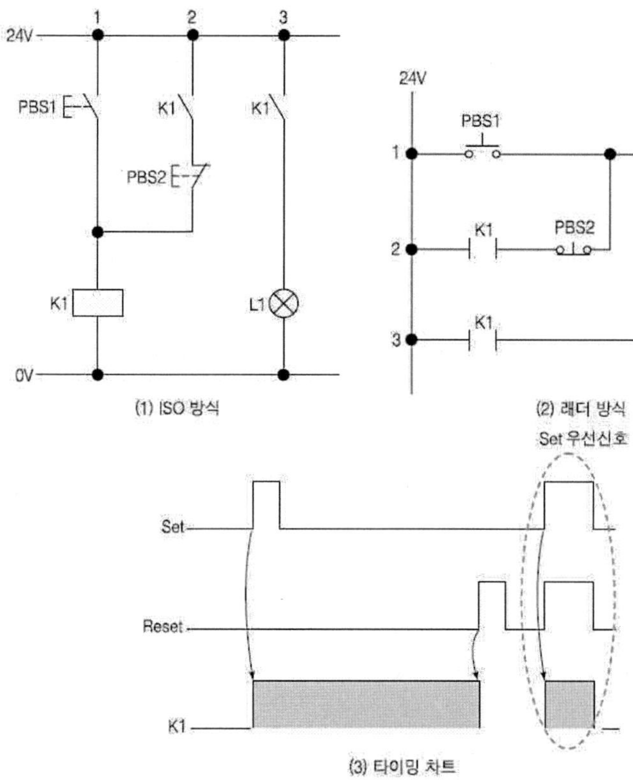

【그림】 2-72 ON(셋) 우선회로

※ ON 푸시버튼과 OFF 푸시버튼을 동시에 입력하면 ON 푸시버튼의 신호가 직접 릴레이로 입력되기 때문에 ON신호가 항상 우선한다.

(2) OFF(또는 리셋) 우선 자기 유지 회로

회로의 동작은 ON 우선회로처럼 K1의 상시개방(A)접점이 병렬로 연결되어 자기유지를 한다. 이 경우에는 OFF 푸시버튼이 ON푸시버튼과 직렬로 연결되어 있어서 OFF 푸시버튼이 회로의 동작 상태를 좌우한다. 실제의 제어회로는 OFF 신호가 ON신호보다 우선되어야 하므로 이 방식이 이용되고 있다.

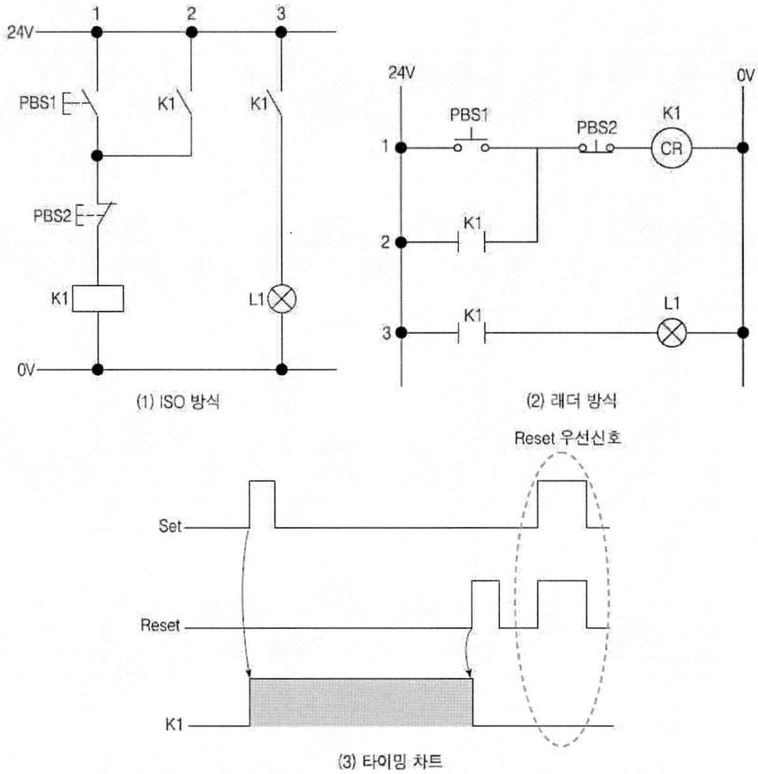

【그림】 2-73 OFF(리셋) 우선회로

※ ON 푸시버튼과 OFF 푸시버튼을 동시에 입력하면 ON 푸시버튼의 신호가 OFF 푸시버튼에 의해 차단되기 때문에 OFF신호가 항상 우선한다.

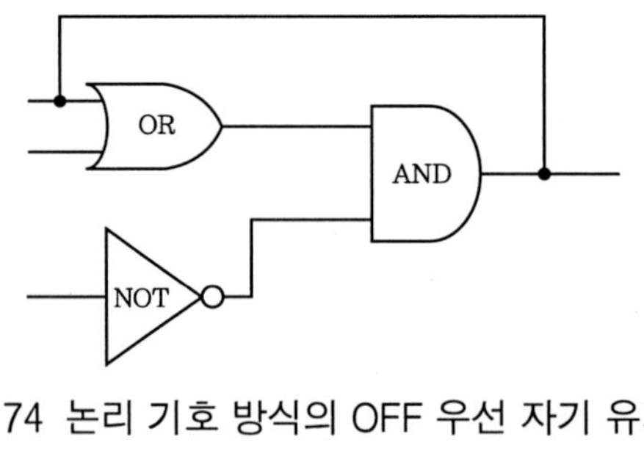

【그림】 2-74 논리 기호 방식의 OFF 우선 자기 유지 회로

④ 로컬 변수

변수는 읽기와 쓰기 속성이 있으며, 프로그램 안에서 사용되는 데이터 값을 가지는 공간이다. 아래 예제와 같이 프런트패널에 사용자가 원하는 불리언 아이콘을 선택하여 화면에 놓으면 블록다이어그램에 1:1로 터미널이 생성되어 실시간으로 공유 가능 하다. 【그림】 2-75와 같이 블록다이어그램에 생성된 터미널에 마우스 오른쪽 버튼 클릭>생성>로컬변수를 클릭하여 로컬변수 아이콘을 생성한다. 필요에 따라 여러개의 변수를 생성 할 수 있다. 다시 말해서 PLC의 내부 릴레이 M을 다수로 생성 할 수 있듯이 로컬변수를 생성 할 수 있는 것이다.

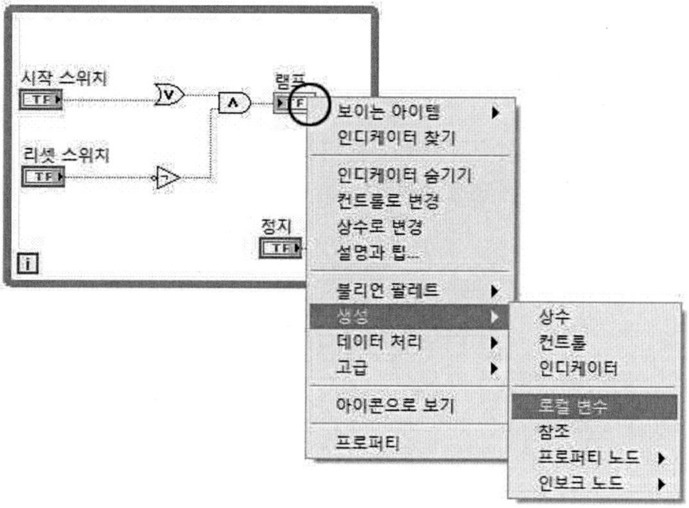

【그림】 2-75 로컬 변수로 변경하기

주의할점은 【그림】 2-76과 같이 불리언 아이콘을 로컬변수로 사용 할 때는 기계적 동작을 반드시 스위치 종류로 사용해야한다.

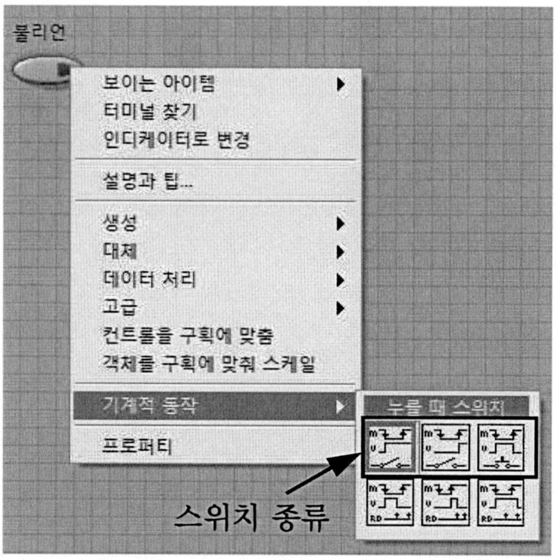

【그림】 2-76 기계동작 스위치 종류

6. 타입 변환 함수

Labview의 데이터 타입에는 논리 연산에서 언급했던 것처럼 숫자형, 문자형, 불리언 같은 여러 가지의 종류가 있다. Labview에서는 위에서 말한 데이터들은 서로 상호 호환이 되지 않으나 이를 변환하여 호환이 가능하게 해주는 함수가 존재 한다.

예를 들어 불리언은 말 그대로 '참(True)' 과 '거짓(False)' 으로 표현이 가능한데 이를 보통 '1' 과 '0' 으로 혼용하여 표기하기도 한다. 그러나 이것은 어디까지나 표기의 간단함을 위함이므로 '참' 이라는 데이터가 '1' 이라는 숫자는 아닌 것이다. 그러므로 Labview상에서는 이러한 표현방법을 쓰려면 '참' 을 숫자형 데이터로 변환해주는 '과정' 이 필요하다.

다음 예제를 통해 타입변환 함수의 사용법과 용도를 간단히 알아보자.

① 먼저 프런트패널 상에서 마우스 오른쪽 버튼 클릭>불리언>누름버튼을 찾을 수 있다.

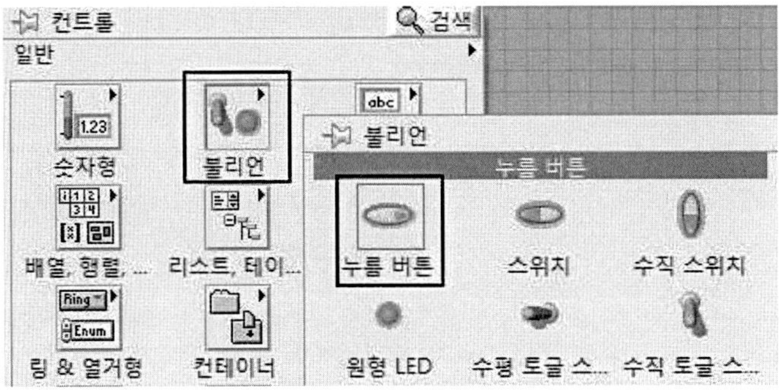

【그림】 2-77 누름 버튼

② 그 후 마찬가지로 프런트 패널 상에서 마우스 오른쪽 버튼 클릭>숫자형에서 숫자형 인디케이터를 찾을 수 있다.

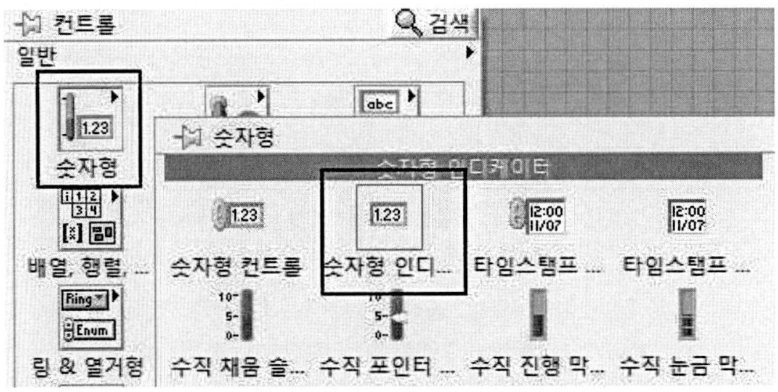

【그림】 2-78 숫자형 인디케이터

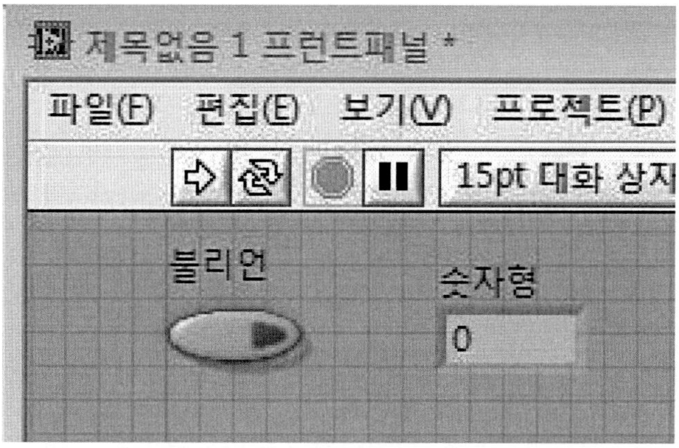

【그림】 2-79 불리언 컨트롤과 숫자형 인디케이터(프런트패널)

③ 이제 블록다이어그램 화면으로 와서 이 둘을 【그림】 2-81와 같이 연결해주도록 하자.

【그림】 2-80 불리언 컨트롤과 숫자형 인디케이터

【그림】 2-81 데이터 타입의 차이에 따른 잘못된 와이어 연결

④ 앞에서 언급했듯이 이 둘은 다른 데이터 타입이므로 연결이 되지 않는다. 이 두타입의 데이터를 호환이 가능하도록 타입변환 함수를 사용해보자.
블록다이어그램 상에서 마우스 오른쪽 버튼 클릭〉불리언〉불리언을(0.1)를 하나 놓고 연결해보자.

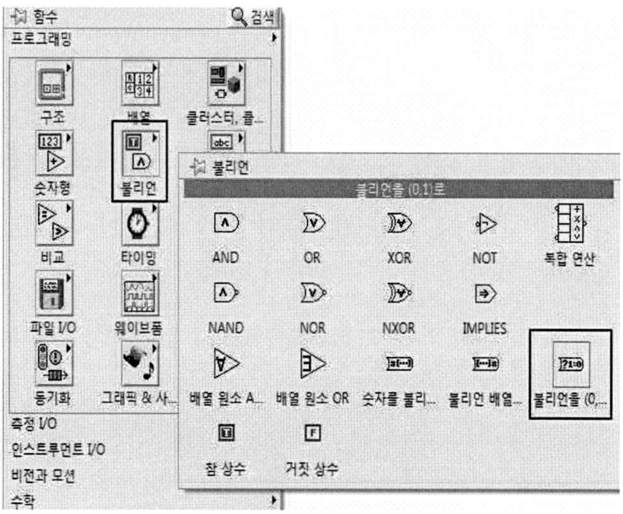

【그림】 2-82 불리언을 (0.1)로

【그림】 2-83 타입변환 함수의 사용법 1

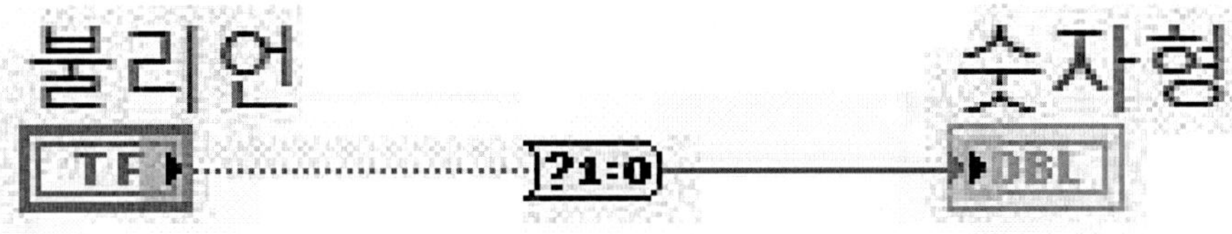

【그림】 2-84 타입변환 함수의 사용법 2

⑤ 이렇게 프로그램을 완성 한 뒤 누름 버튼을 ON시키거나 OFF시킨뒤 실행버튼을 눌러보자. 【그림】 2-85와 같이 불리언이 OFF, 즉 거짓(False)일 때는 숫자가 0으로 출력되고 불리언이 ON, 참(True)일 때는 숫자가 1로 출력되는 것을 볼 수 있다. 이처럼 타입변환 함수는 각 데이터들의 호환을 위해 사용 할 수 있다.

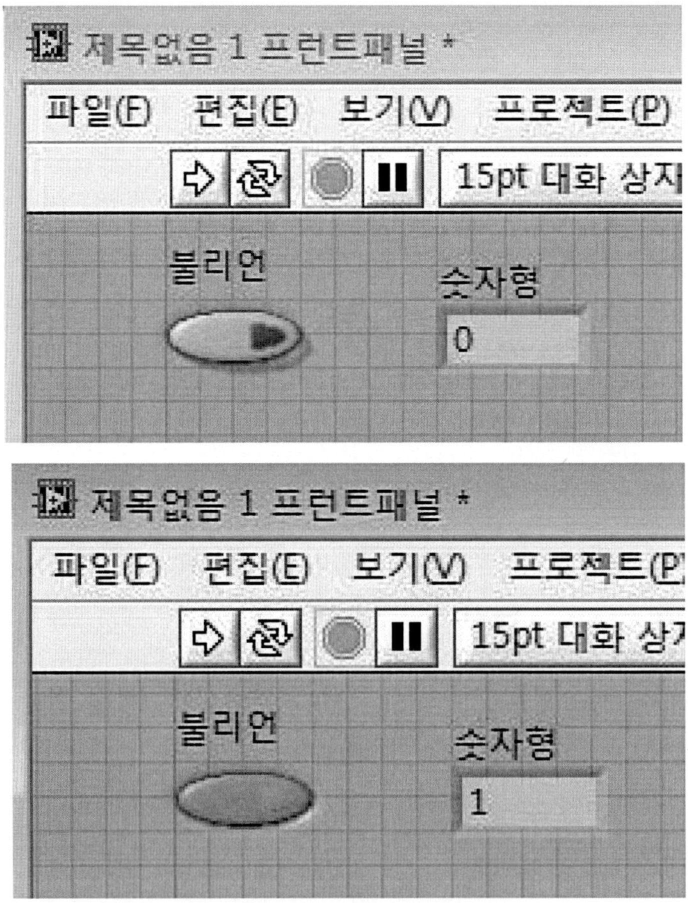

【그림】 2-85 타입변환 함수 실행 예시

응용문제 타입 변환 함수의 활용

① 불리언을 타입변환 함수를 이용하여 덧셈을 해보자.

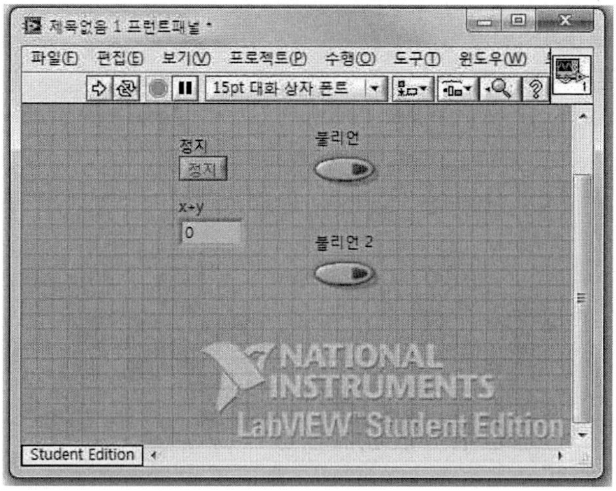

【그림】 2-86 타입변환 함수를 이용한 덧셈 응용 1(프런트패널)

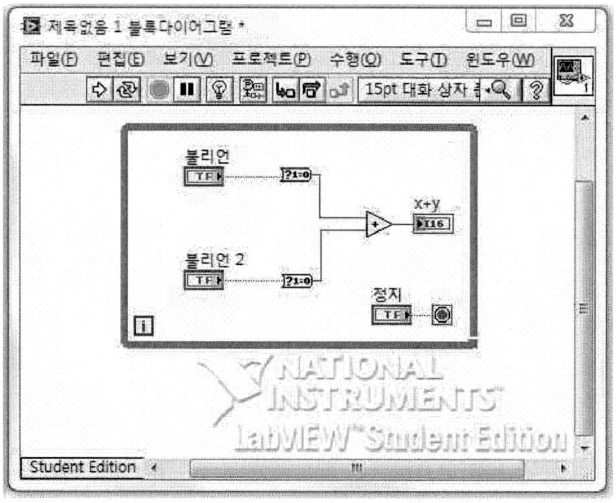

【그림】 2-87 타입변환 함수를 이용한 덧셈 응용 1(블록다이어그램)

② 숫자형 데이터를 문자열로 변환해보자.

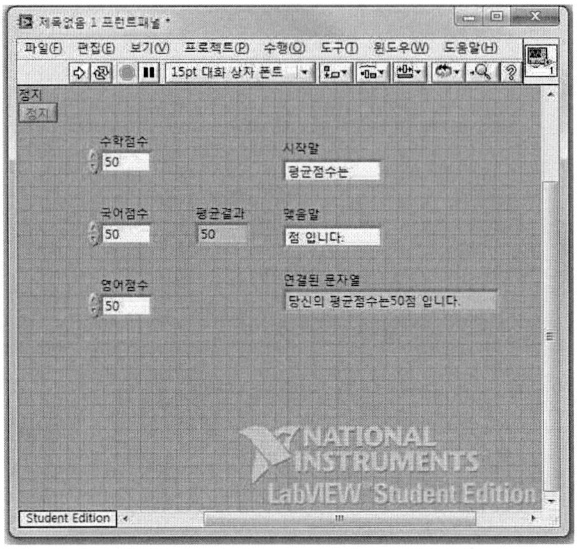

【그림】 2-88 숫자형 데이터를 문자열로 변환하기(프런트패널)

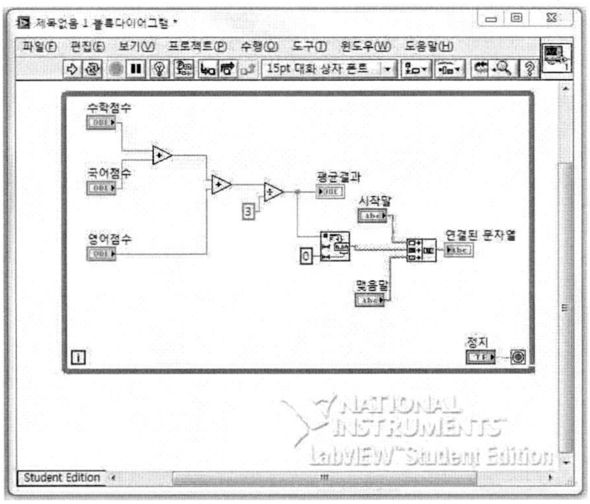

【그림】 2-89 숫자형 데이터를 문자열로 변환하기(블록다이어그램)

제3장

LabVIEW 디버깅

제3장 LabVIEW 디버깅

1. 디버깅(Debugging)

컴퓨터 분야에서 컴퓨터 프로그램이나 하드웨어 장치에서 잘못된 부분 즉, 버그(Bug)를 찾아 수정하거나 에러를 처리하는 과정을 디버깅(Debugging)이라한다. 프로그램을 디자인하는데 있어 제대로 만들지 않으면 많은 버그가 발생하고 때로는 디자인을 다시 만들어야하는 경우가 발생하기도 한다.

※ 버그 발생의 이유

처음 알고리즘을 디자인하는데 있어 제대로 만들지 않으면 많은 버그가 발생하고 때로는 디자인을 다시 만들어야 하는 경우가 발생하기도 한다. 문제점은 알고리즘이란 기계가 아닌 사람의 머리에서 나오다 보니 항상 불완전할 수밖에 없어서 완전히 버그를 예방하는 것은 불가능하다. 또한 디자인된 알고리즘을 따라서 코딩을 하다보면 함수 사용을 잘못하거나, 변수의 값을 잘못 설정하는 이유로 버그가 발생할 수 있다. 이외에도 버그가 발생하는 이유는 많다. 이때 버그를 찾아서 오류를 예방하도록 코드를 수정하는 과정을 디버깅이라한다.

2. 디버깅(Debugging)하는 방법

블록다이어그램 창을 열면 【그림】 3-1과 같이 상단 메뉴 아래에 '블록다이어그램 도구모음' 이 보일 것이다. '블록다이그램 도구모음' 은 프로그램의 실행, 디버깅, 블록다이어그램의 꾸미기 및 정렬 등에 사용된다.

【그림】 3-1 디버깅 메뉴

툴 이름	기 능
실행(왼쪽) 연속실행 도구(오른쪽)	프로그램을 실행 시키는 단추이다.
실행 강제종료(왼쪽) 일시정지(오른쪽)	프로그램을 실행할 때 강제로 정지시키거나 일시정지 시킬 때 사용된다. 여기서 '실행 강제 종료' 는 사용자의 잘못된 알고리즘 디자인으로 인해 루프가 무한으로 반복되는 경우 사용되고, '일시 정지' 의 경우 일반적으로 프로그램의 실행에서 사용하지 않고 '실행 하이라이트(Highlight)'와 함께 사용한다.

【표】 3-1 디버깅 기능

1 실행 하이라이트(Highlight)

실행 하이라이트는 프로그램을 실행하면서 데이터의 흐름을 확인 할 수 있는 기능이며, 디버깅을 하기 위해서 가장 많이 사용하는 방법이다. 실행하이라이트 아이콘을 누르면 단추 안의 전구색깔이 바뀌게 된다. 여기서 프로그램을 실행하면 프로그램의 데이터의 흐름이나 실행 순서 등을 모니터링 할 수 있다. 다만, 프로그램 실행 속도가 실제 속도보다 현저하게 떨어진다. 또한 타임아웃이 내장되어있는 프로그램이나 루프의 반복이 많은 종류의 프로그램은 사용하기에 적절하지 않다.

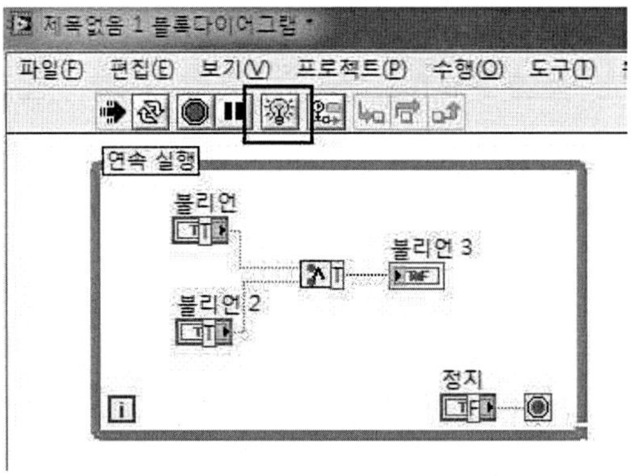

【그림】 3-2 실행 하이라이트 아이콘

2 프로브

프로브(Probe)란 회로에 접촉을 통하여 전압/전류 값 등을 계측기로 전달하는 역할을 한다. LabVIEW에서 프로프의 기능은 와이어 값 전달시 그 값이 얼마인지 표시 해주는 기능을 지원한다. 프로브의 사용법을 보기 위해 예제처럼 프로그램을 만들어 보자.

① 블록다이어그램 상에서 마우스 오른쪽 버튼 클릭>숫자형>난수를 1개 선택한다.

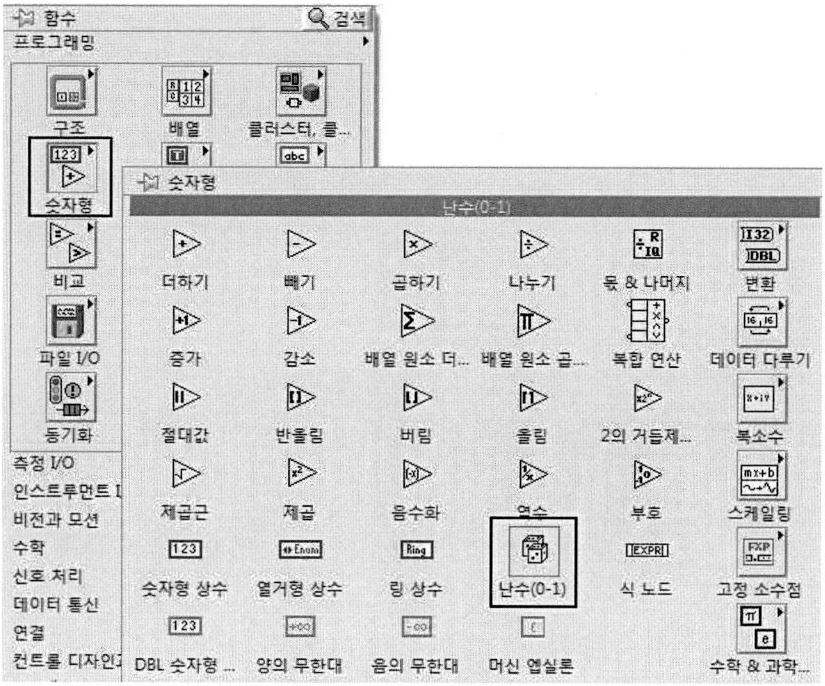

【그림】 3-3 난수 함수

② 블록다이어그램 패널에서 마우스 오른쪽 버튼 클릭>숫자형>숫자형 상수 선택

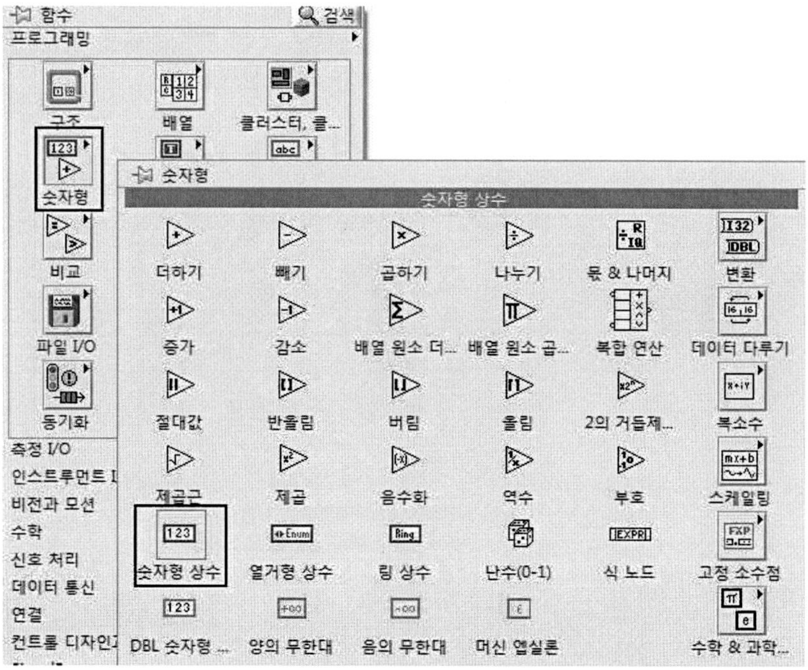

【그림】 3-4 숫자형 상수

【그림】 3-5 난수와 숫자형 상수

③ 블록다이어그램 상에서 마우스 오른쪽 버튼 클릭〉숫자형〉더하기 선택

【그림】 3-6 더하기 함수

④ 더하기 출력부에 마우스 오른쪽 버튼 클릭〉인디케이터를 선택한다.

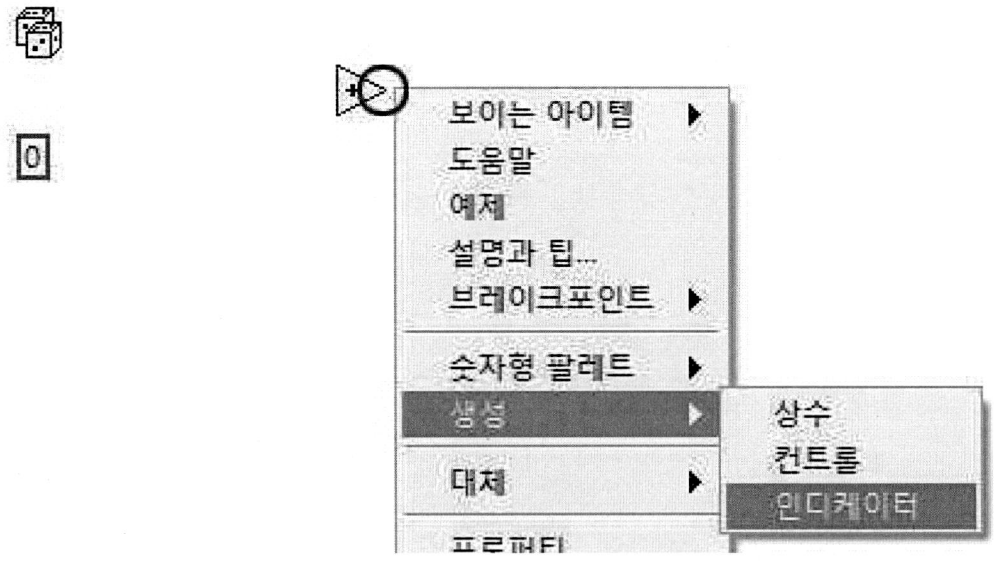

【그림】 3-7 더하기 함수의 단축 메뉴

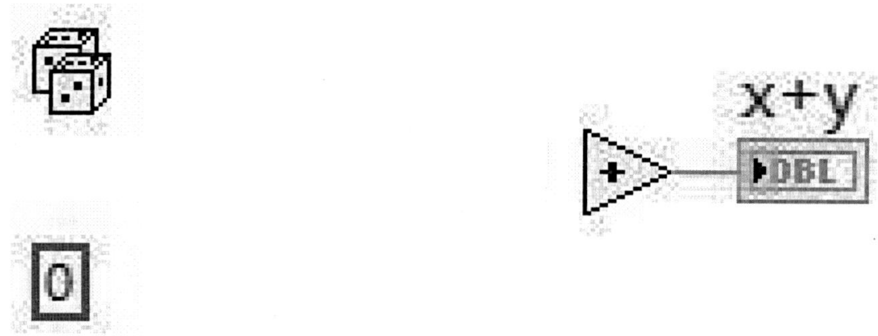

【그림】 3-8 인디케이터 생성

⑤ 【그림】 3-9과 같이 난수(0-1)를 X에, 숫자형 상수를 Y에 와이어를 연결한다.

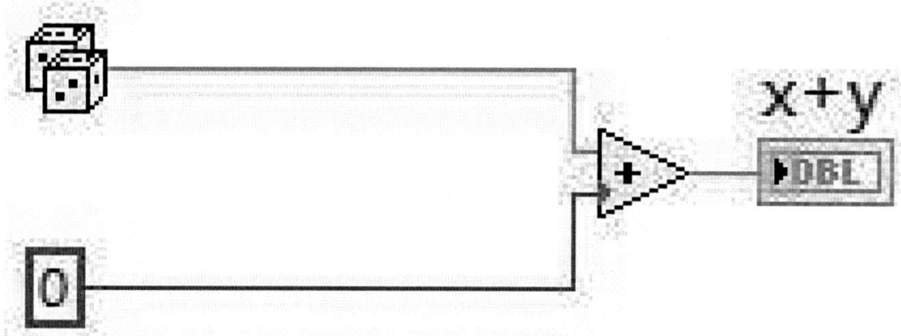

【그림】 3-9 와이어 연결하기

⑥ 블록다이어그램 상에서 마우스 오른쪽 버튼 클릭〉구조〉While 루프 선택하여 【그림】 3-11과 같이 While 루프를 그려준다.

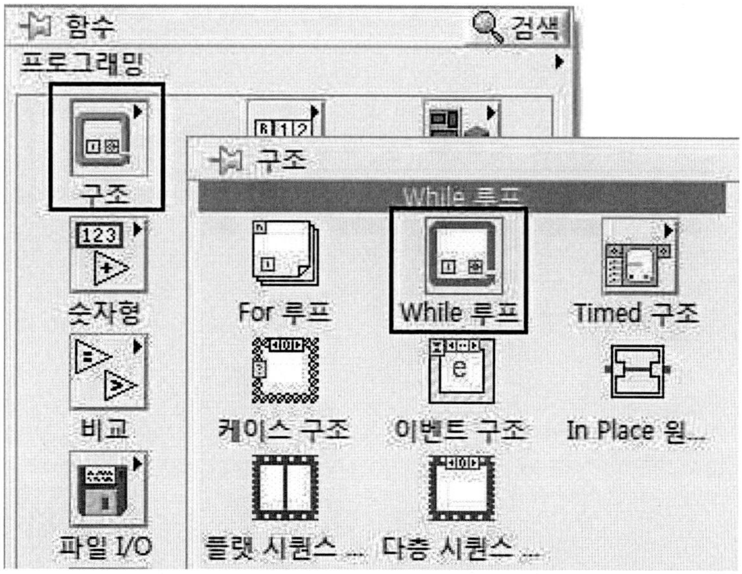

【그림】 3-10 While 루프

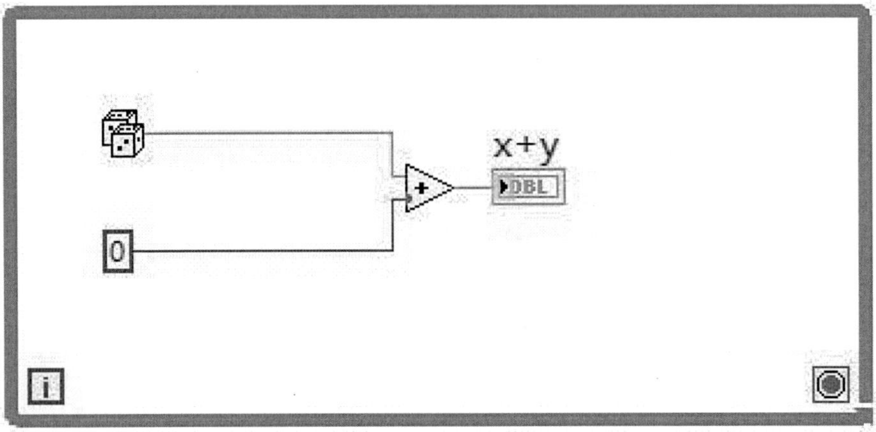

【그림】 3-11 While 루프그리기

⑦ 이후 루프구조에서 새로 생긴 빨간원에 마우스를 가져간 뒤 마우스 오른쪽 버튼 클릭>메뉴>컨트롤 생성을 눌러 정지 버튼을 만들어 준다.

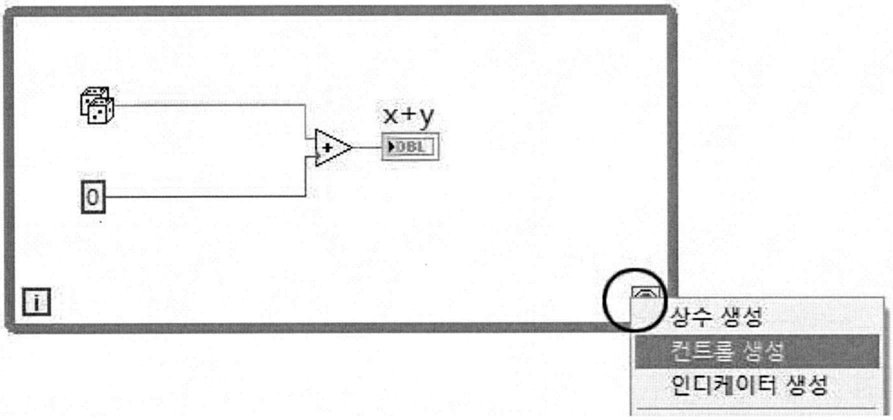

【그림】 3-12 While 루프에 정지 버튼 만들기 1

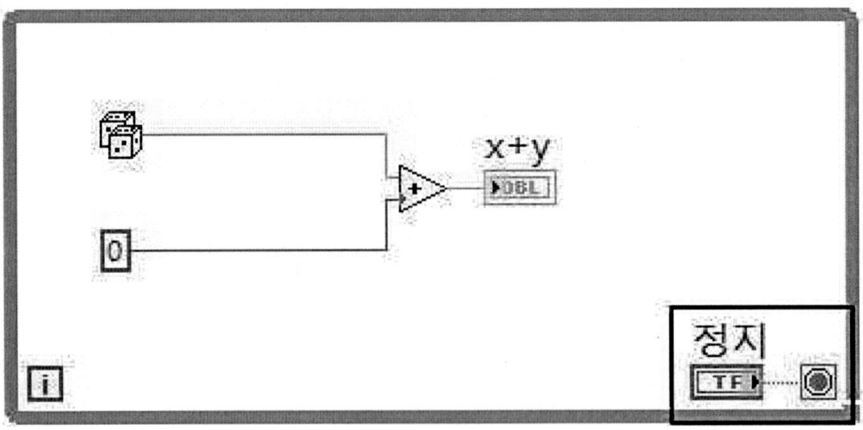

【그림】 3-13 While 루프에 정지 버튼 만들기 2

⑧ 예제 프로그램이 완성 되었으면 이제 프로브 기능에 대하여 알아보자. 생성하고 싶은 와이어 위에서 마우스 오른쪽 버튼 클릭〉프로브 선택

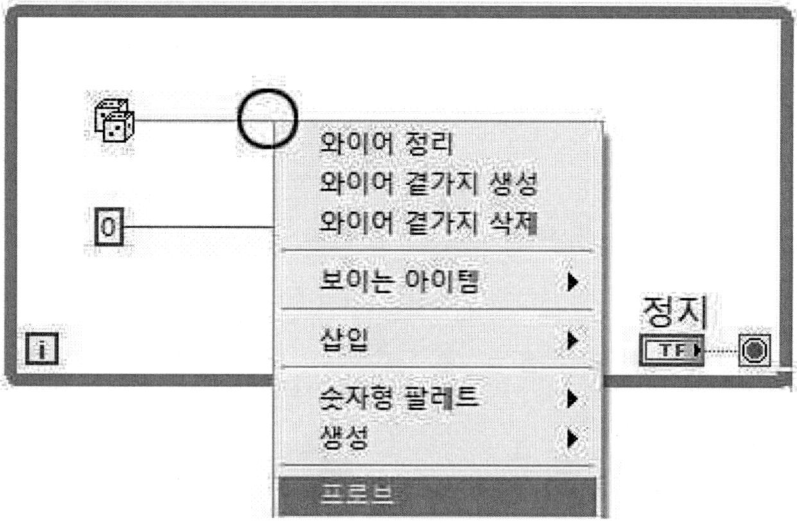

【그림】 3-14 와이어 단축 메뉴

⑨ 이렇게 프로브 기능을 활성화 시키면 【그림】 3-15와 같이 [1], [2]...[6] 등의 이름을 가진 프로브창이 생성이 되고, 그 창에서 와이어의 값이 업데이트 되는 것을 확인할 수 있다.

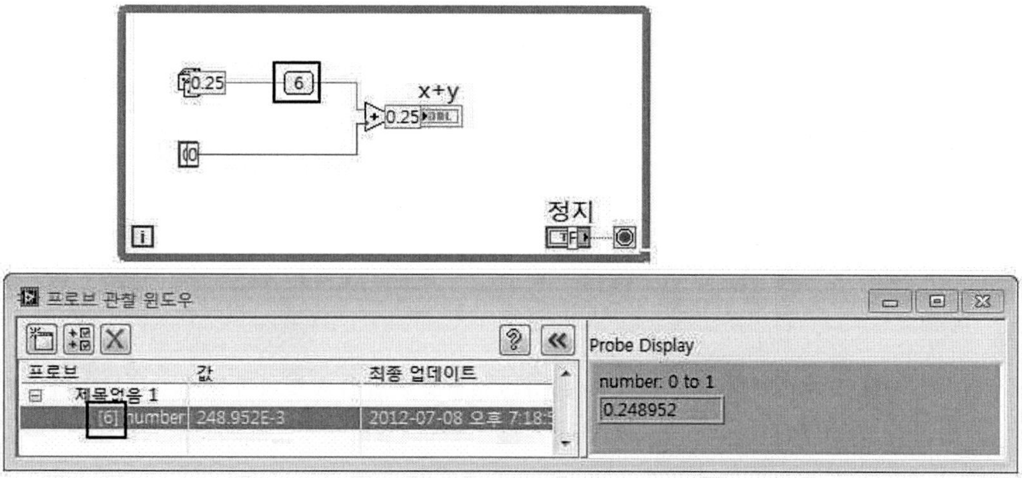

【그림】 3-15 프로브

위에와 같은 방법으로 프로브는 사용자가 만들고 싶은 만큼 생성이 가능하며, 여기서 만들어진 프로브 창을 통해 실시간으로 데이터를 모니터링 할 수 있다.

3 와이어 값 유지

프로브 창을 프로그램 실행 종료 후 생성하면 아무 값도 프로브 창에 표시되지 않고, 비활성화 된 값만 표시된다. 하지만 와이어 값 유지 기능을 활성화 하면 프로그램 실행 시 마지막으로 와이어를 지난 값이 와이어 안에 자동적으로 보전되므로 프로브 창을 프로그램 종료 후 프로브를 생성하면 데이터를 볼 수 있다.

【그림】 3-16 와이어 값 유지

4 단계별 실행

【그림】 3-17 단계별 실행 들어가기/건너뛰기/나가기

단계별 실행 들어가기는 단계별 실행 하고, 단계별 실행 중 Sub VI를 만날 경우 Sub VI 내부로 들어가서 단계별 실행, 단계별 실행 건너뛰기는 Sub VI 내부로 들어가지 않고 스킵(Skip) 할 경우 사용되며, 단계별 실행 나가기는 Sub VI를 벗어나 상위 VI로 복귀하거나, 단계별 실행을 마칠 경우 사용한다. 블록다이어그램에서 VI가 실행 될 때 단계별 실행함으로서 실행순서를 통하여 어디에서 문제가 발생되었는지 단계별로 실행하여 확인 할 수 있다.

5 브레이크 포인트(Break Point)

다른 여타 프로그래밍 언어에서도 많이 사용하는 디버깅 기법 중에 하나이며, 랩뷰에서 브레이크 포인트란(영어) 블록다이어그램의 원하는 위치에서 프로그램의 실행 중간에 사용자가 필요한 시점에서 프로그램의 실행을 '일시정지' 시키는 역할을 한다. 또한 브레이크 포인트는 노드나 와이어에 생성이 가능하다.

【그림】 3-18과 같이 도구팔레트 브레이크 포인트 아이콘을 클릭하여 사용자가 작업하고자 하는 와이어 위치에 마우스 왼쪽 버튼을 클릭한 뒤 브레이크 포인트를 설정한다.

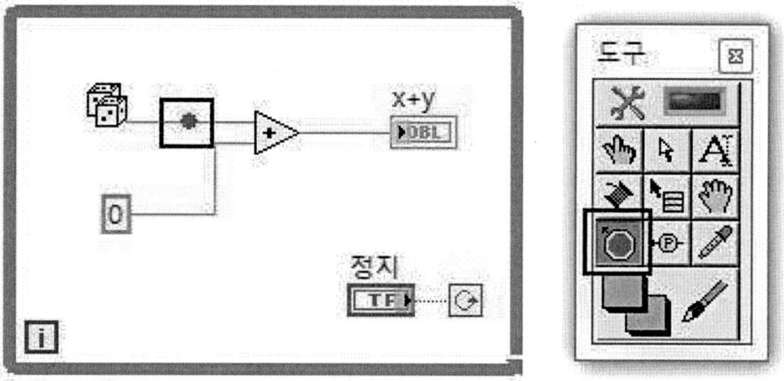

【그림】 3-18 도구팔레트-브레이크 포인트 아이콘

이렇게 [브레이크포인트 설정]을 선택하면, 와이어 위에 빨간색 점이 생성되며, 프로그램을 실행시키면 브레이크포인트가 생성된 지점에서 프로그램의 실행이 '일시 정지' 되는 것을 확인 할 수가 있다. 또한 상단 메뉴 보기(V)클릭>브레이크포인트 관리자를 통해서 브레이크포인트의 위치와 상태를 파악할 수 있으며, 브레이크포인트를 비활성화 하거나 삭제를 할 수도 있다.

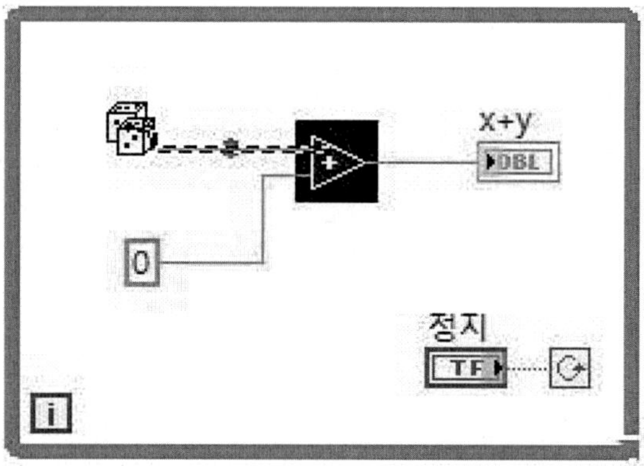

【그림】 3-19 브레이크 포인트 아이콘 실행 일시정지

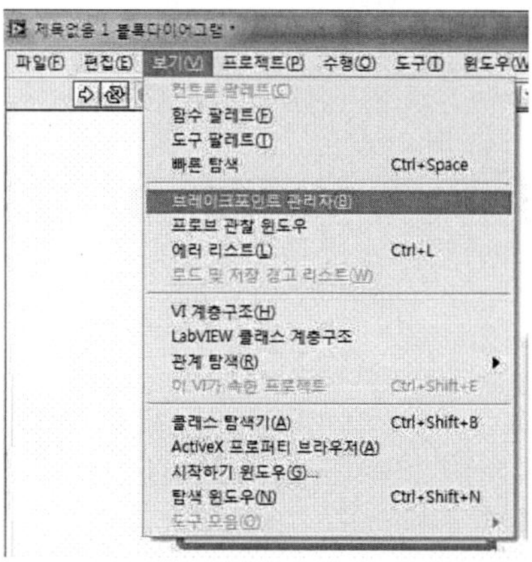

【그림】 3-20 브레이크 포인트 관리자(B)

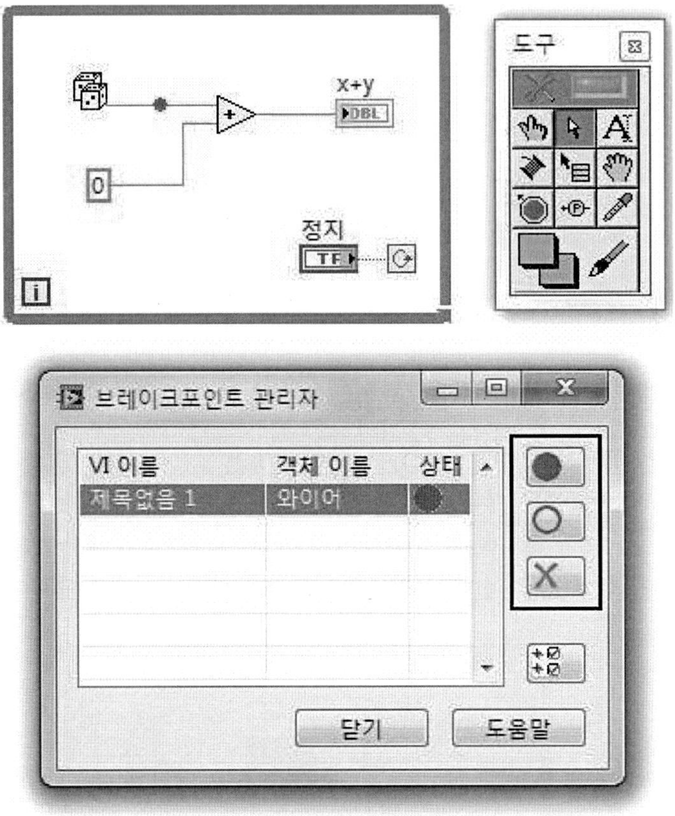

【그림】 3-21 브레이크 포인트 관리자(B)

제4장

배열

제4장 배열

1. 배열이란?

배열은 동일한 데이터 타입을 관리하기 쉽도록 여러 개를 묶는 것을 의미한다. 동일한 데이터가 많을 때 각 원소들을 개별적으로 처리하는 것은 효율성이 떨어진다. 이때 같은 데이터를 묶어서 배열로 만들어 사용하면 효율적으로 데이터를 처리 할 수 있다.
또한 배열에는 데이터 타입에 따라 숫자형 배열, 불리언 배열, 문자열 배열로도 구분 할 수 있으며, 또한 다른 노드들과 마찬가지로 컨트롤과 인디케이터, 그리고 상수가 있다.

2. 배열의 사용법

1 1차원 배열

가장 기초적인 1차원 배열부터 만들어 보자.
1) 프런트패널 상에서 마우스 오른쪽 버튼 클릭>배열, 행렬, 클러스터>배열을 선택한다.

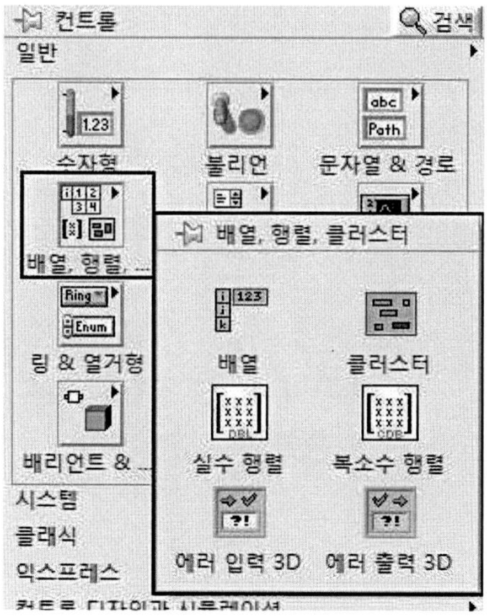

【그림】 4-1 배열

2) 선택한 배열을 【그림】 4-2와 같이 프런트패널 화면에 놓아 보자.

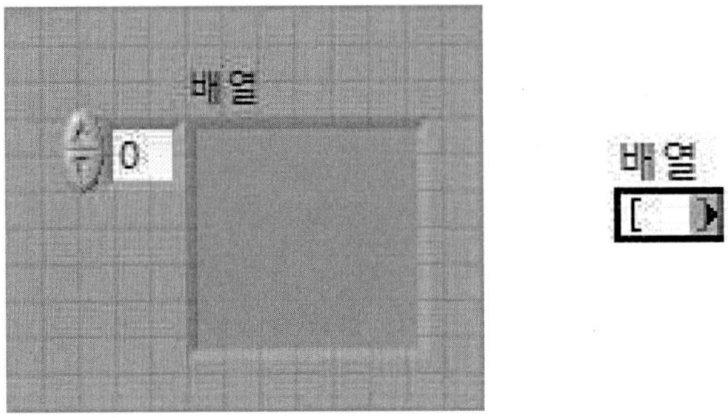

【그림】 4-2 배열의 생김새

현재 그림의 배열에는 아무것도 들어가 있지 않은데, 이곳에 자신이 원하는 데이터를 넣으면 해당 데이터의 배열이 된다.

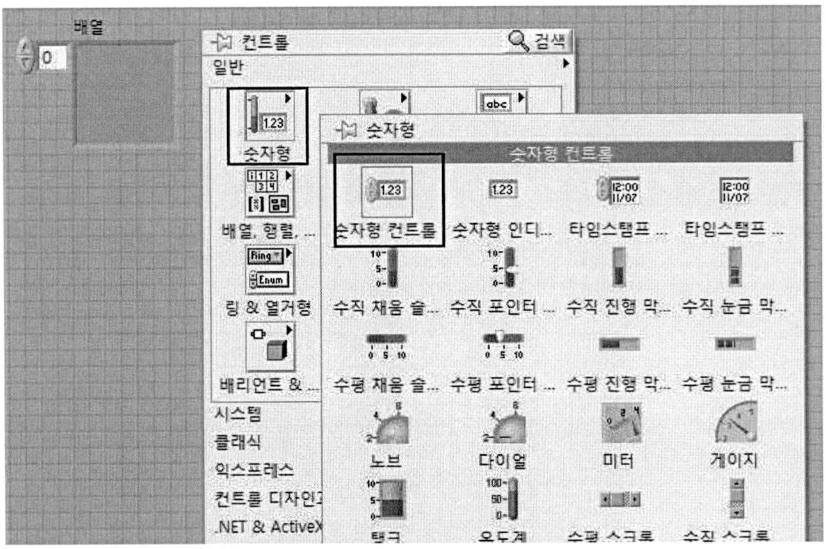

【그림】 4-3 숫자형 컨트롤

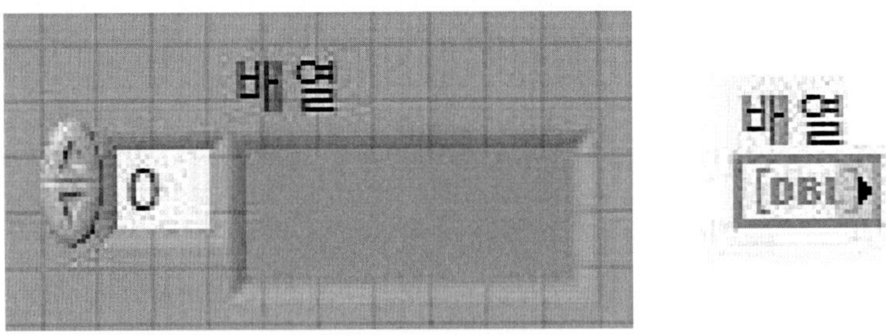

【그림】 4-4 숫자형 배열

※ 숫자형 컨트롤 노드를 배열 안에 넣으면 위 그림처럼 숫자형 컨트롤 배열이 생성된다. 마찬가지로 숫자형 컨트롤 대신 문자형을 넣으면 문자형 배열이, 불리언을 넣으면 불리언 배열이 된다. 또한 컨트롤 노드를 집어넣으면 컨트롤 배열이, 인디케이터를 넣으면 인디케이터 배열이 된다.

※ 배열은 마우스를 이용하여 그 크기를 바꾸어 줄 수 있는데, 이때 마우스로 선택하는 위치에 따라서 다음과 같이 두 가지 변화가 가능하다.

(1) 먼저 【그림】4-5와 같은 위치에서 커서를 드래그하면 원소의 개수는 같으나 표시 공간이 늘어난다.

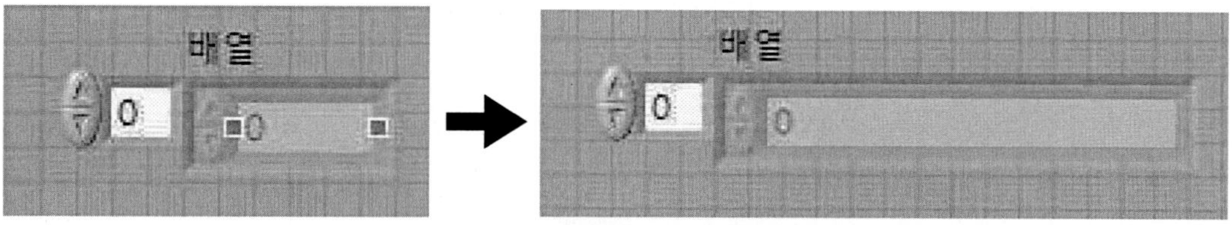

【그림】 4-5 배열의 크기조정

(2) 【그림】 4-6과 같은 위치에서 커서를 드래그하면 원소의 개수가 증가한다.

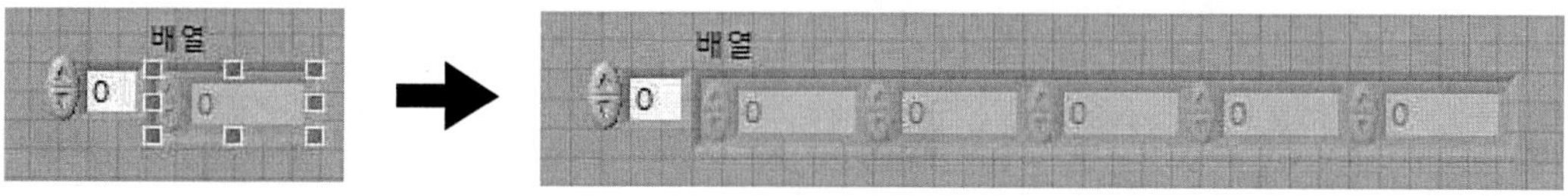

【그림】 4-6 배열의 개수조정

(3) 현재 우리가 만든 배열은 1차원 배열인데 위에서 설명했었던 것처럼 1차원 배열은 열 혹은 행 한가지 밖에 가질 수 없다. 즉, 【그림】 4-7과 같이 원소가 열 혹은 행으로 밖에 증가 할 수 없다는 뜻이다.

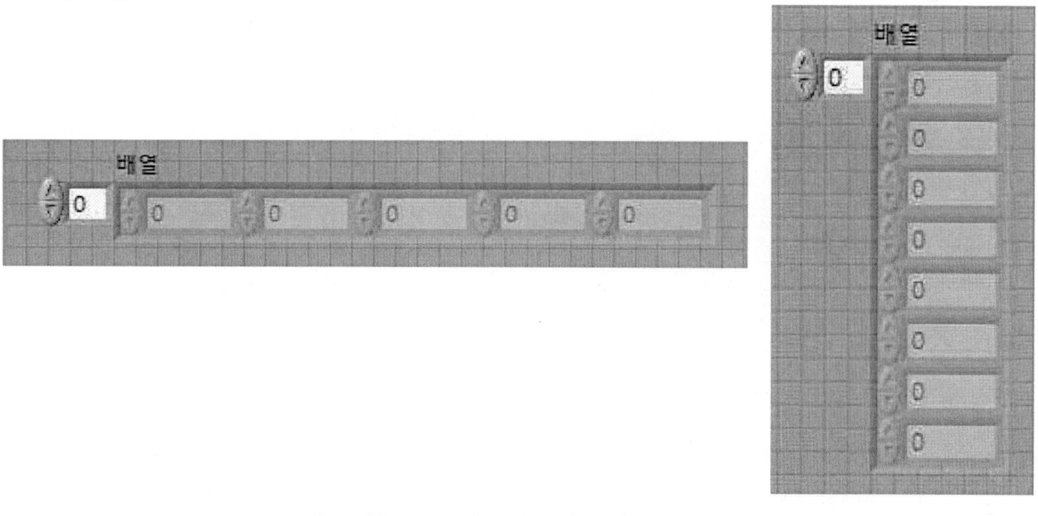

【그림】 4-7 배열의 행(왼쪽)과 열(오른쪽)

2 2차원, 3차원 그리고 다차원 배열

2차원 배열을 만들기 위해서는 1차원 배열이 필요하다. 앞에 작성한 1차원 배열을 활용하여 2차원 배열로 만들어 보자.

1) 원소의 개수나 크기를 늘렸던 것처럼 【그림】 4-8의 표시된 부분의 크기를 한칸 늘려보자.

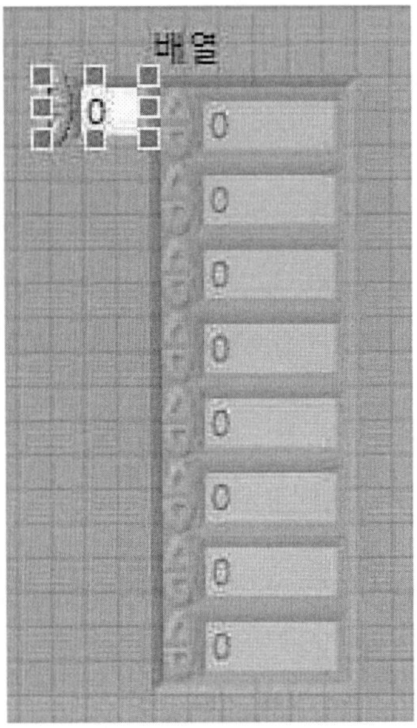

【그림】 4-8 배열의 인덱스

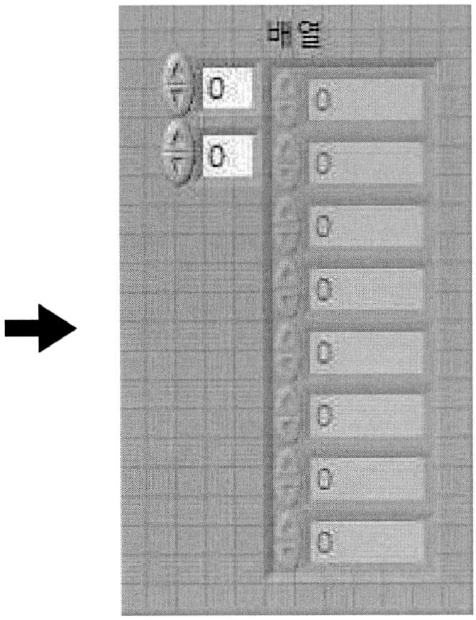

【그림】 4-9 배열의 인덱스의 개수조정

2) 【그림】 4-8에서 파란색 점으로 둘러쌓인 부분을 인덱스(INDEX)라 하는데 인덱스의 개수가 곧 차원의 수를 의미한다. (인덱스가 2개면 2차원 배열, 3개면 3차원배열) 즉 인덱스의 개수를 증가시키면 된다는 뜻이다. 현재 그림의 배열은 2차원 배열이므로 1차원 배열과는 다르게 【그림】 4-10처럼 열과 행을 같이 가질 수 있다.

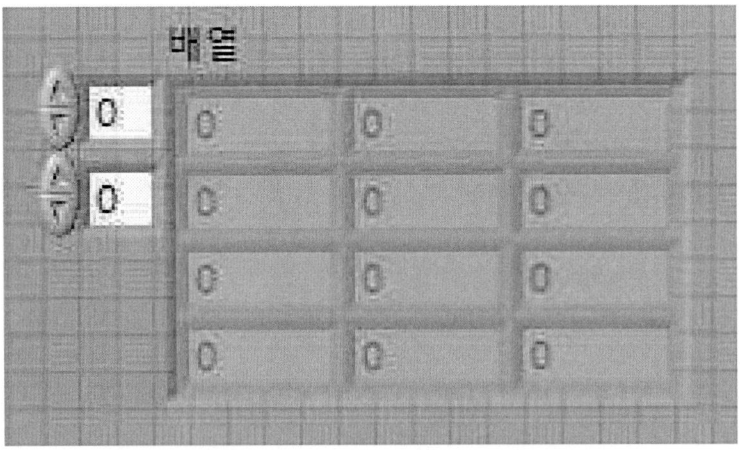

【그림】 4-10 행과 열이 공존하는 2차원 배열

3 배열만들기

이번에는 간단한 1차원 배열을 만들어보자.

1) 프런트패널 상에서 마우스 오른쪽 버튼 클릭〉숫자형〉숫자형 컨트롤 선택하여 【그림】 4-12와 같이 5개를 만든다.

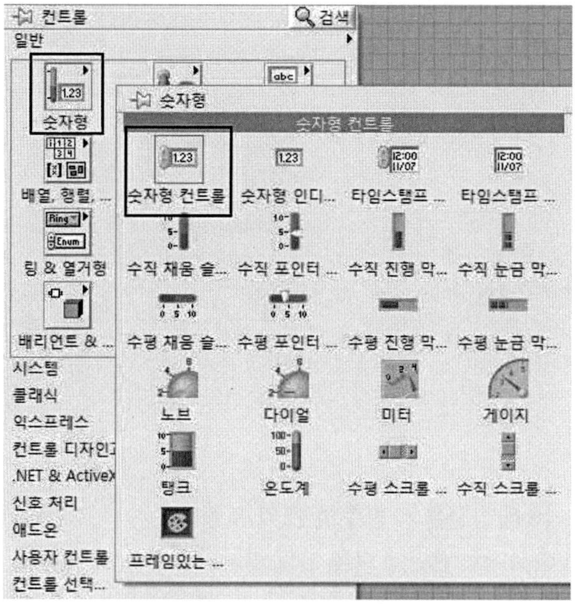

【그림】 4-12 5개의 숫자형 컨트롤
(프론트패널과 블록다이어그램)

【그림】 4-11 숫자형 컨트롤

2) 블록다이어그램 상에서 마우스 오른쪽버튼 클릭〉배열〉배열 만들기를 선택하여 【그림】 4-14과 같이 놓는다.

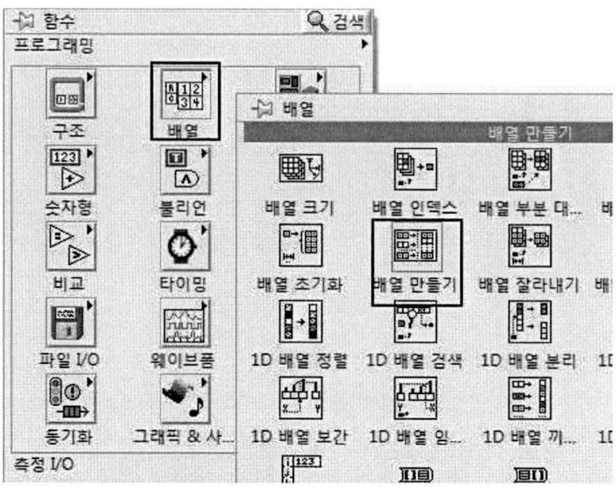

【그림】 4-13 배열만들기 함수

【그림】 4-14 5개의 숫자형 컨트롤과
배열만들기함수(블록다이어그램)

3) 배열 만들기 노드에 마우스 커서를 가져다 놓으면 위아래로 파란점이 생기는 것을 볼 수 있다. 이것을 드래그 하면 입력되는 원소의 개수를 증가시킬 수 있다. 우리가 넣어야 하는 원소는 총 5개이므로 추가로 4개의 원소가 들어갈수 있도록 드래그 하여 늘려보자.

【그림】 4-15 배열만들기 함수의 크기 조정

4) 이후 각 원소를 【그림】 4-16과 같이 순서대로 연결한 다음 배열 만들기 노드의 우측의 출력부에 마우스 오른쪽 버튼을 클릭을 하여 생성〉인디케이터를 눌러준다.

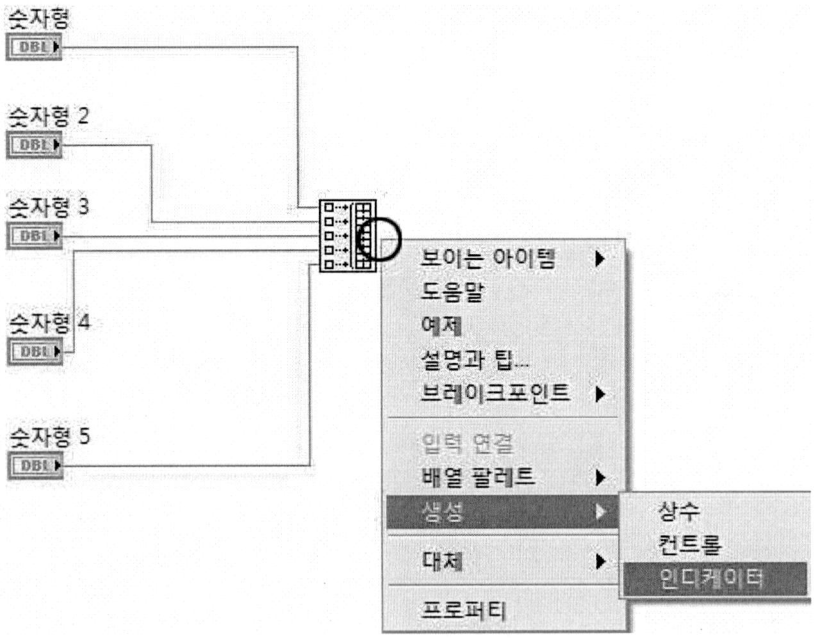

【그림】 4-16 배열만들기 함수의 단축 메뉴

5) 배열 만들기 프로그램이 완성되었다.

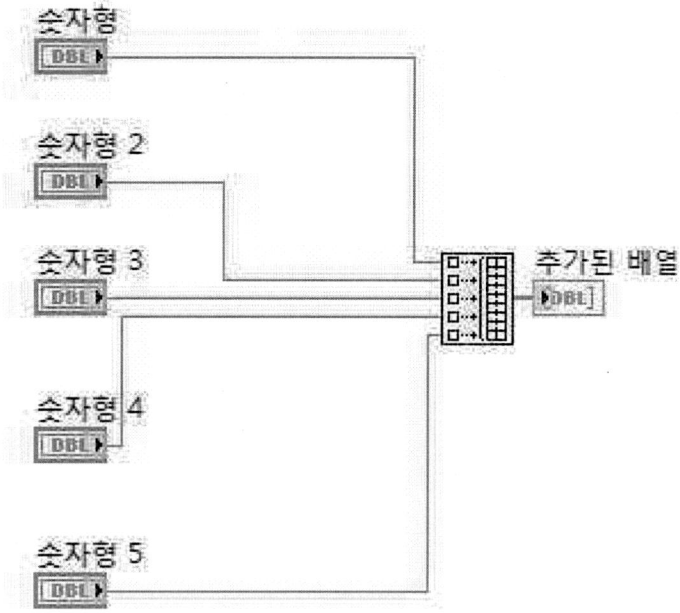

【그림】 4-17 배열만들기 프로그램 예시(블록다이어그램)

6) 다시 프론트 패널로 돌아가 각 숫자형 컨트롤에 임의의 숫자를 넣도록 한다.(예제에선 3, 2, 6, 1, 9의 숫자를 넣었다)

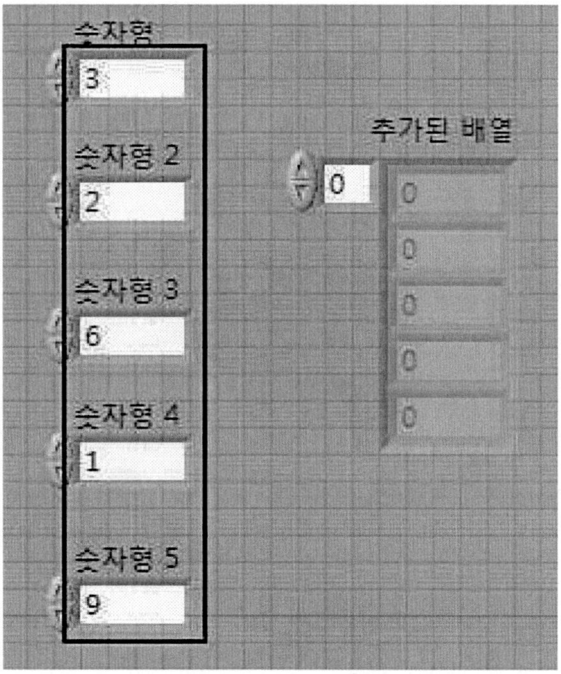

【그림】 4-18 배열만들기 프로그램 예시(프런트패널)

7) 숫자를 넣은 뒤 상단 도구바에서 실행을 누르면 【그림】 4-19와 같이 각각의 원소가 하나로 모인 배열이 완성된다.

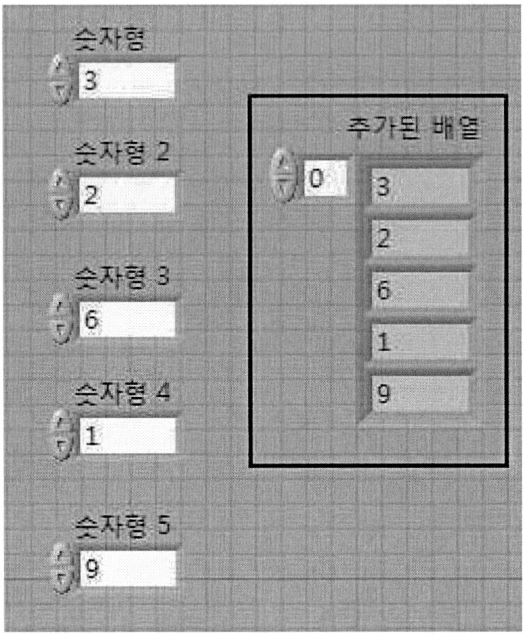

【그림】 4-19 배열 만들기 프로그램 실행 계시

랩뷰에는 앞에서 사용한 것과 같이 배열에 관련된 많은 함수가 있다. 이러한 함수들의 종류와 사용법에 대하여 알아보자.

※ 블록다이어그램 화면에서 마우스 오른쪽 버튼클릭〉배열에서 볼수 있다.

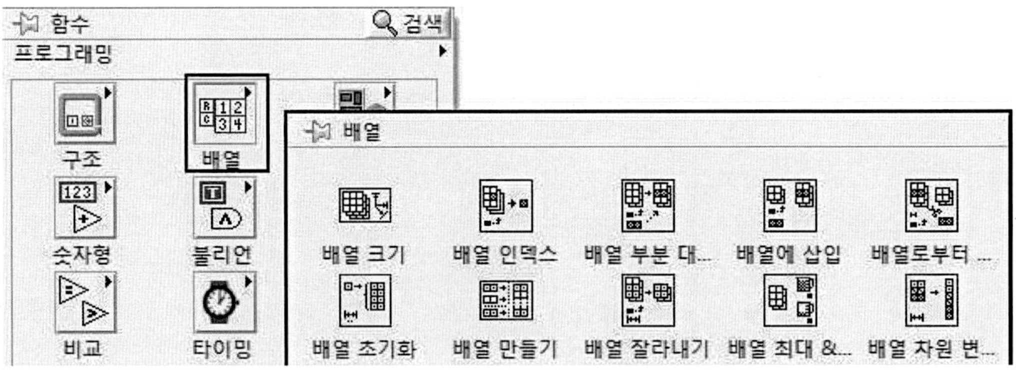

【그림】 4-20 배열 함수의 종류

4 배열의 크기

배열 크기 함수에 대하여 알아보자.

'배열 크기(원소의 개수)' 함수는 각 차원의 원수 개수를 구하는 함수이다. 예를 들어 [1, 2, 3]이라는 원소를 가지는 배열이 있다면 배열의 크기는 '3' 이 된다. 이 함수의 입력으로 숫자형, 문자열, 불리언 등이 가능하나 클러스터의 경우는 배열 크기 함수와 연결이 되지 않는다.

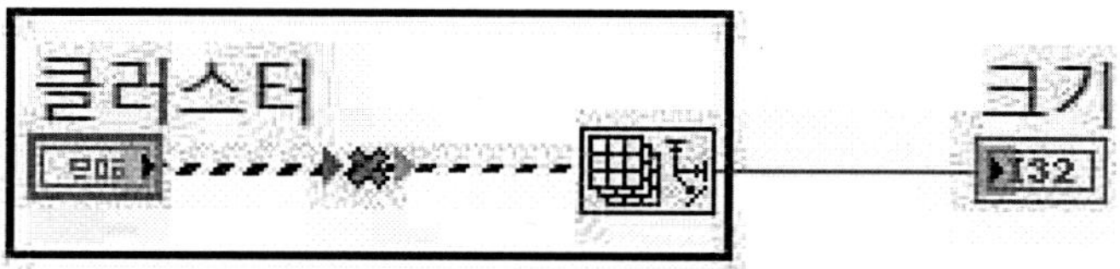

【그림】 4-21 배열 크기 함수의 잘못된 연결 방법

1) 배열 크기 함수를 직접 사용하기 전에 먼저 크기를 측정할 배열을 만들어보자.

① 프런트패널 상에서 마우스 오른쪽 버튼 클릭〉배열, 행렬, 클러스터에서 배열을 선택한 뒤 프런트패널에 올려놓는다.

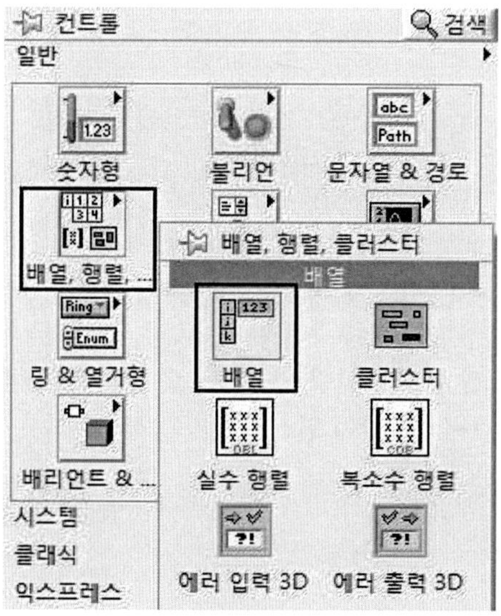

【그림】 4-22 배열

② 예제를 위해 숫자형 컨트롤을 삽입하여 숫자형 배열을 만들어준다.
프런트패널 상에서 마우스 오른쪽 버튼 클릭〉숫자형〉숫자형 컨트롤을 【그림】4-24과 같이 화면에 놓는다.

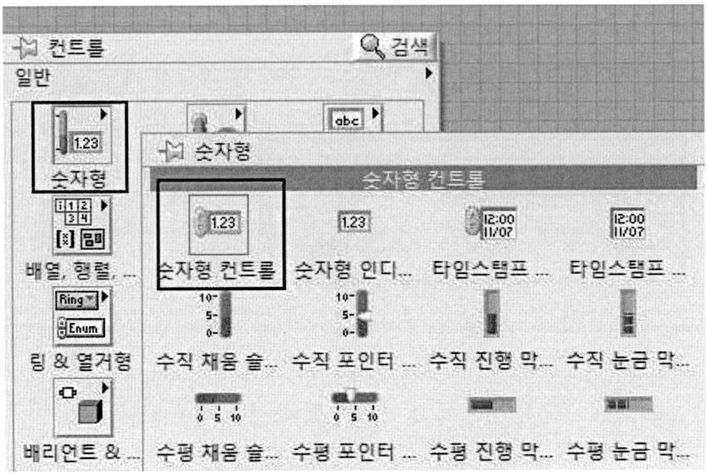

【그림】 4-23 숫자형 컨트롤

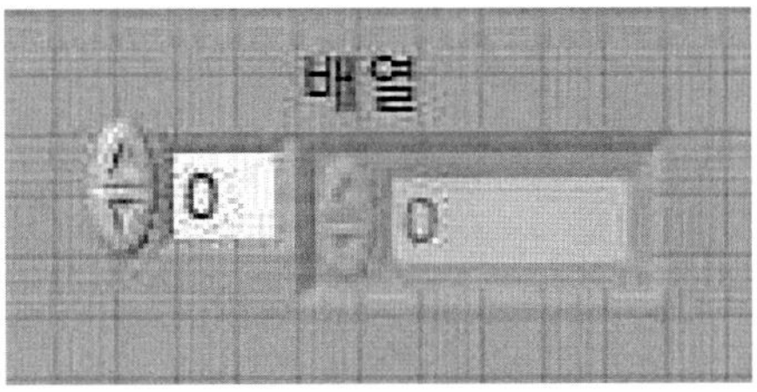

【그림】 4-24 숫자형 배열

③ 숫자형 배열이 완성되었으면 이제 배열의 원소 개수를 늘려주자. 원소의 개수를 늘렸으면 비어있는 원소를 클릭하여 【그림】4-26과 같이 원소에 숫자를 넣어주자.

【그림】 4-25 배열의 개수 조정

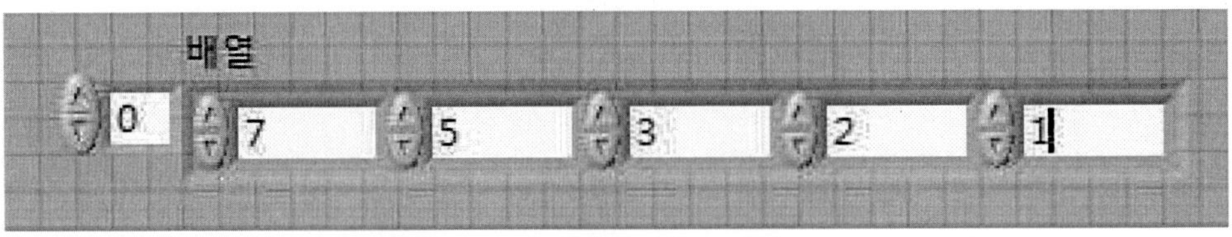

【그림】 4-26 배열의 원소 삽입

④ 배열을 다 만들면 이제 이 배열에 대한 크기를 알아볼 수 있도록 배열 크기라는 함수를 불러와 【그림】 4-28과 놓아보자. 배열 크기는 블록다이어그램 상에서 마우스 오른쪽 버튼클릭>배열에서 찾을 수 있다.

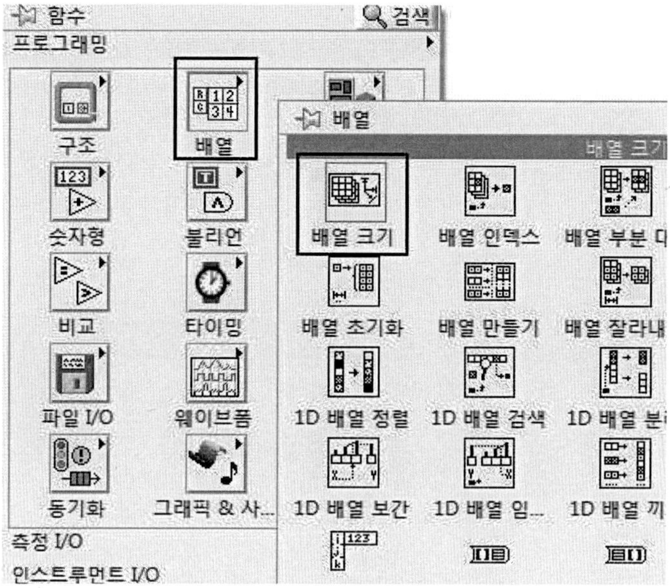

【그림】 4-27 배열 크기 함수

【그림】 4-28 배열 크기 함수

⑤ 이제 만들어 둔 배열과 배열 크기 노드를 연결 해보자.

【그림】 4-29 배열 크기 함수 와이어 연결

⑥ 연결이 완료되면 배열 크기 노드 우측의 출력부에 마우스 커서를 가져다 놓고 마우스 오른쪽 버튼 클릭을 하여 메뉴>생성>인디케이터를 눌러준다.

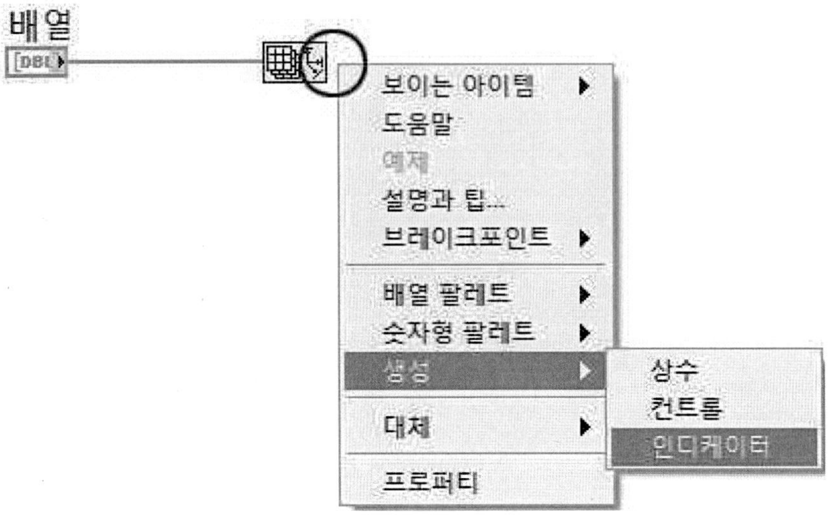

【그림】 4-30 배열 크기 함수 단축 메뉴

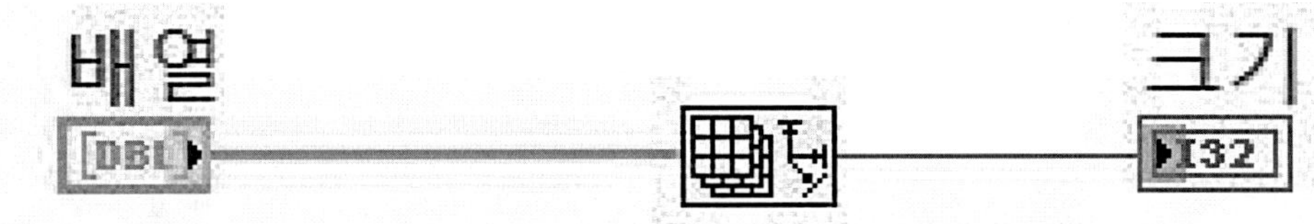

【그림】 4-31 배열 크기 표시 인디케이터 생성

⑦ 이로써 프로그램 작성이 완료되었다.

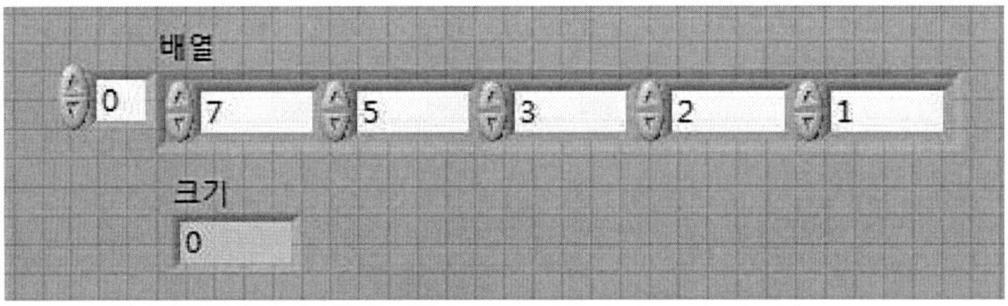

【그림】 4-32 배열 크기 함수 프로그램 예시

이제 프론트 패널에서 프로그램을 실행한뒤 결과를 살펴보자.

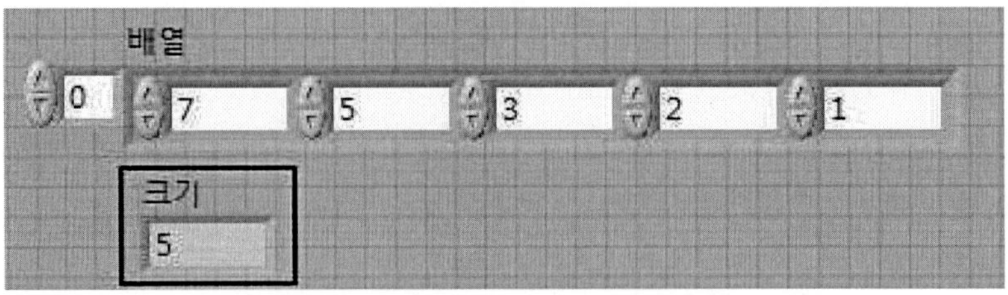

【그림】 4-33 배열 크기 함수 프로그램 예시

인디케이터의 값이 5로 변화된 것이 보이는가?
현재 원소의 개수가 5개이므로 이 배열의 크기는 5가 된다.
단, 주의할 점은 활성화 되지 않은 원소는 배열의 크기로 인식되지 않는다.

2) 이번에는 2차원 배열의 크기를 구해보자.

① 앞에서 만들었던 배열을 2차원 배열로 바꿔보자. 먼저 인덱스의 개수를 2개로 늘리고 원소도 추가해준다.

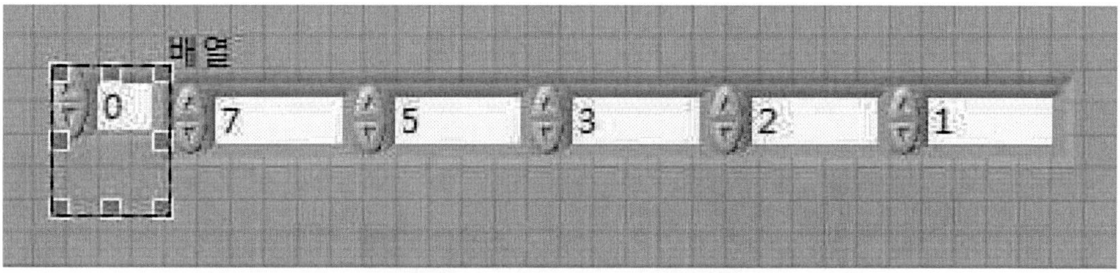

【그림】 4-34 배열 차원 늘리기

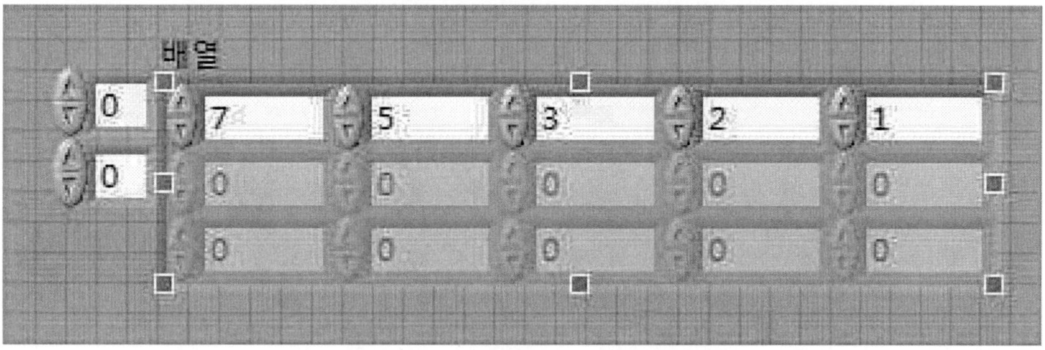

【그림】 4-35 배열 크기 늘리기

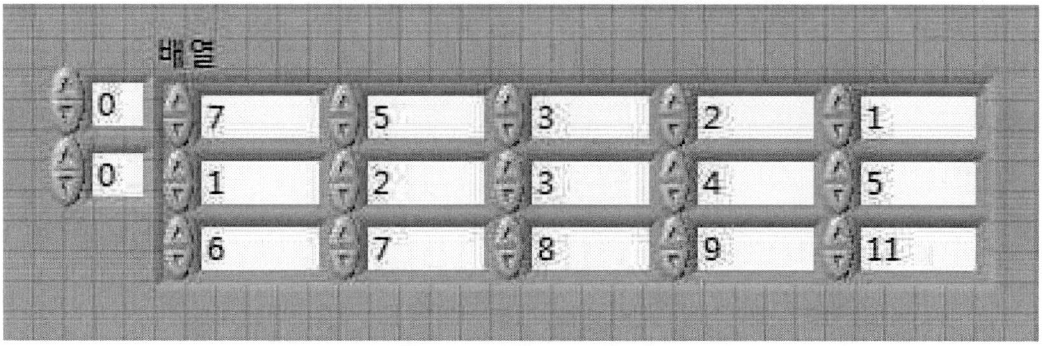

【그림】 4-36 완성된 2차원 배열에 원소 삽입

② 1차원에서의 배열의 크기는 열 혹은 행 하나였기 때문에 숫자형 인디케이터로 표현이 가능하였지만 2차원 배열의 크기는 열과 행 두 개의 크기를 표현해 주어야 하므로 숫자형 인디케이터를 숫자형 배열 인디케이터로 바꾸어 주어야 한다.

③ 프런트패널 상에서 마우스 오른쪽 버튼 클릭>배열, 행렬, 클러스터>배열을 선택하여 빈 배열을 하나 만들고 그 안에 크기값을 표시해주던 마우스 오른쪽 버튼 클릭>숫자형 인디케이터를 넣어서 배열로 만들어준 뒤 와이어를 연결하여 프로그램을 작성해보자.

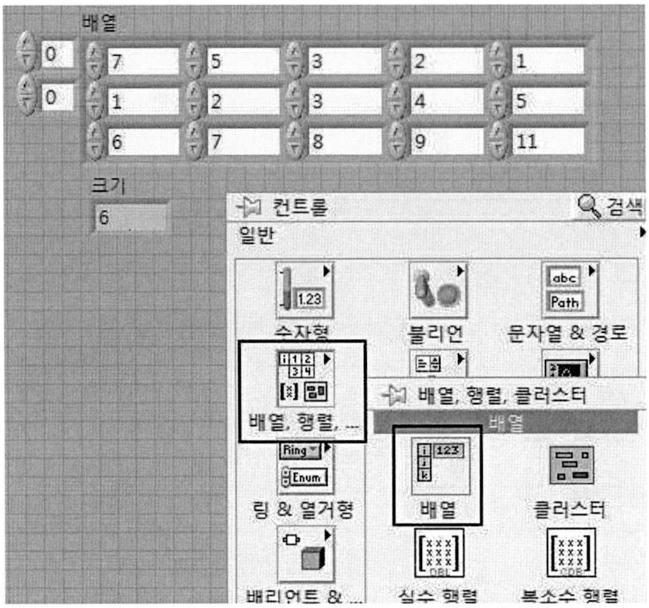

【그림】 4-37 배열

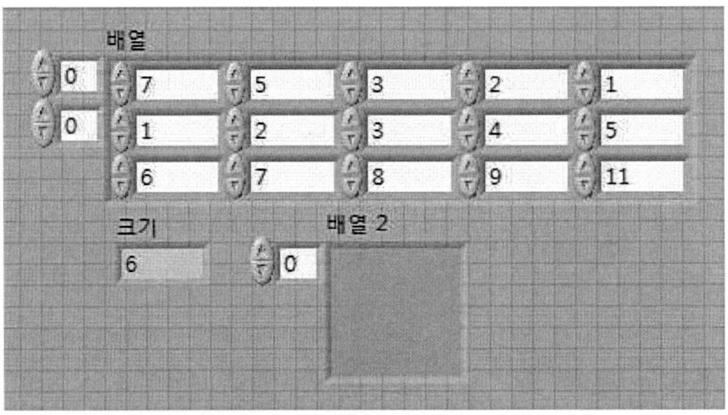

【그림】 4-38 배열생성

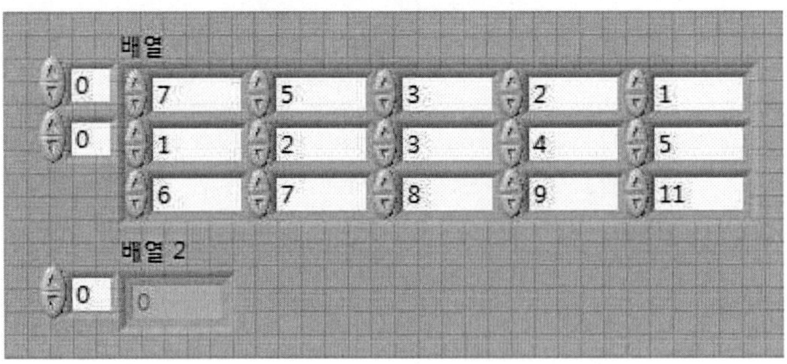

【그림】 4-39 숫자형 배열로 변경

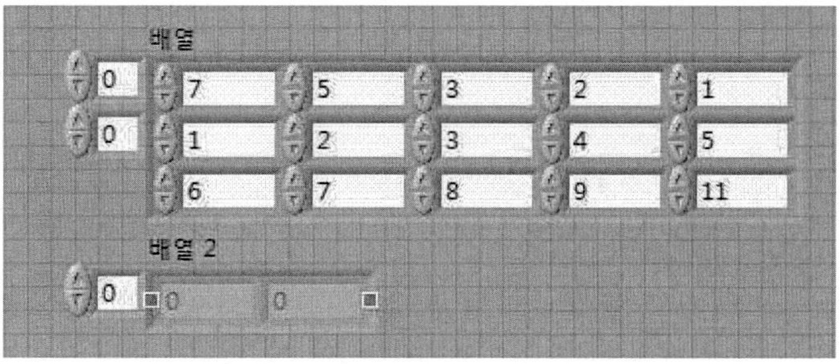

【그림】 4-40 배열의 원소 개수 증가

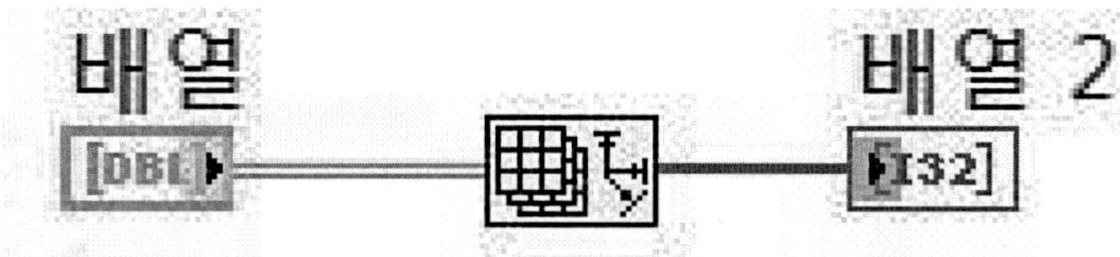

【그림】 4-41 배열 크기 함수 연결하기

④ 프로그램이 완성 되었으면 실행을 시켜보자.

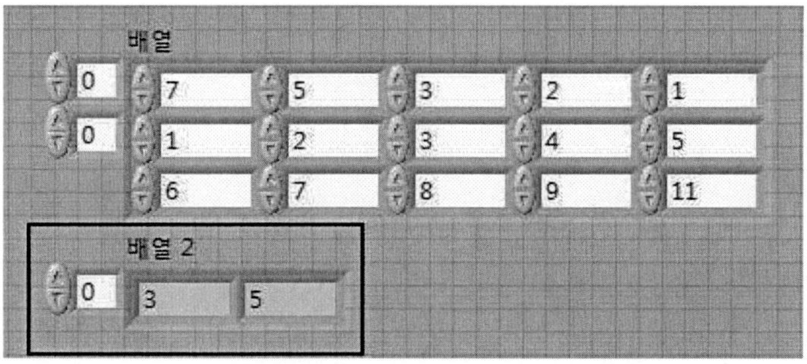

【그림】 4-42 배열 크기 함수 프로그램 실행 예시

2차원 배열이므로 크기값에 행과 열(3행 5열)의 원소 개수가 표시된다.

5 배열 인덱스

이번에는 배열 인덱스 함수에 대하여 알아보자.
인덱스란 위치를 나타내는 주소(Address)값 이며 배열 안에 원소가 들어있는 위치를 확인 할 수 있다. 예를 들면 [0, 1, 2, 3, 4, 5]라는 배열이 있을 때 첫 번째 원소의 위치가 인덱스 0, 두 번째 위치가 인덱스 1, 세 번째 위치가 인덱스 2가 되며 인덱스 0의 원소값은 0, 1의 원소값은 1, 2의 원소값은 2...이런식으로 사용된다.

아래 그림을 보면서 배열 인덱스 함수의 사용법을 알아보자.

1) 배열 인덱스 함수

① 블록다이어그램 상에서 마우스 오른쪽 버튼 클릭>배열>배열 인덱스를 선택한다.

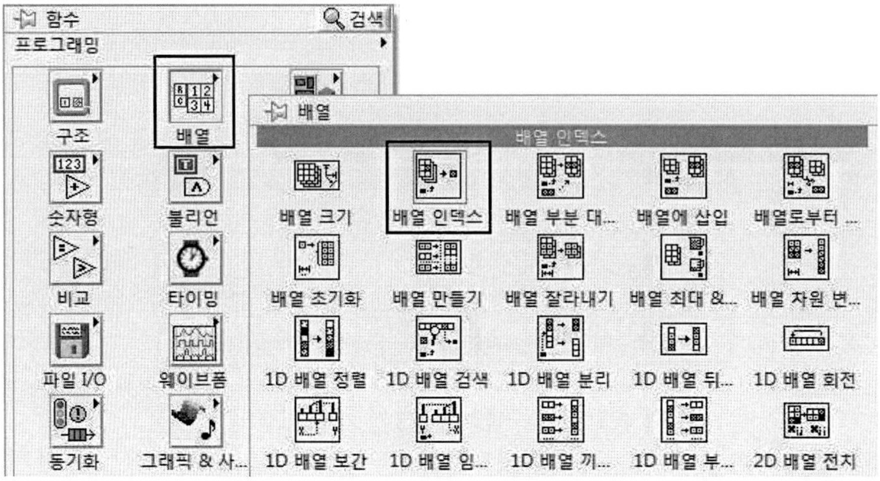

【그림】 4-43 배열 인덱스 함수

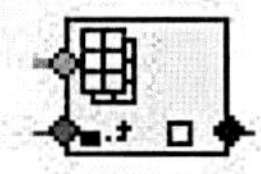

【그림】 4-44 배열 인덱스 함수의 아이콘

② 인덱싱 할 1차원 숫자형 배열을 만든다. 프런트패널 상에서 마우스 오른쪽 버튼 클릭>배열,행렬,클러스터>배열을 선택한다.

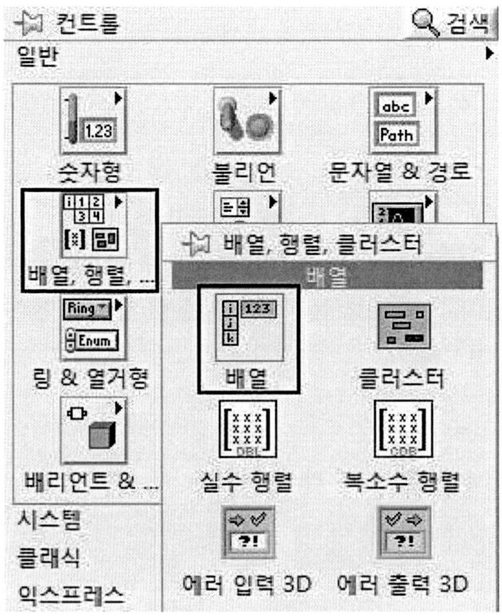

【그림】 4-45 배열

③ 숫자형 컨트롤을 삽입하여 숫자형 배열을 만들어준다. 프런트패널 상에서 마우스 오른쪽 버튼 클릭〉숫자형〉숫자형 컨트롤을 선택하여 ②번에서 불러온 배열에 삽입한다.

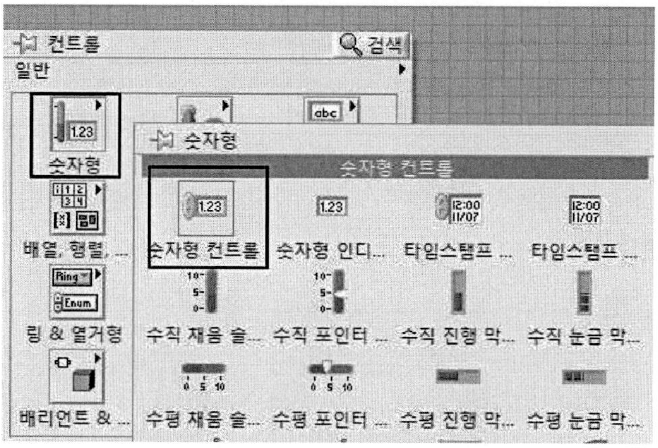

【그림】 4-46 숫자형 컨트롤

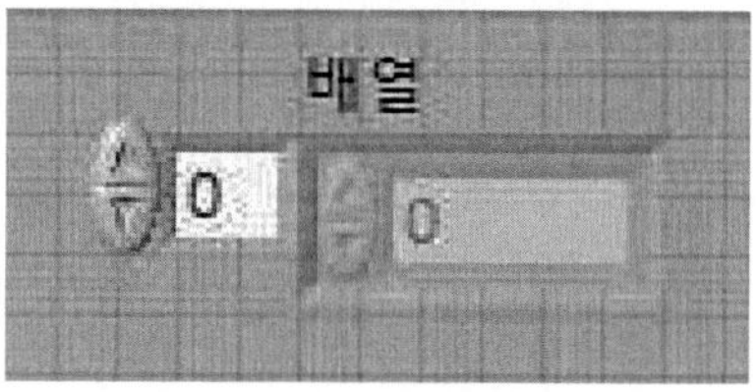

【그림】 4-47 숫자형 배열

④ 배열을 만들었으면 인덱스 역할을 해줄 숫자형 컨트롤을 하나 만들고 라벨을 인덱스 로 바꾸어 준다. 프런트패널 상에서 마우스 오른쪽 버튼 클릭〉숫자형〉숫자형 컨트롤을 선택한다.

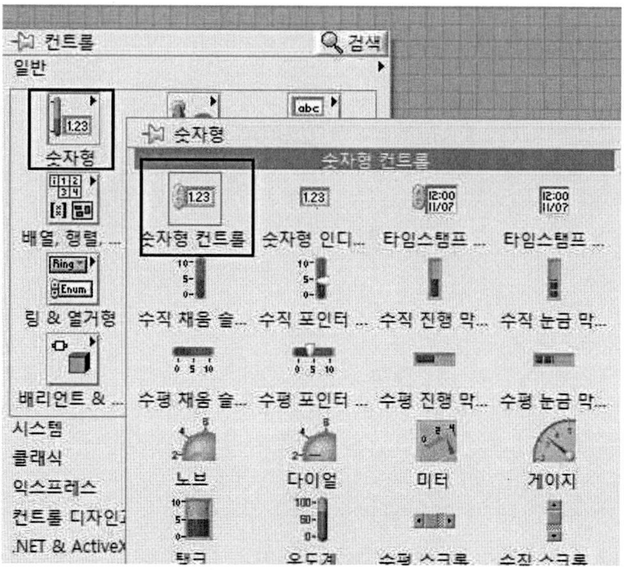

【그림】 4-48 숫자형 컨트롤

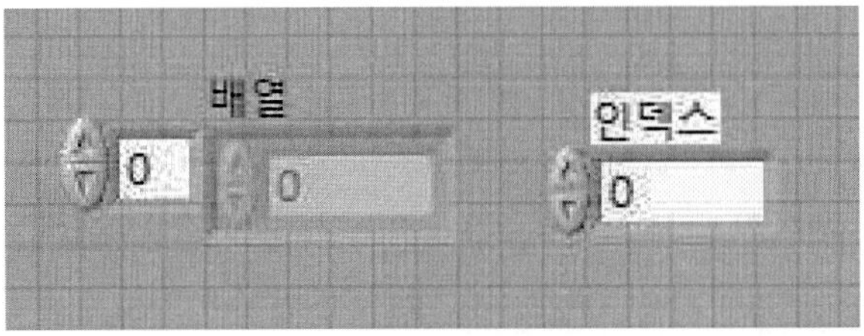

【그림】 4-49 인덱스

⑤ 【그림】 4-50과 같이 배열의 원소를 늘려주고 임의의 숫자를 입력한 뒤 블록다이어그램 화면으로 가서 선을 연결해준다.

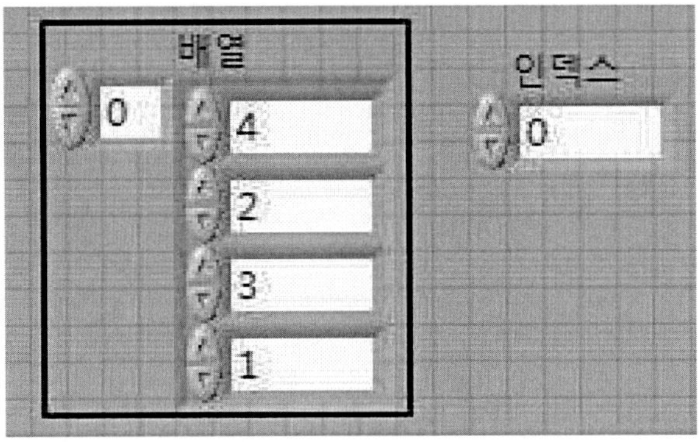

【그림】 4-50 배열의 원소 개수 증가 및 원소 삽입

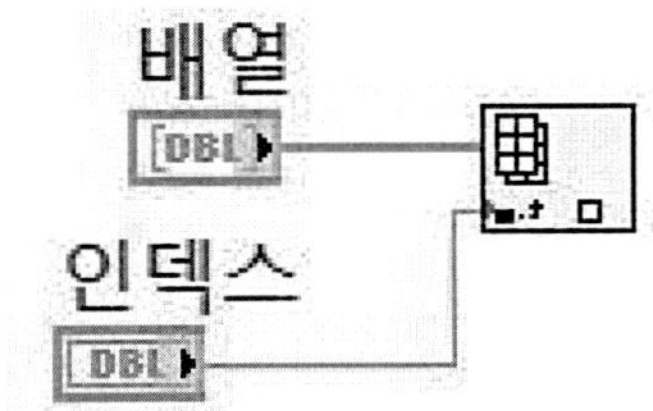

【그림】 4-51 와이어 연결하기

⑥ 블록다이어그램에 그려져있는 배열 인덱스 함수의 출력부분에서 마우스 오른쪽 버튼을 클릭하여 메뉴〉생성〉인디케이터를 눌러준다.

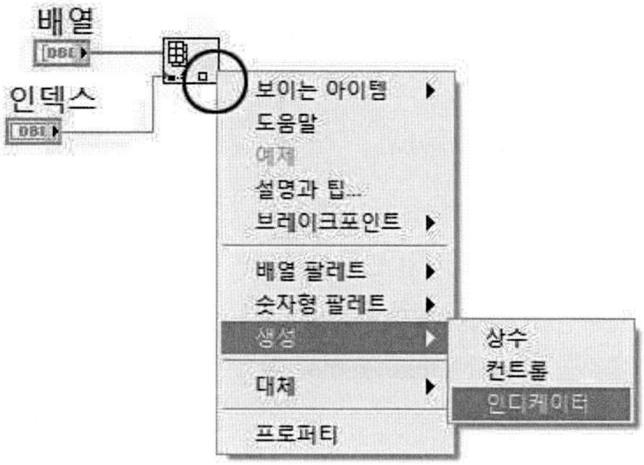

【그림】 4-52 배열 인덱스 함수의 단축 메뉴

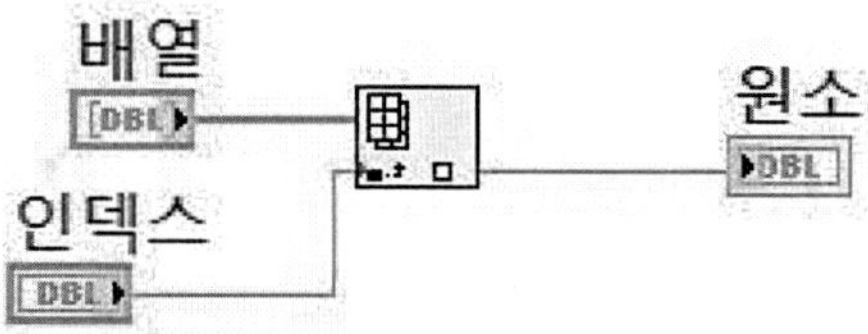

【그림】 4-53 배열 인덱스 함수의 인디케이터 생성

⑦ 다시 프런트 패널로 돌아와 생성된 배열과 컨트롤들을 【그림】 4-54과 같이 정리 해준 뒤 인덱스에 표시할 원소의 순번을 넣고 실행해보자.

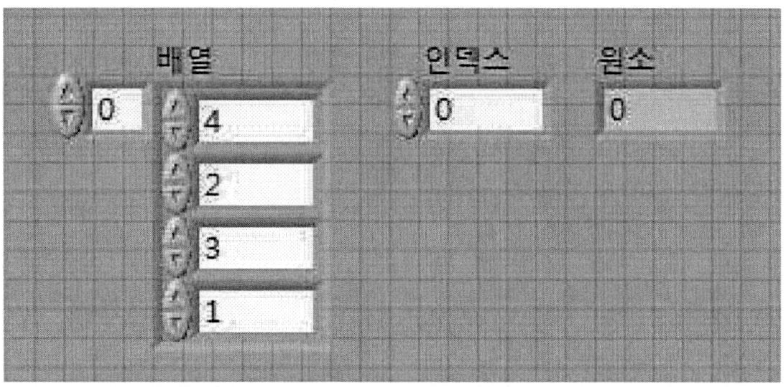

【그림】 4-54 배열 인덱스 함수 프로그램 예시

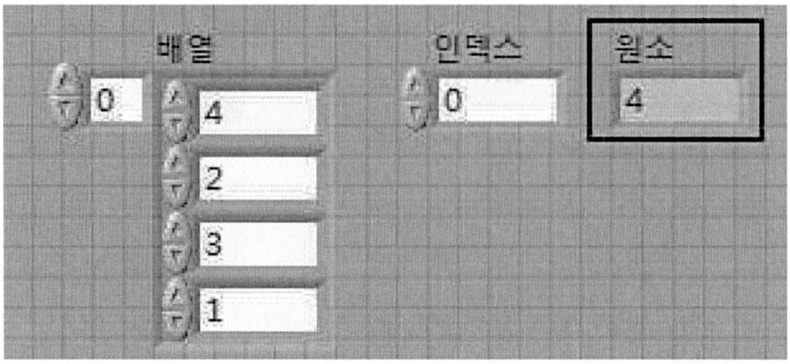

【그림】 4-55 배열 인덱스 함수 프로그램 실행 예시

⑧ 인덱스는 0부터 시작한다고 앞에서 언급한바 있다.
현재 그림에서는 인덱스의 값이 0이므로 첫 번째 원소인 4가 인디케이터에 표시가 된다.

2) 배열 부분 대체, 배열에 삽입

다음은 배열 부분 대체 함수와 배열에 삽입 함수를 사용해볼 차례이다. 이 두 함수의 차이점을 프로그래밍을 통하여 비교해보자.

먼저 배열 부분 대체 함수는 [0, 1, 2]라는 원소를 가진 배열이 있다고 가정할 때 이중 특정 원소/배열을 소거한 뒤 그 자리에 다른 원소를 넣어주는 함수이다.
배열의 삽입 함수는 [0, 1, 2]라는 원소를 가진 배열이 있을 때 이 배열에 추가로 원소/배열을 끼워 넣어주는 함수이다.
이 두 함수의 가장 큰 차이점은 배열 부분 대체 함수는 배열의 크기가 변하지 않는다는 것이고, 배열에 삽입 함수는 배열의 크기가 늘어난다는 점이다.

① 블록다이어그램 상에서 마우스 오른쪽 버튼 클릭〉배열〉배열 부분 대체, 배열에 삽입을 선택하여 블록다이어그램에 넣어준다.

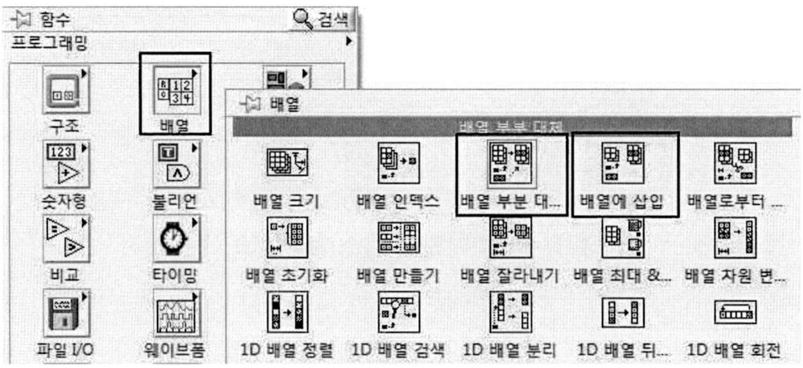

【그림】 4-56 배열 부분 대체 함수 및 삽입 함수

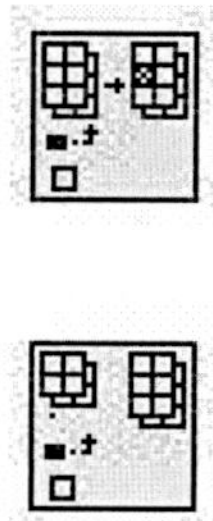

【그림】 4-57 배열 부분 대체, 배열에 삽입 함수의 아이콘

② 【그림】 4-58, 4-59와 같이 배열 1개, 인덱스 컨트롤 1개, 삽입 혹은 대체할 숫자형 컨트롤 1개를 만들어 준다. 프런트패널 상에서 마우스 오른쪽 버튼 클릭〉배열,행렬,클러스터〉배열을 선택하여 놓고 다시 마우스 오른쪽 버튼 클릭〉숫자형〉숫자형 컨트롤을 배열안에 삽입한다. 이와같이 숫자형 컨트롤을 2개 더불러와 각각 인덱스, 새원소로 라벨을 바꿔준다.

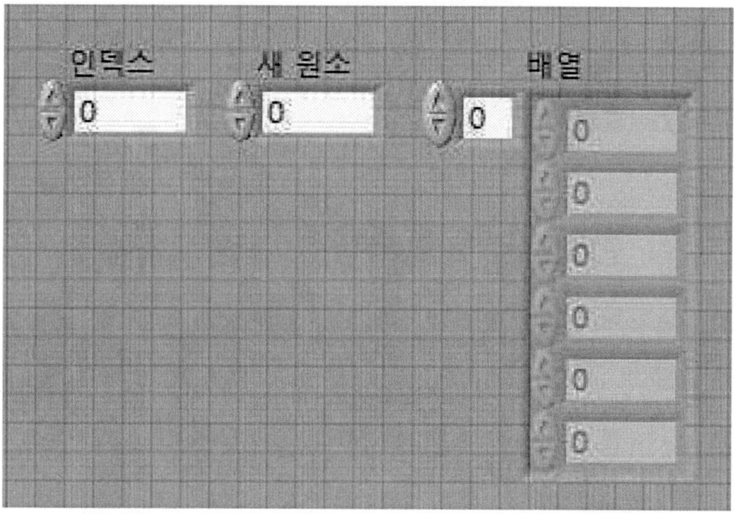

【그림】 4-58 예시 프로그램 아이콘 배치도(프런트패널)

【그림】 4-59 예시 프로그램 아이콘 배치도(블록다이어그램)

③【그림】4-60과 같이 블록다이어그램 상에서 선을 연결 해준다.

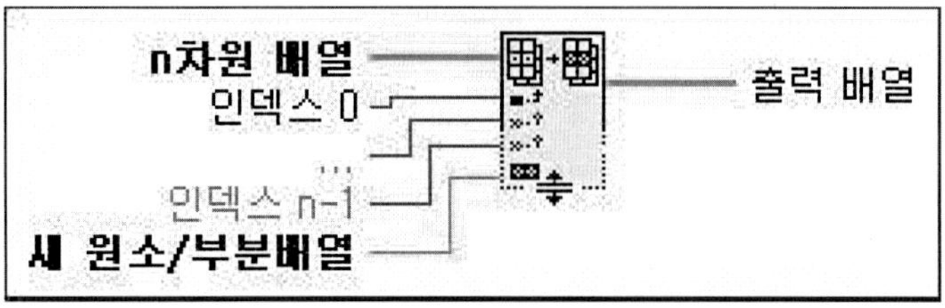

【그림】4-60 배열 부분 대체, 배열에 삽입 함수의 연결 방법

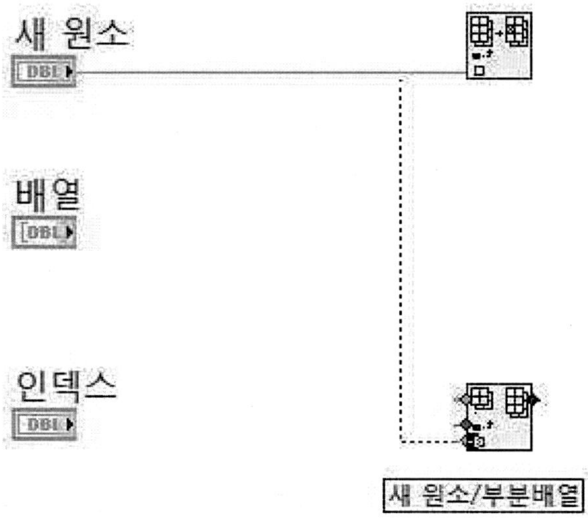

【그림】4-61 와이어 연결하기 1

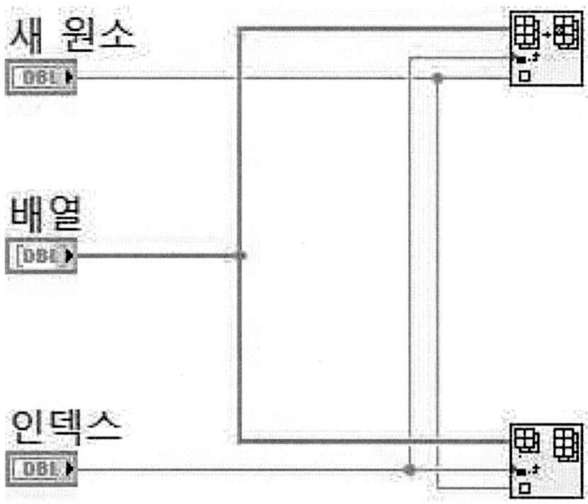

【그림】4-62 와이어 연결하기 2

④ 선이 다 연결 되었다면 이제 출력을 해줄 배열을 만들어보자.
각 함수 우측에 있는 출력부에서 마우스 오른쪽 마우스를 클릭하여 생성>인디케이터를 눌러준다.

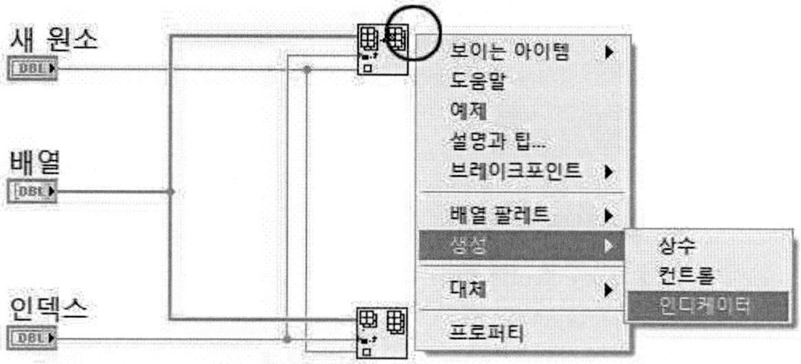

【그림】 4-63 배열 부분 대체, 배열에 삽입 함수의 단축 메뉴

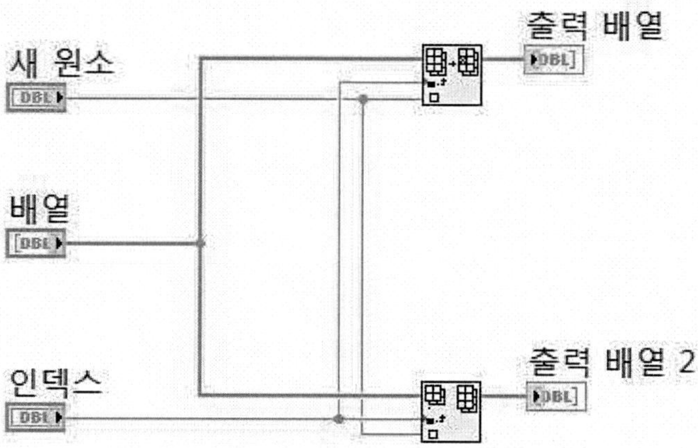

【그림】 4-64 배열 인디케이터 생성

⑤ 다시 프런트패널로 돌아와서 위에서 만든 출력배열 2개를 아래 그림과 같이 정렬해주고 원소의 개수를 먼저 만든 배열과 맞춰준다.

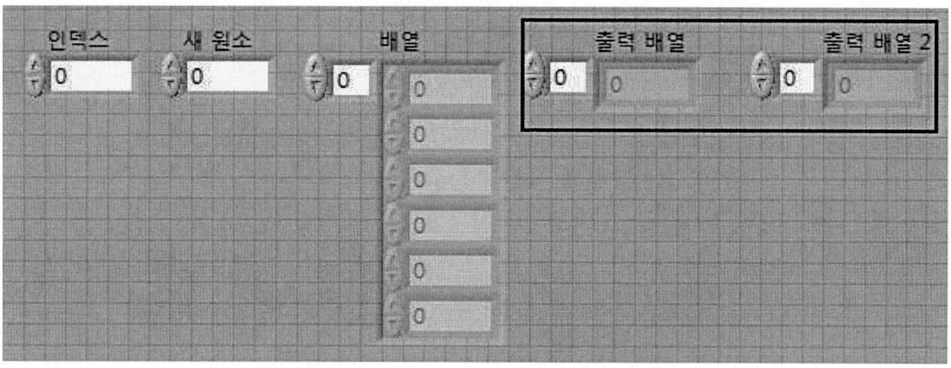

【그림】 4-65 프로그램 아이콘 정렬

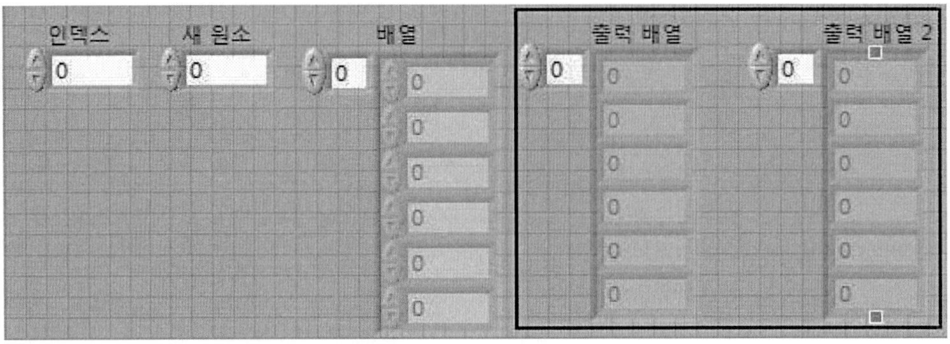

【그림】 4-66 출력 배열의 원소 개수 늘이기

⑥ 이제 출력배열은 배열 부분 대체 , 출력배열2는 배열에 삽입이라고 라벨을 달아준 뒤 처음 만든 배열과 인덱스, 새 원소에 임의의 값을 넣고 실행 해보자.

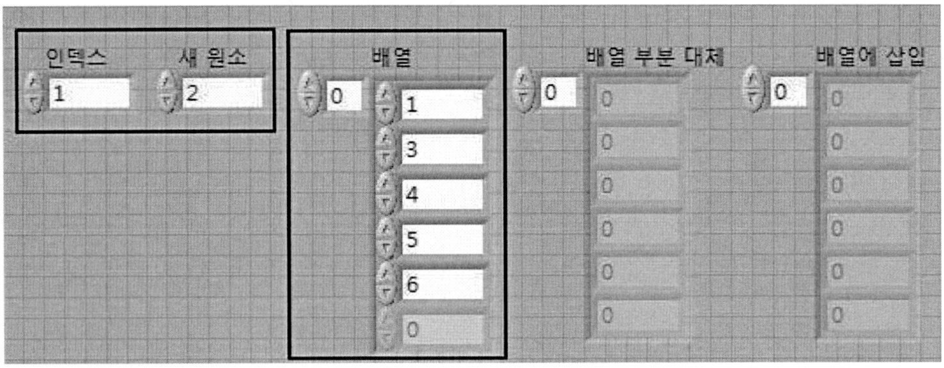

【그림】 4-67 배열에 원소 삽입

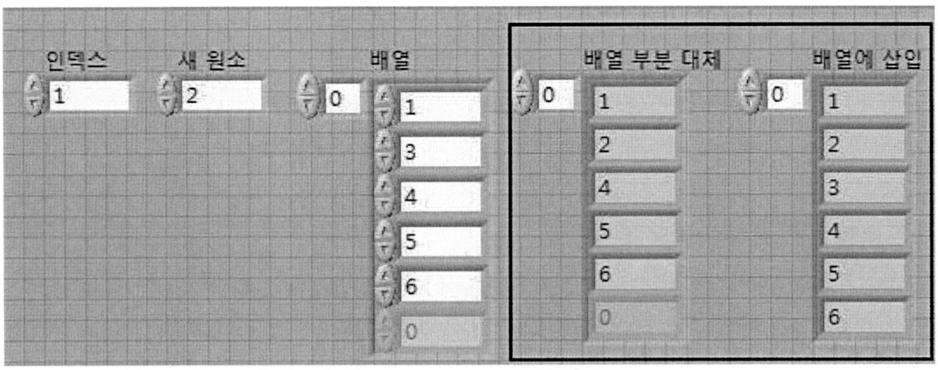

【그림】 4-68 배열 부분 대체, 배열에 삽입 프로그램 실행 예시

⑦ 그림에서 지정한 인덱스는 1, 대체/삽입할 원소는 2이다.
원래 배열의 인덱스 1의 위치는 원소 3이 들어가 있는 곳이다.

이것이 배열 부분 대체 함수를 통해 들어가게 되면 새 원소인 2가 3이 있던 자리에 대체되어 들어가게 된다. 반대로 배열에 삽입 함수를 통해 들어가게 되면 새 원소인 2가 기존 배열의 인덱스 1의 위치에 있던 원소 3을 뒤로 밀어내고 새로 들어가는 원소 2가 삽입된다. 이렇듯 이 두 개의 함수는 비슷하면서도 명확한 차이점이 있다. 이를 유의하면서 사용하도록 하자.

3) 배열로부터 삭제

이번에는 반대로 배열로부터 삭제 라는 함수를 사용해보자. 배열로부터 삭제는 지정한 인덱스에서부터 지정한 '길이(원소의 개수)' 만큼의 원소를 배열로부터 삭제하고 그 삭제된 부분을 따로 보여주는 함수이다.

① 먼저 블록다이어그램 화면에서 마우스 오른쪽 버튼 클릭〉배열〉배열로부터 삭제를 선택하여 화면 위에 놓는다.

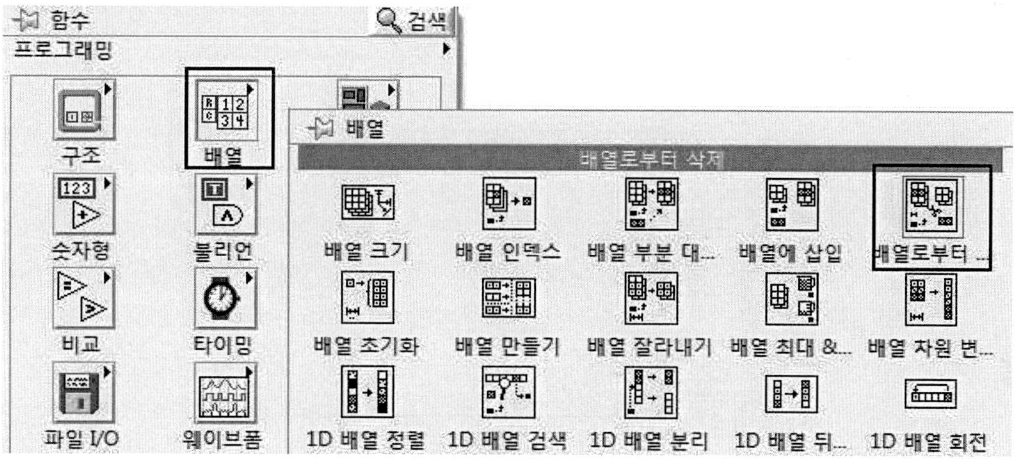

【그림】 4-69 배열로부터 삭제

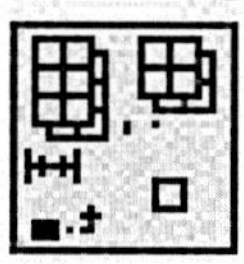

【그림】 4-70 배열로부터 삭제

이제 함수에서 필요한 터미널들 만들어보자.

4

뜻알

② 프런트패널 상에서 마우스 오른쪽 버튼 클릭〉배열, 행렬, 클러스터〉배열을 화면에 놓는다〉마우스 오른쪽 버튼 클릭〉 숫자형〉숫자형 컨트롤을 배열 안에 삽입한다. 이때 【그림】 4-71과 같이 아래로 4칸을 늘려 숫자를 입력한다. 다시 숫자형 컨트롤을 2개 더불러와 각각 길이, 인덱스로 라벨을 바꿔준다. 다음으로 【그림】 4-73처럼 와이어를 연결한다.

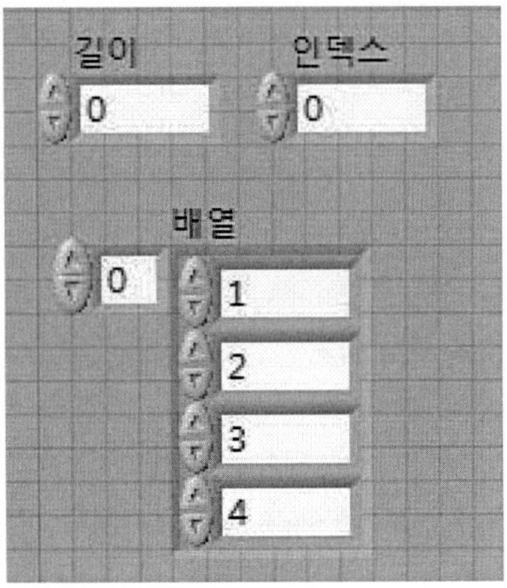

【그림】 4-71 예시 프로그램 아이콘 배치도

【그림】 4-72 예시 프로그램 터미널 배치도

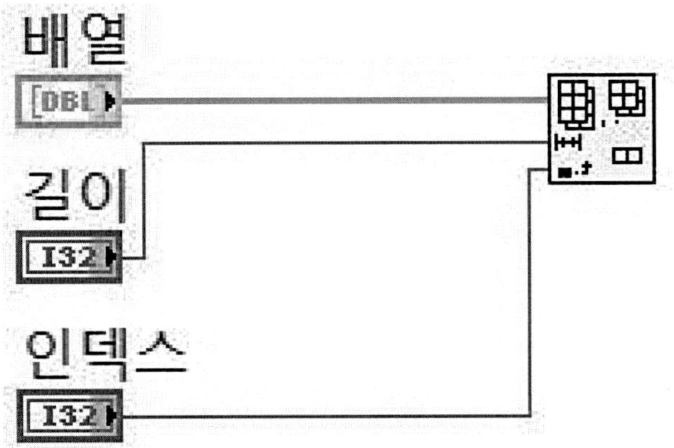

【그림】 4-73 예시 프로그램 터미널 배치도

③ 이제 배열로부터 삭제 함수에서 출력값을 보여줄 숫자형 배열 인디케이터 2개를 만든 뒤 【그림】 4-76과 같이 정렬하고 라벨을 붙여준다.

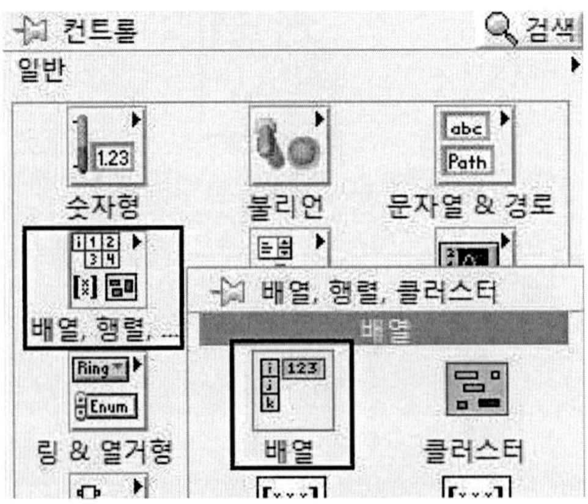

【그림】 4-74 배열

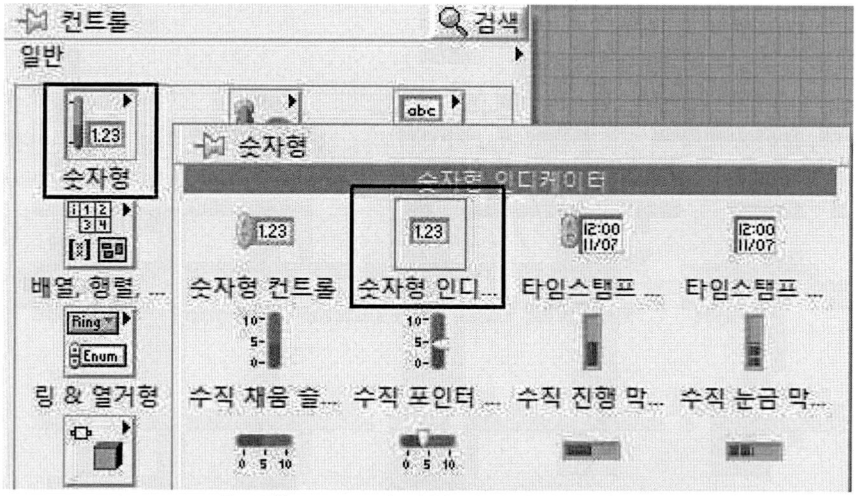

【그림】 4-75 숫자형 인디케이터

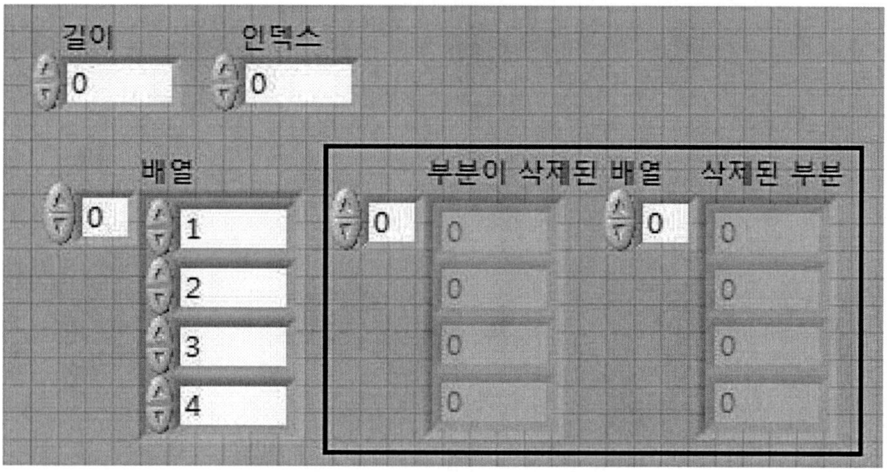

【그림】 4-76 프로그램 아이콘 정렬

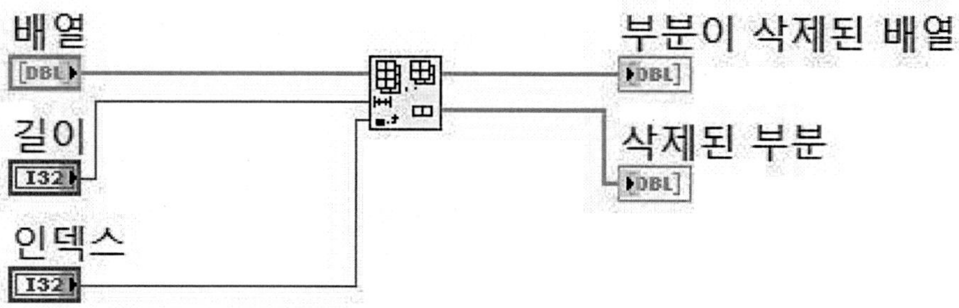

【그림】 4-77 와이어 연결하기

프로그램이 완성되었으면 이제 삭제할 만큼의 '길이'를 정하여 입력해주고, 해당 작업을 시작할 인덱스도 입력 해준 뒤 실행을 해보자. 【그림】 4-78에서 지정한 길이는 1. 즉 1칸의 길이를 삭제하고, 인덱스는 2. 배열의 3번째 칸의 원소를 작업한다는 뜻이다. 3번째 칸의 원소 3이 빠진 배열이 '부분이 삭제된 배열'로 출력되고 삭제된 원소 3은 '삭제된 부분'이라는 배열로 출력이 된다.

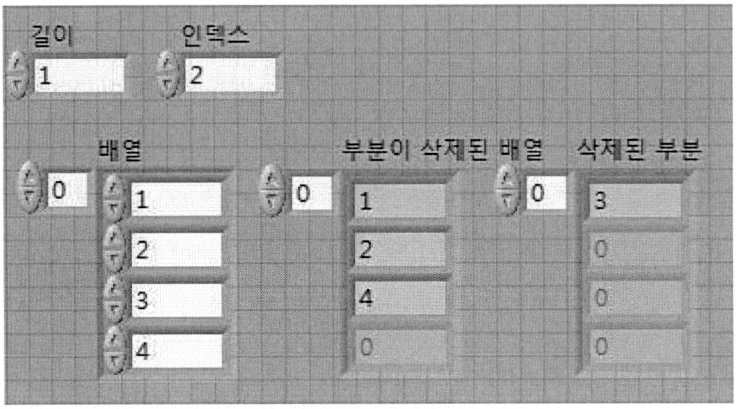

【그림】 4-78 배열로부터 삭제 프로그램 실행 예시

8 배열 잘라내기

배열 잘라내기 함수도 배열로부터 삭제와 차이점이 있다면 삭제할 범위에 해당하는 '길이'를 설정하지 않아도 된다. 즉, 지정된 인덱스에서부터 그 뒤에 해당하는 원소 전체를 삭제한다는 뜻이다. 다만 사용 할 경우 배열로부터 삭제 함수와 똑같이 작동한다. 배열 잘라내기 함수를 사용해보고 배열로부터 삭제 함수와의 차이점을 직접 확인해보자.

1) 배열 잘라내기

① 블록다이어그램 화면에서 마우스 오른쪽 버튼 클릭〉배열〉배열 잘라내기를 선택하여 화면에 놓는다.

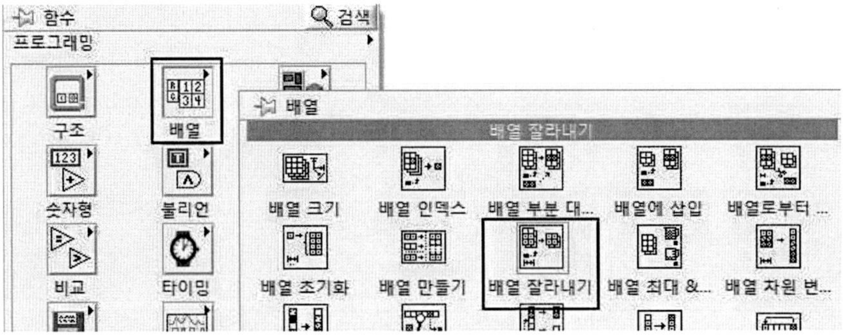

【그림】 4-79 배열 잘라내기 함수

【그림】 4-80 배열 잘라내기 함수 아이콘

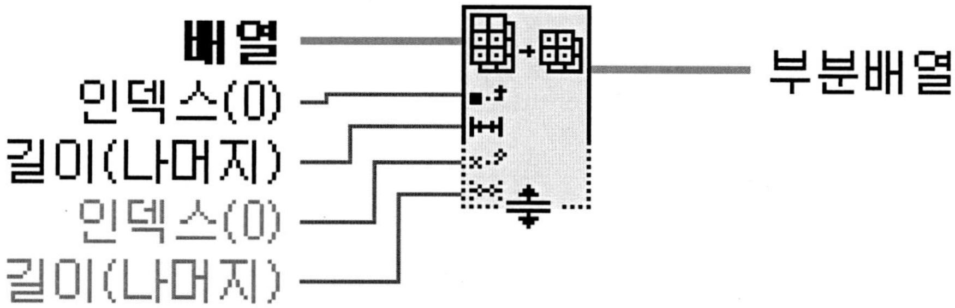

【그림】 4-81 배열 잘라내기 함수의 사용법

② 프런트패널 상에서 마우스 오른쪽 버튼 클릭〉배열, 행렬, 클러스터〉배열을 화면에 놓는다〉마우스 오른쪽 버튼 클릭〉숫자형〉숫자형 컨트롤을 배열안에 삽입한다. 이때 배열을 아래로 5칸 늘려 【그림】 4-82와 같이 숫자를 입력한다. 다시 숫자형 컨트롤을 1개 더불러와 인덱스로 라벨을 바꿔준다.

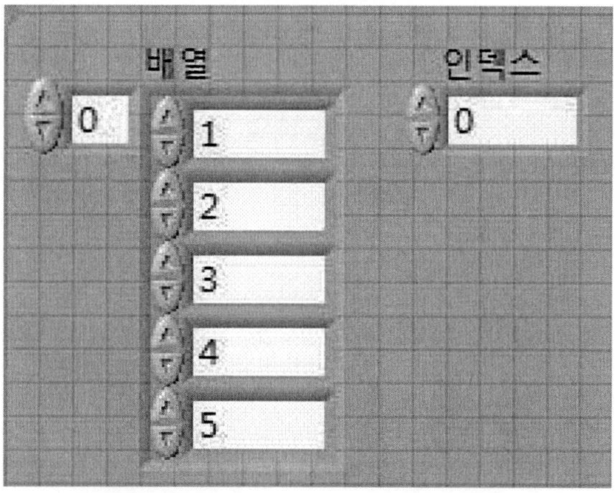

【그림】 4-82 프로그램 아이콘 배치도

③ 【그림】 4-83과 같이 와이어를 연결해보자.

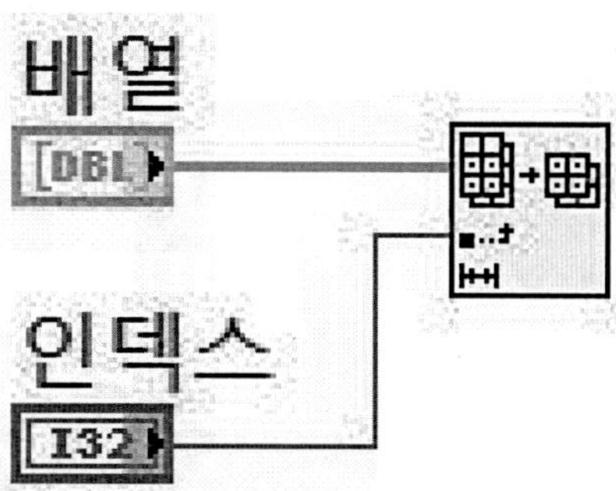

【그림】 4-83 프로그램 터미널 배치도

④ 배열 잘라내기 함수의 출력부분에 마우스 오른쪽 버튼을 클릭하여〉생성〉인디케이터를 선택한 뒤 【그림】 4-86과 같이 프런트패널 상에 부분배열이 생기면 아래로 5칸 늘려준다.

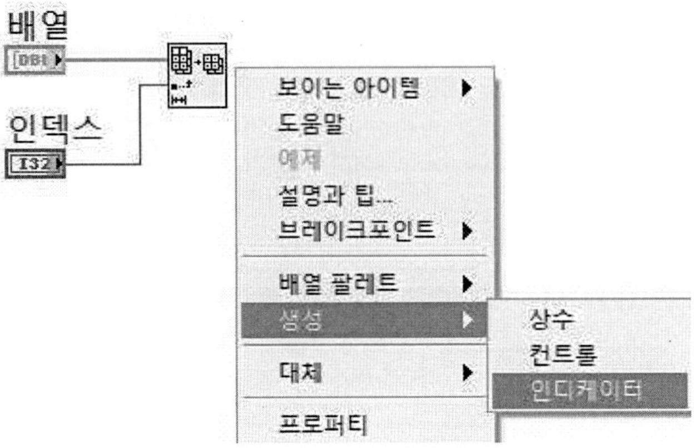

【그림】 4-84 배열 잘라내기 함수의 단축 메뉴

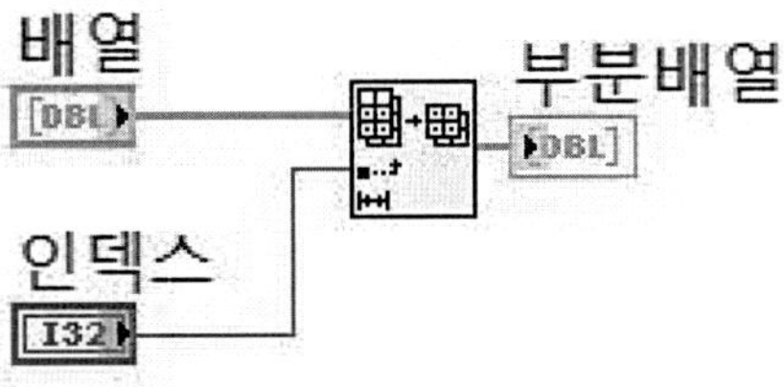

【그림】 4-85 배열 인디케이터 생성

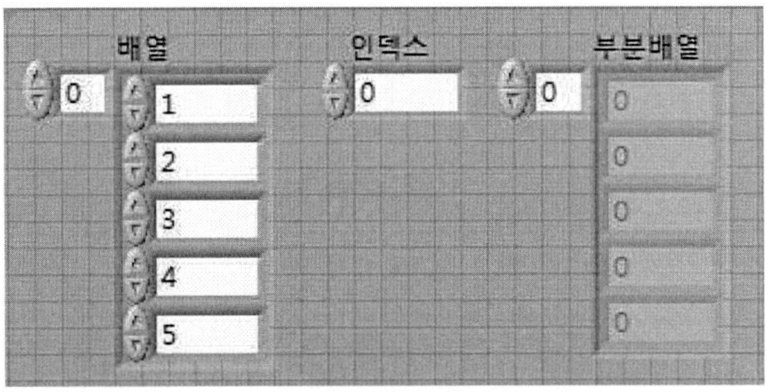

【그림】 4-86 프로그램 아이콘 정렬

⑤ 프로그램이 완성되면 인덱스에 임의의 값을 넣고 프로그램을 실행해보자.

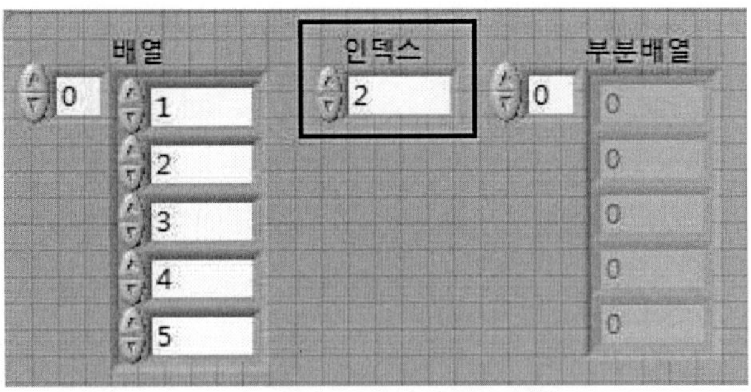

【그림】 4-87 인덱스 지정

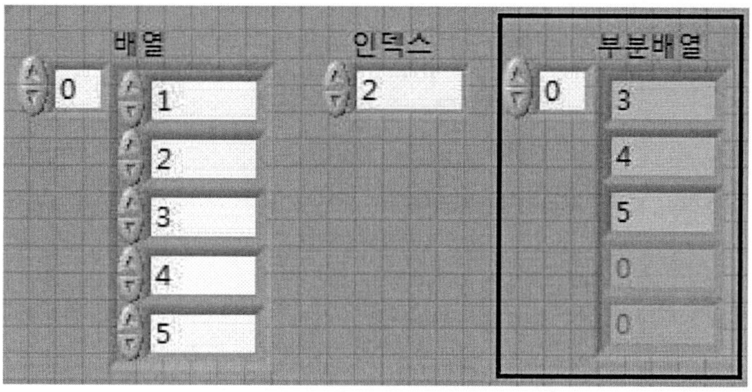

【그림】 4-88 배열 잘라내기 함수 프로그램 실행 예시

결과값을 보여줄 배열을 만들어 보자.
배열로부터 삭제 함수와는 다르게 길이를 지정하지 않았으므로 지정한 인덱스 값부터 끝까지 원소가 삭제되어 부분 배열에 출력되는 것을 볼 수 있다. 보다 자세히 들여다 보자면 인덱스의 값이 2이므로 배열의 3번째 원소인 3부터 그 뒤의 원소인 4, 5까지 삭제되어 부분 배열에 출력이 된다.

2) 배열 초기화

배열 초기화 함수는 사용자가 지정한 원소와 차원의 값으로 배열을 만들어 주는 함수이다. 아래 그림들을 보면서 작동원리를 알아보자.

① 블록다이어그램 상에서 마우스 오른쪽 버튼 클릭〉배열〉배열 초기화를 선택한다.

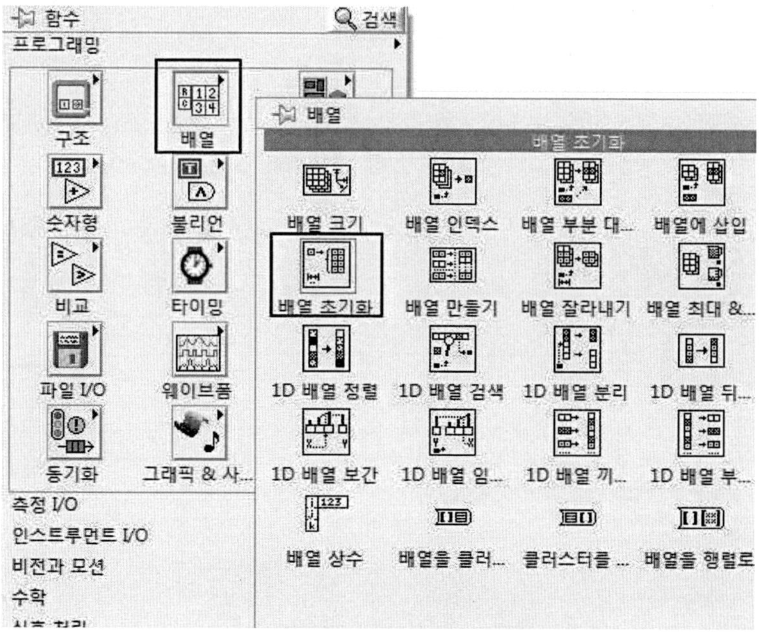

【그림】 4-89 배열 초기화 함수

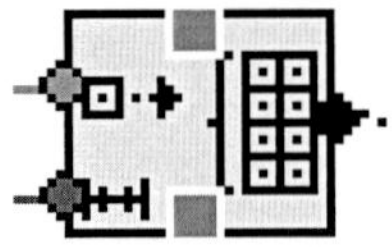

【그림】 4-90 배열 초기화 함수 아이콘

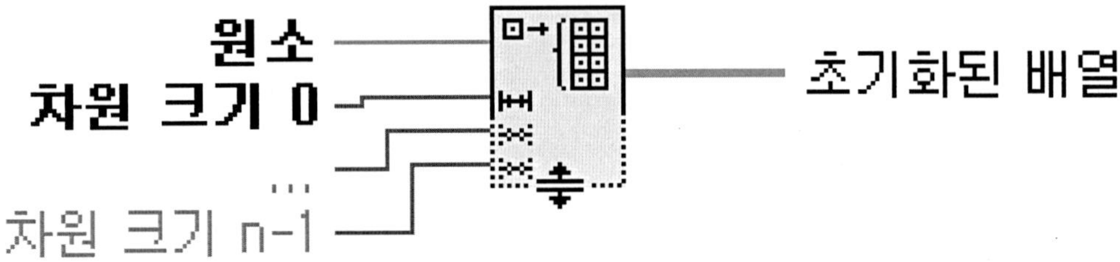

【그림】 4-91 배열 초기화 함수의 사용법

② 프런트패널 상에서 마우스 오른쪽 버튼 클릭〉숫자형〉숫자형 컨트롤 2개를 만들어 그림과 같이 정렬하고 라벨을 붙여준 뒤 와이어를 연결한다.

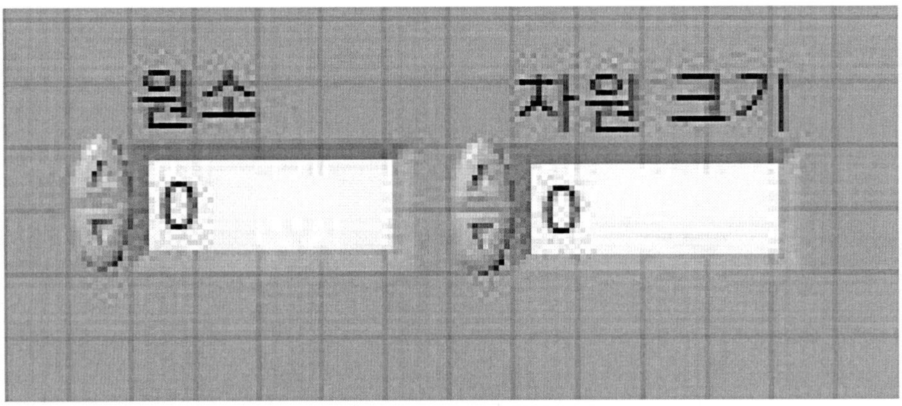

【그림】 4-92 배열 초기화 프로그램 아이콘 배치도

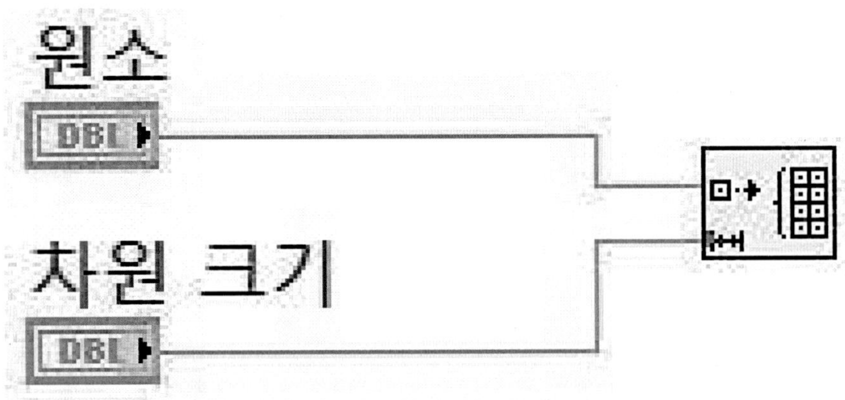

【그림】 4-93 배열 초기화 프로그램 터미널 배치도

③ 결과값이 나올 숫자형 배열 인디케이터를 만들고 【그림】 4-94와 같이 정렬해보자. 블록다이어그램 상 배열 초기화 함수의 출력부분에 마우스 오른쪽 버튼 클릭〉생성〉인디케이터를 선택한다.

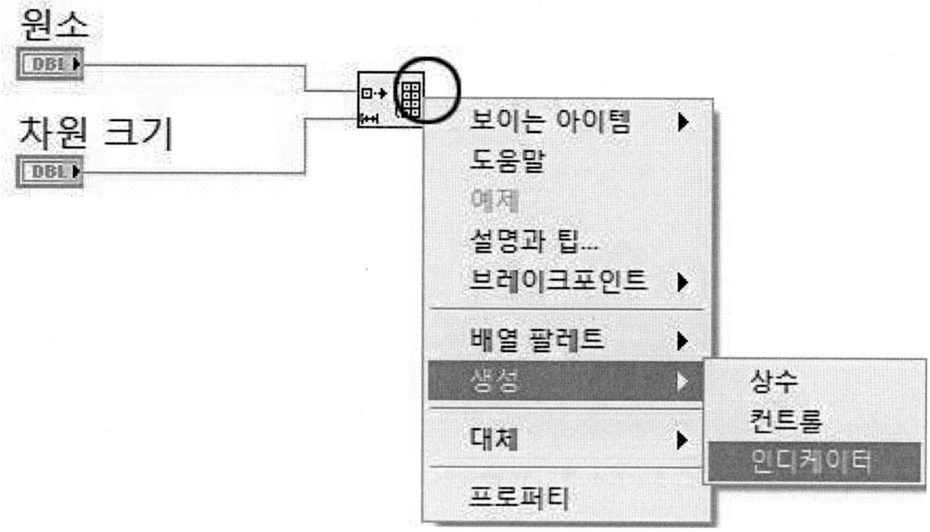

【그림】 4-94 배열 초기화 함수의 단축 메뉴

④ 프런트패널로 돌아와서 초기화된 배열을 아래로 6칸 늘려준다.

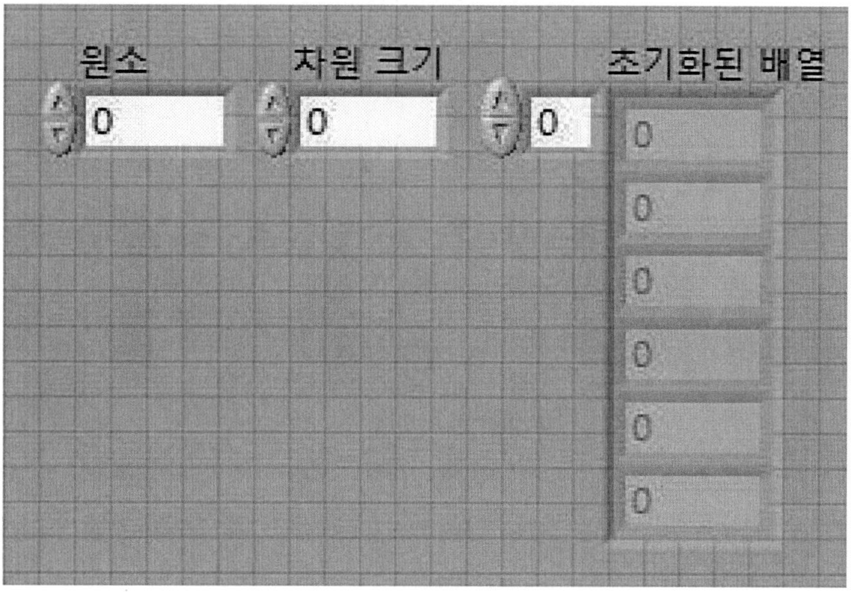

【그림】 4-95 프로그램 아이콘 정렬

⑤ 이제 원소와 차원에 임의의 값을 지정한 뒤 프로그램을 실행해보자.

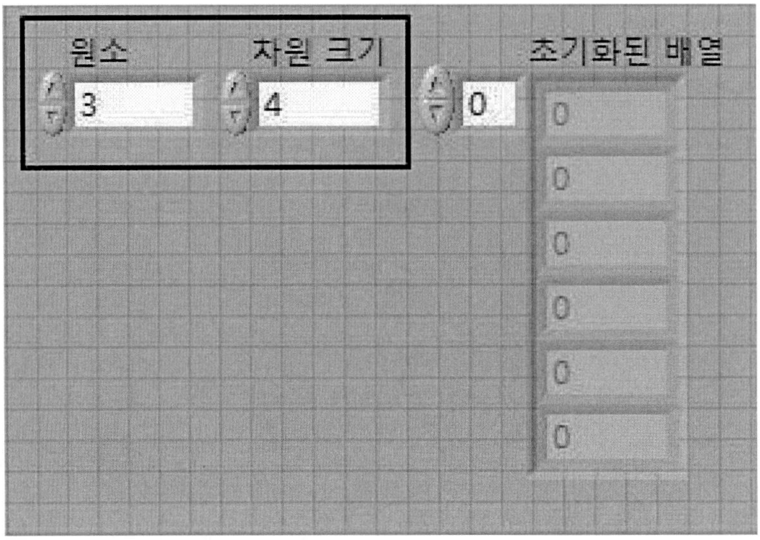

【그림】 4-96 원소값, 차원 크기 지정

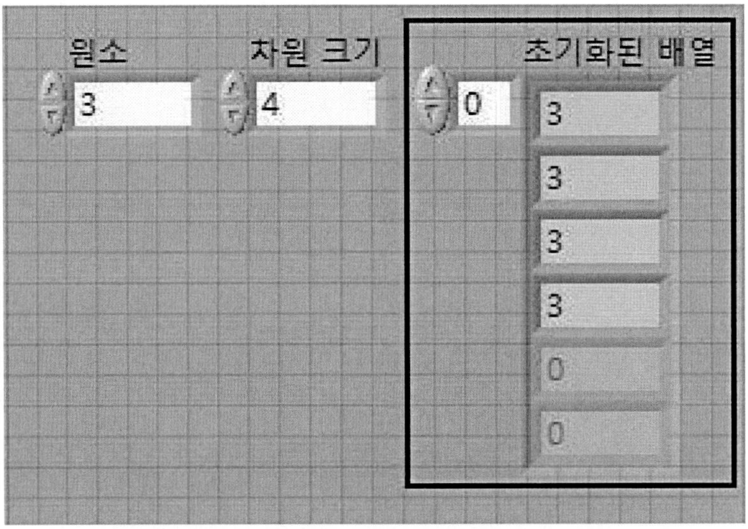

【그림】 4-97 배열 초기화 프로그램 실행 예시

【그림】 4-97에서 보다싶이 지정한 3이라는 원소가 지정한 차원 크기 값 4만큼 생겼다.
배열 초기화는 이렇게 지정한 원소를 지정된 차원 값 만큼 채워서 배열을 생성 혹은 초기화 해주는 함수이다.

3. 클러스터란?

클러스터는 배열과 같은 의미, 비슷한 용도로 쓰이지만 결정적인 차이점이 있다. 바로 타입이 서로 다른 데이터들을 모아 배열해 주는 것이다. 예를 들어 배열은 숫자형 원소가 들어가면 그 배열은 숫자형 데이터만을 수집, 배열 할 수 있다. 하지만 클러스터는 이와 다르게 숫자형, 문자형 등의 다른 데이터 타입을 모아 배열 할 수 있다. 이처럼 다양한 데이터 타입의 묶음을 클러스터라 한다. 하지만 인디케이터와 컨트롤을 묶을 수 없다.

4. 클러스터의 사용법

1) 클러스터의 사용법

① 먼저 간단한 클러스터를 하나 작성 해보자. 프런트패널 상에서 마우스 오른쪽 버튼 클릭>배열, 행렬, 클러스터>클러스터 선택 후 화면에 놓는다.

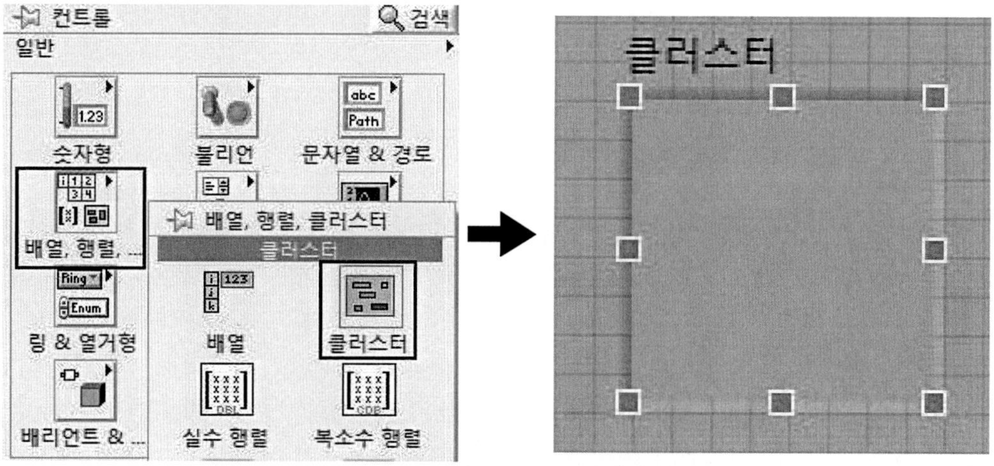

【그림】 4-98 클러스터

※ 클러스터의 공간이 모자란 경우 마우스 커서를 클러스터 끝에 가져가 파란색 점을 띄운 뒤 드래그해주면 클러스터의 크기를 조절 할 수 있다.

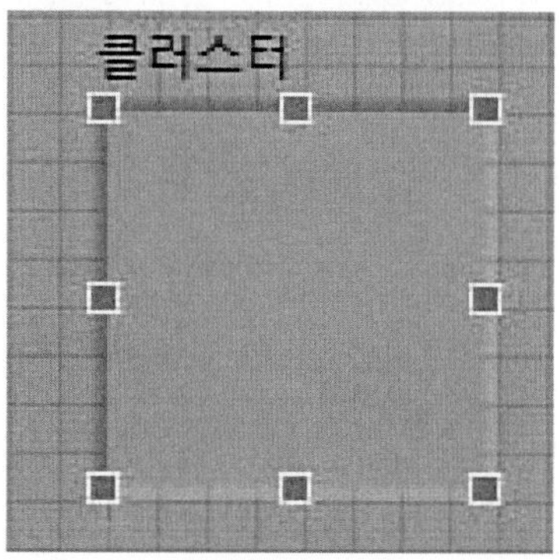

【그림】 4-99 클러스터의 크기조정

② 다음으로 각각 숫자형, 불리언, 문자형의 컨트롤을 가져와 클러스터 안에 【그림】 4-100, 4-101과 같이 넣어보자.

③ 프런트패널 상에서 마우스 오른쪽 버튼 클릭〉숫자형〉숫자형 컨트롤을 선택 후 클러스터 안에 넣는다.

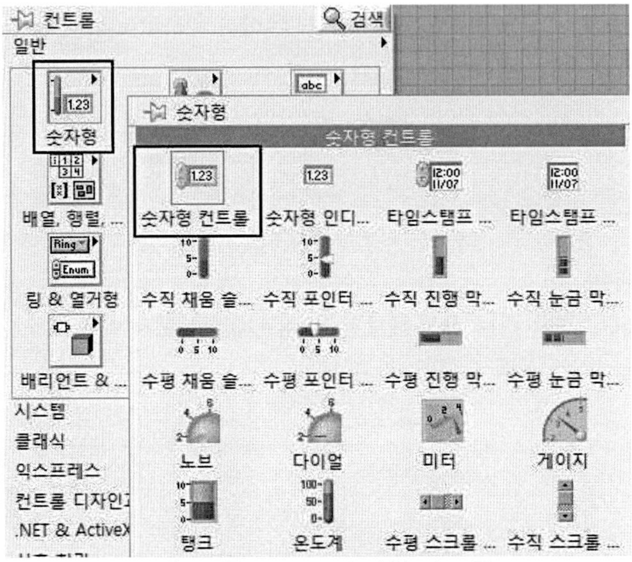

【그림】 4-100 숫자형 컨트롤

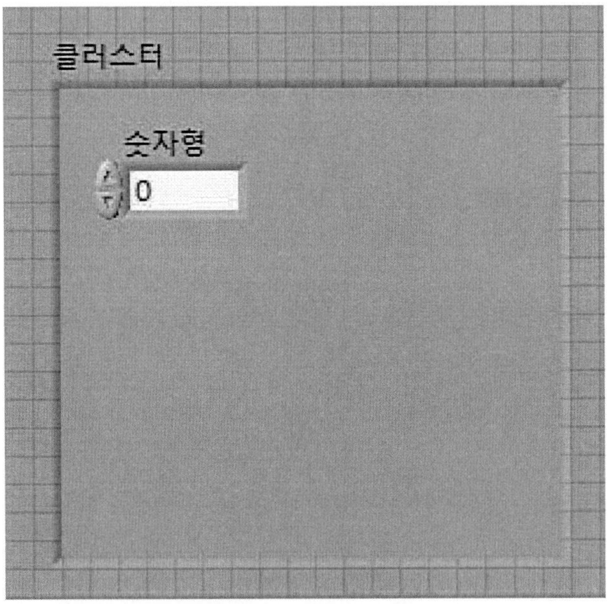

【그림】 4-101 클러스터에 숫자형 컨트롤 삽입

④ 프런트패널 상에서 마우스 오른쪽 버튼 클릭>불리언>원형 LED를 선택 후 클러스터 안에 넣는다.

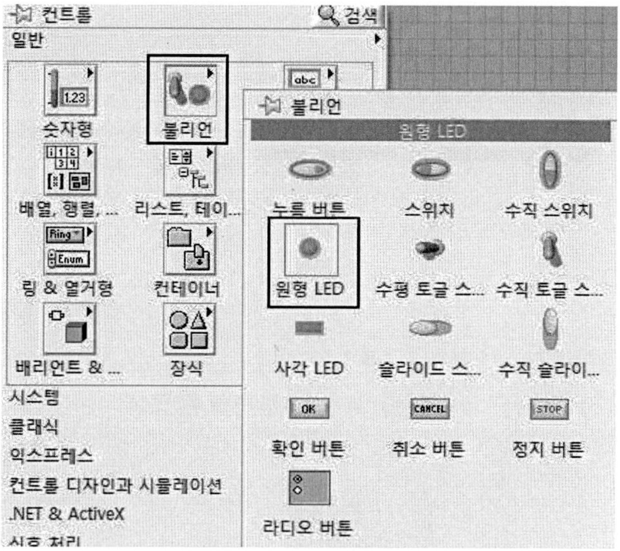

【그림】 4-102 원형 LED

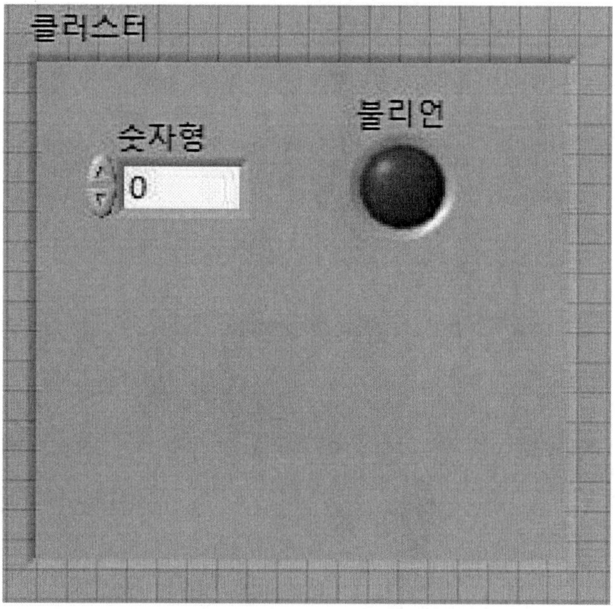

【그림】 4-103 클러스터에 원형 LED 삽입

⑤ 프런트패널 상에서 마우스 오른쪽 버튼 클릭〉문자열&경로〉문자열 컨트롤을 선택 후 클러스터 안에 넣는다.

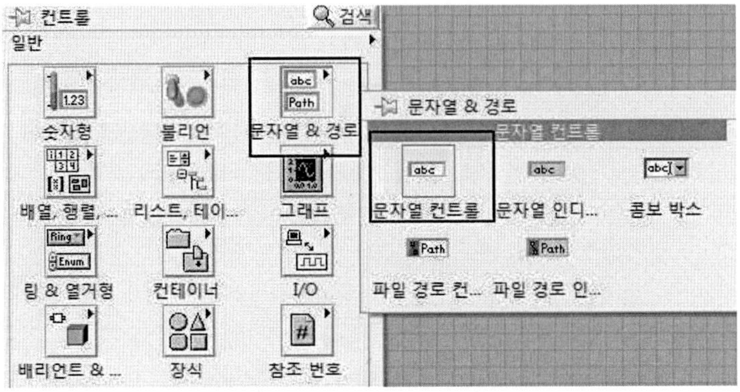

【그림】 4-104 문자열 컨트롤

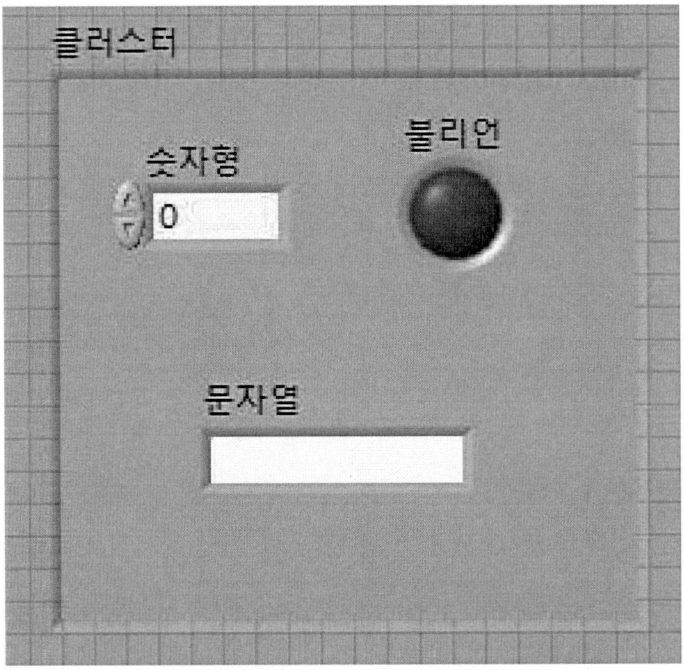

【그림】 4-105 클러스터에 문자열 컨트롤 삽입

⑥ 프런트패널 상에서 마우스 오른쪽 버튼 클릭〉배열, 행렬, 클러스터〉클러스터 선택 후 화면에 놓는다.

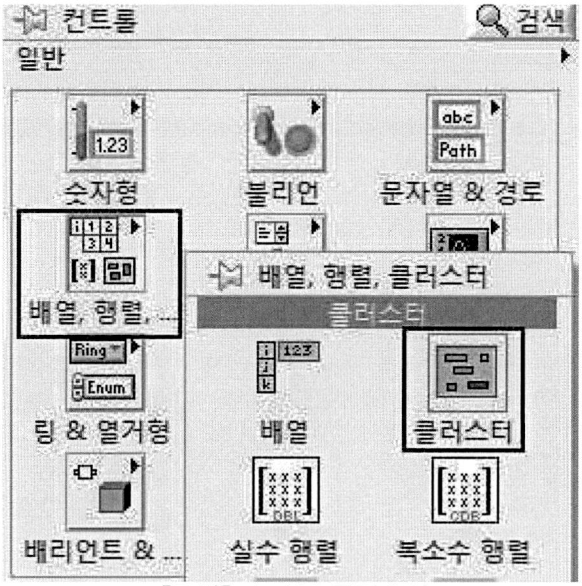

【그림】 4-106 클러스터

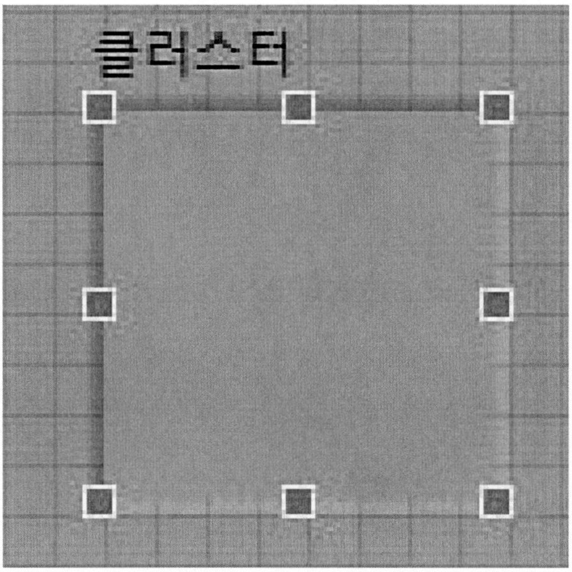

【그림】 4-107 클러스터의 크기조정

⑦ 프런트패널 상에서 마우스 오른쪽 버튼 클릭>숫자형>숫자형 컨트롤을 선택 후 클러스터 안에 넣는다.

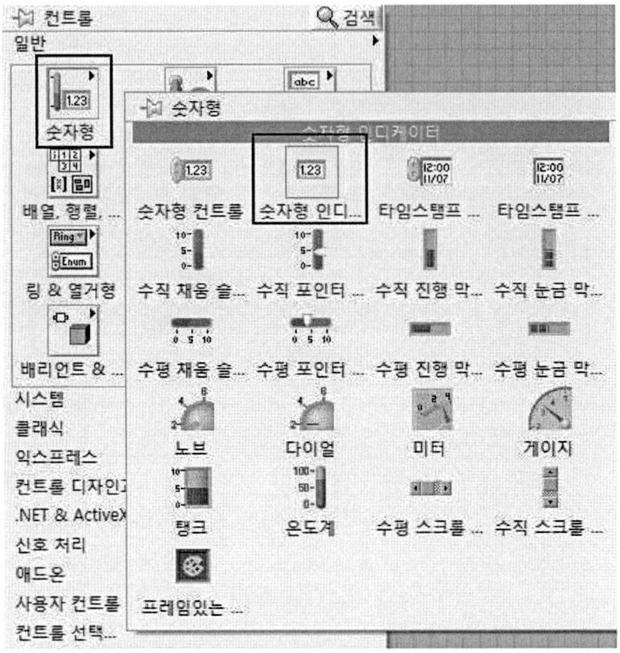

【그림】 4-108 숫자형 인디케이터

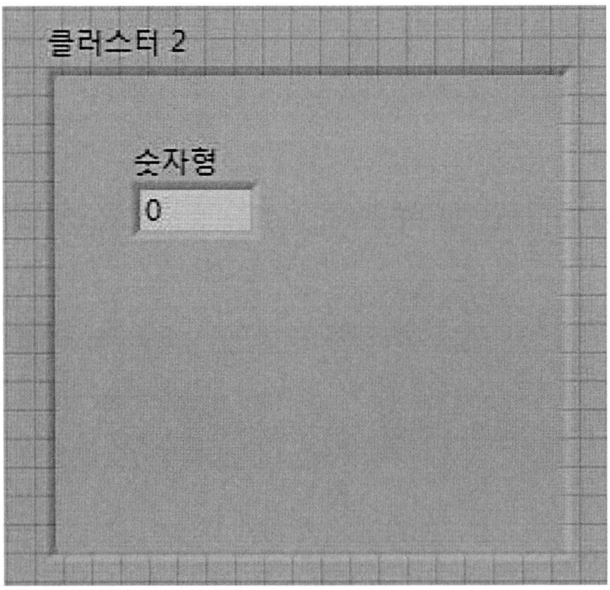

【그림】 4-109 클러스터에 숫자형 인디케이터를 삽입

제4장 배열

⑧ 프런트패널 상에서 마우스 오른쪽 버튼 클릭>불리언>원형 LED를 선택 후 클러스터 안에 넣는다.

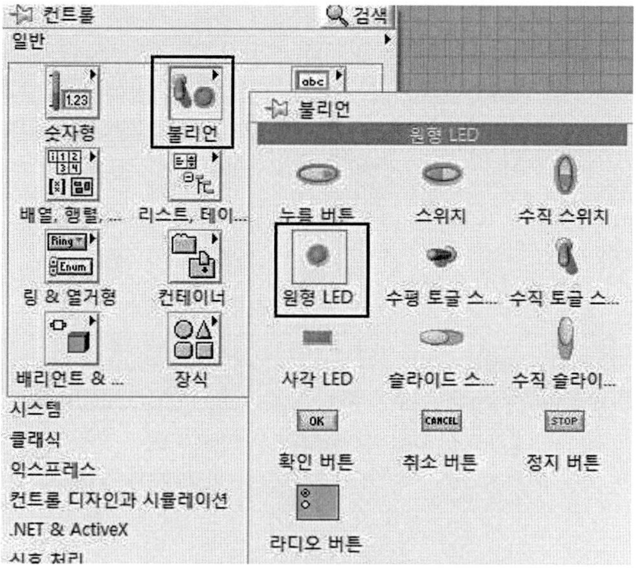

【그림】 4-110 원형 LED

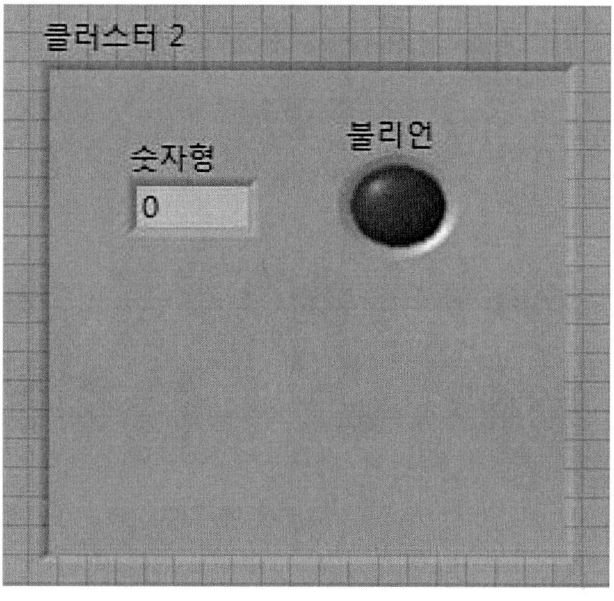

【그림】 4-111 클러스터에 원형 LED 삽입

⑨ 프런트패널 상에서 마우스 오른쪽 버튼 클릭〉문자열&경로〉문자열 컨트롤을 선택 후 클러스터 안에 넣는다.

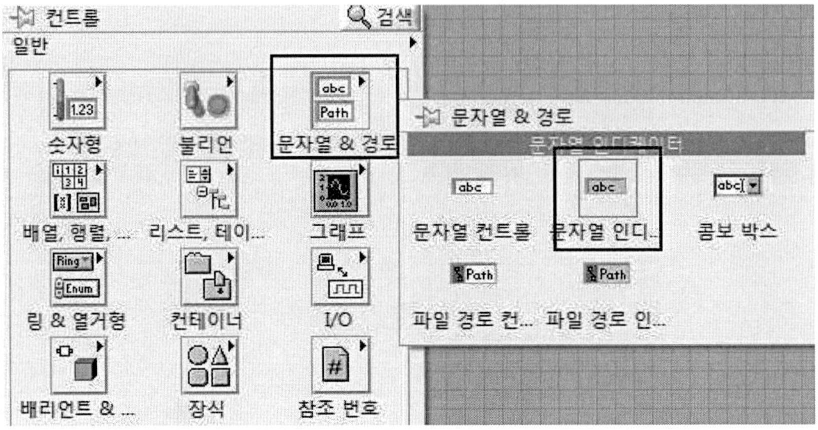

【그림】 4-112 문자열 인디케이터

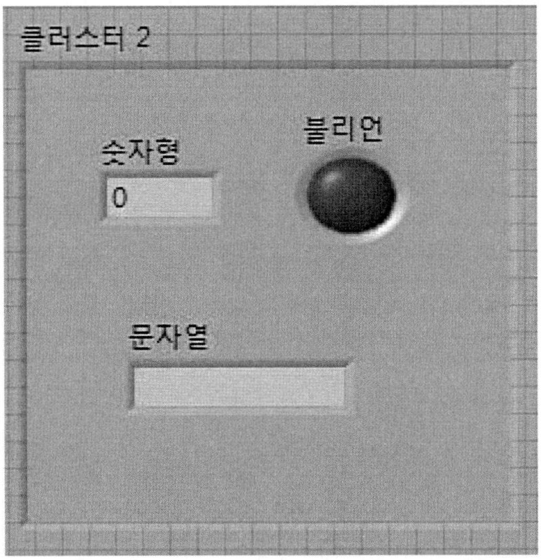

【그림】 4-113 클러스터에 문자열 인디케이터 삽입

⑩ 블록다이어그램 상으로 와서 생성된 2개의 클러스터 터미널을 와이어로 연결하여 준다.

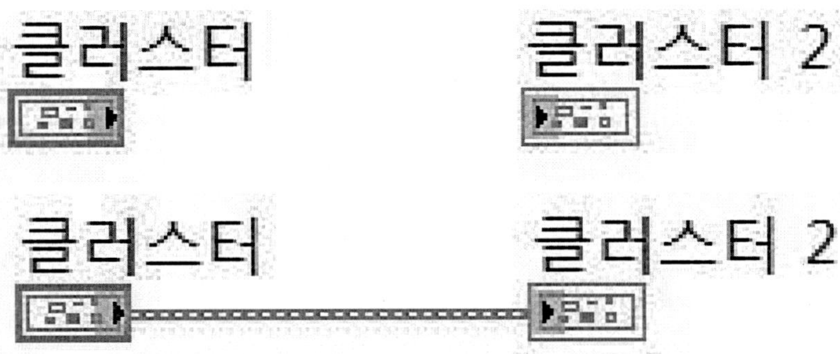

【그림】 4-114 클러스터 와이어 연결하기

프런트 패널 화면으로 돌아와 생성된 클러스터 2개를 정렬한 뒤 실행해보자.

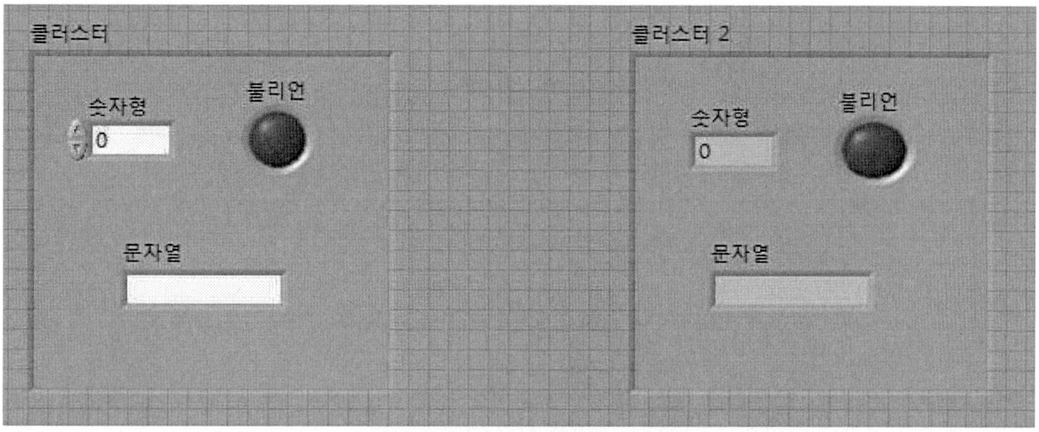

【그림】 4-115 클러스터 정렬

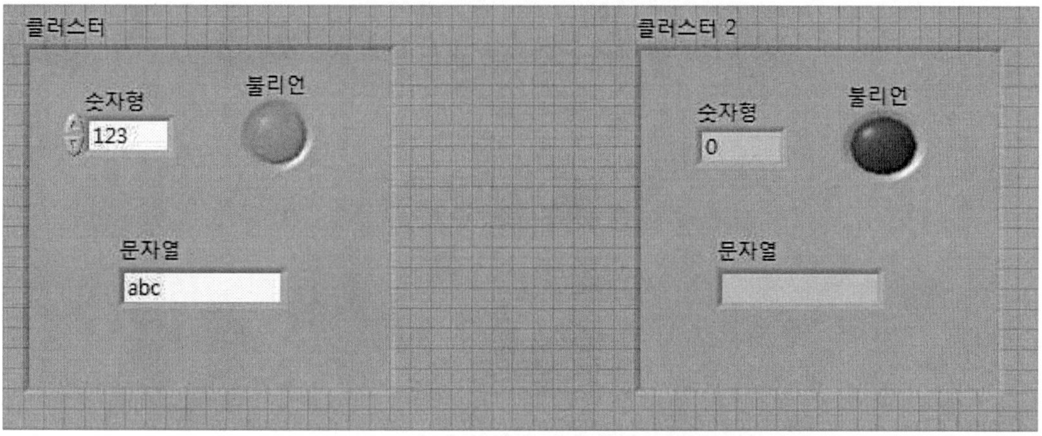

【그림】 4-116 클러스터 프로그램 실행 예시 1

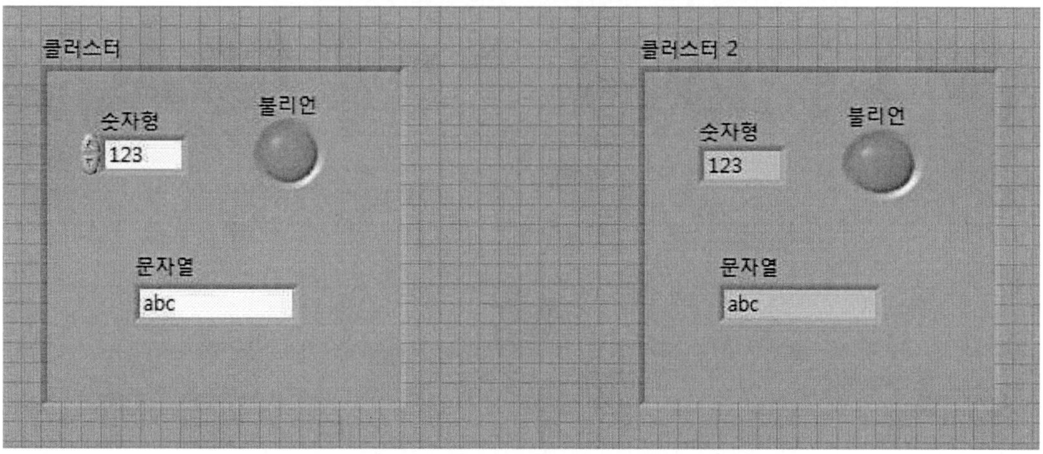

【그림】 4-117 클러스터 프로그램 실행 예시 2

이렇게 클러스터는 각기 다른 데이터 타입을 묶어 줄 수 있다.

2) 클러스터의 2가지 주의 사항

① 클러스터의 묶어주는 데이터들은 컨트롤 및 인디케이터로 통일해야 한다.또한 컨트롤과 인디케이터를 섞어서 클러스터를 만들 수 없다.

【그림】 4-118 클러스터의 올바른 연결

② 클러스터에 안에 아이콘을 놓을 때, 놓는 순서에 따라서 컨트롤 순서가 자동으로 정해지는데 이때, 순서를 바꾸는 방법은 【그림】 4-119와 같이 클러스터를 마우스 오른쪽 버튼 클릭하여 단축메뉴에서 클러스터 내의 컨트롤 순서 재설정…을 선택하여 그 순서를 새로 정해줄 수 있다.

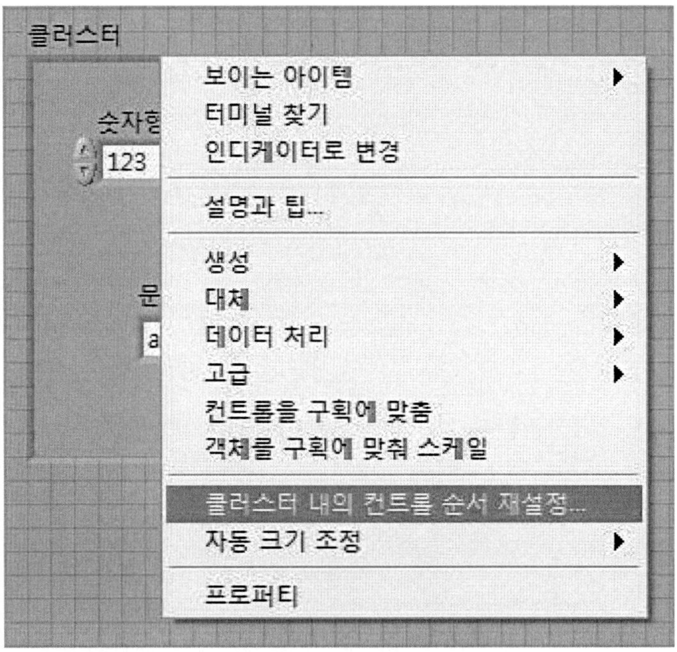

【그림】 4-119 클러스터의 올바른 연결

재설정을 실행하고 마우스로 숫자를 클릭하여 순서를 사용자가 원하는 순서대로 다시 정해주면 된다.

【그림】 4-120 마우스 커서

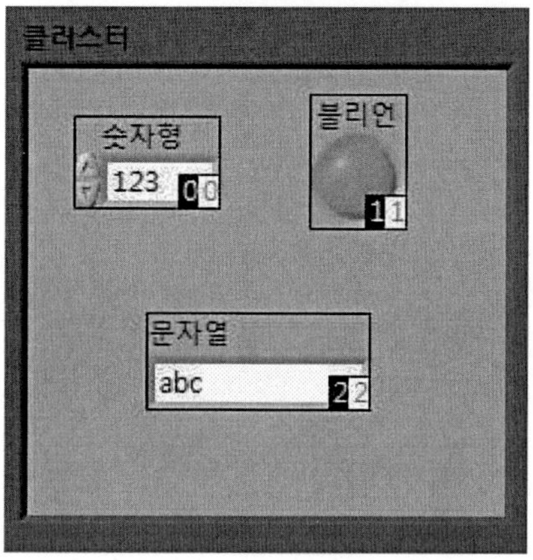

【그림】 4-121 클러스터 내부의 데이터 순서 변경

화면 상단의 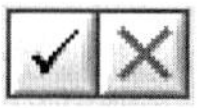 표시중 V표시를 눌러주면 설정이 완료된다.

3) 클러스터의 함수

데이터의 묶음인 클러스터에는 묶어주는 함수와 풀어주는 함수가 있다. 이 함수들은 블록다이어그램 상에서 마우스 오른쪽 버튼 클릭〉 클러스터 & 배리언트 팔레트에서 찾을 수 있다.

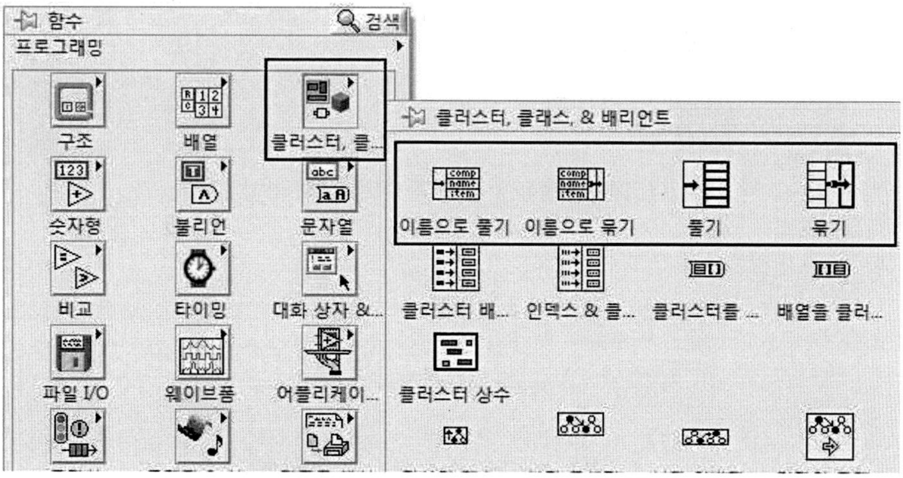

【그림】 4-122 클러스터의 함수 종류

(1) 풀어주는 함수

블록다이어그램 상에서 마우스 오른쪽 버튼 클릭〉클러스터&배리언트〉이름으로 풀기, 풀기가 있다.

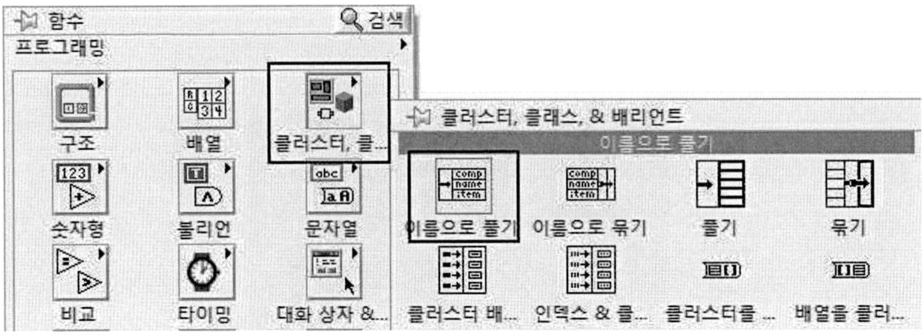

【그림】 4-123 이름으로 풀기 함수

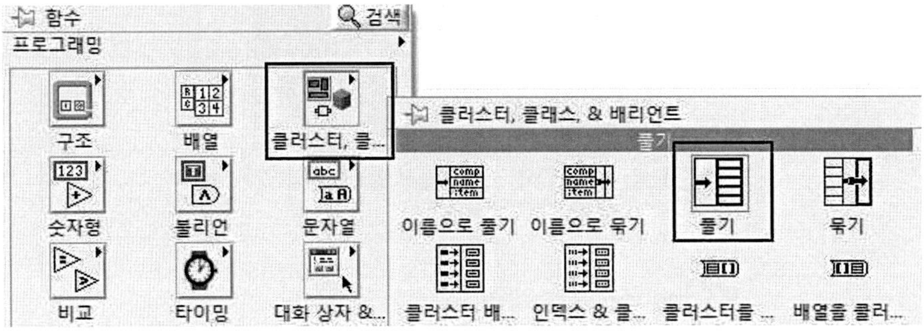

【그림】 4-124 풀기 함수

가. 풀기

① 앞에서 만들었던 컨트롤 클러스터를 활용해 풀기 함수를 사용해 보자. 먼저 클러스터를 만든 다음 블록다이어그램 상으로 와서 마우스 오른쪽 버튼 클릭〉클러스터&배리언트〉풀기를 화면에 놓는다.

【그림】 4-125 풀기 함수의 연결 방법 1

② 와이어를 연결해준다.

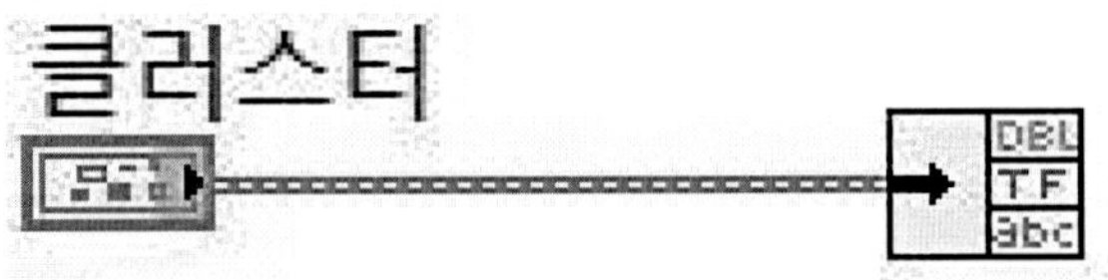

【그림】 4-126 풀기 함수의 연결 방법 2

③ DBL, 불리언, 문자열의 순서로 클러스터가 풀림을 확인할 수 있다.

④ TF 불리언 출력부에 마우스 커서를 대고 오른쪽 버튼 클릭〉생성〉인디케이터를 누른다.

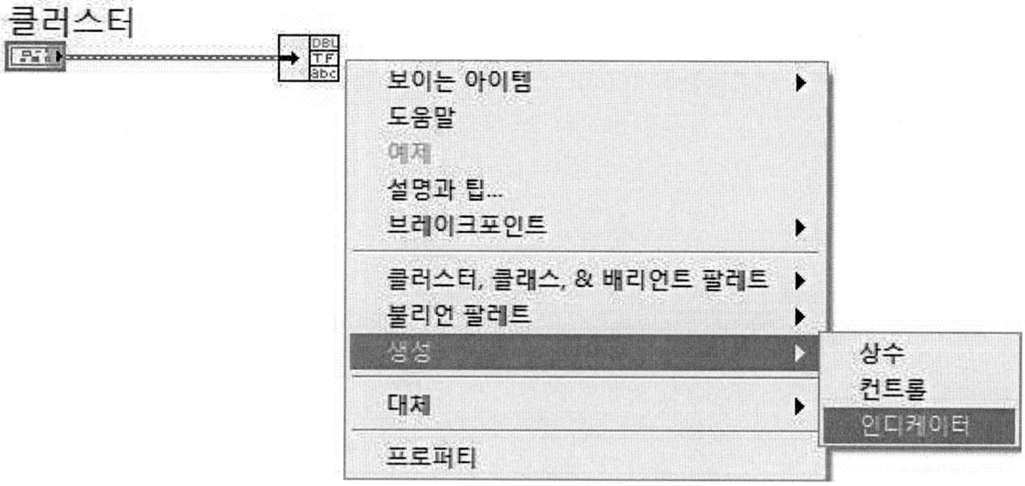

【그림】 4-127 풀기 함수의 단축 메뉴

【그림】 4-128과 같이 필요한 데이터만 클러스터에서 개별로 추출 할 수 있다.

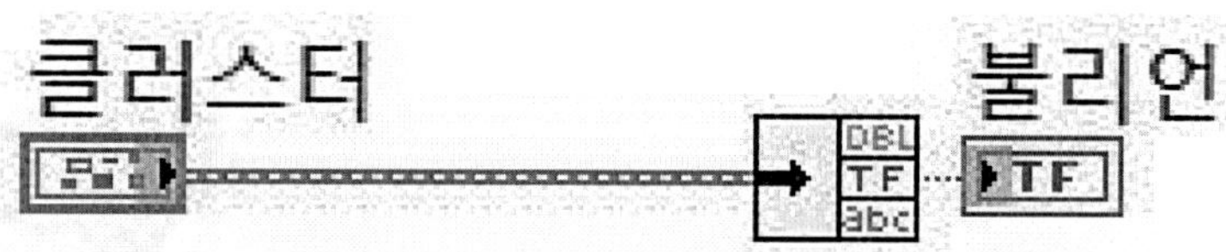

【그림】 4-128 풀기 함수의 데이터 추출

나. 이름으로 풀기

① 클러스터를 이름으로 풀기에 연결하고 마우스로 클릭하여 원하는 아이템을 선택해준다.

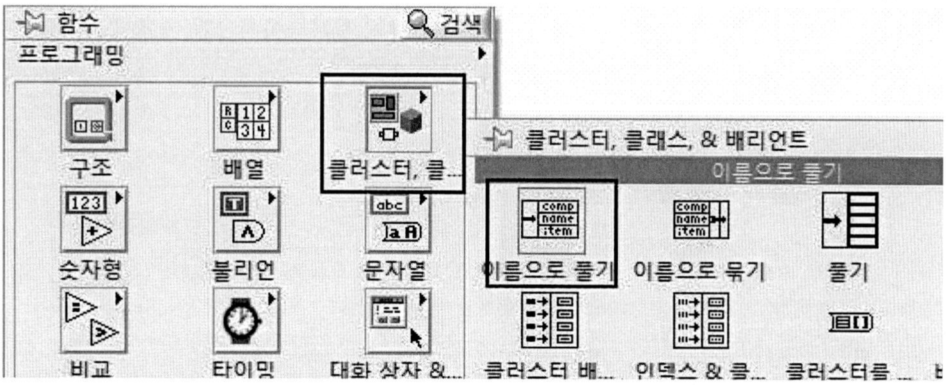

【그림】 4-129 이름으로 풀기 함수

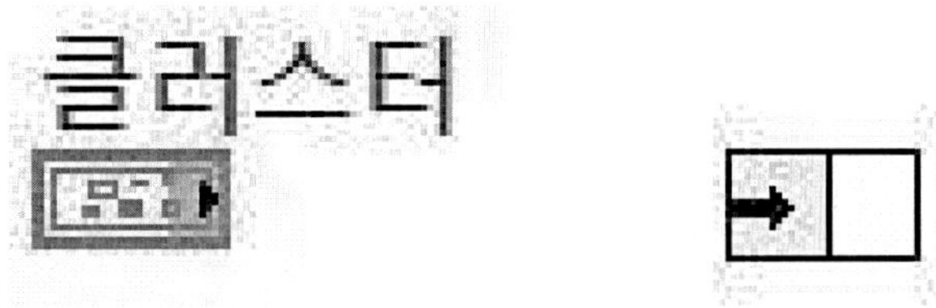

【그림】 4-130 이름으로 풀기 함수의 연결방법 1

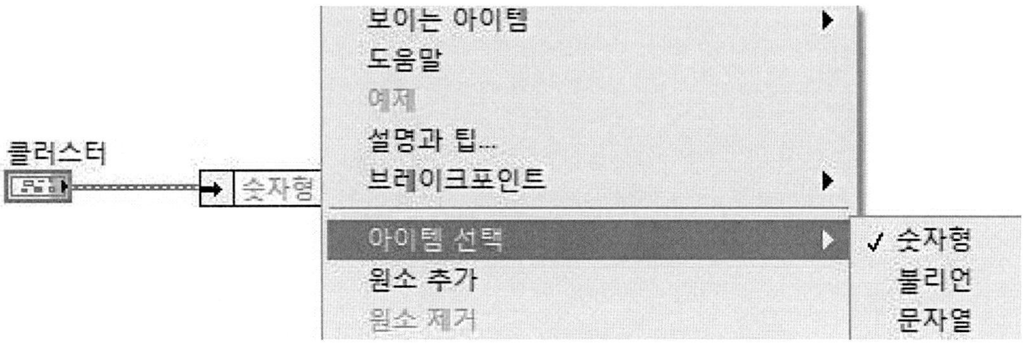

【그림】 4-131 이름으로 풀기 함수의 연결방법 2

② 2개 이상의 아이콘을 동시에 선택하고 싶은 경우에는 이름으로 풀기에 마우스 커서를 놓고 파란점이 생기면 위, 아래 중 원하는 방향으로 칸을 늘려준다.

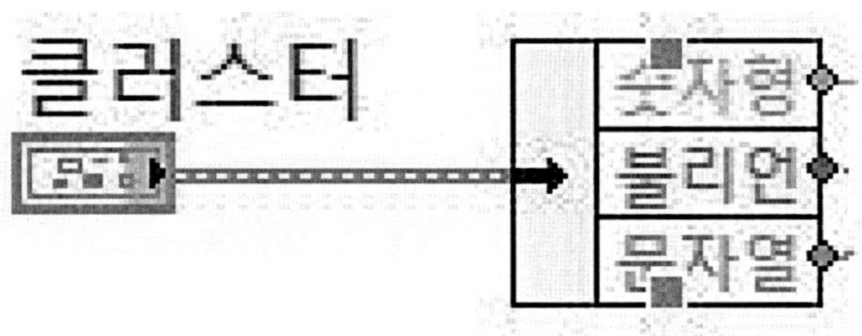

【그림】 4-132 이름으로 풀기 함수의 사용방법

(2) 묶어주는 함수

묶어주는 함수에는 묶기가 있다. 【그림】 4-133와 같이 블록다이어그램 상에서 마우스 오른쪽 버튼 클릭〉 클러스터 & 배리언트 팔레트에서 찾을 수 있다.

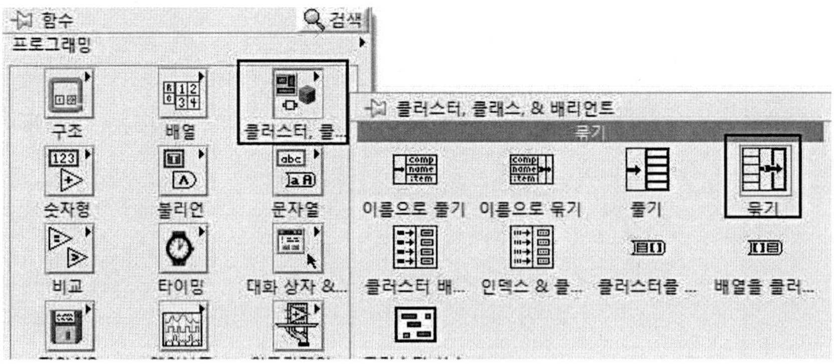

【그림】 4-133 묶기 함수

묶기는 여러개의 데이터들을 순서대로 묶어주는 함수이다.

② 프런트패널 상에서 마우스 오른쪽 버튼 클릭〉숫자형〉숫자형 컨트롤을 선택하여 화면에 놓는다.

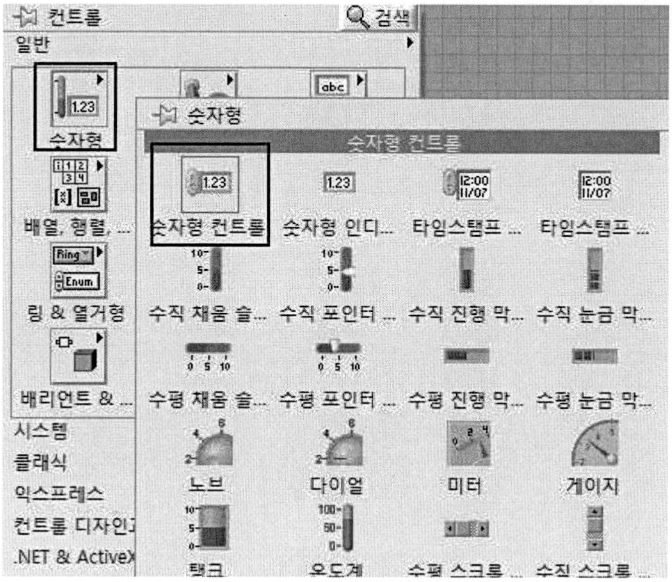

【그림】 4-134 숫자형 컨트롤

③ 그 다음 프런트패널 상에서 마우스 오른쪽 버튼 클릭〉불리언〉원형LED를 선택하여 화면에 놓는다.

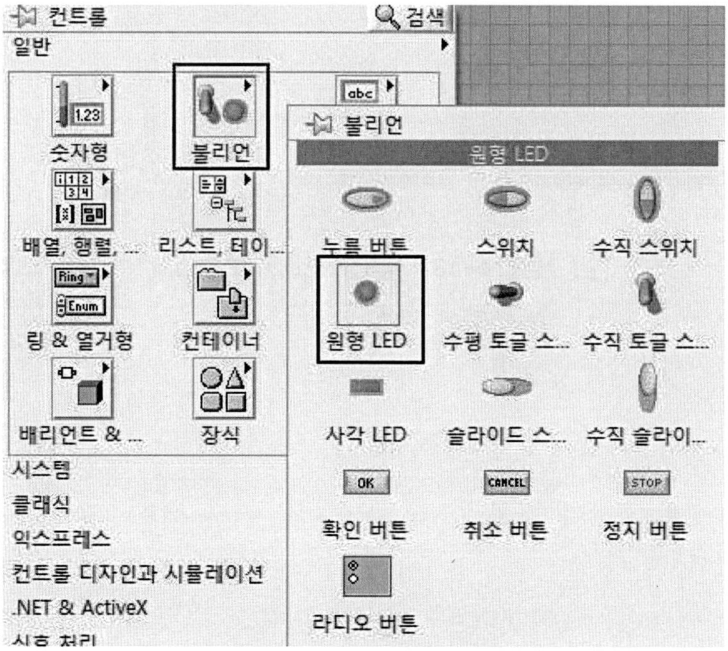

【그림】 4-135 원형 LED

④ 프런트패널 상에서 마우스 오른쪽 버튼 클릭〉문자열〉문자열 컨트롤을 선택하여 화면에 놓는다.

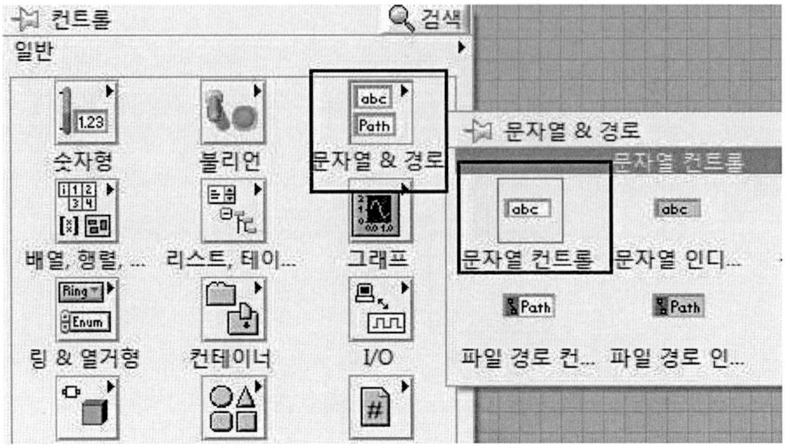

【그림】 4-136 문자열 컨트롤

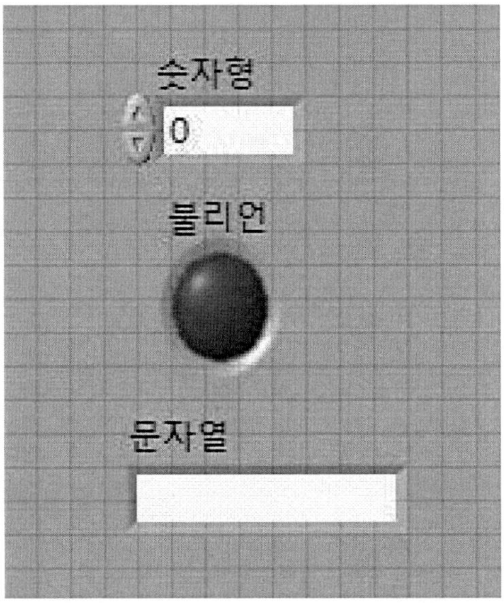

【그림】 4-137 묶어줄 원소들(프런트패널)

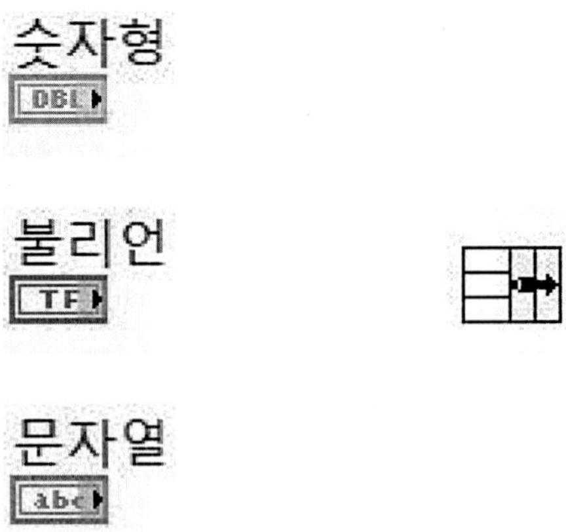

【그림】 4-138 묶어줄 원소들(블록다이어그램)

⑤ 이후 블록다이어그램으로 와서 묶어줄 순서대로 와이어를 연결해준다.
(여기선 숫자형->불리언->문자열의 순서로 연결할 것이므로 숫자형을 제일 위에, 그 아래에 불리언, 그 아래에 문자열을 넣어주었다)

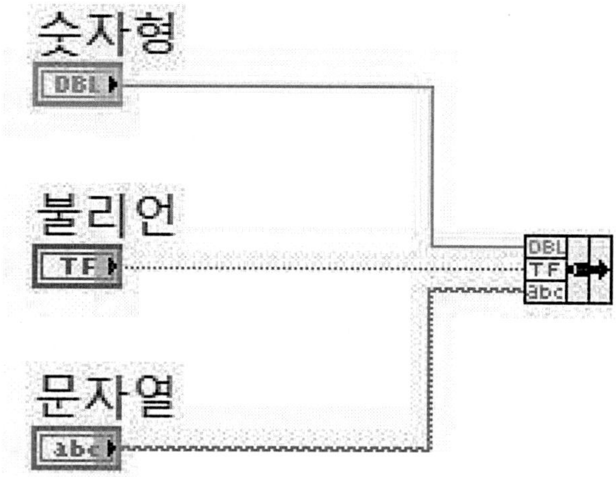

【그림】 4-139 묶기 함수 와이어 연결하기

※ 묶기를 블록다이어그램에 놓으면 처음에는 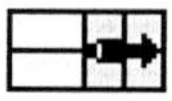 와 같은 모양이지만 마우스로 클릭해서 아래 로 당겨주면 필요한 크기로 바꾸어줄 수 있다.

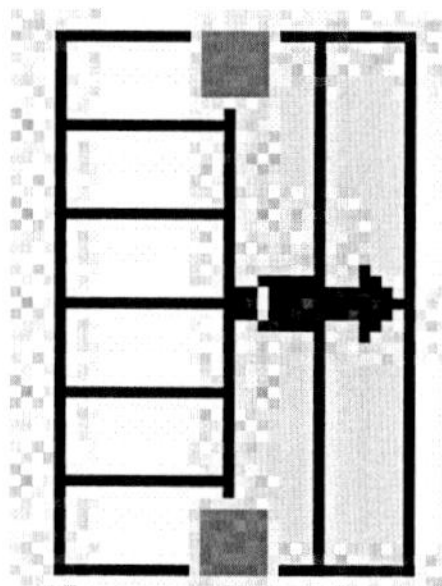

【그림】 4-140 묶기 함수 크기 조정

⑥ 묶기 함수의 출려부분에 마우스를 가져다 놓은뒤 오른쪽 버튼 클릭〉생성〉인디케이터를 눌러보자.

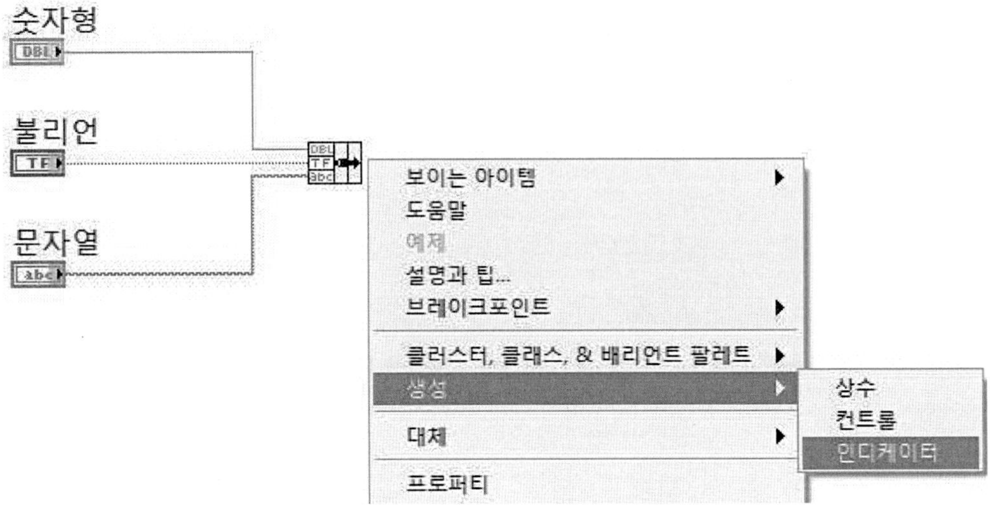

【그림】 4-141 묶기 함수의 단축 메뉴

⑦ 연결한 데이터들로 이루어진 클러스터가 생성된것을 확인할 수 있다.

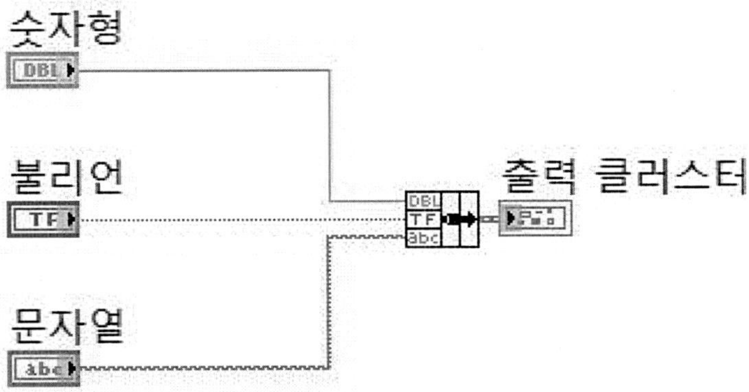

【그림】 4-142 묶기 함수 프로그램 예시(블록다이어그램)

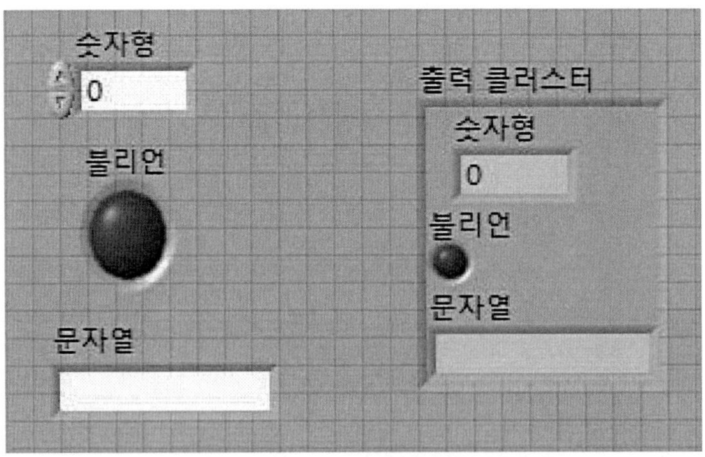

【그림】 4-143 묶기 함수 프로그램 예시(프런트패널)

⑧ 프로그램이 완성되었으니 좌측 데이터에 임의의 값을 넣고 실행해보자.

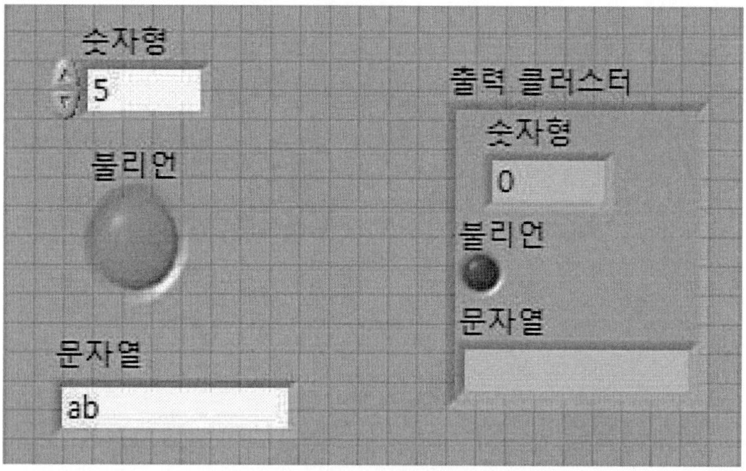

【그림】 4-144 묶기 함수 프로그램 예시 1

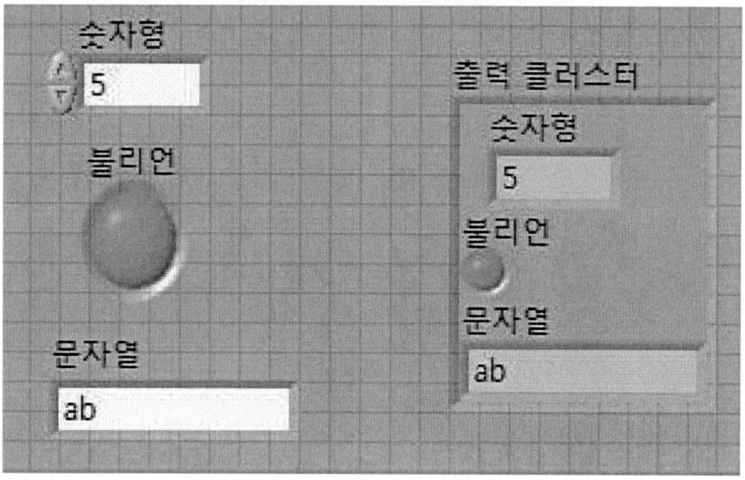

【그림】 4-145 묶기 함수 프로그램 예시 2

응용문제 클러스터의 활용

① 클러스터를 사용하여 앞에서 배운 덧셈과 함께 응용한 프로그램을 구성해보자.

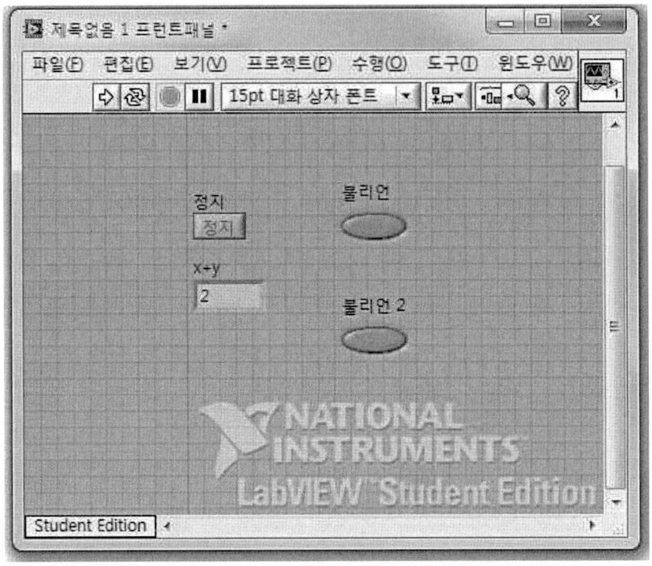

【그림】 4-146 클러스터 응용문제1(프런트패널)

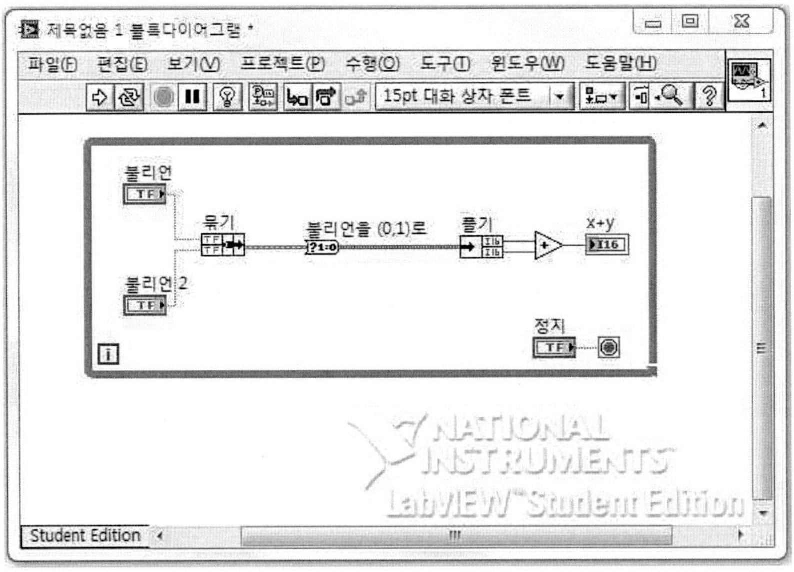

【그림】 4-147 클러스터 응용문제1(블록다이어그램)

② 배열과 클러스터를 응용하여 직원 급여의 평균 값을 구해보자.

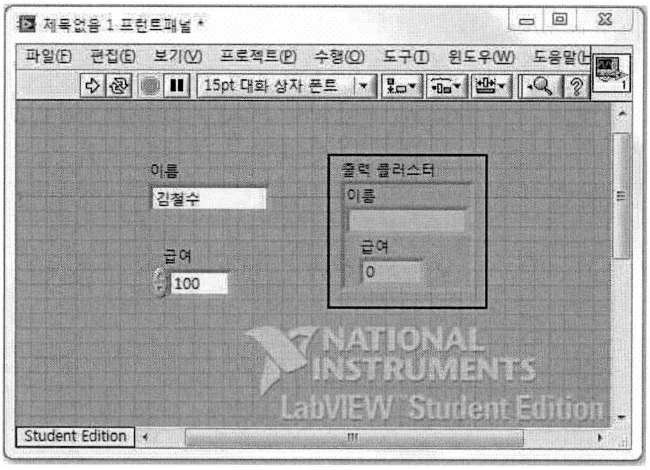

【그림】 4-148 출력 클러스터 배열 삽입(프런트패널)

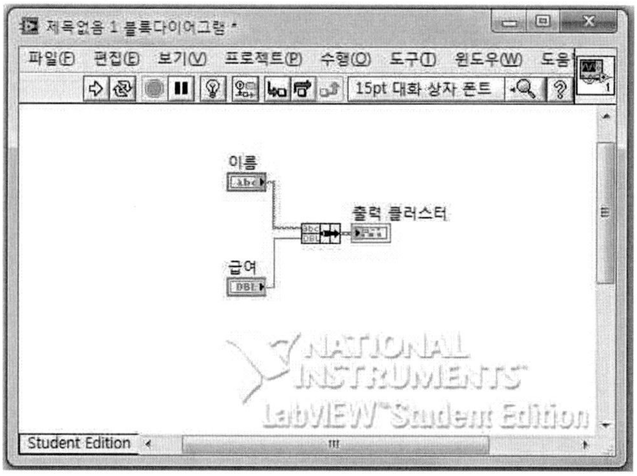

【그림】 4-149 출력 클러스터 배열 삽입(블록다이어그램)

【그림】 4-145와 같이 출력 클러스터를 생성하여 배열 아이콘에 출력 클러스터를 삽입 3명의 직원 급여 데이터 묶음 배열로 구성 활성화된 것이 【그림】 4-146이다. 【그림】 4-147은 배열로 묶여 있는 각 직원에 급여만 추출하여 평균값을 구한 것이다.

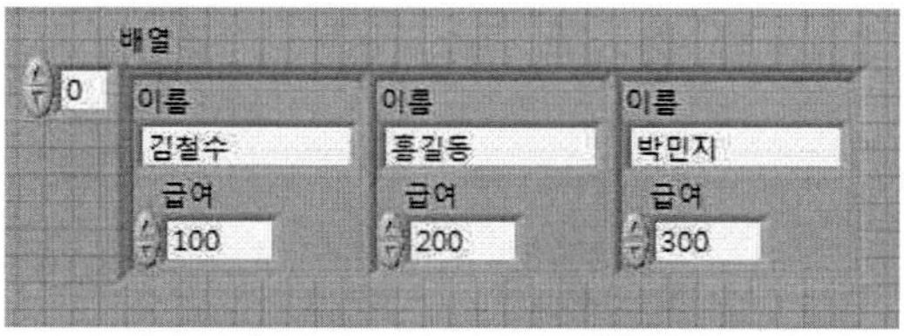

【그림】 4-150 출력 클러스터

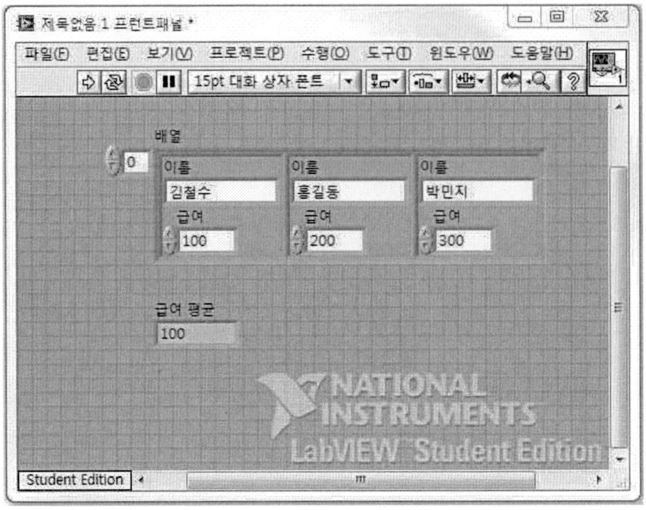

【그림】 4-151 급여 평균 값(프런트패널)

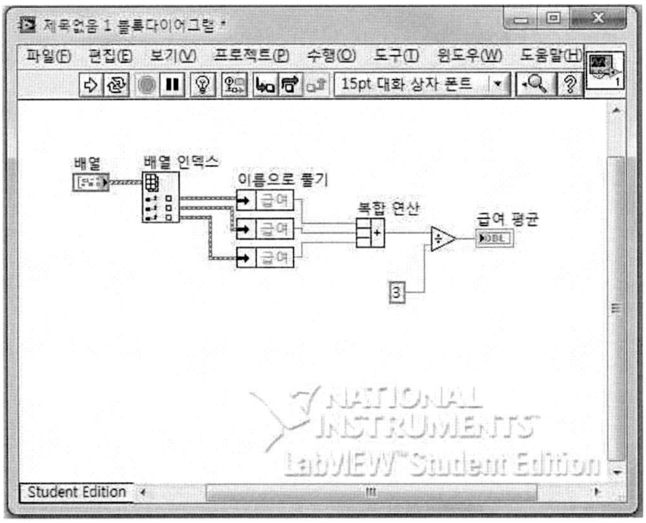

【그림】 4-152 급여 평균 값(블록다이어그램)

제5장

구조

제5장 구조

1. 구조

구조에는 For 루프, While 루프, Timed 루프, Case 구조, Event 구조, Flat sequence 구조, 다층 sequence 구조, 수식노드 등을 이용하여 구조 목적에 맞게 수행시키고자 할 때 사용한다.

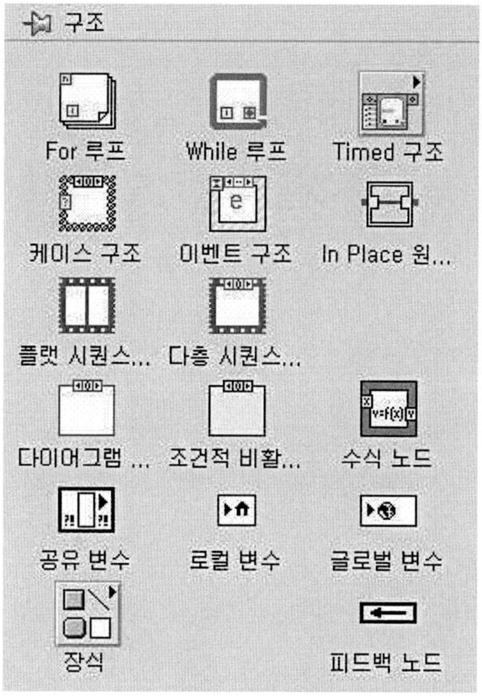

【그림】 5-1 구조 함수

1 For 루프

For 루프(For Loop)는 구조문 내의 작업을 원하는 회수만큼 반복시키고자 할 때 사용하는 구조문이다. 아래 그림을 보면서 직접 프로그래밍해보면서 사용방법을 익혀보자.

① 블록다이어그램 상에서 마우스 오른쪽 버튼 클릭〉구조〉For 루프를 선택한 뒤 화면에 놓는다.(화면에 놓을때 드래그를 해서 놓게 되는데 이때 사용자의 임의로 구조의 크기를 결정할 수 있다.)

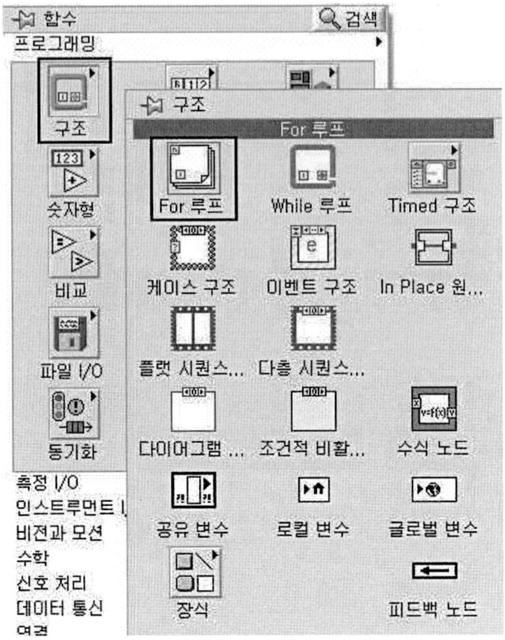

【그림】 5-2 For 루프

【그림】 5-3 For 루프 만들기(원하는 영역만큼 드래그)

【그림】 5-4 For 루프 만들기

② 다음으로 구조물 좌측 상단에 N이라고 써져있는 부분이 있다. 이것은 루프 카운터로서 반복할 횟수를 설정해주는 곳이다. 【그림】 5-5과 같이 N의 좌측에 터미널을 연결 할 수 있는 포인트가 있다. 이곳에 상수 혹은 숫자형 컨트롤을 연결하여 사용자가 원하는 반복횟수를 설정할 수 있다.

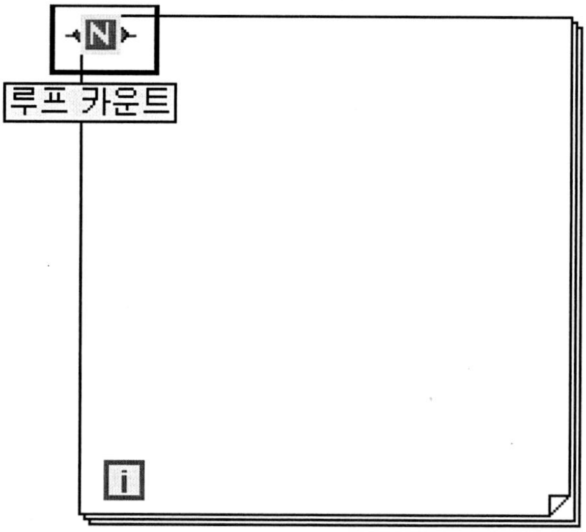

【그림】 5-5 루프 카운트

③ 블록다이어그램 상에서 마우스 오른쪽 버튼 클릭>숫자형>숫자형 상수를 선택한 뒤 【그림】 5-7과 같이 와이어를 연결해준다.

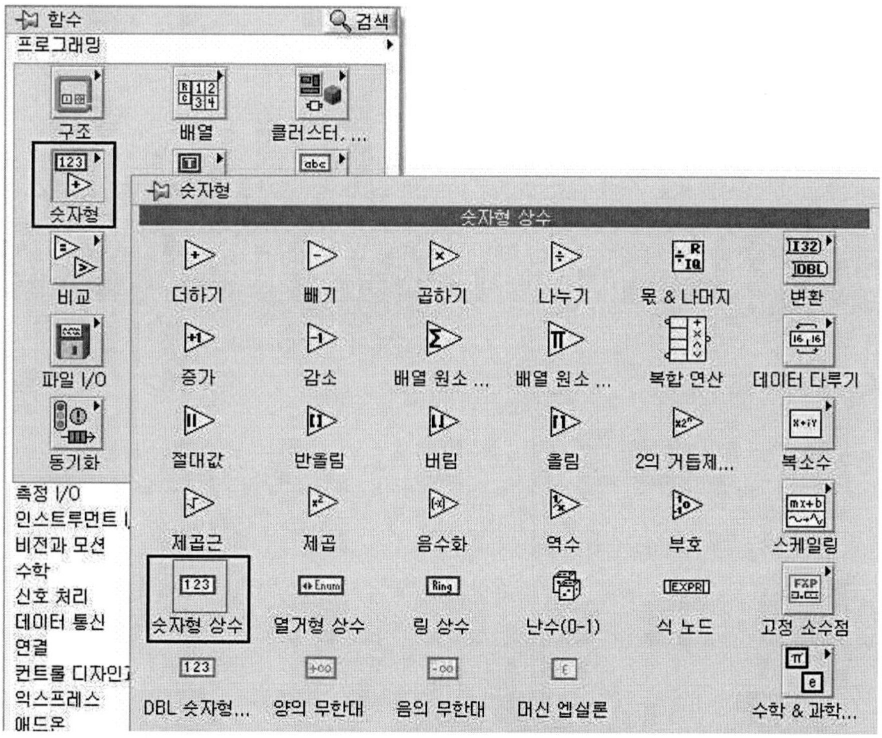

【그림】 5-6 숫자형 상수

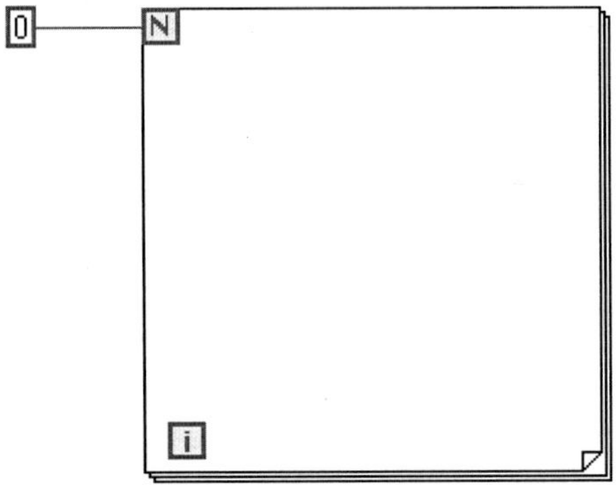

【그림】 5-7 루프 카운트 연결하기

④ 생성한 상수를 더블클릭하여 For 루프가 반복할 횟수를 지정하여 입력한다.

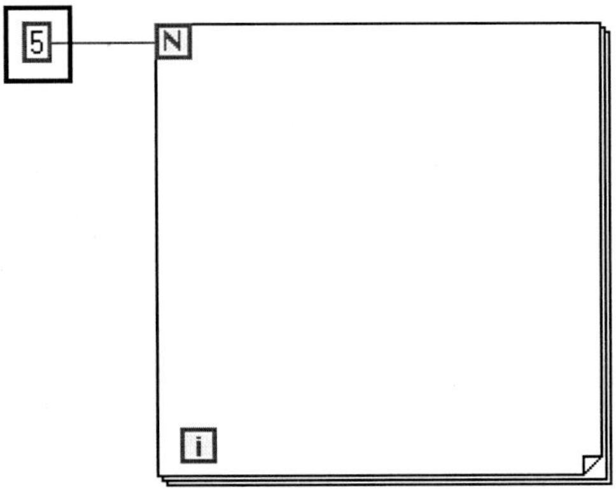

【그림】 5-8 루프 카운트 사용 방법

⑤ For 루프의 좌측 하단을 보면 I모양의 아이콘이 있다. 이 아이콘의 역할은 For 루프의 반복횟수를 '기억하는' 것이다. 이 아이콘에 마우스 커서를 가져다 놓으면 우측에 출력 포인트가 있는것을 볼수있다. 이곳에 숫자형 인디케이터를 연결하여 현재 For루프의 동작 횟수를 모니터링 할 수 있다.
(For 루프의 카운트는 0부터 시작함으로 보통 지정된 횟수보다 1적게 출력이 된다.)

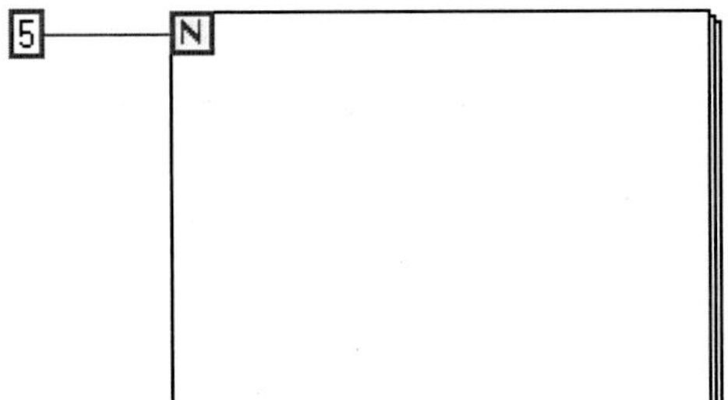

【그림】 5-9 루프 반복횟수

⑥ 프런트패널 상에서 마우스 오른쪽 버튼 클릭〉숫자형〉숫자형 인디케이터를 선택하여 화면에 놓고 블록다이어그램에 생긴 인디케이터 터미널을 【그림】 5-11과 같이 연결해준다

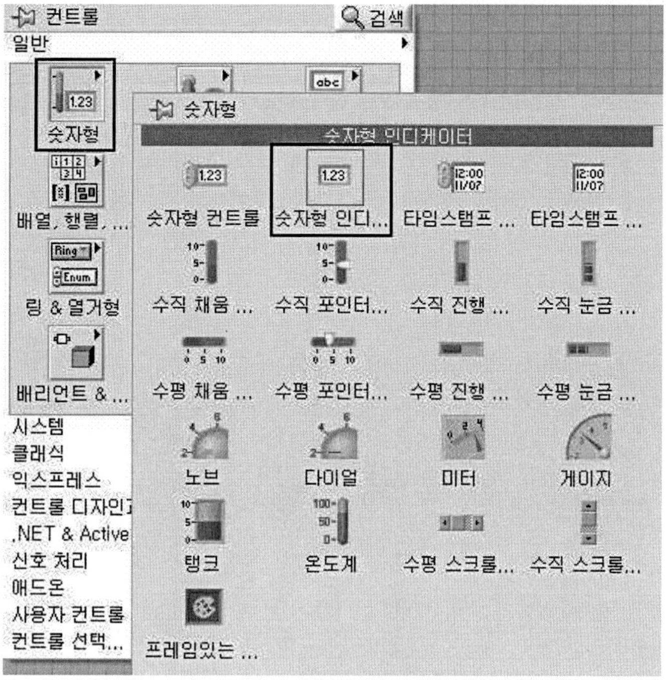

【그림】 5-10 숫자형 인디케이터

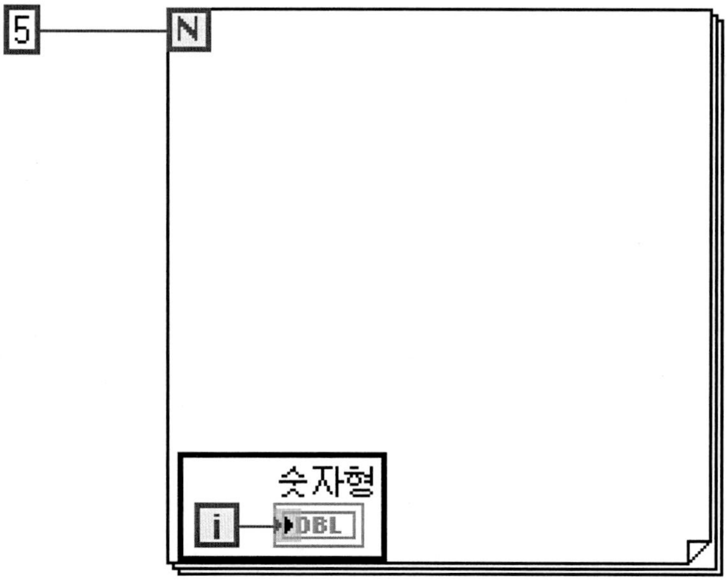

【그림】 5-11 루프 반복횟수 연결 방법

⑦ For 루프의 기본적인 생성이 완료되었다. 이제 생성된 For 루프를 활용해보자.

⑧ 블록다이어그램 상에서 마우스 오른쪽 버튼 클릭>숫자형>난수를 선택해 For루프 안에 넣는다.

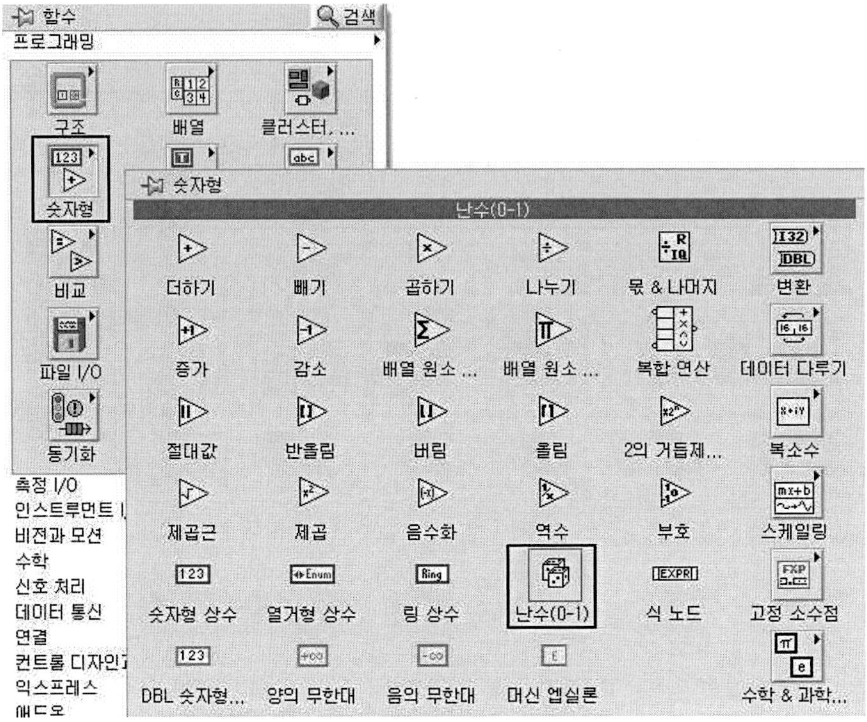

【그림】 5-12 난수 함수

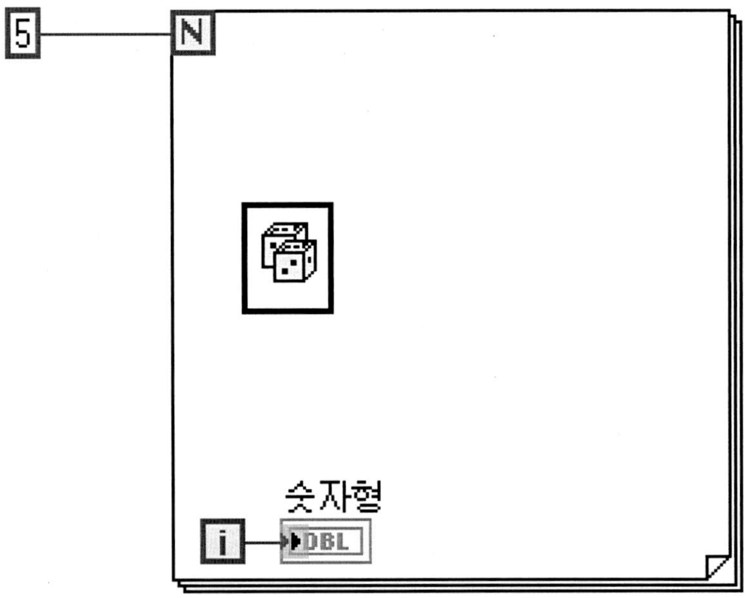

【그림】 5-13 난수 함수와 For 루프

⑨ 프런트패널 상에서 마우스 오른쪽 버튼 클릭>숫자형>숫자형 인디케이터를 선택하여 화면에 놓고 생성된 터미널을 For루프 안에 넣는다.

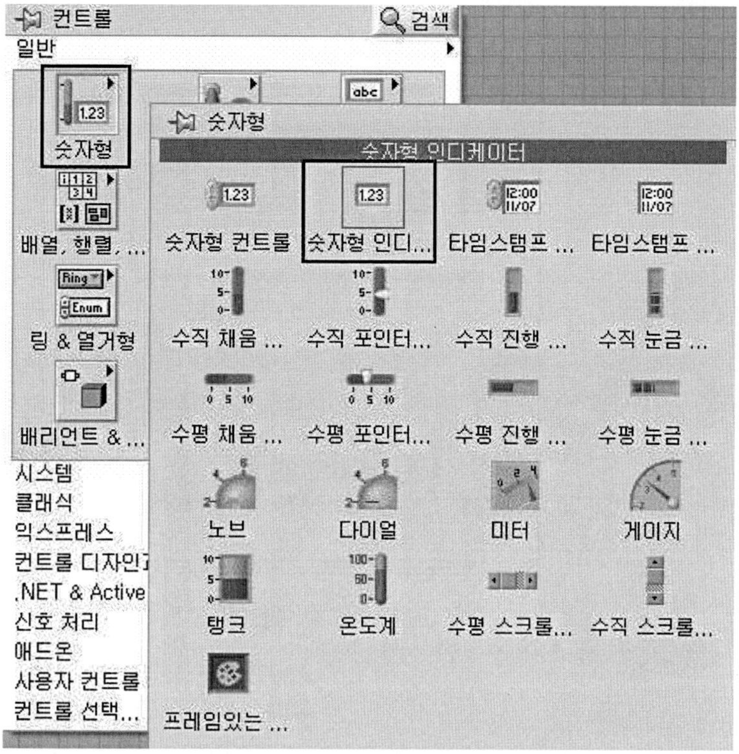

【그림】 5-14 숫자형 인디케이터

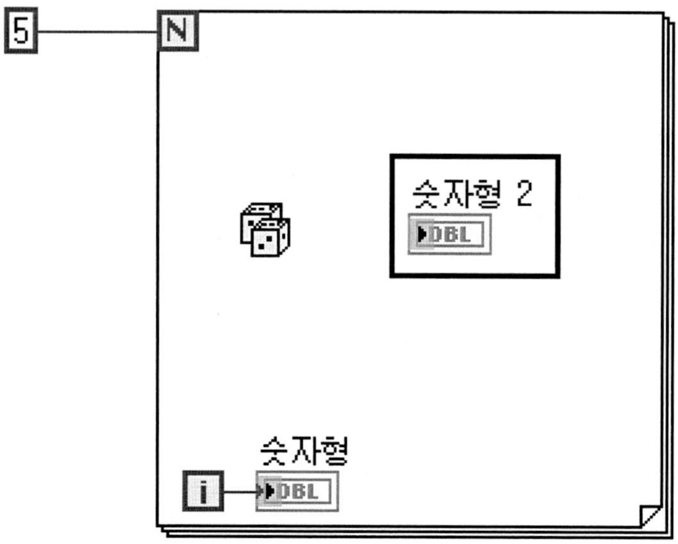

【그림】 5-15 숫자형 인디케이터와 For 루프

⑩ 생성된 인디케이터와 난수를 연결해주고 터미널의 이름을 【그림】 5-16같이 바꿔준다.

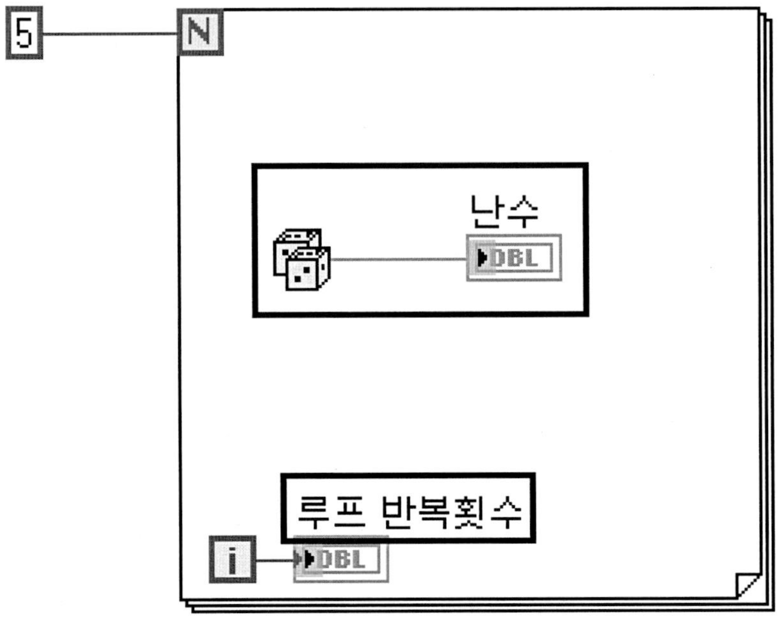

【그림】 5-16 와이어 연결하기

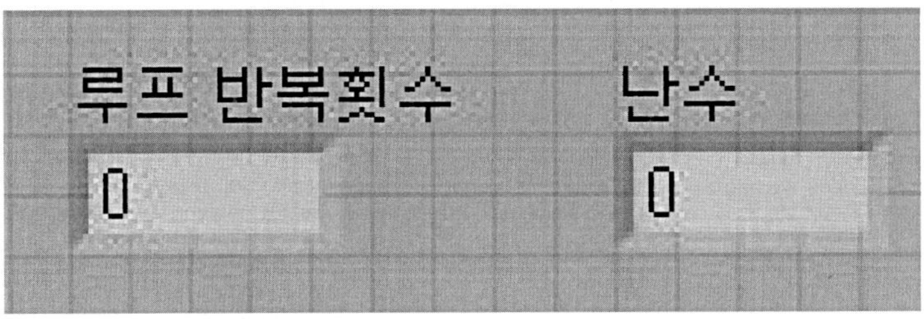

【그림】 5-17 완성된 For 루프 프로그램

⑪ 프로그램이 완성되었으면 실행시켜 보자.

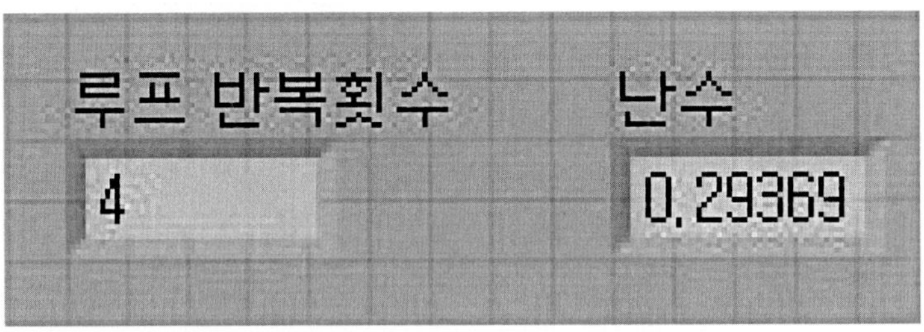

【그림】 5-18 For 루프 프로그램 실행 예시

반복된 횟수와 난수가 출력되는 것을 볼 수 있다.
여기서 더 나아가 프로그램 반복 중 나왔던 데이터를 누적시켜서 표현하는 프로그램을 만들어보자.

⑫ 프런트패널 상에서 마우스 오른쪽 버튼 클릭>배열, 행렬, 클러스터>배열을 선택하여 화면에 놓는다.

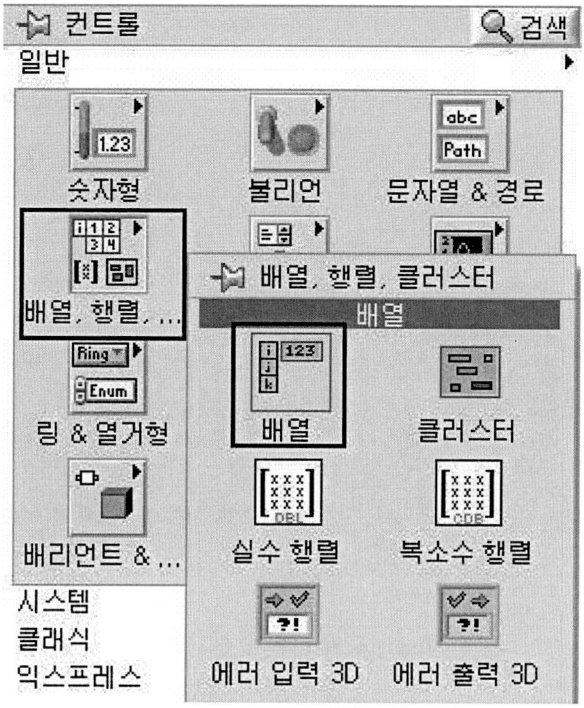

【그림】 5-19 배열

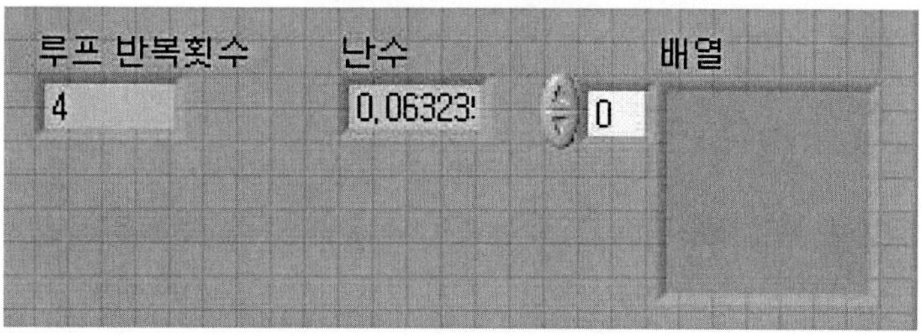

【그림】 5-20 추가된 배열

⑬ 프런트패널 상에서 마우스 오른쪽 버튼 클릭〉숫자형〉숫자형 인디케이터를 선택하여 화면에 놓고 생성된 터미널을 배열 안에 넣는다.

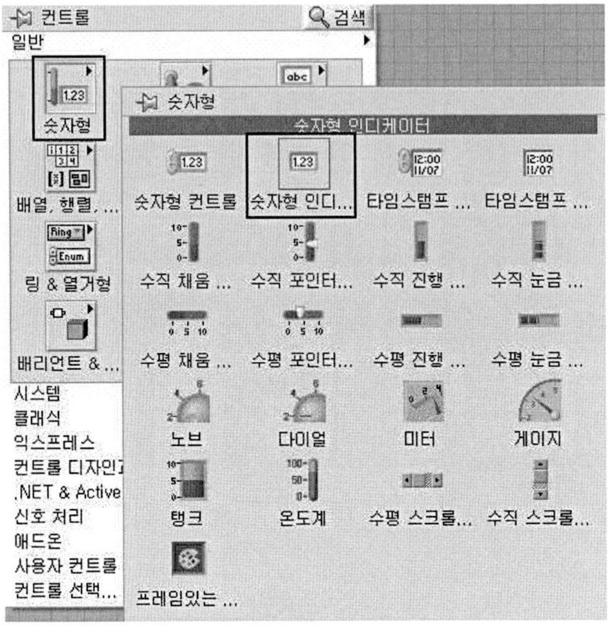

【그림】 5-21 숫자형 인디케이터

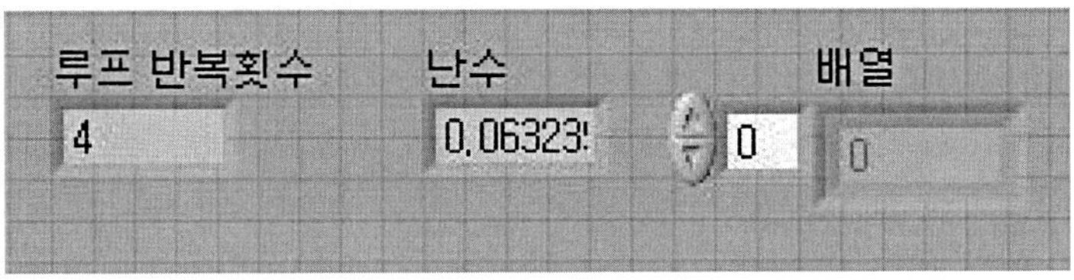

【그림】 5-22 숫자형 배열 인디케이터

⑭ 배열의 크기를 드래그하여 【그림】 5-23과 같이 늘려주고(원소 5개) 터미널을 【그림】 5-24와 같이 연결해준다.

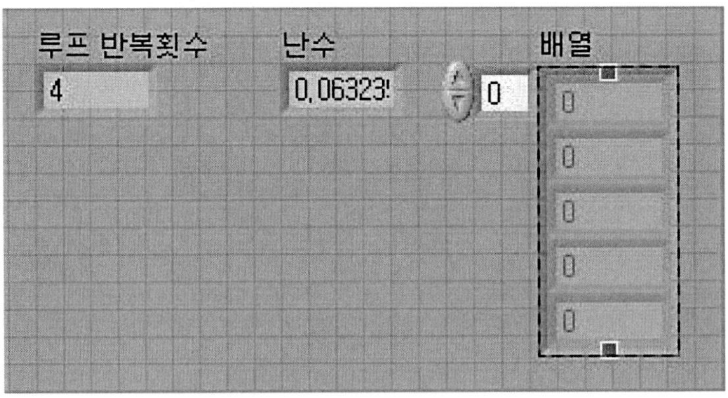

【그림】 5-23 숫자형 배열 크기 조정

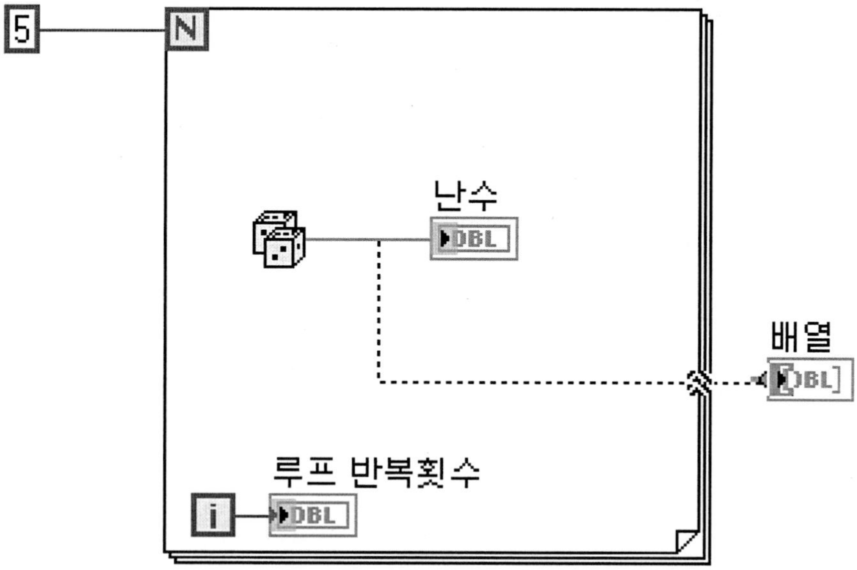

【그림】 5-24 배열 와이어 연결하기

⑮ 프로그램이 완성되었으면 실행을 시켜보자.

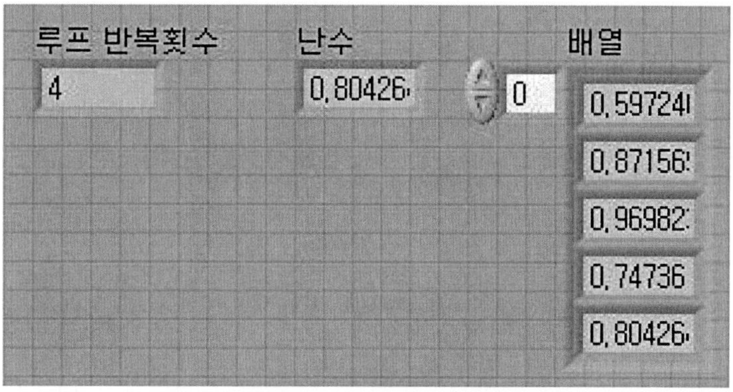

【그림】 5-25 프로그램 실행 예시

설정한 횟수 5회만큼의 난수 데이터가 배열에 누적되어 표시되는 것을 볼 수 있다.

응용문제 For루프의 활용

① For 루프의 다층 시프트 레지스터 값을 활용하여 For 루프의 출력 터미널에서 인덱싱 활성화를 선택 후 일차원 배열 값 및 최종 값을 출력 하시오.

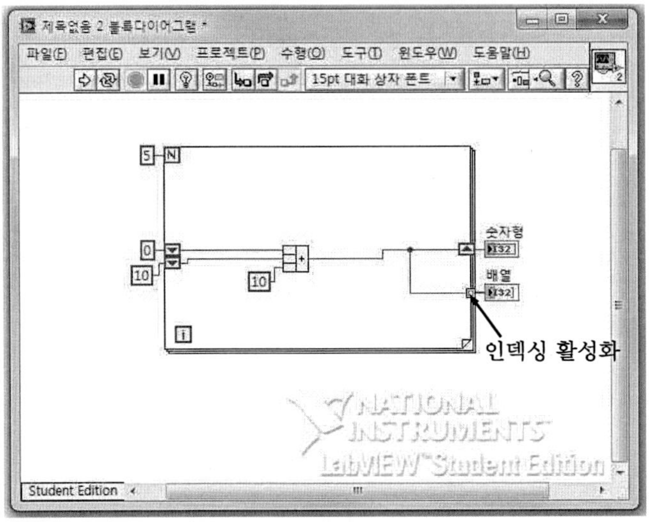

【그림】 5-26 일차원 배열 값 및 최종 값 출력

② 0부터 지정 값 까지의 합을 구해보자.

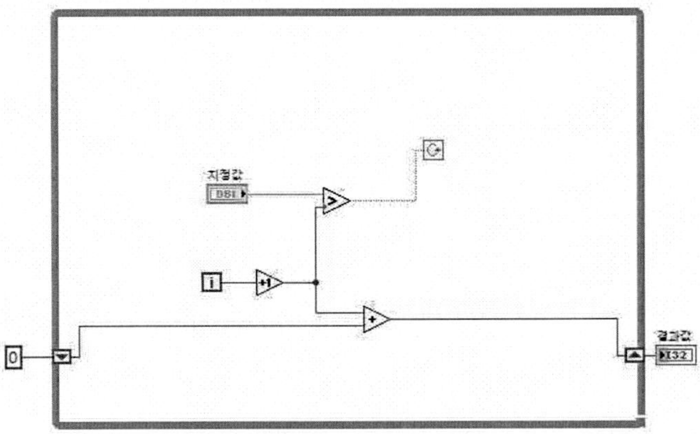

【그림】 5-27 완성된 프로그램(블록다이어그램)

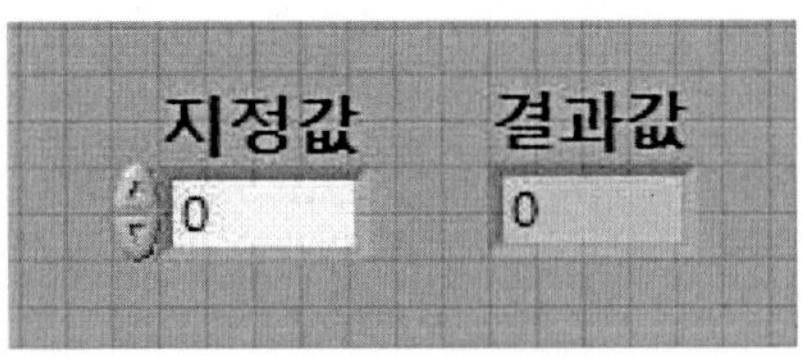

【그림】 5-28 완성된 프로그램(프런트패널)

먼저 While 루프를 그려준다.

블록다이어그램 상에서 마우스 오른쪽 버튼 클릭>구조>While 루프 선택

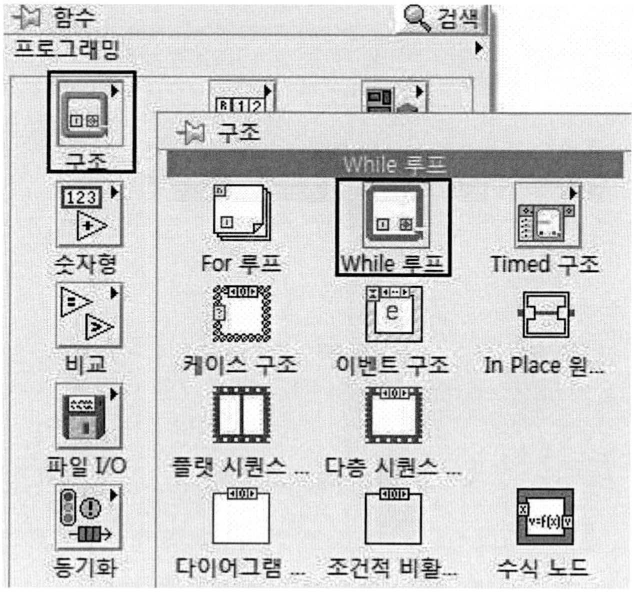

【그림】 5-29 While 루프

【그림】 5-30 While 루프 그리기

생성된 While 루프를 마우스 오른쪽 버튼을 클릭하여 단축메뉴를 띄운 뒤 시프트 레지스터를 추가해준다.

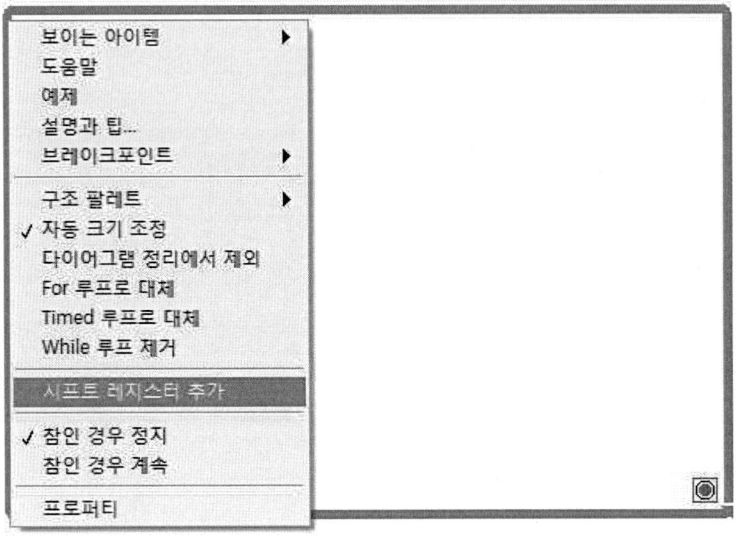

【그림】 5-31 While 루프 단축메뉴

【그림】 5-32 시프트 레지스터

루프 반복횟수와 루프 조건을 사용하기 편하게 위치를 옮겨준다.

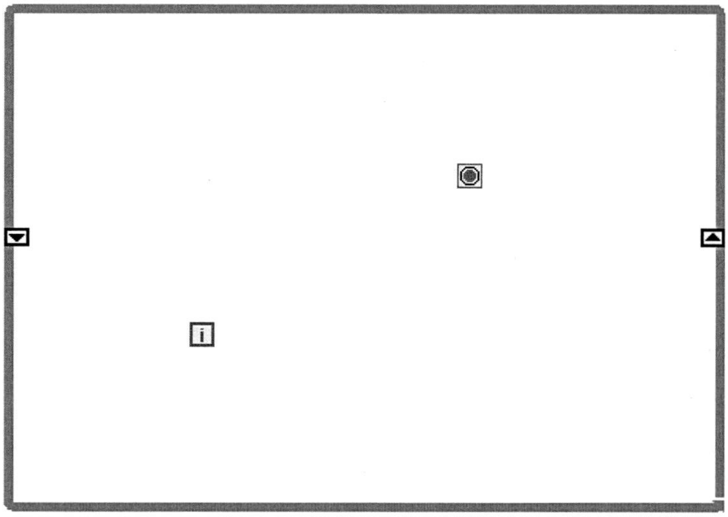

【그림】 5-33 루프 반복횟수와 루프 조건 위치 옮기기

구동 조건을 마우스 우클릭하여 단축메뉴를 띄운 뒤 구동조건을 '참인 경우 계속'으로 바꾸어 준다.

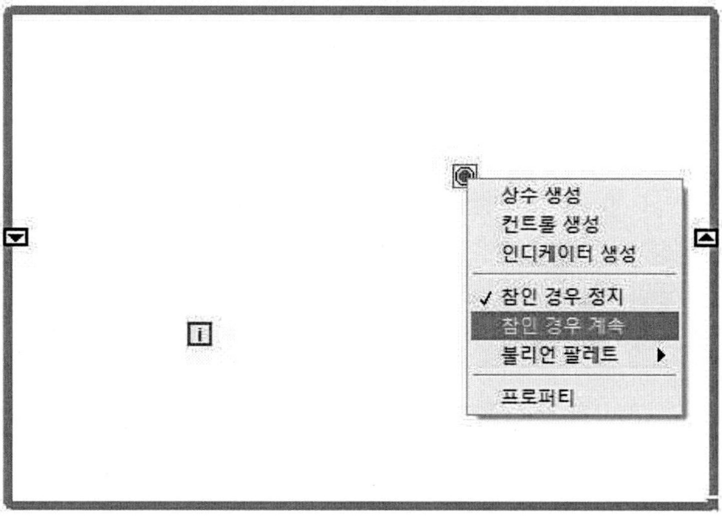

【그림】 5-34 구동 조건 단축 메뉴

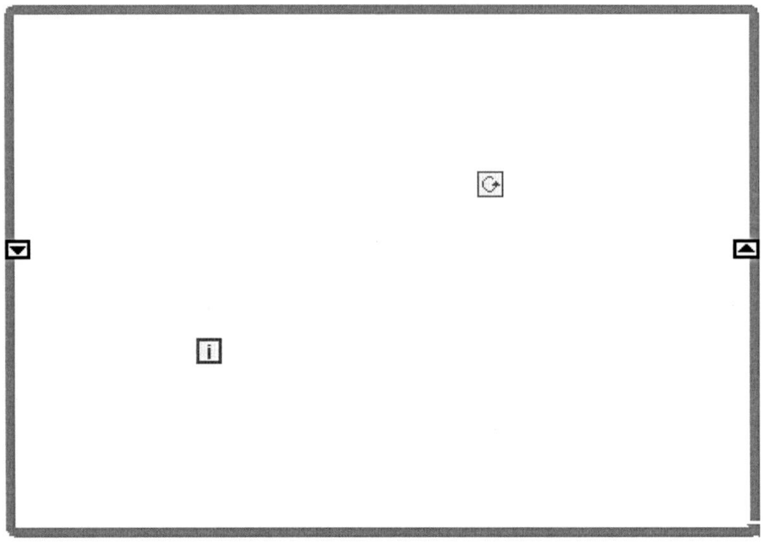

【그림】 3-35 구동 조건 바꾸기

증가 함수를 선택하여 루프 반복횟수와 연결해준다.
블록다이어그램 상에서 마우스 오른쪽 버튼 클릭〉숫자형〉증가 함수를 선택한다.

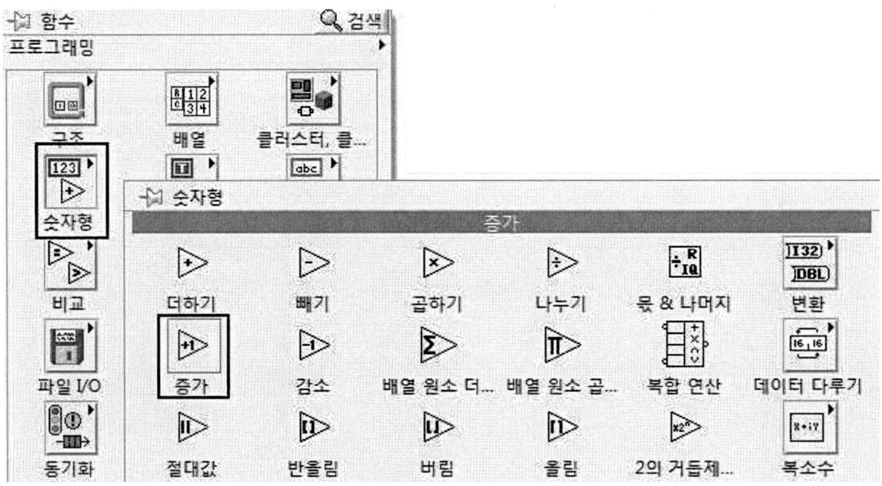

【그림】 5-36 증가 함수

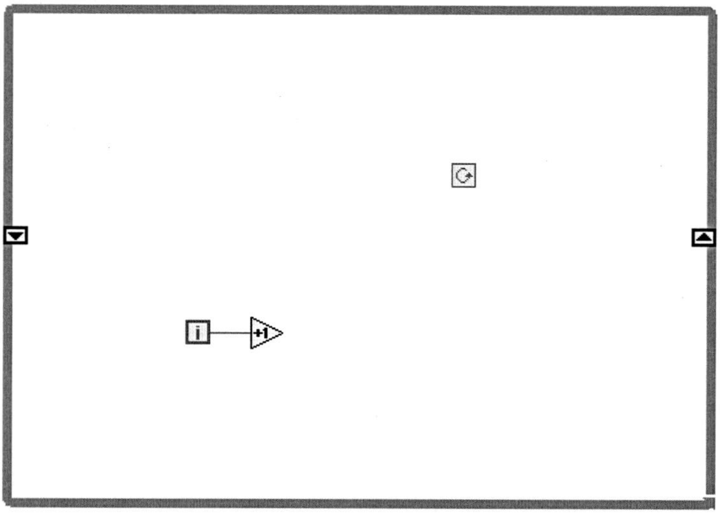

【그림】 5-37 증가 함수 연결하기

이번에는 비교 함수 '보다 큼?' 함수를 선택하여 증가 함수에 연결해준다.
블록다이어그램 상에서 마우스 오른쪽 버튼 클릭〉비교〉보다 큼? 함수를 선택.

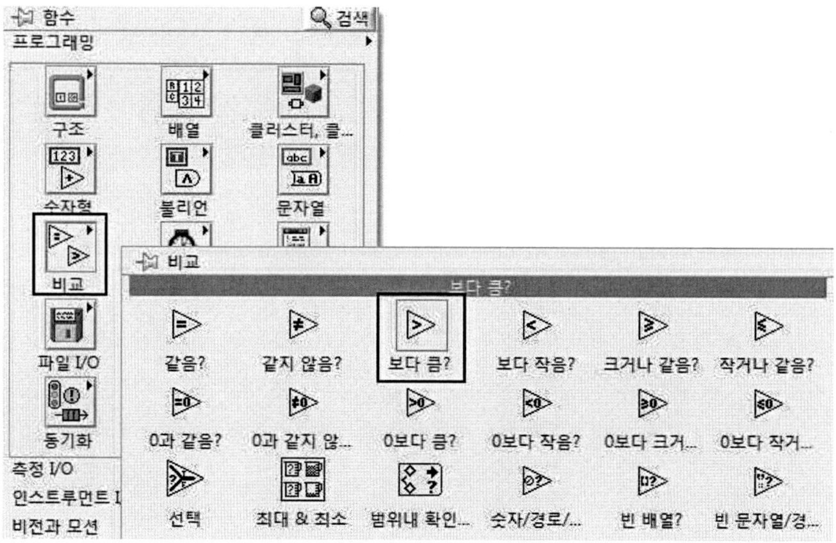

【그림】 5-38 보다 큼? 비교 함수

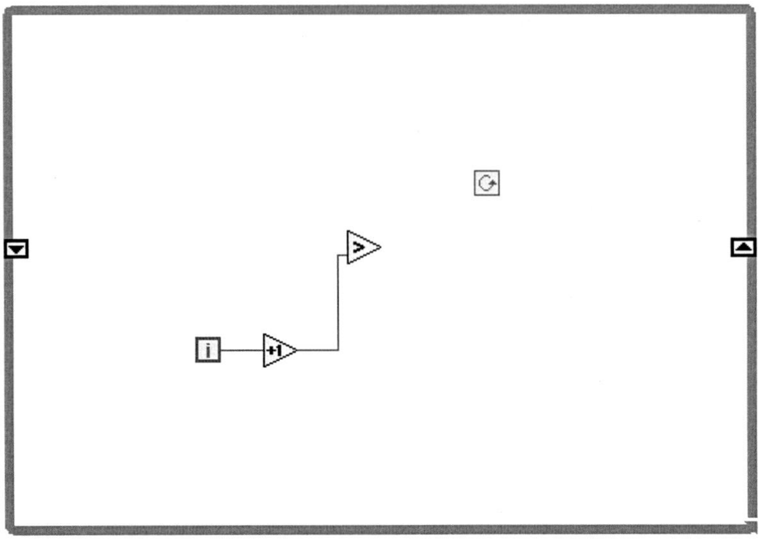

【그림】 5-39 보다 큼? 비교 함수 연결하기

숫자형 컨트롤을 생성해준다.
프런트패널 상에서 마우스 오른쪽 버튼 클릭〉숫자형〉숫자형 컨트롤을 선택한다.

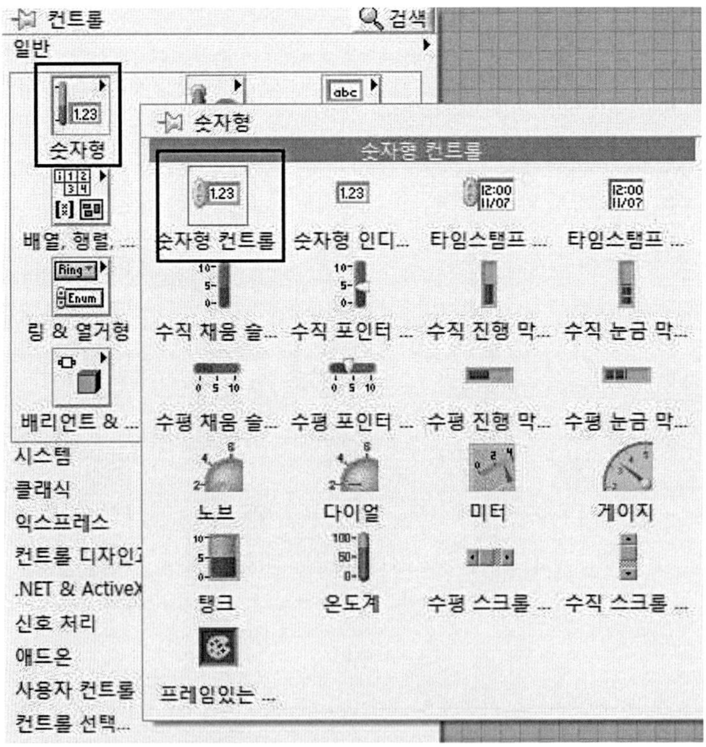

【그림】 5-40 숫자형 컨트롤

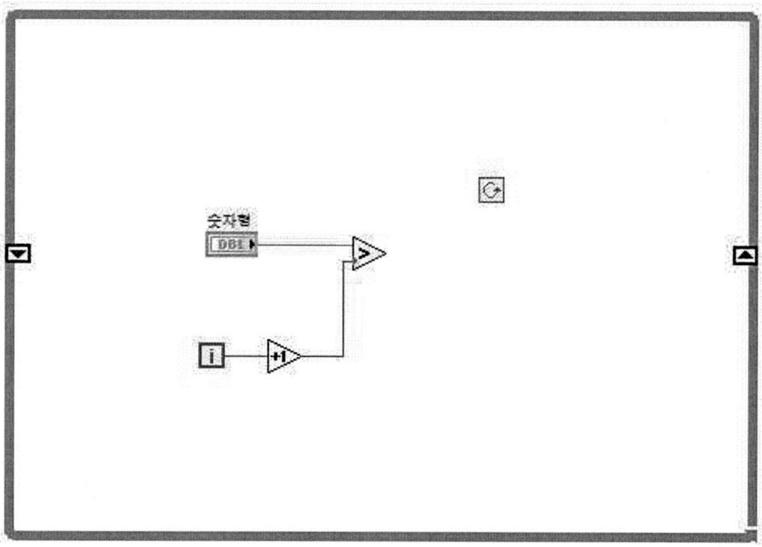

【그림】 5-41 숫자형 컨트롤 연결하기

보다 큼? 함수를 구동 조건과 연결해준다.

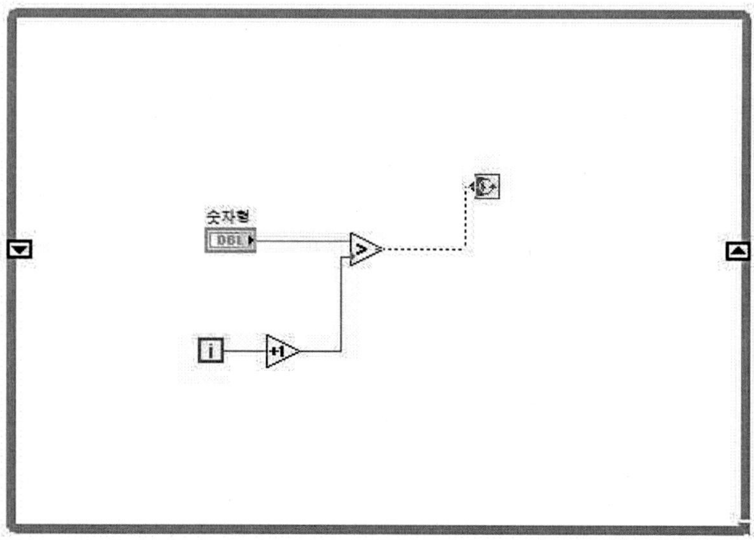

【그림】 5-42 구동 조건 연결하기

시프트 레지스터를 연결하기에 앞서 사용하기 편하도록 위치를 이동시켜준다.
시프트 레지스터를 클릭 한 뒤 드래그한다.

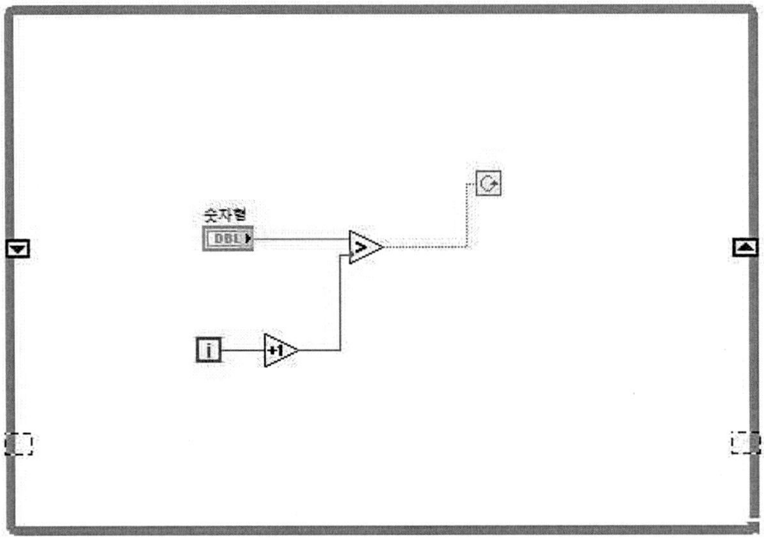

【그림】 5-43 시프트 레지스터 이동하기

더하기 함수를 추가해준다.
블록다이어그램 상에서 마우스 오른쪽 버튼 클릭>숫자형>더하기 함수를 선택.

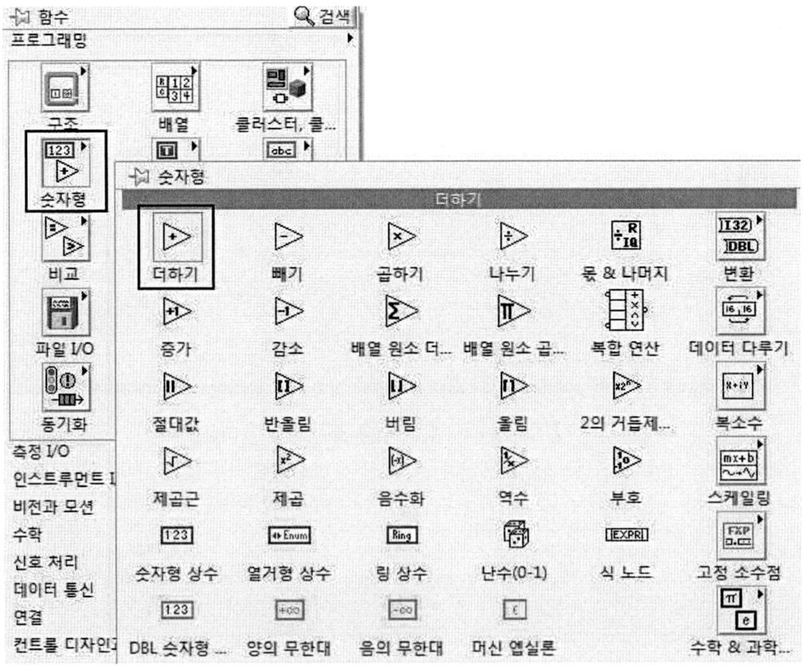

【그림】 5-44 더하기 함수

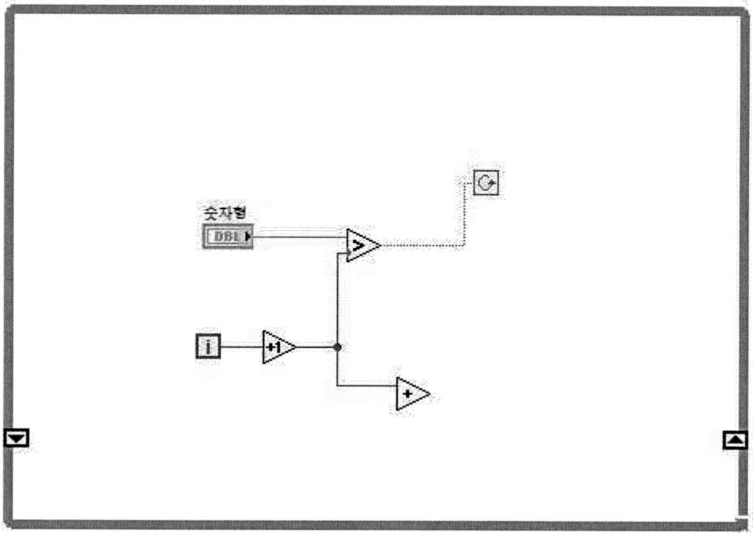

【그림】 5-45 더하기 함수 연결하기

시프트 레지스터의 기본값을 지정 할 숫자형 상수를 생성해준다.
블록다이어그램 상에서 마우스 오른쪽 버튼 클릭>숫자형>숫자형 상수를 선택한다.

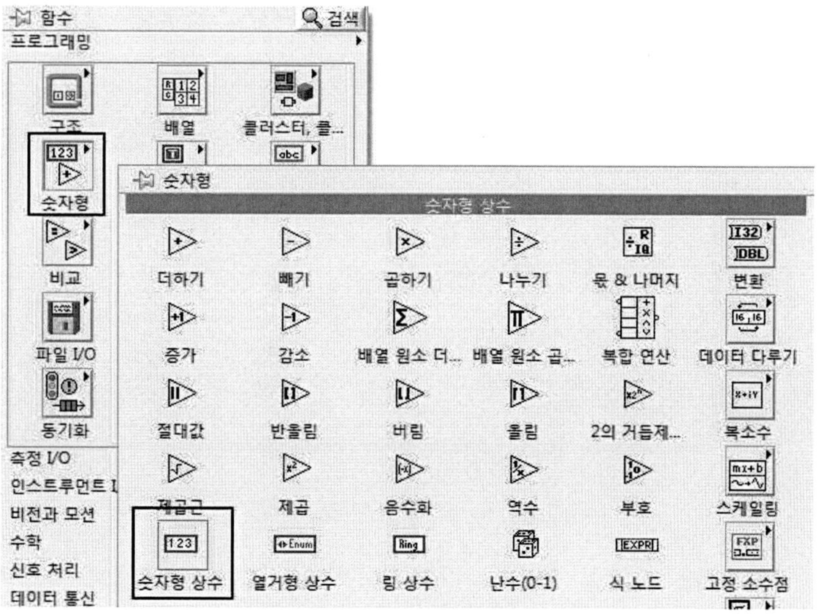

【그림】 5-46 숫자형 상수

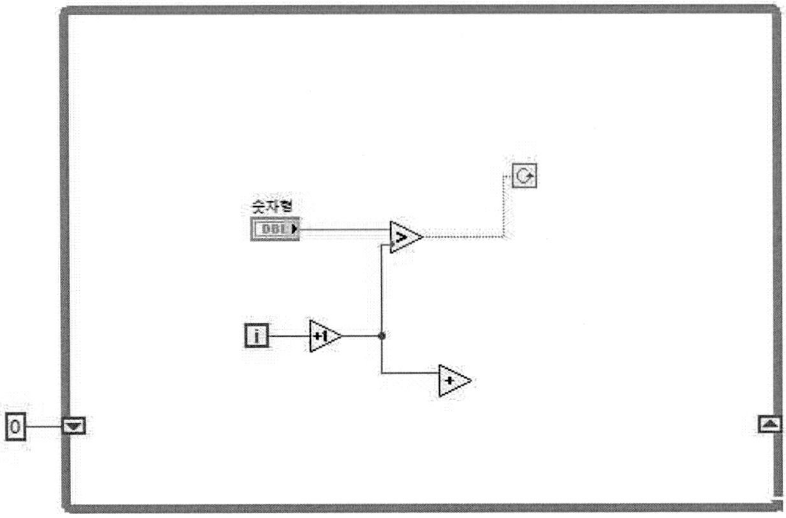

【그림】 5-47 숫자형 상수 연결하기

시프트 레지스터의 와이어를 【그림】 5-48과 같이 연결해준다.

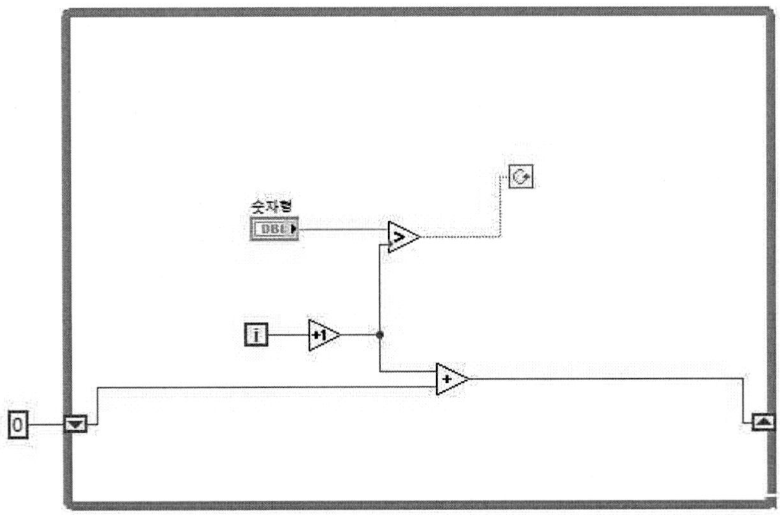

【그림】 5-48 시프트 레지스터 연결하기

뒷부분 시프트 레지스터를 마우스 우클릭하여 단축메뉴를 띄운 뒤 인디케이터를 생성해준다.

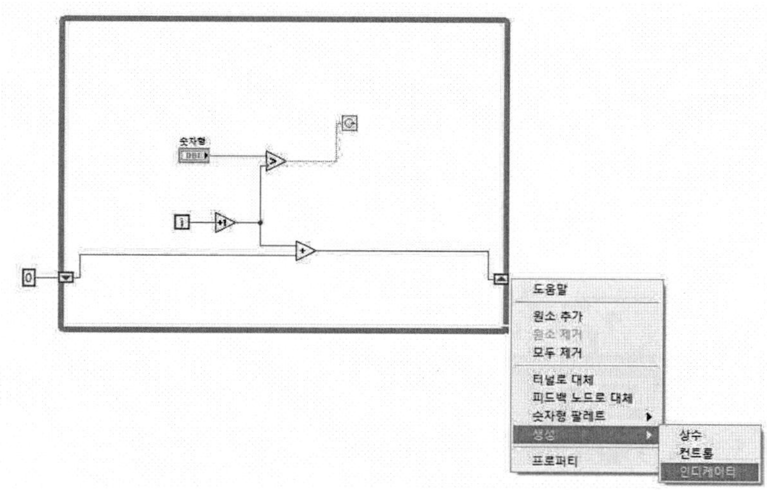

【그림】 5-49 시프트 레지스터 단축 메뉴

생성했던 숫자형 컨트롤과 인디케이터의 라벨(이름)을 각각 지정값과 결과값으로 바꿔준다.

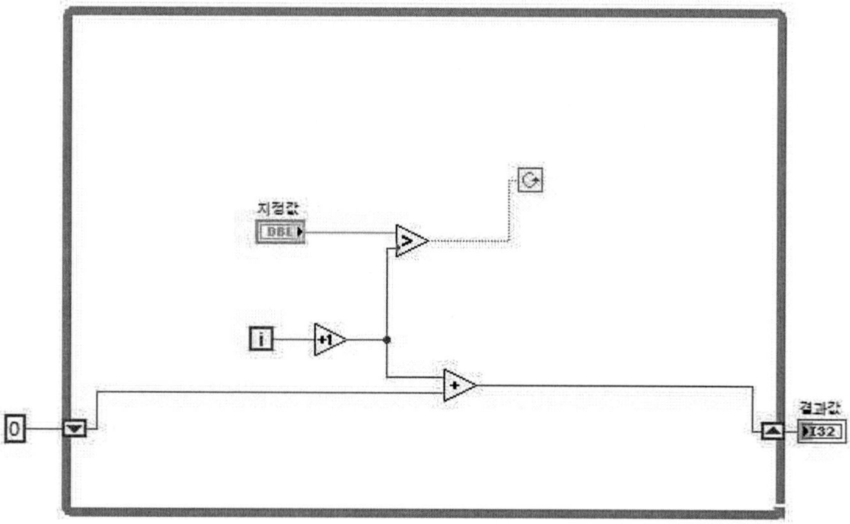

【그림】 5-50 인디케이터 생성

프런트패널의 아이콘들을 정리 해 준 뒤 지정값에 임의의 값을 입력한 뒤 실행해보자.

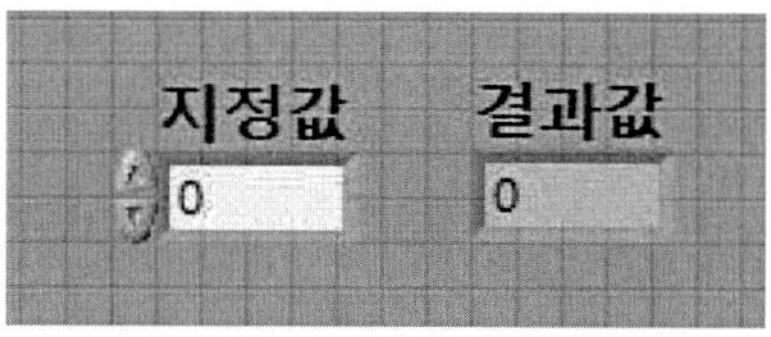

【그림】 5-51 프런트패널 정리

2 While 루프

While 루프는 프로그램이 실행되면 지정된 스위치값 또는 논리값이 입력되기 전까지 무한히 반복하는 구조물이다.
아래 프로그램을 보면서 While루프를 만드는 방법과 사용법을 알아보자.

① 블록다이어그램 상에서 마우스 오른쪽 버튼 클릭>구조>While 루프를 선택한 뒤 드래그하여 화면에 놓는다.(For루프와 마찬가지로 드래그해서 화면에 구조를 생성할 때 사용자의 임의대로 크기를 조절할 수 있다.)

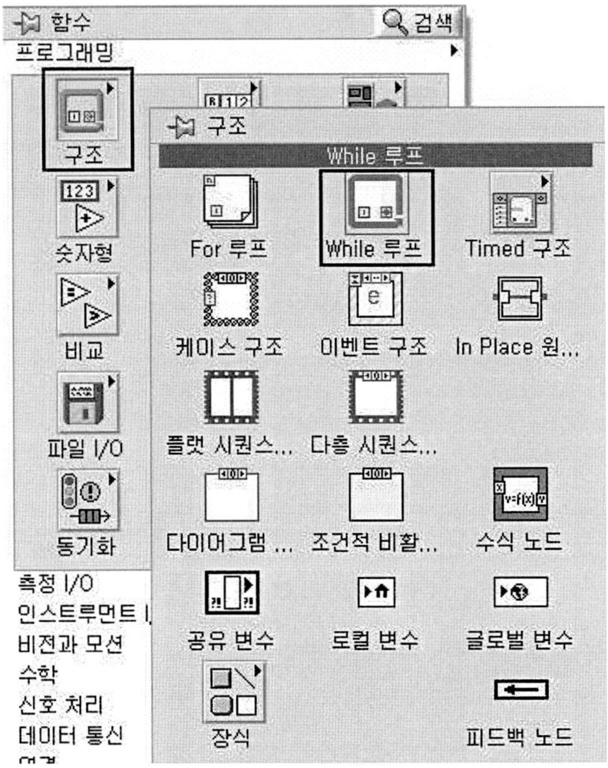

【그림】 5-52 While 루프 구조

【그림】 5-53 While 루프 그리기(원하는 영역만큼 드래그)

【그림】 5-54 While 루프 그리기

② While 루프의 좌측 하단을 보면 For 루프와 마찬가지로 i모양의 아이콘이 있다. 이 아이콘 역시 마찬가지로 While 루프의 반복횟수를 '기억하는' 것이다. 이 아이콘에 마우스 커서를 가져다 놓으면 우측에 출력 포인트가 있는 것을 볼 수 있다. 이곳에 숫자형 인디케이터를 연결하여 현재 While루프의 동작횟수를 모니터링 할 수 있다.

【그림】 5-55 루프 반복횟수

③ 프런트패널 상에서 마우스 오른쪽 버튼 클릭>숫자형>숫자형 인디케이터를 선택하여 화면에 놓고, 생성된 터미널은 While 루프 안으로 옮겨 루프반복횟수 아이콘과 연결, 라벨도 【그림】 5-57과 같이 바꾸어 준다.

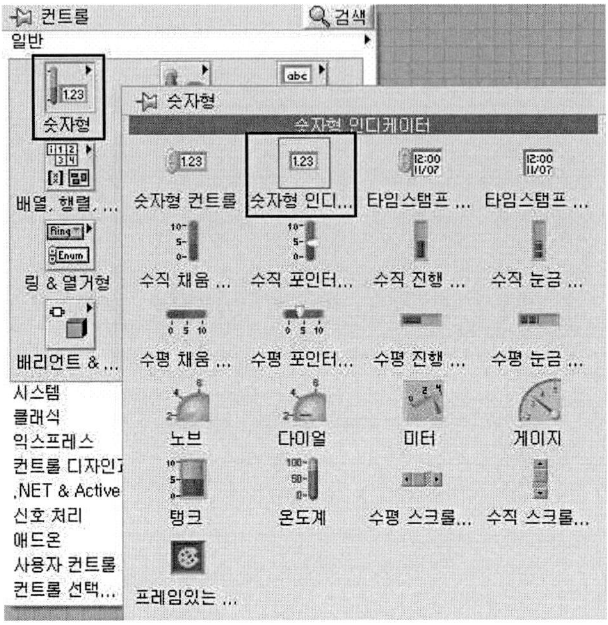

【그림】 5-56 숫자형 인디케이터

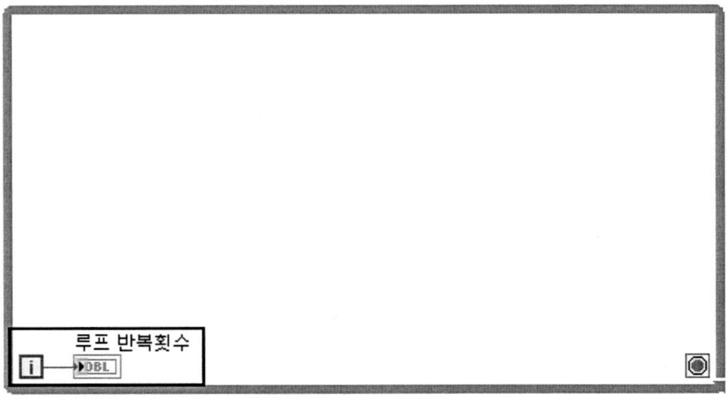

【그림】 5-57 루프 반복횟수 연결하기

While 루프의 우측하단을 살펴보면 빨간 구체모양의 아이콘을 볼 수 있다.

이 아이콘은 While 루프의 정지를 제어하는 아이콘이다. 이 아이콘에 정지 스위치 등으로 데이터가 입력되면 While 루프는 동작을 정지한다. 아이콘에 숫자형 컨트롤로 정지버튼을 만들어주자.

④ 프런트패널 상에서 마우스 오른쪽 버튼 클릭〉불리언〉정지 버튼을 선택하여 화면에 놓고 블록다이어그램에 생긴 터미널을 【그림】 5-60과 같이 옮겨준 뒤 연결해준다.

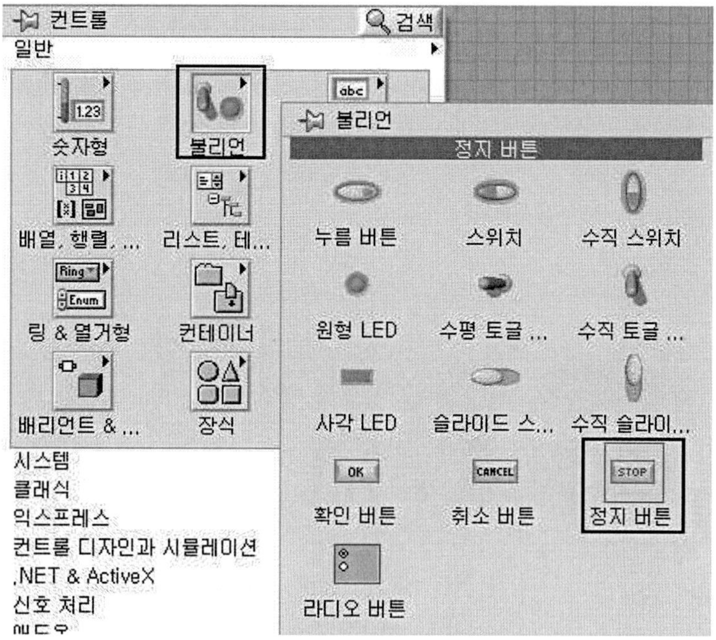

【그림】 5-58 정지 버튼

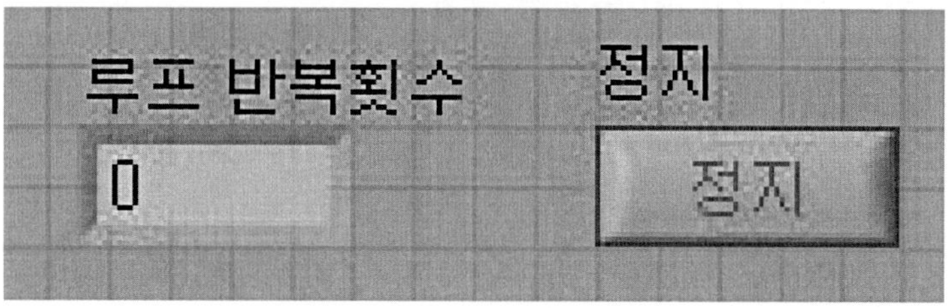

【그림】 5-59 루프 반복횟수와 정지 버튼

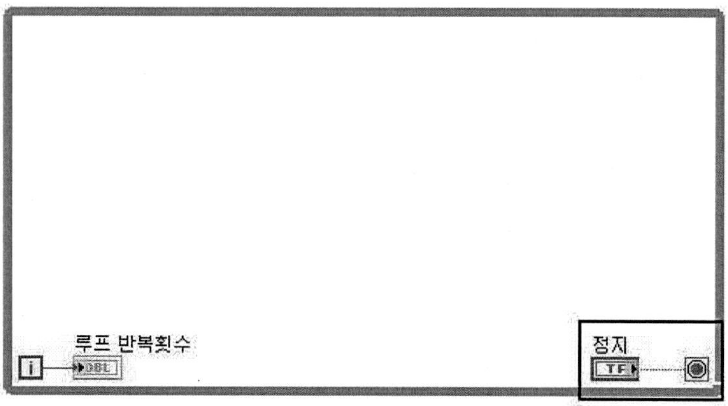

【그림】 5-60 정지 버튼 연결하기

While 루프의 기본적인 생성이 완료되었다. 생성된 While 루프를 활용하려 프로그램을 작성해보자.

⑤ 블록다이어그램 상에서 마우스 오른쪽 마우스 클릭〉숫자형〉난수를 선택하여 While 루프 안에 넣는다.

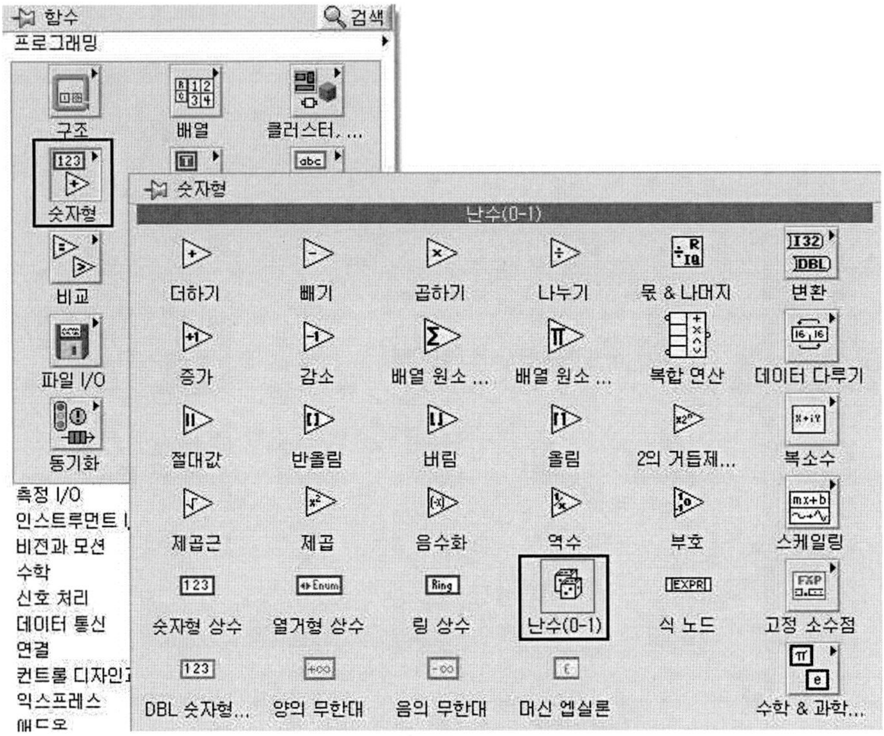

【그림】 5-61 난수 함수

【그림】 5-62 While 루프 난수 함수

⑥ 블록다이어그램 상에서 마우스 오른쪽 버튼 클릭>숫자형>반올림을 선택하여 While 루프 안에 넣고 난수와 연결해준다.

반올림 함수는 산수에서와 같이 숫자형 데이터를 반올림해주는 함수이다. 난수에서 출력되는 값은 0과 1사이의 값이므로 소수점이 반올림되어 0 혹은 1만이 출력으로 나오게 된다.

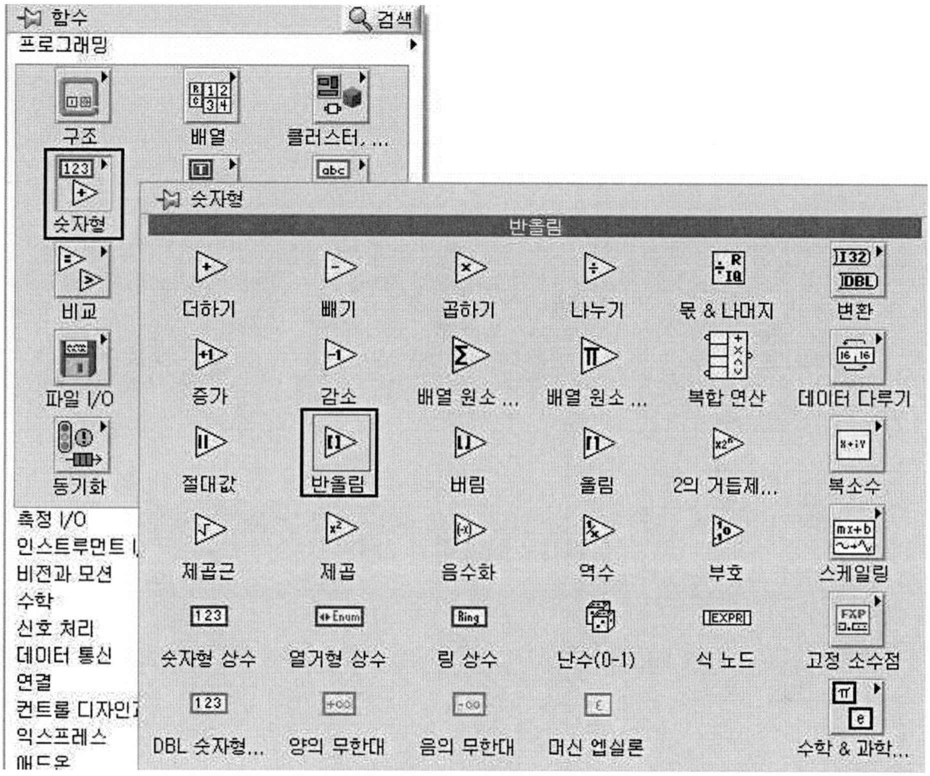

【그림】 5-63 반올림 함수

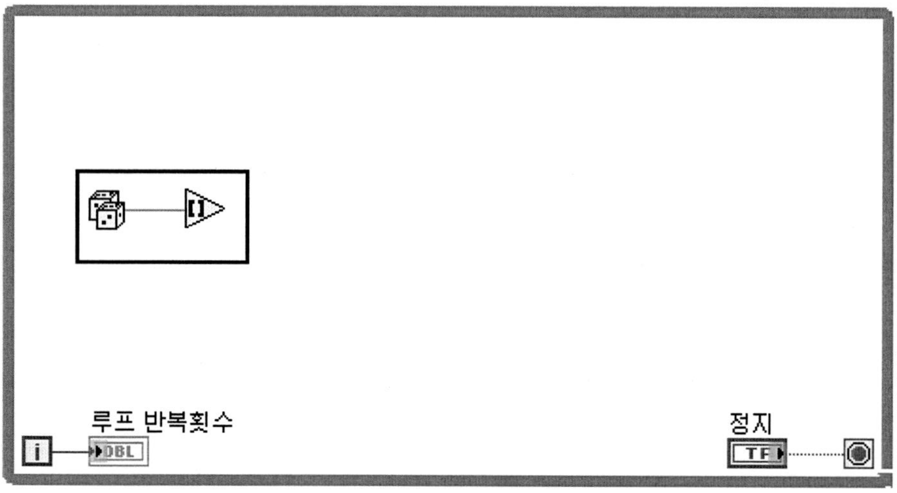

【그림】 5-64 반올림 함수 연결하기

⑦ 블록다이어그램 상에서 마우스 오른쪽 버튼 클릭〉비교〉같음?을 선택하여 【그림】5-66 처럼 2개를 While 루프 안에 넣어준다.

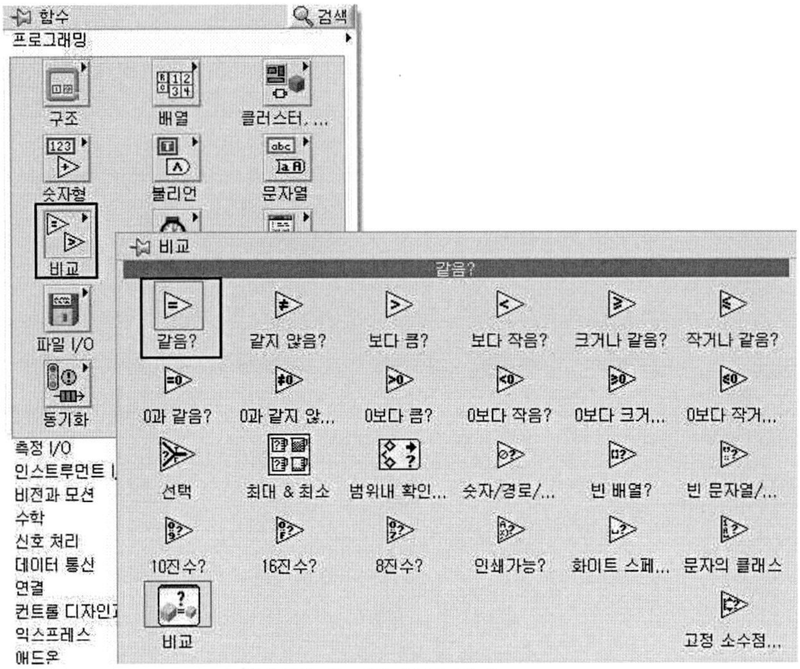

【그림】5-65 비교 함수

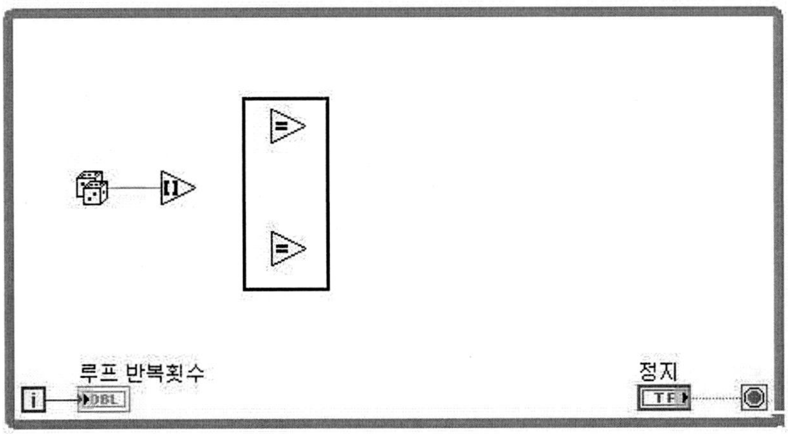

【그림】5-66 같음? 함수와 While 루프

※ 비교문 같음? 함수는 입력되는 X와 Y의 값이 일치할 때 불리언으로 참과 거짓을 출력해주는 함수이다.

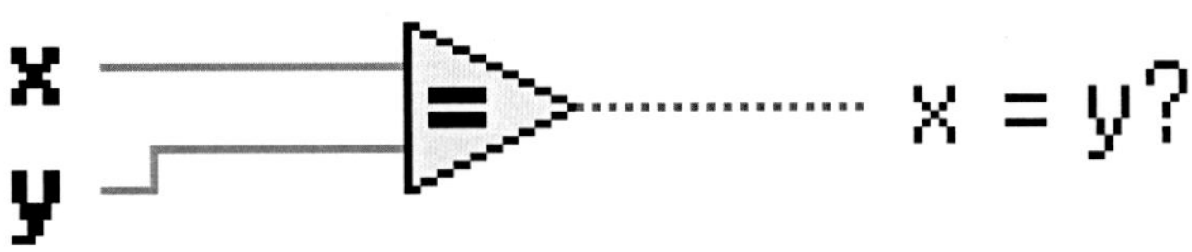

【그림】5-67 같음? 함수의 사용방법

⑧ 반올림 함수에서 나오는 출력을 같음? 함수 2개의 x에 연결해준다.

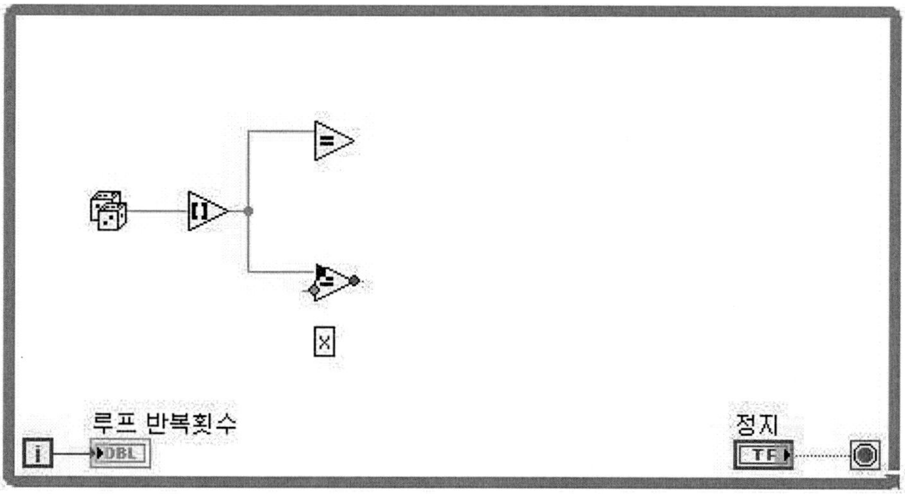

【그림】 5-68 같음? 함수 와이어 연결하기

⑨ 블록다이어그램 상에서 마우스 오른쪽 버튼 클릭>숫자형>숫자형 상수를 선택하여 While 루프 안에 넣고 같음? 함수의 남은 y쪽에 각각 1과 0의 숫자형 상수를 연결해준다.

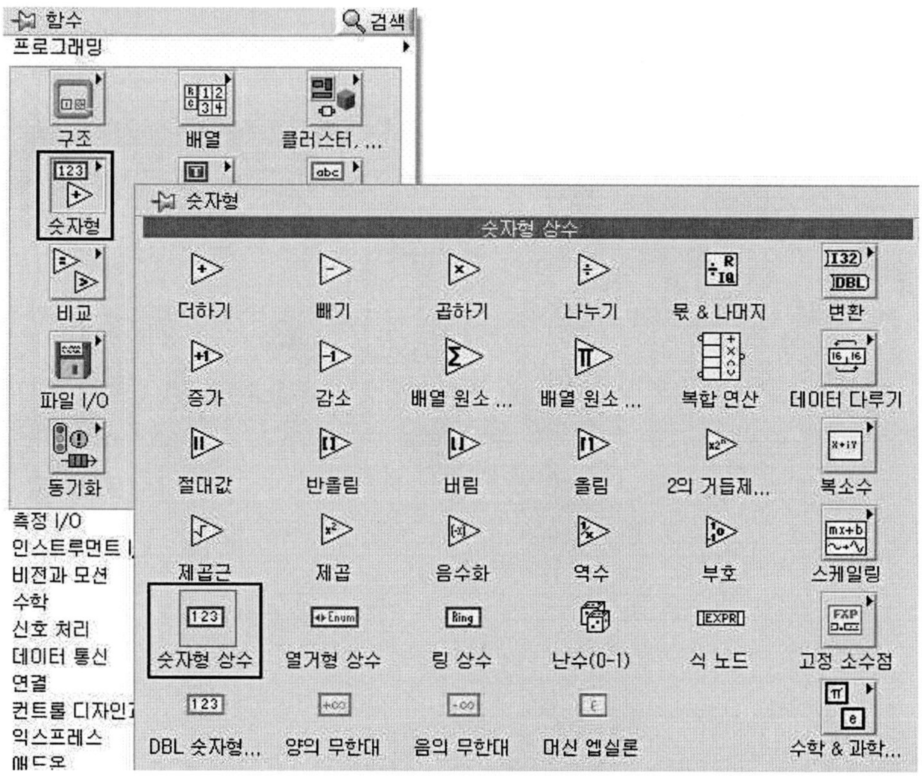

【그림】 5-69 숫자형 상수

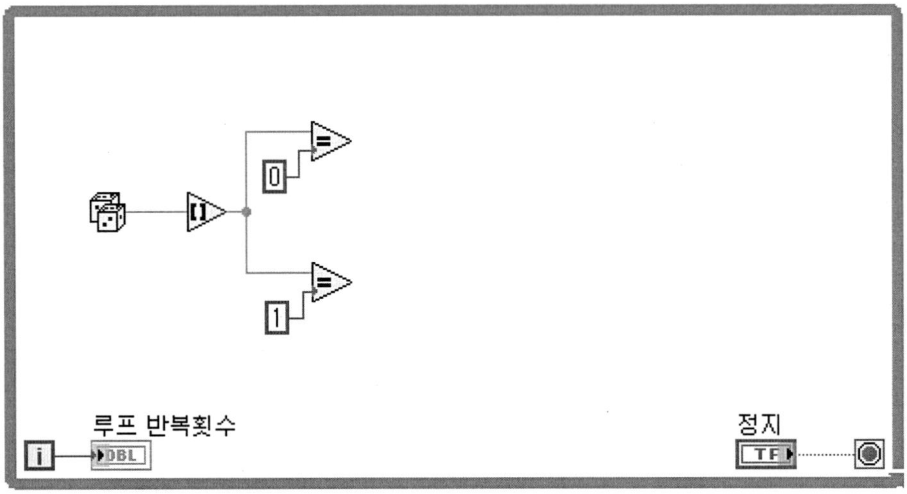

【그림】 5-70 숫자형 상수 연결하기

⑩ 같음? 함수 2개의 출력부에 각각 불리언 LED를 넣어준다.
프런트패널 상에서 마우스 오른쪽 버튼 클릭〉불리언〉원형 LED를 선택하여 화면에 놓고 생성된 터미널은 같음? 함수의 출력부분에 연결해준다.

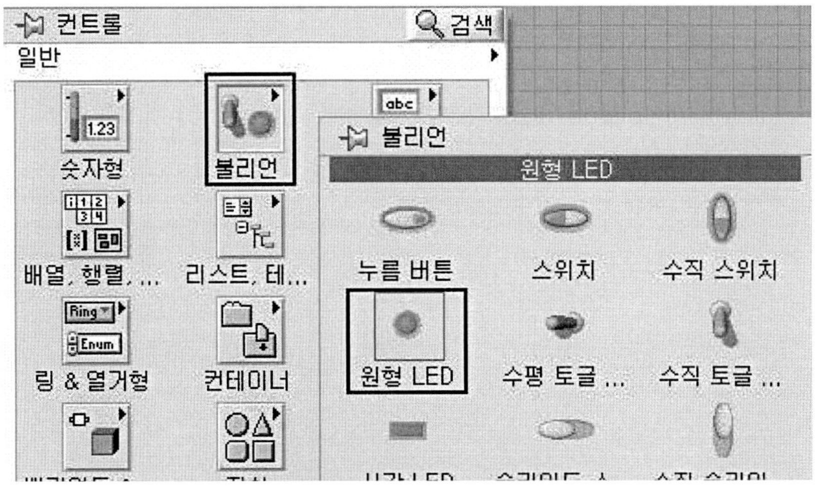

【그림】 5-71 원형 LED

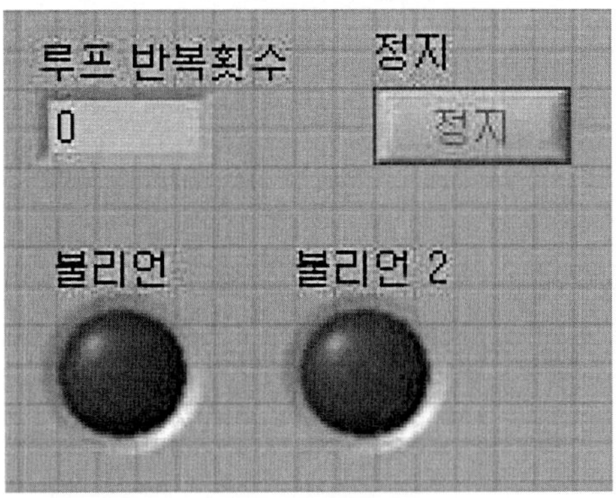

【그림】 5-72 원형 LED 아이콘 정렬

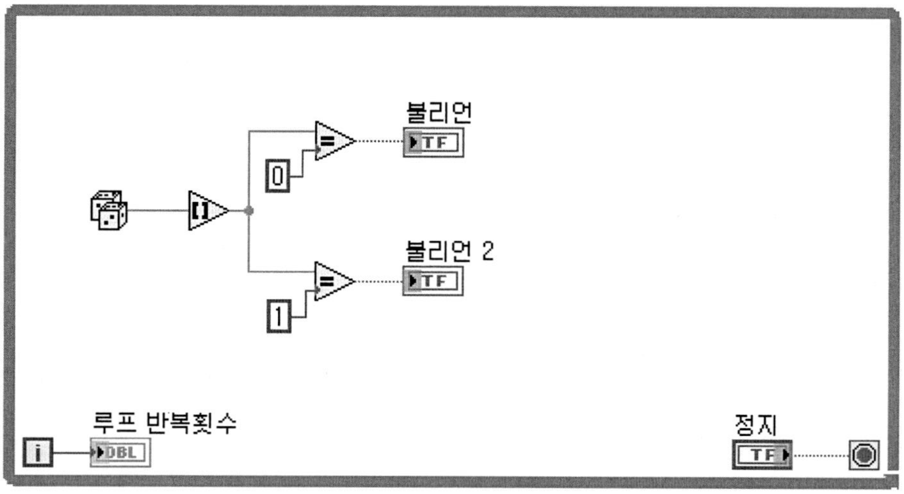

【그림】 5-73 원형 LED 연결하기

⑪ 원활한 프로그램 관찰을 위해 타이머를 넣어보자.
블록다이어그램 상에서 마우스 오른쪽 버튼 클릭〉타이밍〉시간 지연을 선택해 While 루프 안에 넣어준다.

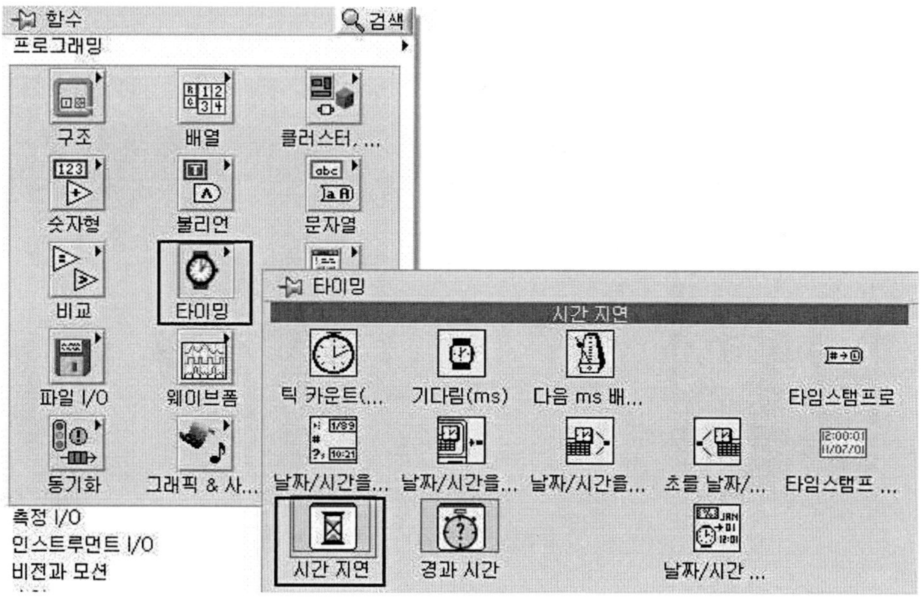

【그림】 5-74 시간 지연 함수

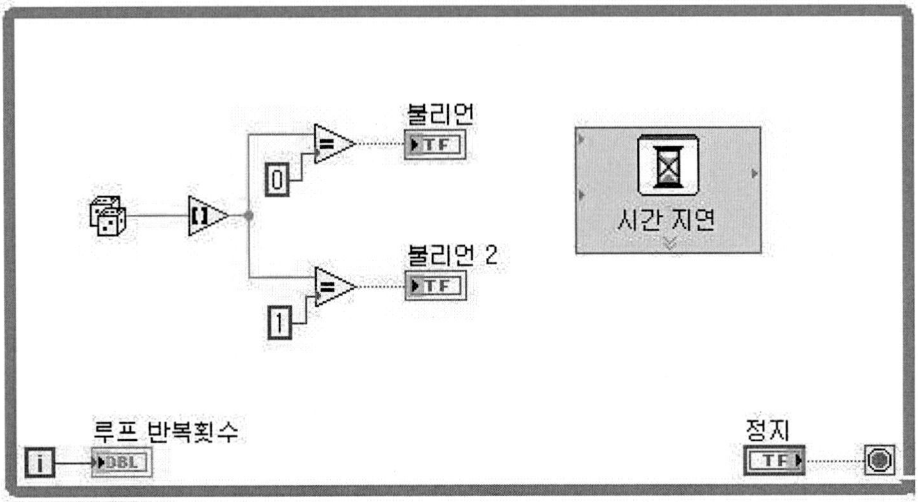

【그림】 5-75 시간 지연 함수와 While 루프

⑫ 시간 지연 함수를 While 루프 안에 넣으면 【그림】 5-76과 같이 딜레이(지연)할 시간을 설정해 줄 수 있다. 여기서는 0.5초로 설정한다. 딜레이가 생성될 경우 루프가 한번의 동작을 끝내고 설정한 딜레이 만큼의 시간이 지난 뒤 재동작하게 된다.

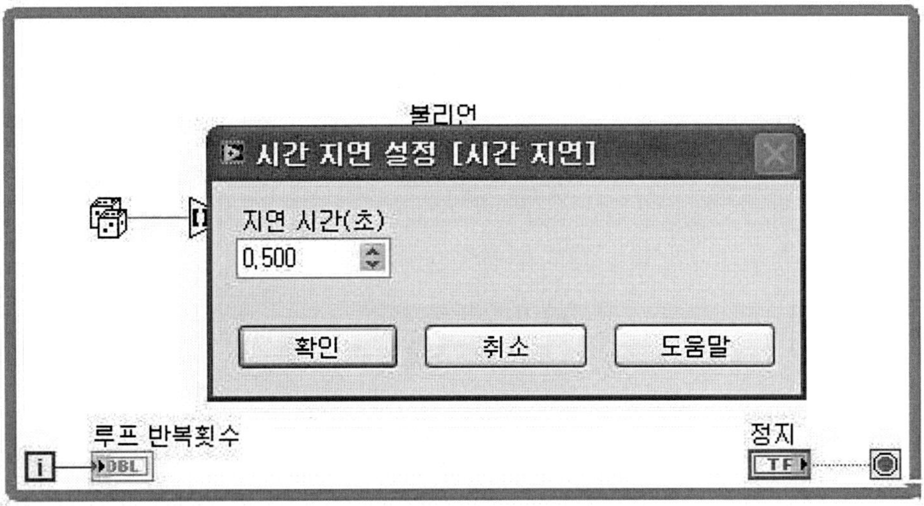

【그림】 5-76 지연 시간 설정

⑬ 이제 아까 생성해둔 불리언 램프의 이름을 【그림】 5-77과 같이 바꿔준 뒤 프로그램을 실행해 보자.

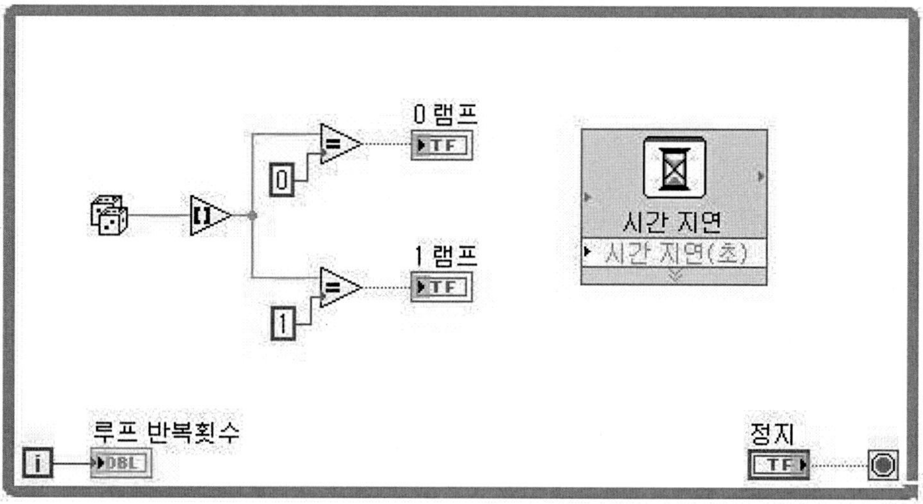

【그림】 5-77 완성된 시간 지연 함수

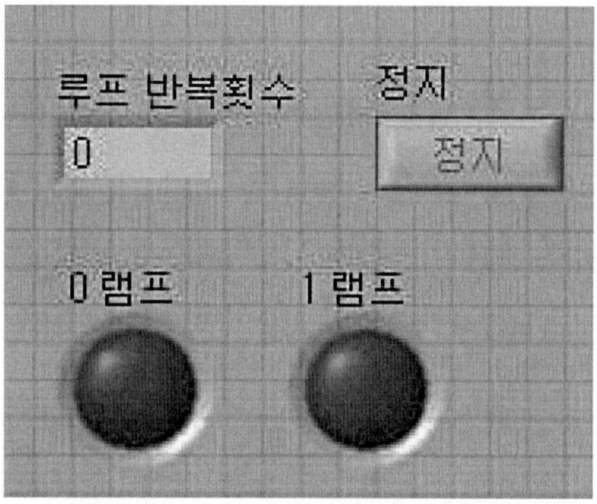

【그림】 5-78 완성된 While 루프 프로그램

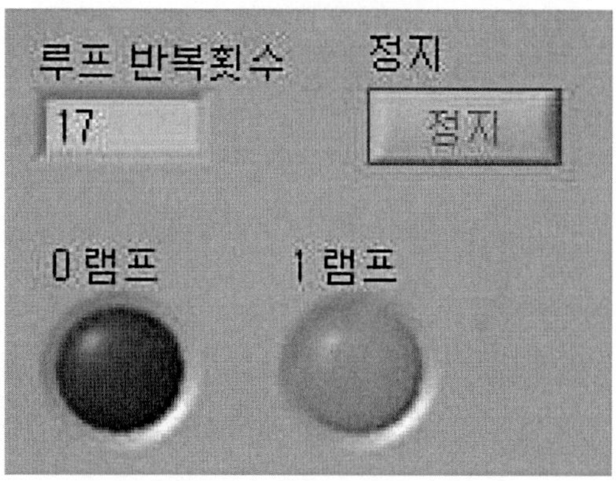

【그림】 5-79 While 루프 프로그램 실행 예시

프로그램을 실행하면 While 루프가 0.5초 간격으로 1번 동작할 때 마다 난수에서 0과 1사이의 값이 무작위로 생성된다. 생성된 값은 반올림 함수에 의해 0 혹은 1의 값으로 고정이 되고 비교문에 의해 0이 나오면 0 램프가, 1이 나오면 1 램프가 ON된다. 이렇게 동작하는 동안 정지 버튼을 누르면 While 루프가 정지하여 난수 생성이 정지된다.

응용문제 While 루프의 활용

① 블록다이어그램 상에서 마우스 오른쪽 버튼 클릭〉구조〉While 루프를 선택한 뒤 화면에 드래그하여 놓는다.

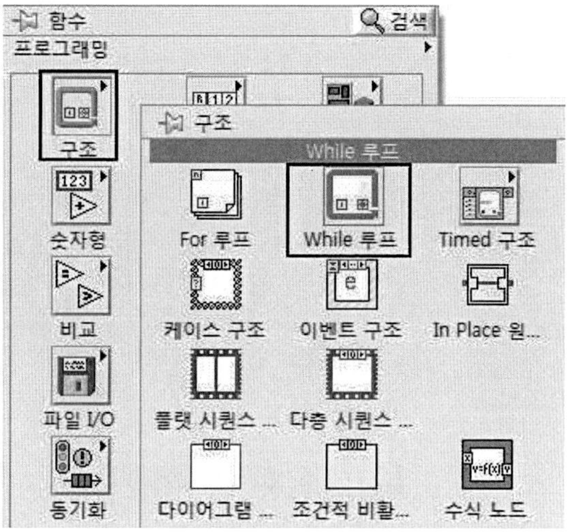

【그림】 5-80 While 루프

【그림】 5-81 While 루프 그리기

② 프런트패널 상에서 마우스 오른쪽 버튼 클릭>불리언>정지 버튼을 선택하여 화면에 놓고 블록다이어그램에 생성된 터미널을 【그림】 5-83과 같이 연결해준다.

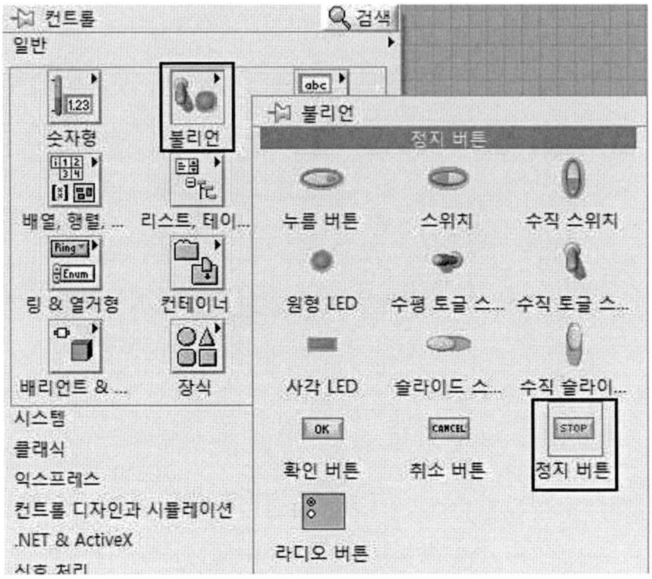

【그림】 5-82 정지 버튼

【그림】 5-83 정지버튼 연결하기

③ 루프 반복횟수는 위의 For 루프예문을 참고하여 생성한다. 생성된 인디케이터에 이름을 루프 반복횟수라고 변경한다.

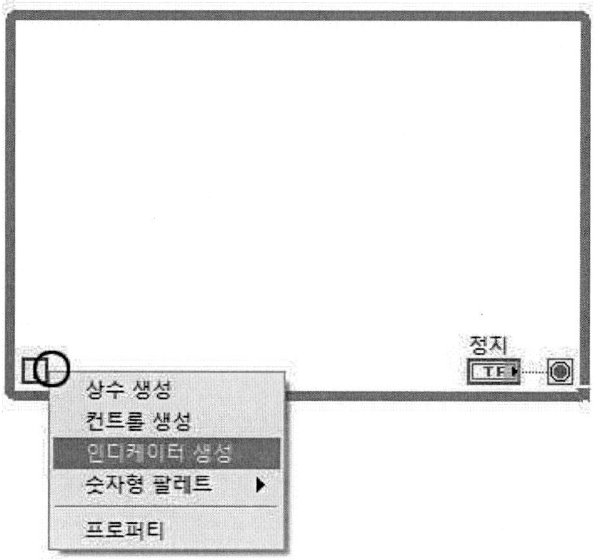

【그림】 5-84 숫자형 인디케이터 생성

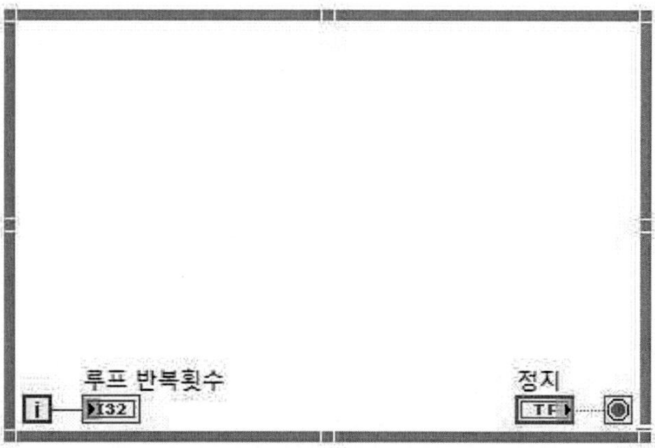

【그림】 5-85 숫자형 인디케이터 생성

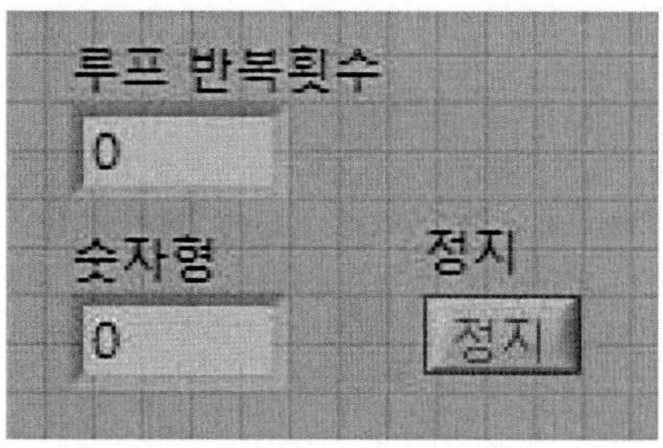

【그림】 5-86 생성된 프로그램 아이콘

④ '루프 조건' 을 "참인 경우 계속" 으로 설정한다.

루프 조건의 설정은 While 루프 우측 하단의 표시된 구체를 마우스 오른쪽 버튼을 클릭하여 설정해 줄 수 있다.

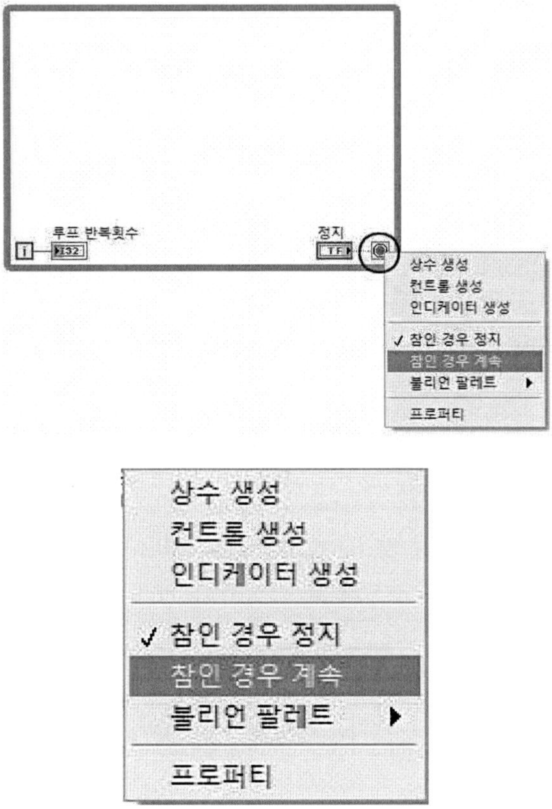

【그림】 5-87 단축 메뉴

⑤ 프로그램을 실행시켜 보자.

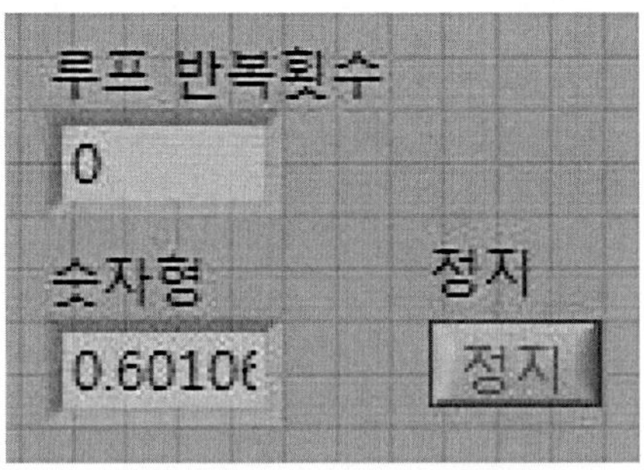

【그림】 5-88 프로그램 실행 예시

반복횟수는 똑같은 0이지만, 난수의 값이 매 실행마다 바뀌는 것을 볼 수 있다. 즉, While 루프는 일단 실행이 되면 어떻게 하든지 안에 있는 코드를 한 번은 돌려야 한다는 것이다.

⑥ While 루프의 가장자리(회색 테두리)에 마우스 커서를 가져다 놓고 오른쪽 버튼 클릭〉시프트 레지스터 추가를 선택한다.

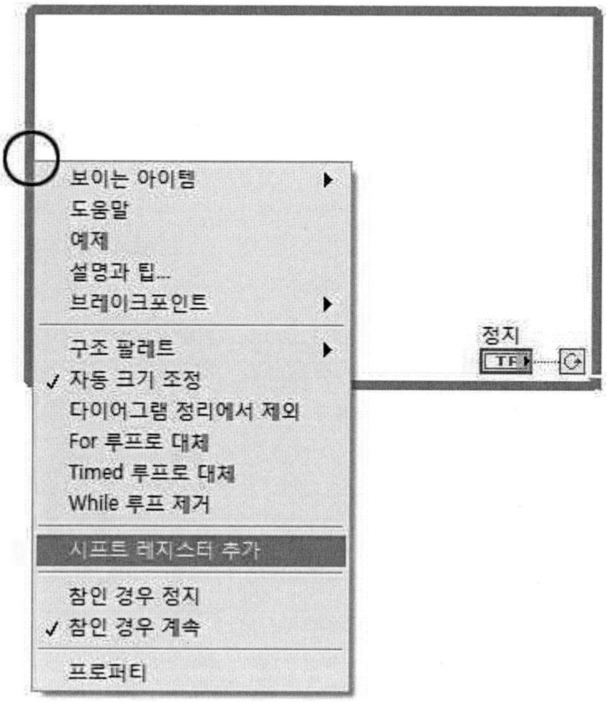

【그림】 5-89 While 루프의 단축 메뉴

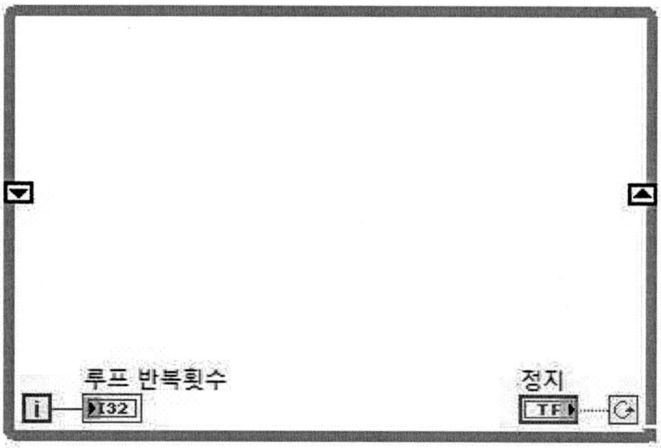

【그림】 5-90 시프트 레지스터

시프트 레지스터를 만들어 주면 루프의 양쪽에 화살표 모양이 생성이 된다.

⑦ 아래의 프로그램을 작성해보고 시프트 레지스터의 원리와 사용법에 대해 알아보자.
블록다이어그램 화면에서 마우스 오른쪽 버튼 클릭〉함수 팔레트〉숫자형에서 숫자형 상수를 선택하여 시프트 레지스터 옆에 놓고 연결해준다.

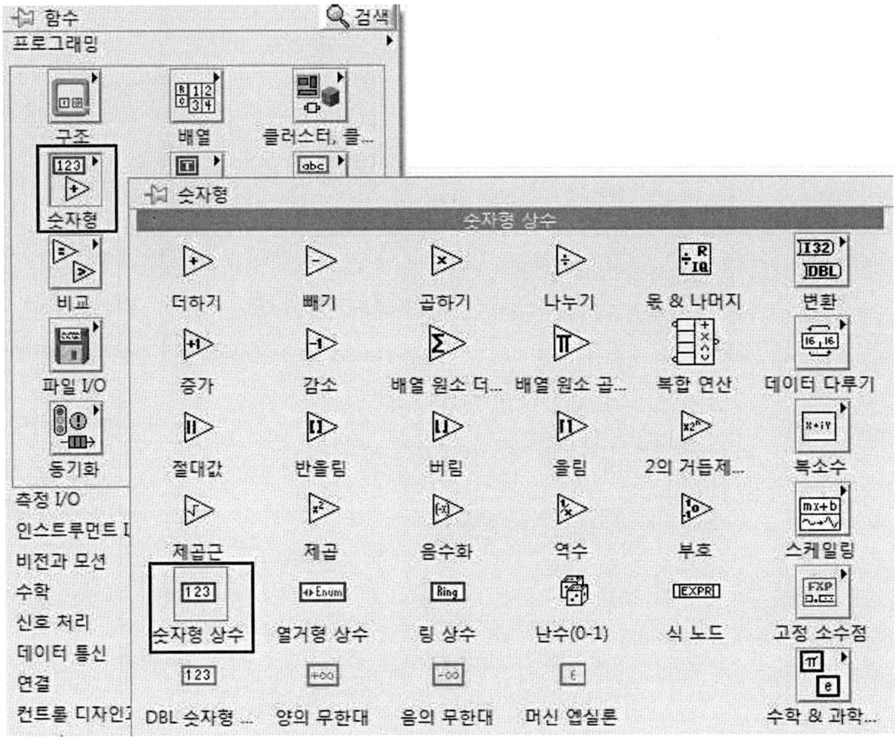

【그림】 5-91 숫자형 상수

【그림】 5-92 시프트 레지스터 연결하기

⑧ 블록다이어그램 상에서 마우스 오른쪽 버튼 클릭>숫자형>증가를 선택하여 While 루프 안에 넣고 【그림】 5-94와 같이 연결해준다.

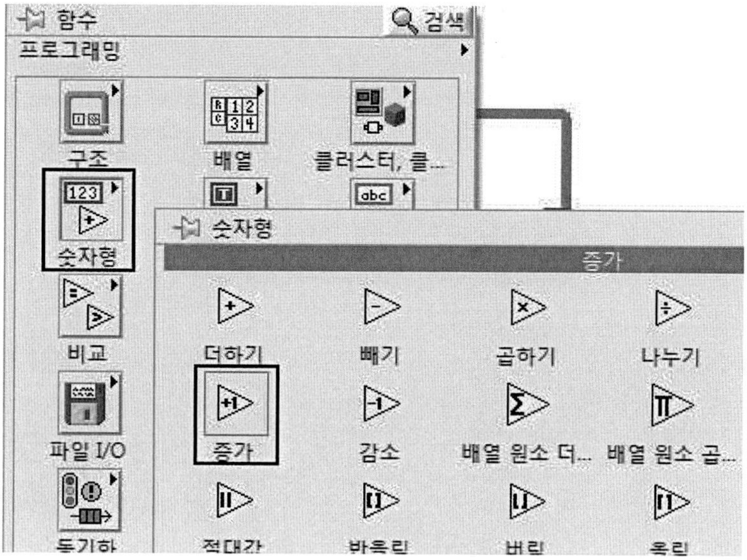

【그림】 5-93 증가 함수

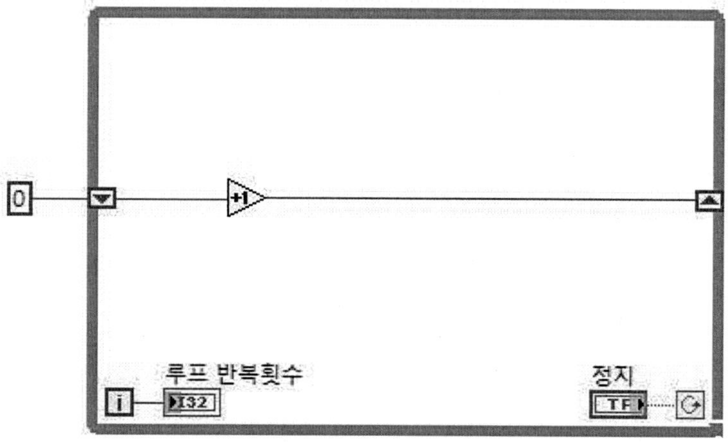

【그림】 5-94 증가 함수 연결하기

⑨ 앞에서 바꾸어 놓았던 루프 동작 조건을 '참인 경우 정지' 로 바꾸어 주자.

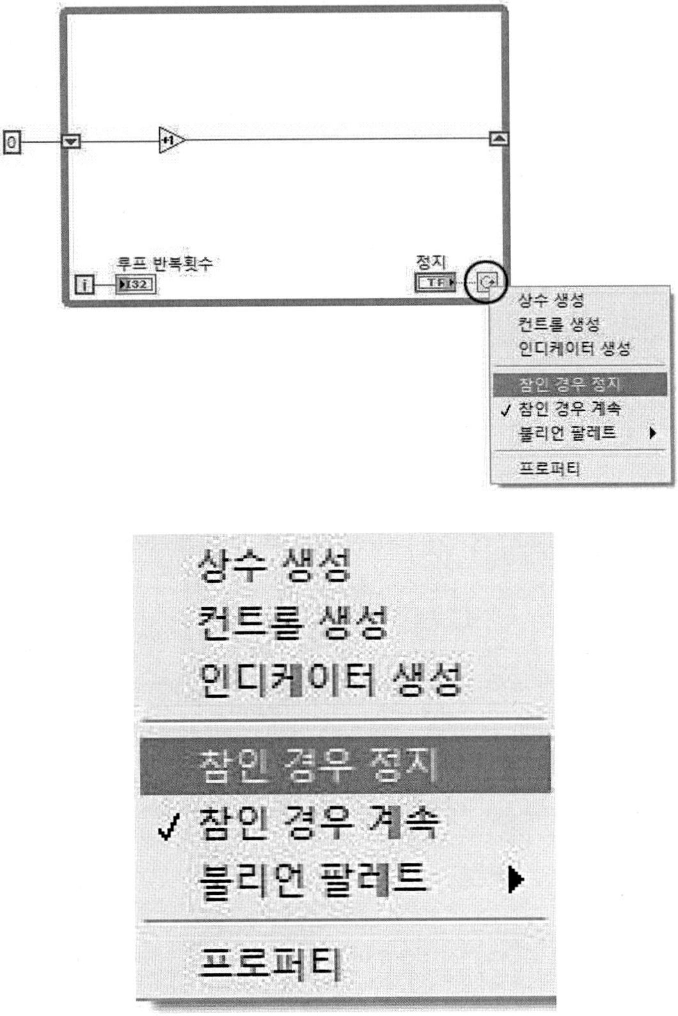

【그림】 5-95 정지 버튼 단축 메뉴

앞에서 생성했던 것처럼 숫자형 인디케이터를 생성하여 아래 그림과 같이 연결해주고, 루프 작동의 원활한 관찰을 위해 시간지연 타이머를 넣어주자.

⑩ 블록다이어그램 상에서 마우스 오른쪽 버튼 클릭〉타이밍〉다음 ms 배수까지 기다림을 선택. ms타이머 좌측에 숫자형 상수를 연결해주고 숫자 500을 입력해준다.

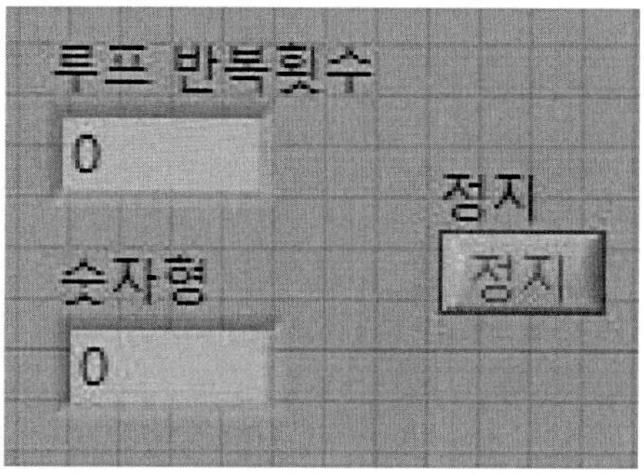

【그림】 5-96 숫자형 인디케이터 삽입

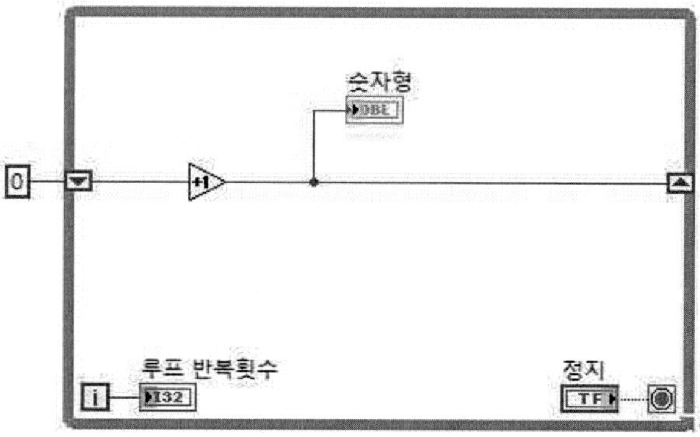

【그림】 5-97 숫자형 인디케이터 연결하기

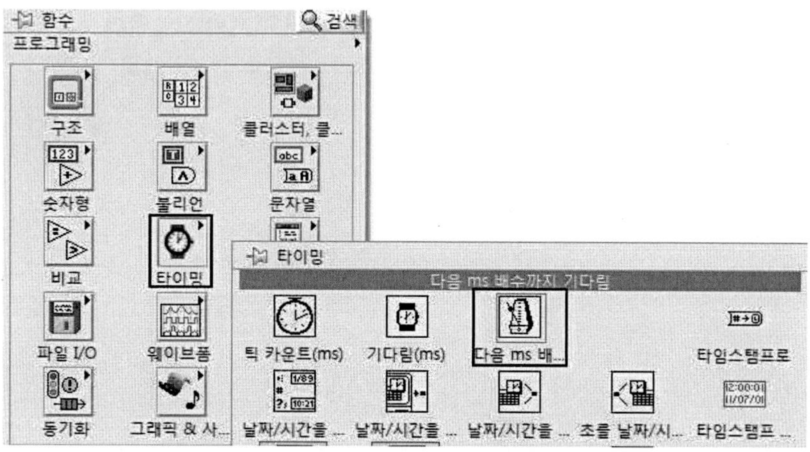

【그림】 5-98 다음 ms 배수까지 기다림 함수

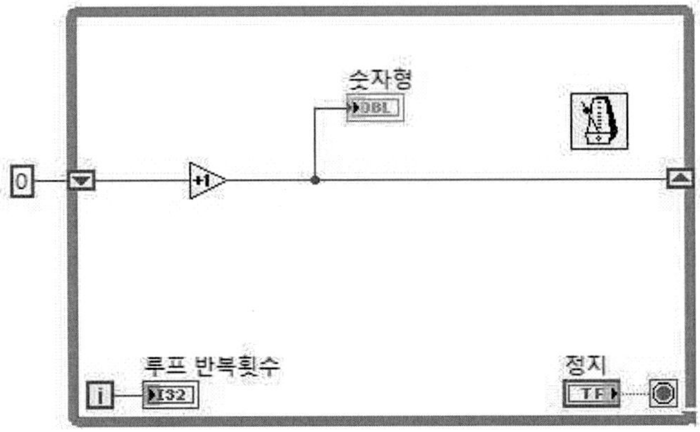

【그림】 5-99 다음 ms 배수까지 기다림 함수와 While 루프

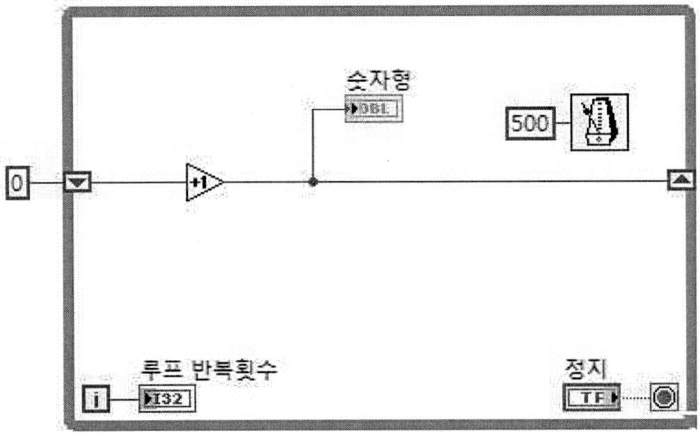

【그림】 5-100 다음 ms 배수까지 기다림 함수 연결하기

⑪ 프로그램 작성이 완료되었으면 실행시켜보자.

시프트 레지스터에 연결된 숫자형2의 숫자가 루프가 1번 작동될 때 마다 1씩 증가하는 것을 볼 수 있다. 이는 처음에 0으로 초기화된 시프트 레지스터의 값이 루프가 작동하면서 연결된 와이어를 통해 도는대 그 중간에 증가 함수를 거쳐 시프트의 값이 1씩 증가하기 때문이다.

3. 케이스 구조(Case Structure)

케이스 구조는 입력되는 조건에 따라 실행되는 구조이다. 참과 거짓의 값을 갖는 불리언뿐만 아니라 숫자열, 문자열 등의 데이터를 입력하여 컨트롤 상황에 맞게 제어할 수 있다.
케이스 구조는 많은 케이스를 가질 수 있다. 또한 For루프와 While루프 등과 같은 구조와 응용하여 사용 할 수 있다.

① 블록다이어그램 상에서 마우스 오른쪽 버튼 클릭>구조>케이스 구조를 선택 후 화면에 드래그하여 놓는다.

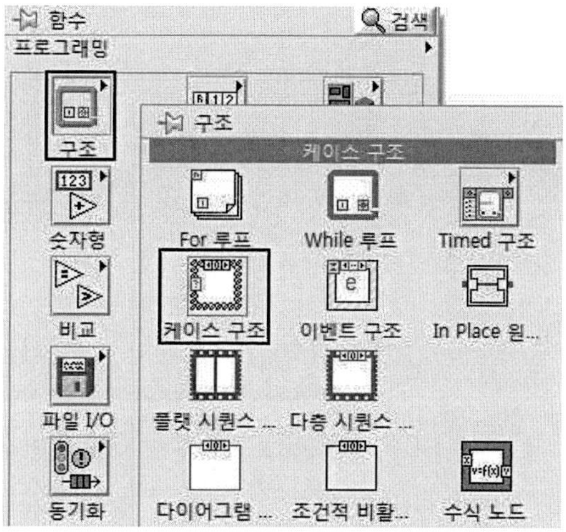

【그림】 5-101 케이스 구조

【그림】 5-102 케이스 구조 그리기

② 생성된 케이스 구조의 좌측부분을 살펴보면 [?] 모양의 아이콘이 있다. 이 아이콘이 케이스 구조의 구동 데이터를 입력하는 곳이다. 이곳에 불리언 데이터를 입력하면 초록색으로, 숫자형 데이터를 입력하면 파랑색으로, 문자열 데이터를 입력하면 분홍색이 된다.

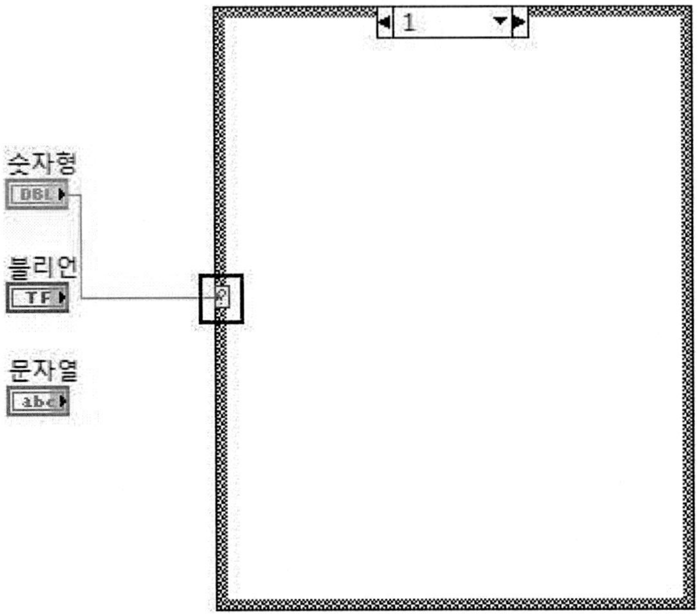

【그림】 5-103 케이스 구조에 숫자형 데이터 입력

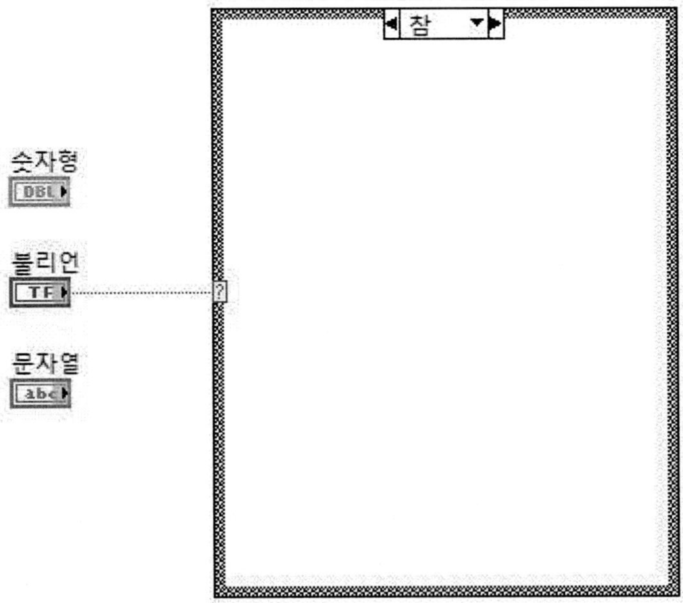

【그림】 5-104 케이스 구조에 숫자형 데이터 입력

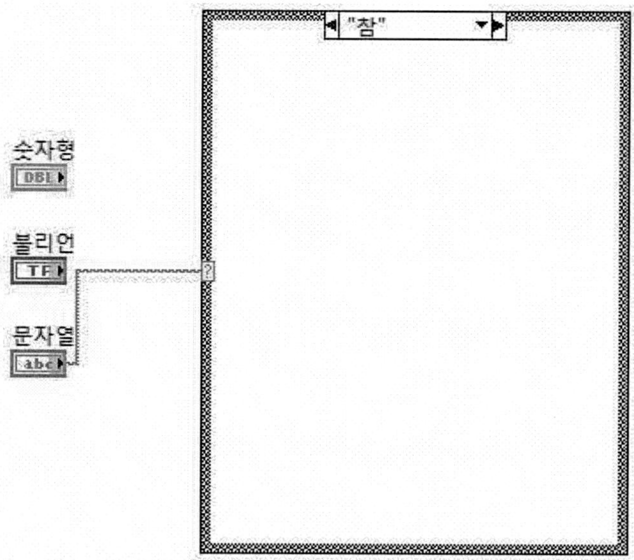

【그림】 5-105 케이스 구조에 문자열 데이터 입력

③ 다음으로 케이스 구조의 상단을 살펴보면 화살표와 함께 "참"을 볼 수 있다. 이곳은 케이스 구조의 구동되는 조건을 설정해 주는 곳이다. 불리언 데이터가 구동 데이터로 연결되어있을 경우 참, 거짓 2가지의 조건을 가질 수 있으며 숫자형 데이터가 연결되어있을 경우 숫자가 되는대로 조건의 생성이 가능하며 이는 문자열 데이터 또한 마찬가지이다.
조건의 확인은 간단하다. 케이스 구조 상단의 좌우화살표를 누르거나 조건이 들어있는 부분의 아래방향 화살표를 누르면 【그림】 5-106과 같이 조건의 목록이 나온다.

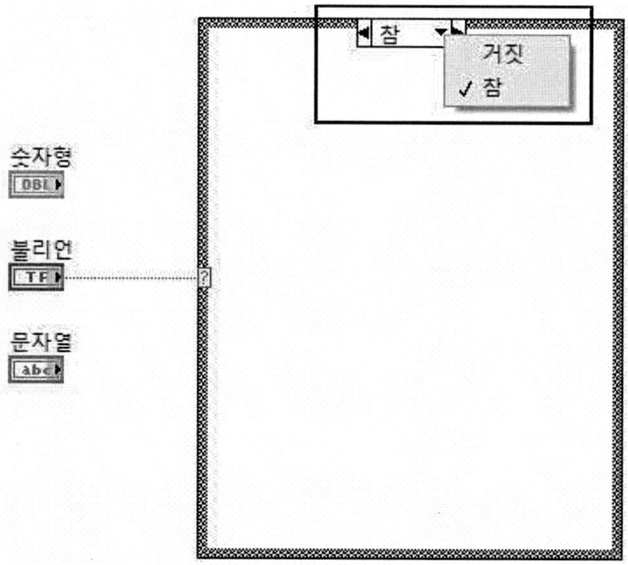

【그림】 5-106 케이스 구조의 케이스(조건) 설정

불리언 데이터의 경우 참과 거짓 2가지 조건밖에 가질 수 없기 때문에 조건을 추가 해 줄 필요가 없지만, 숫자형이나 문자열 데이터의 경우 2개 이상의 조건을 넣을 수 있는대 조건을 추가하는 방법은 다음과 같다.

④ 케이스 구조의 회색으로 처리된 외곽부분에 마우스 커서를 놓고 마우스 오른쪽 버튼 클릭〉다음 혹은 이전 케이스 추가를 선택한다.

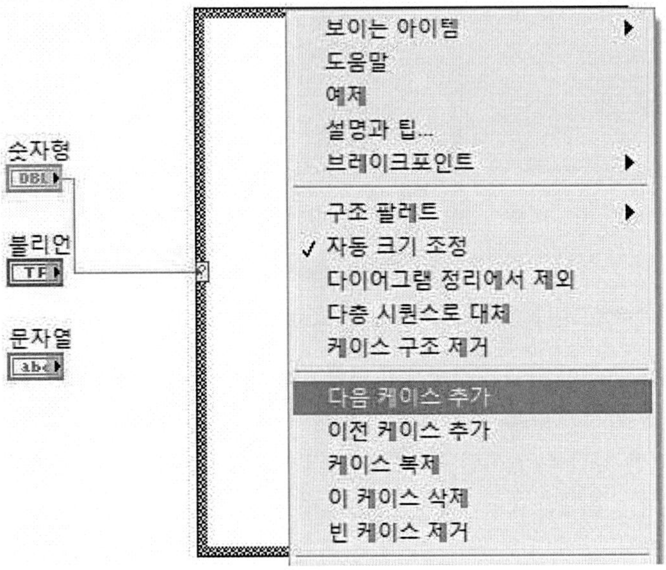

【그림】 5-107 케이스(조건) 추가

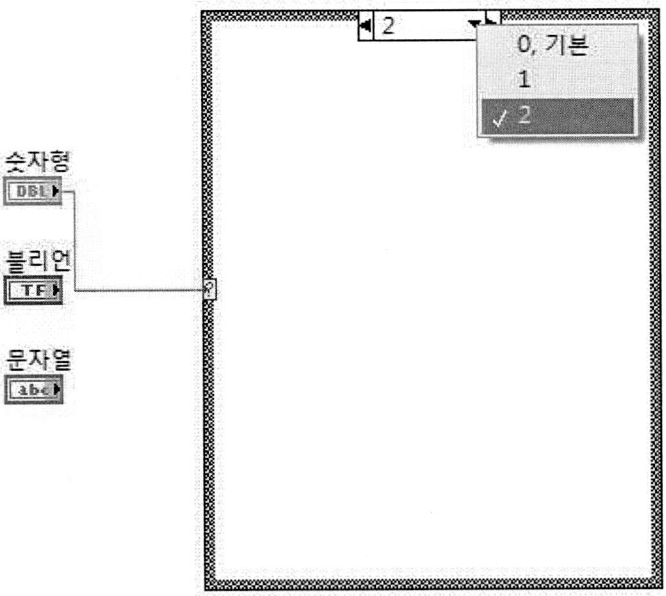

【그림】 5-108 추가된 케이스

이번에는 불리언 데이터를 연결, 케이스 구조가 작동하는 것을 살펴보자.

⑤ 기존에 생성했던 케이스 구조의 구동조건에 불리언 데이터를 연결해주고, 프런트패널 상에서 마우스 오른쪽 버튼 클릭>불리언>누름버튼과 원형 LED를 선택하여 화면에 놓는다.

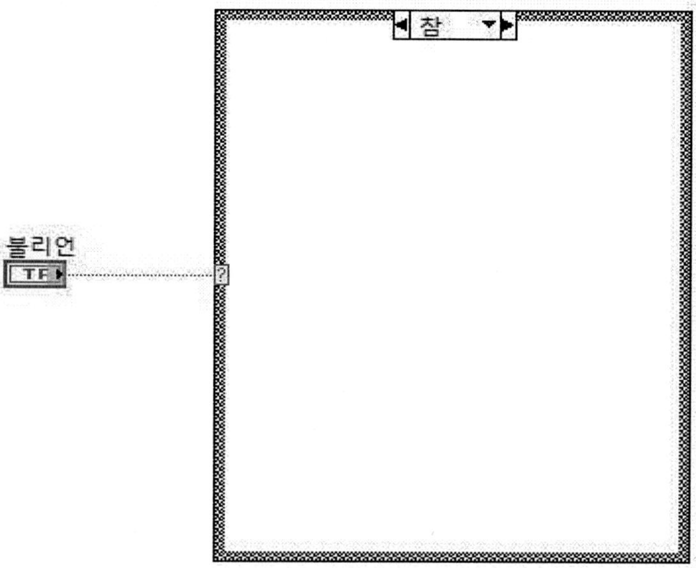

【그림】 5-109케이스 구조에 데이터 입력

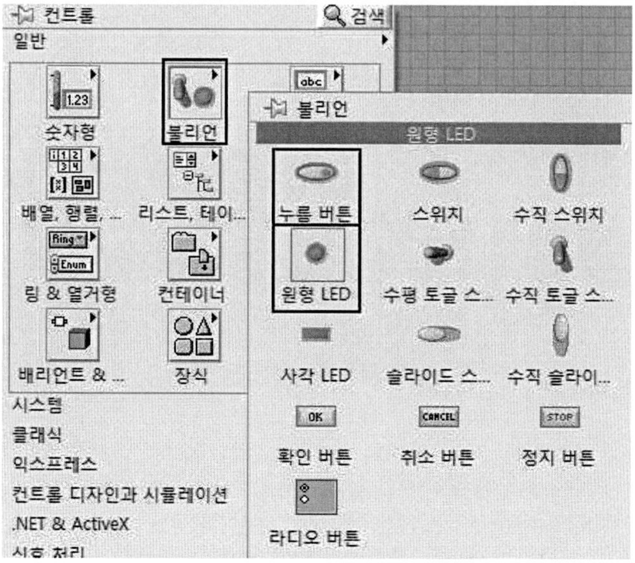

【그림】 5-110 원형 LED

5 제5장 구조

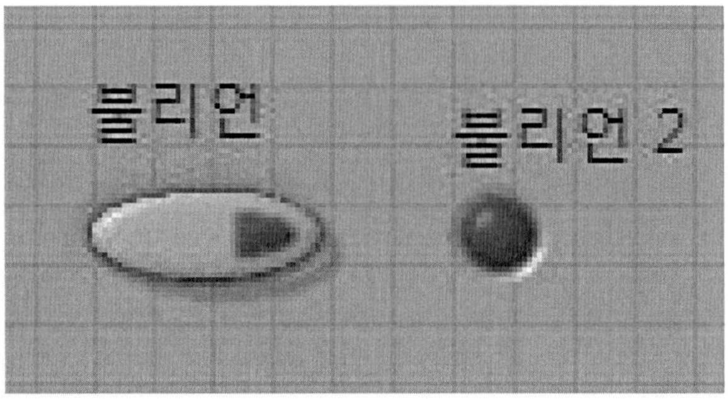

【그림】 5-111 불리언 컨트롤과 불리언 인디케이터

⑥ 이제 케이스 구조의 조건 2개중 참을 선택하여 구조 안에 불리언 거짓 상수를, 거짓을 선택하여 불리언 참 상수를 넣어준 뒤 【그림】 5-113과 같이 연결해준다.
불리언 상수는 블록다이어그램 상에서 마우스 오른쪽 버튼 클릭〉불리언 선택 할 수 있다.

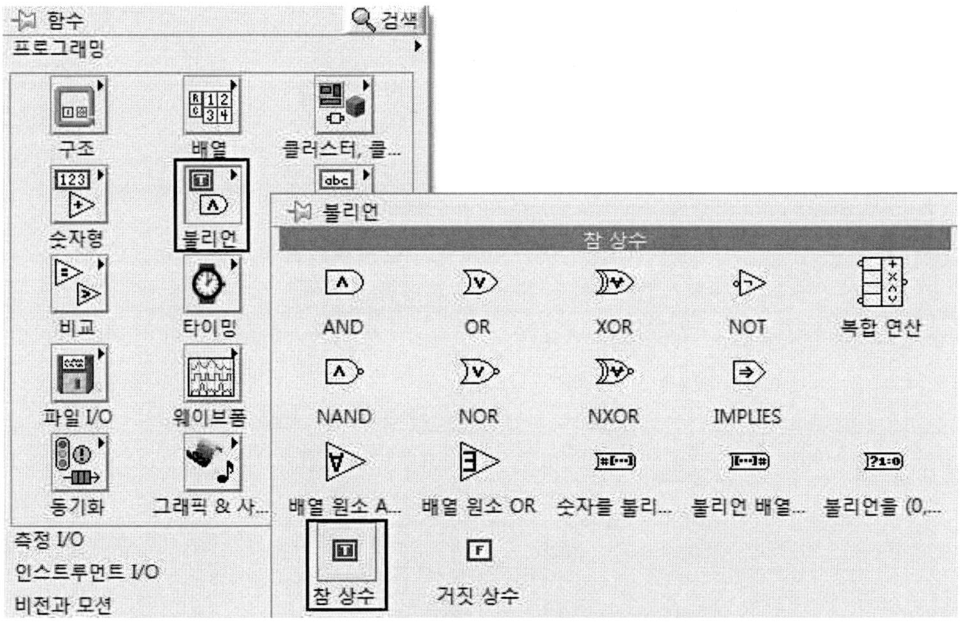

【그림】 5-112 참 상수

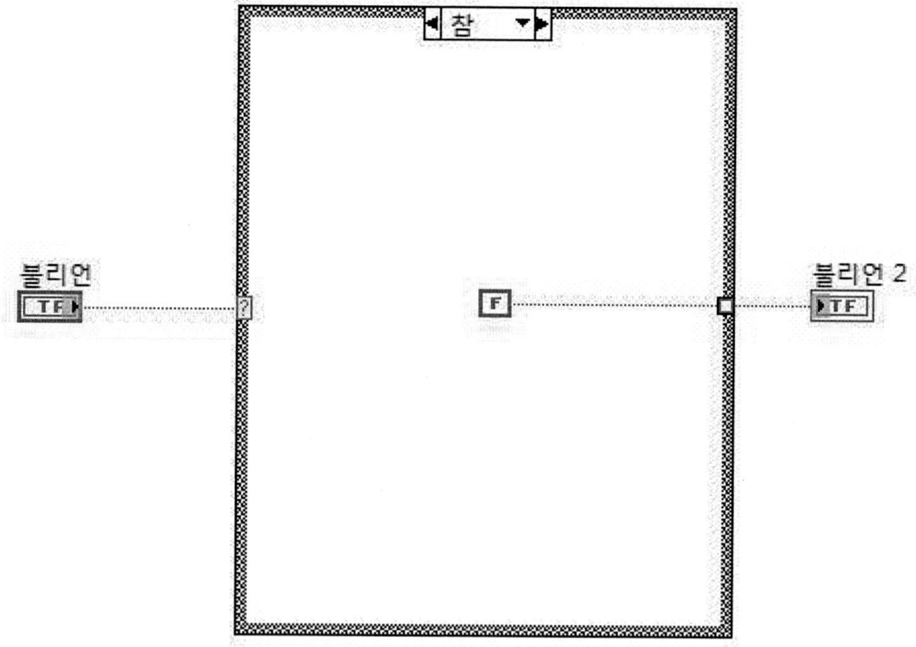

【그림】 5-113 '참' 조건에서 거짓 상수 연결하기

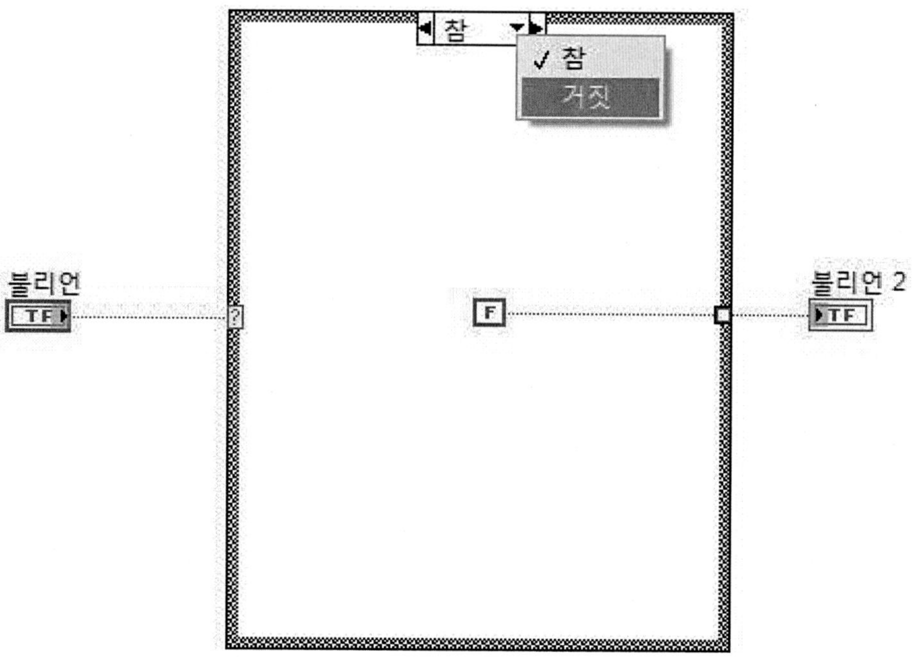

【그림】 5-114 케이스 구조 조건 변경하기

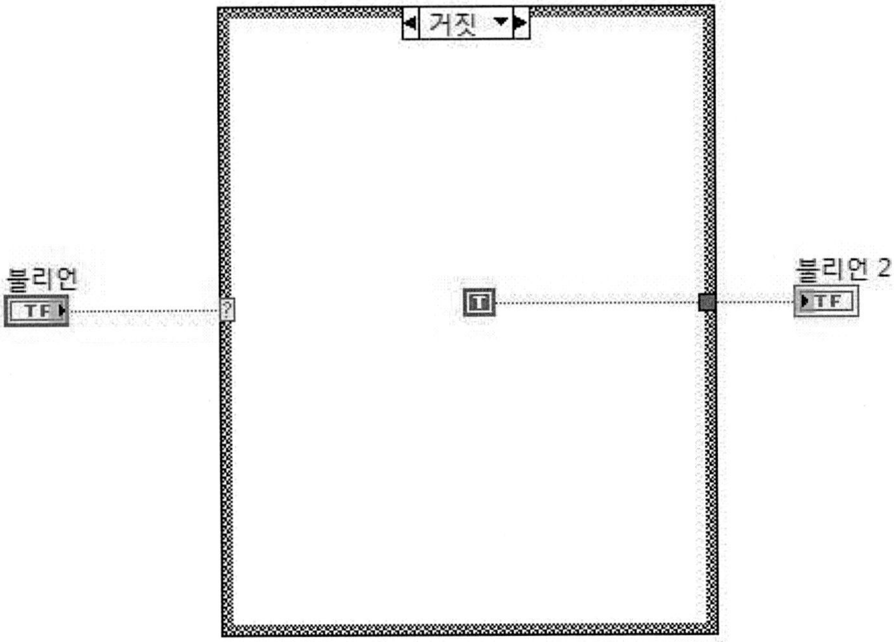

【그림】 5-115 거짓 조건에서 참 상수 연결하기

⑦ 이제 불리언 버튼을 누르면서 프로그램을 실행 해보자.
불리언 버튼이 on되면 케이스 구조의 조건이 참이 되어 그 안에 있던 코드가 실행되는데, 현재 참에는 거짓 상수를, 거짓에는 참 상수를 넣어 연결했기 때문에 불리언 버튼과는 반대로 작동되는 LED를 확인할 수 있다.

4 이벤트 구조(Event Structure)

이벤트 구조의 활용은 프로그램을 실행 할 때 구조문들은 실행 순서에 따라 진행이 되므로 프로그램이 용량이 크거나 로컬변수 등 메모리를 과다하게 사용할 경우 또는 프로그램 사용자가 프런트 패널 상의 값을 빠르게 변화시켜 어떠한 동작을 신속하게 실행 할 때 이벤트 구조가 사용된다.

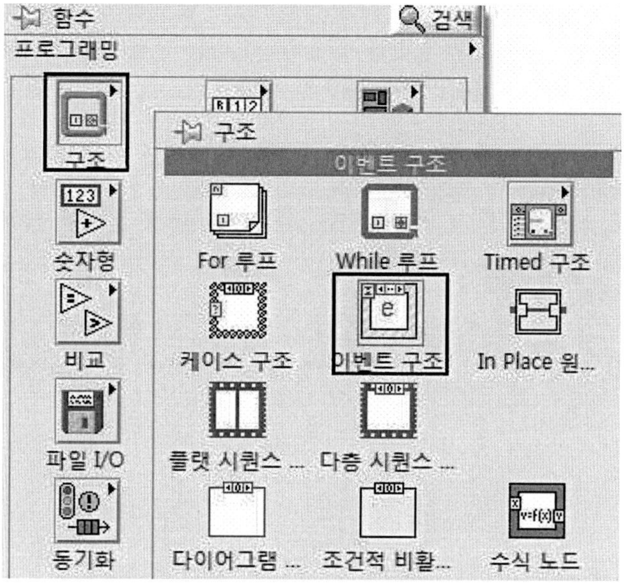

【그림】 5-116 이벤트 구조

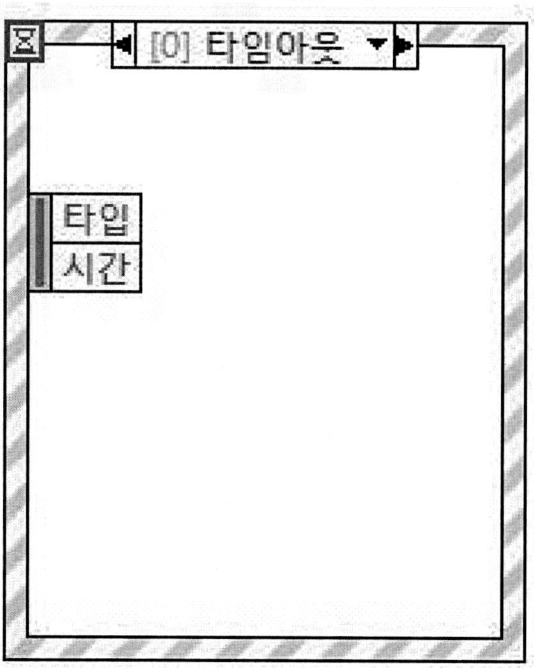

【그림】 5-117 이벤트 구조 그리기

5 시퀀스(Flat Sequence)

시퀀스 구조는 말 그대로 순차적으로 프로그램을 실행시키고자 할 때 사용되는 구조이다. 시퀀스 구조에는 2가지 종류가 있는데 각각 Flat 시퀀스와 다층 시퀀스라고 한다. 이 두가지 시퀀스 구조는 동작이 거의 동일하지만 Flat의 경우, 옆으로 계속해서 나열 되어 한눈에 볼 수 있지만 공간을 많이 차지한다는 단점이 있다. 이에 비해 다층 시퀀스는 층층이 쌓여져있는 구조라 Flat 시퀀스에 비해 한눈에 볼 수 없는 단점이지만 공간을 적게 차지한다는 장점이 있다. 위와 마찬가지로 함수 팔레트의 구조에서 Flat과 다층 시퀀스를 선택할 수 있다.

먼저 Flat 시퀀스 구조를 만들어보자.

① 블록다이어그램 상에서 마우스 오른쪽 버튼 클릭〉구조〉플랫 시퀀스 구조를 선택하여 화면에 드래그하여 놓는다.

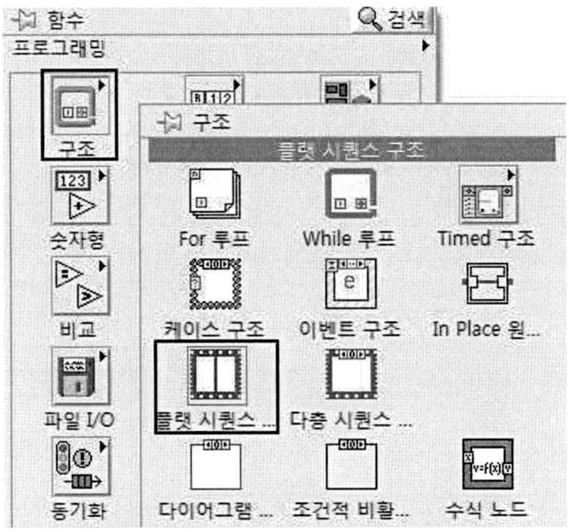

【그림】 5-118 플랫 시퀀스 구조

【그림】 5-119 플랫 시퀀스 구조 그리기

② 생성된 Flat 시퀀스 구조의 외곽에 마우스 커서를 대고 마우스 오른쪽 버튼 클릭>메뉴에서 다음 혹은 이전에 프레임 추가를 누르면 추가로 생성되는 Flat 시퀀스 구조의 프레임을 볼 수 있다.

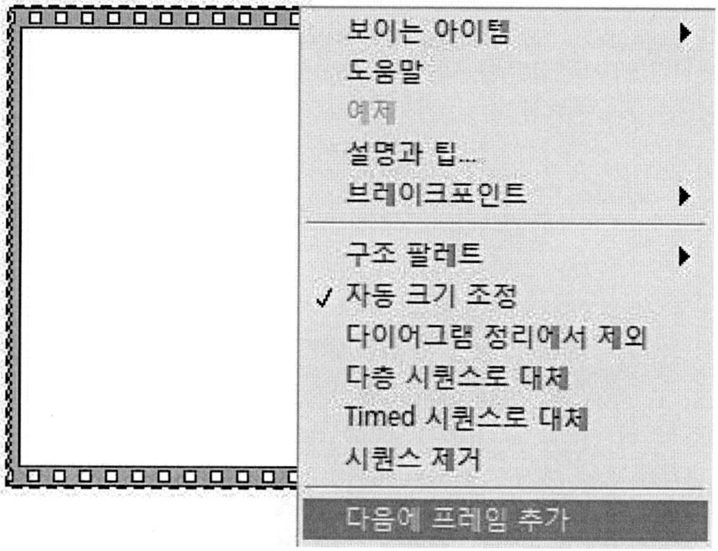

【그림】 5-120 시퀀스 구조에 프레임 추가하기

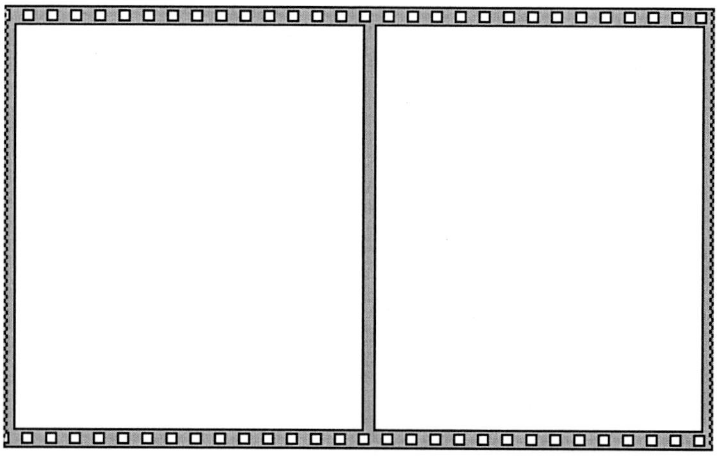

【그림】 5-121 증가된 플랫 시퀀스 프레임

③ 여기에 코드를 넣게 되면 좌측에서 우측으로 순차적으로 코드가 실행된다.
이제 생성된 Flat 시퀀스 구조의 외곽을 마우스 우클릭 한 뒤 메뉴에서 다층 시퀀스로 대체를 눌러보자.

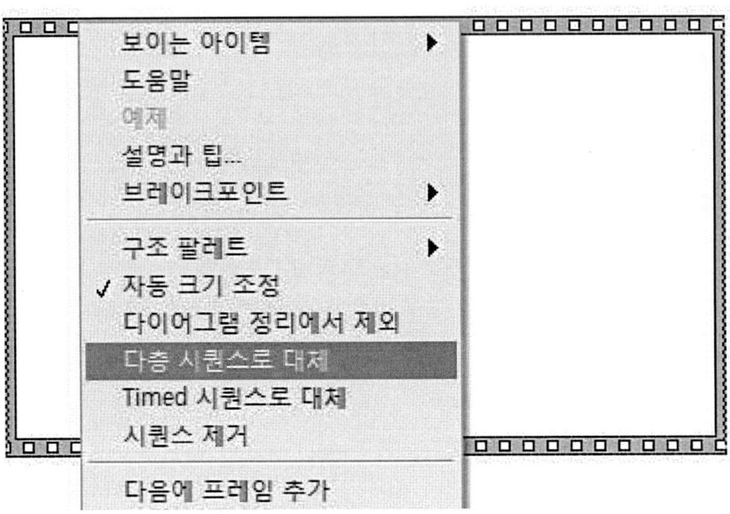

【그림】 5-122 플랫 시퀀스 구조를 다층 시퀀스 구조로 바꾸기

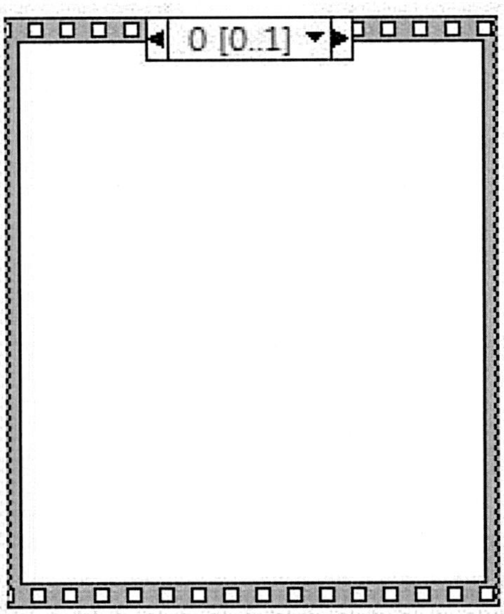

【그림】 5-123 다층 시퀀스 구조

케이스 구조처럼 모양이 바뀐 것을 볼 수 있다. 이것이 다층 시퀀스 이며 작동원리는 Flat 시퀀스와 똑같으나 외관이 틀릴 뿐이다. Flat 시퀀스는 구조 안의 내용을 보기 쉽다는 장점이 있지만 자리를 많이 차지한다는 단점이 있고, 반대로 다층 시퀀스 구조는 구조 안의 내용을 파악하기 어렵지만 공간을 적게 차지한다는 장점이 있다. 따라서 상황에 맞게 Flat과 다층 시퀀스를 사용해줄 수 있다.

응용문제 배열 생성 프로그램

누름버튼을 ON하면 루프가 1회전 할 때 마다 1개의 원소가 난수값으로 추가되는 배열을 생성하는 프로그램이다. 이 프로그램을 작성해보자.

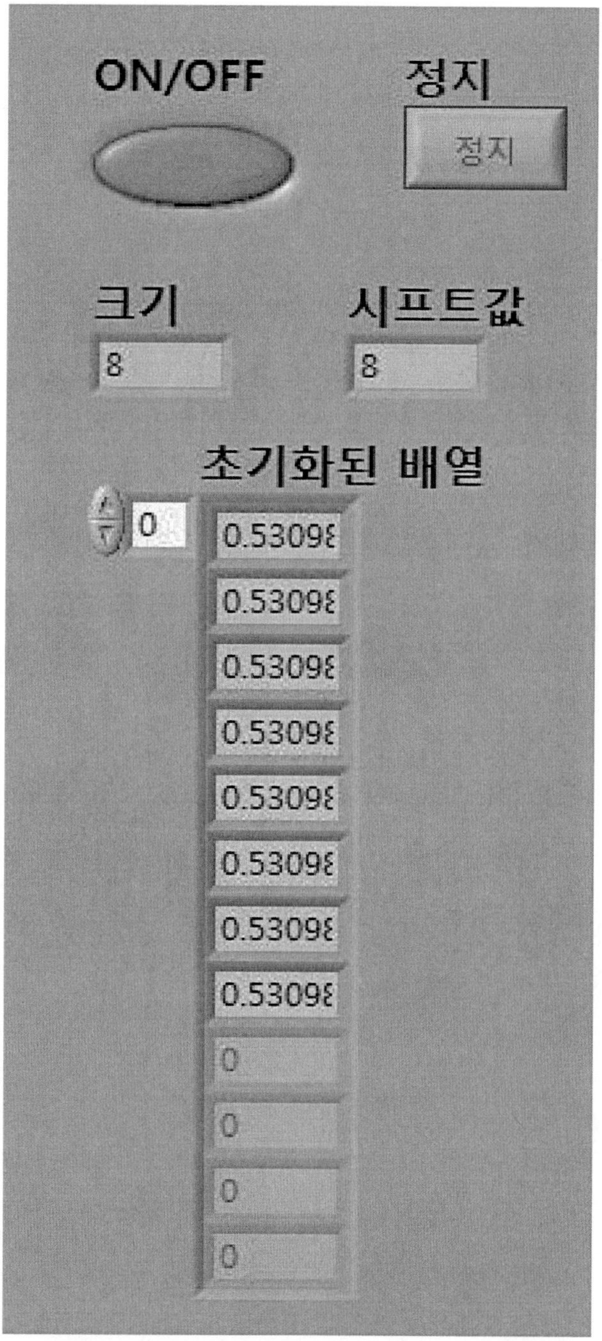

【그림】 5-124 실행중인 프로그램(프런트패널)

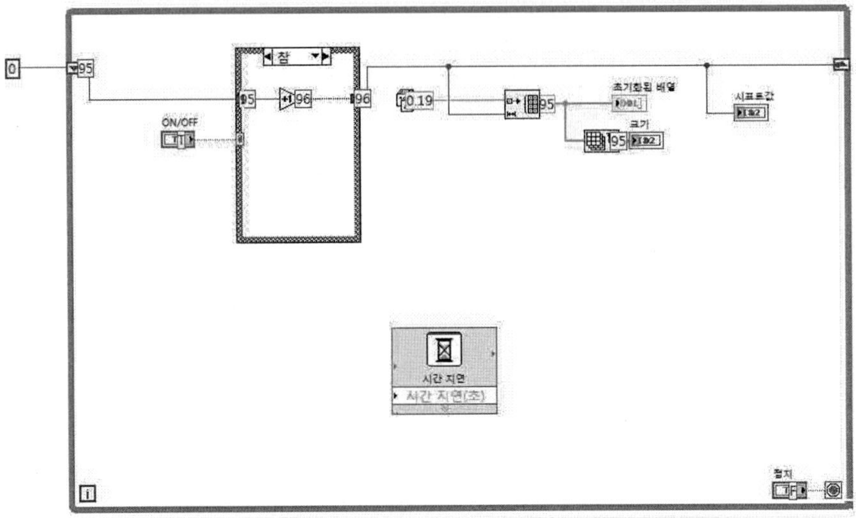

【그림】 5-125 실행중인 프로그램(블록다이어그램)

먼저 While 루프를 그려보자.
블록다이어그램 상에서 마우스 오른쪽 버튼 클릭〉구조〉While 루프를 선택한 뒤 그려준다.

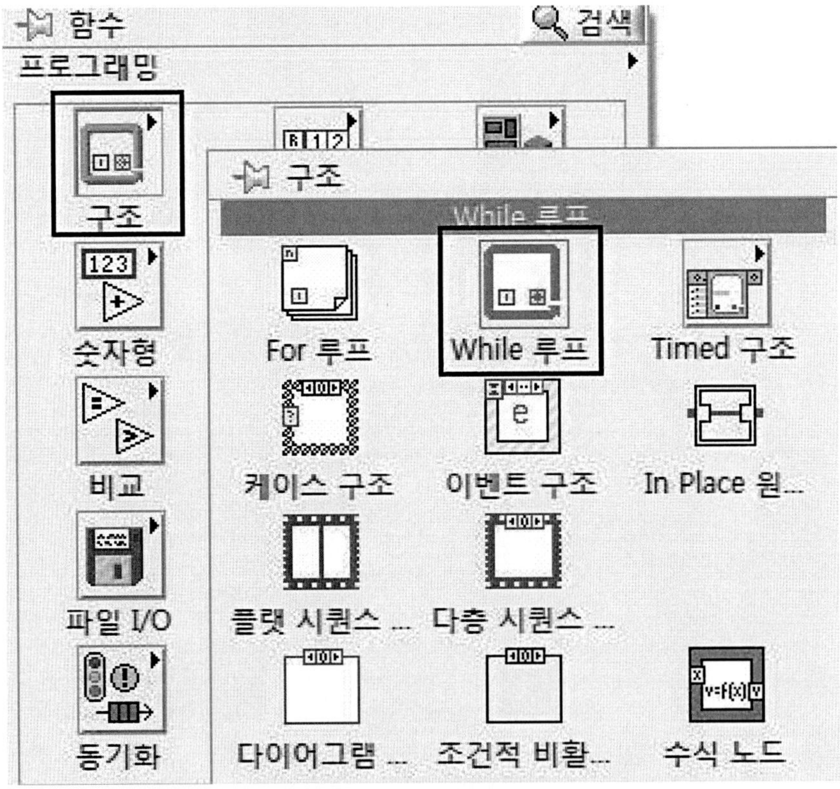

【그림】 5-126 While 루프

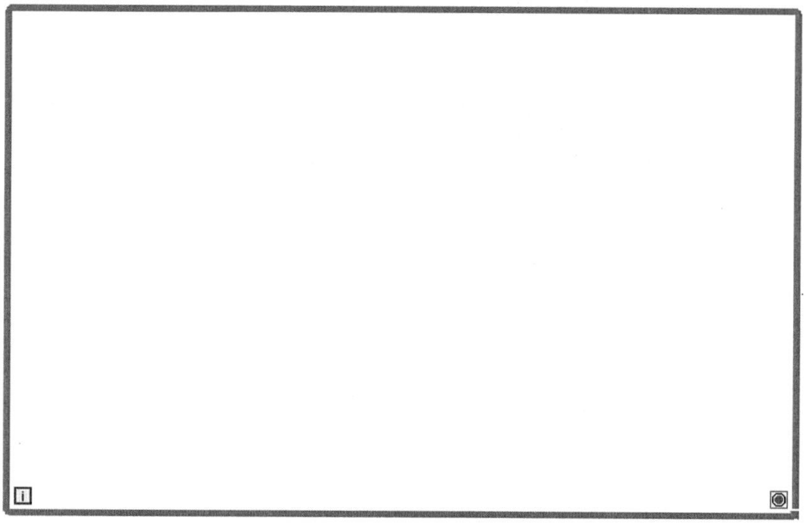

【그림】 5-127 While 루프 그리기

생성된 While 루프의 구동 조건을 마우스 오른쪽 버튼 클릭하여 단축메뉴를 띄운 뒤 컨트롤 생성을 눌러 정지 버튼을 생성해준다.

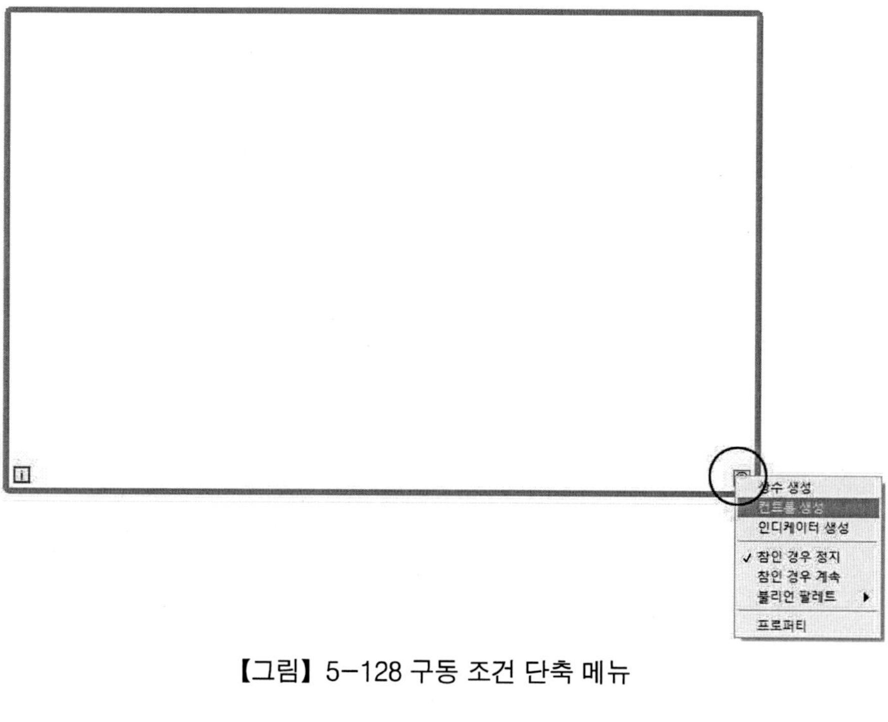

【그림】 5-128 구동 조건 단축 메뉴

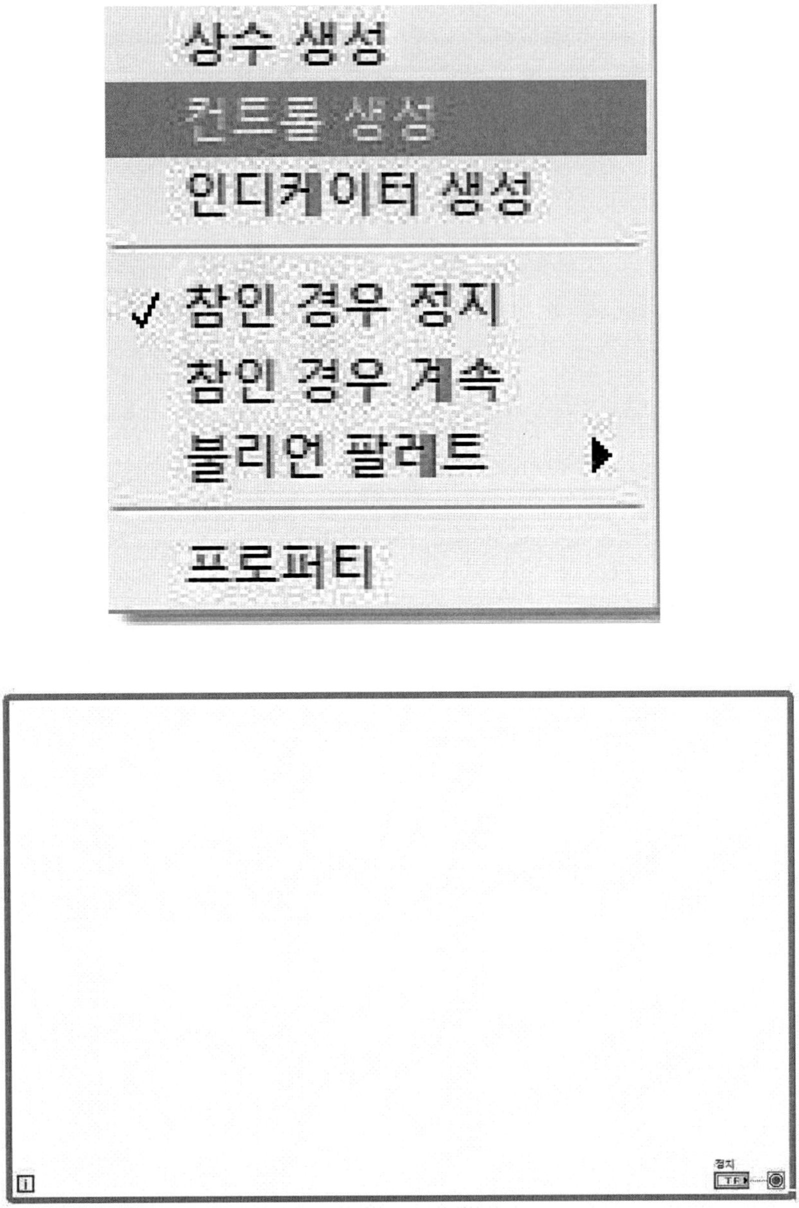

【그림】 5-129 정지 버튼 생성

생성된 While 루프를 마우스 오른쪽 버튼 클릭하여 단축메뉴를 띄운 뒤 시프트 레지스터를 추가해 준다.

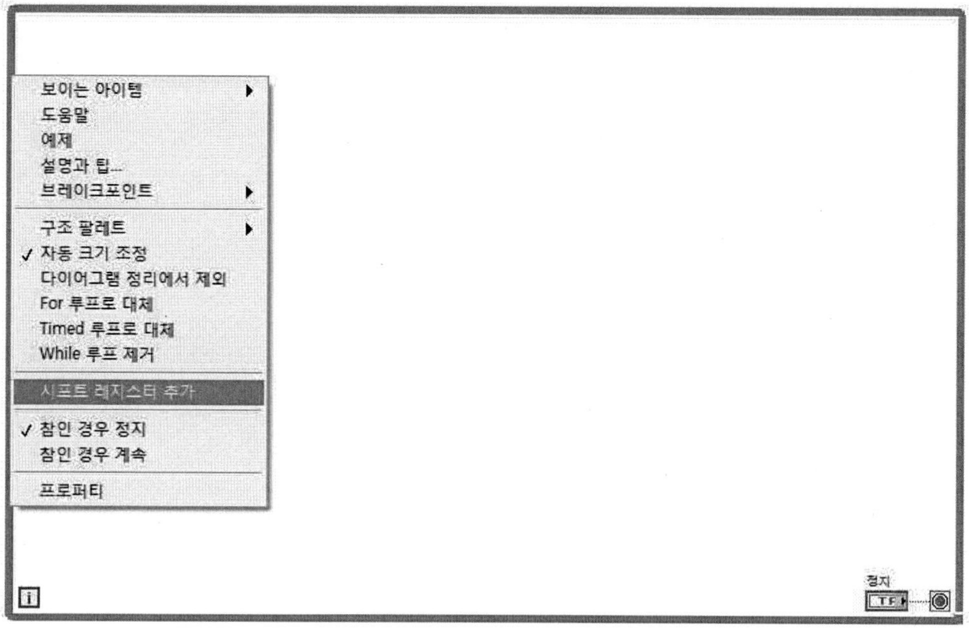

【그림】 5-130 While 루프 단축 메뉴

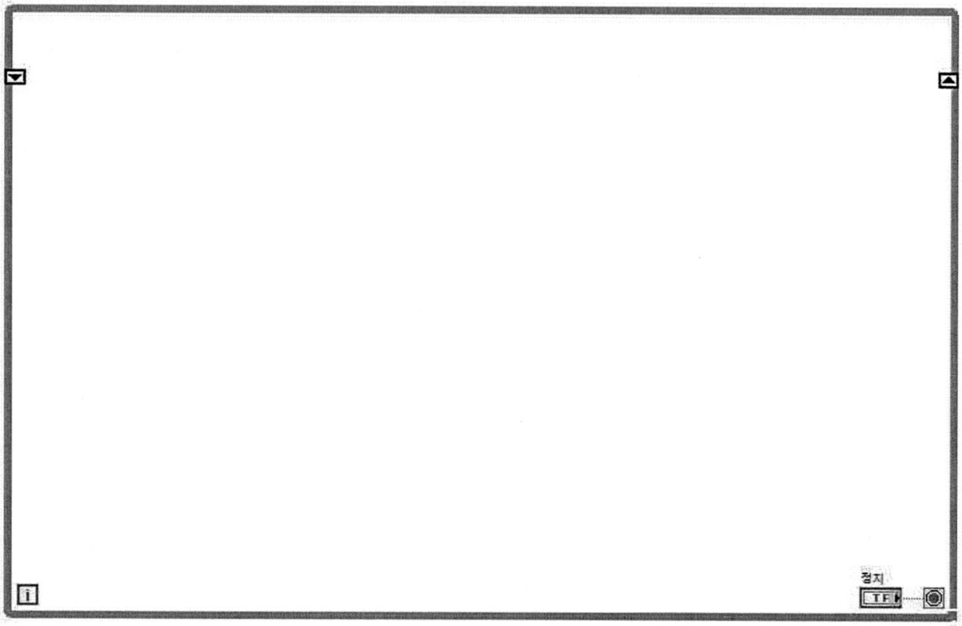

【그림】 5-131 시프트 레지스터

시프트 레지스터의 기본값을 지정해 줄 숫자형 상수를 생성해준다.
블록다이어그램 상에서 마우스 오른쪽 버튼 클릭>숫자형>숫자형 상수를 선택한 뒤 시프트 레지스터와 연결해준다.

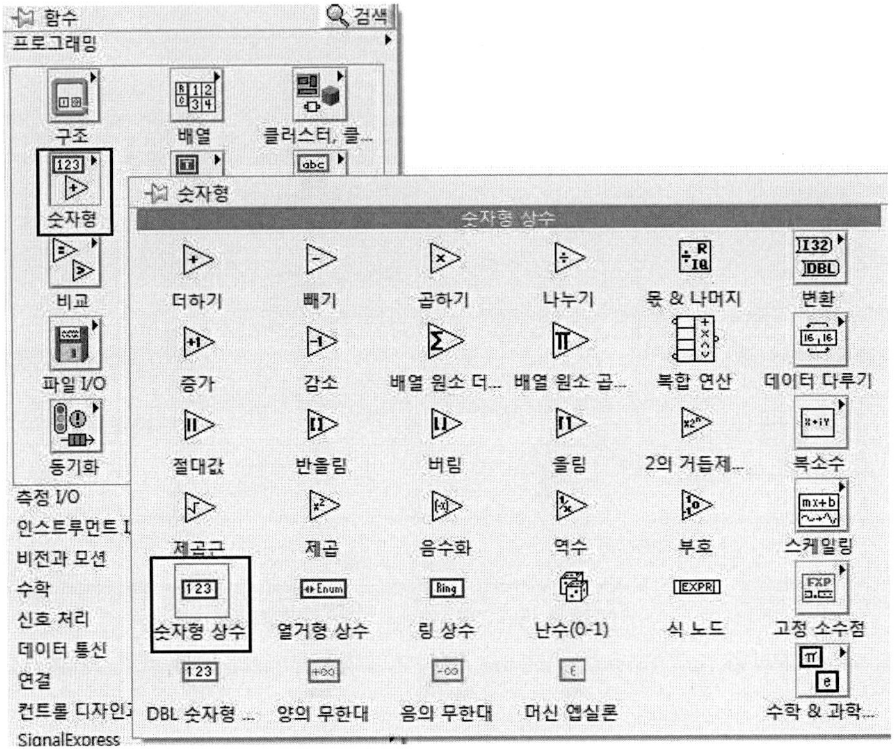

【그림】 5-132 숫자형 상수

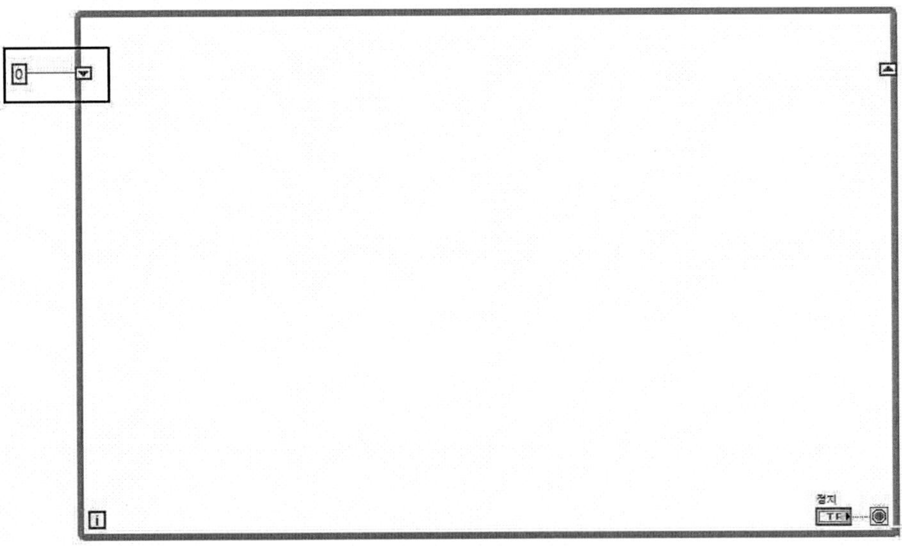

【그림】 5-133 숫자형 상수 연결하기

조건을 정해줄 케이스 구조를 그려보자.
블록다이어그램에서 마우스 오른쪽 버튼 클릭>구조>케이스 구조를 선택한 뒤 While 루프 안에 그려준다.

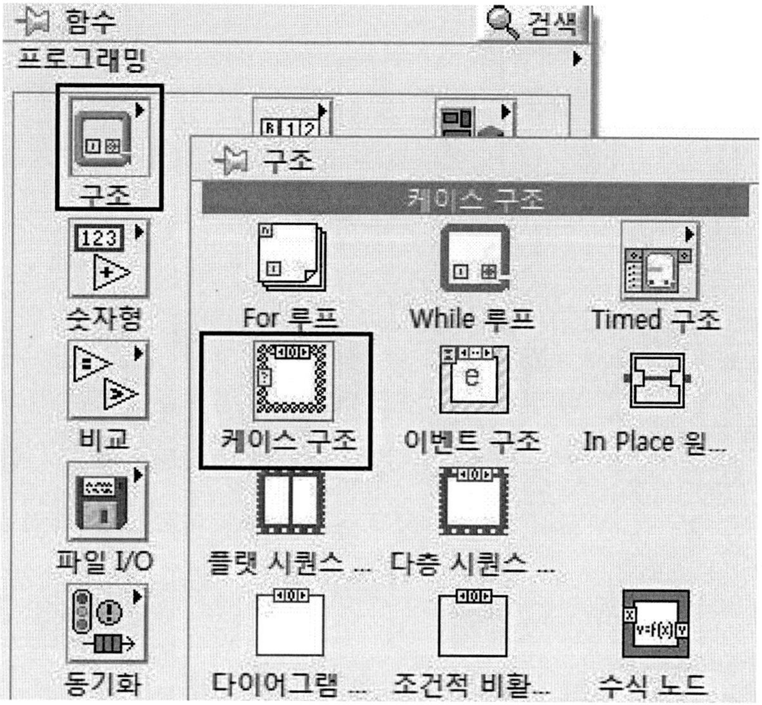

【그림】 5-134 케이스 구조

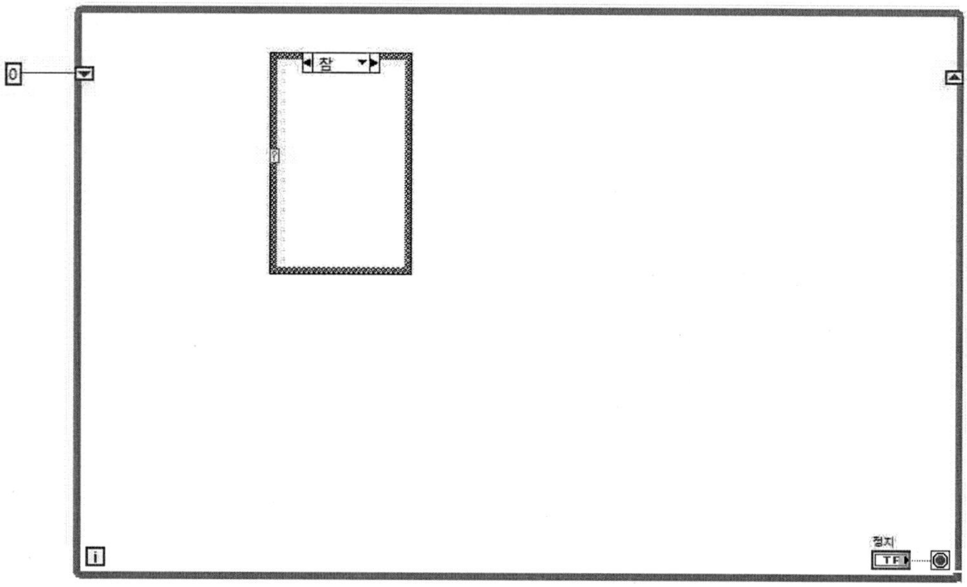

【그림】 5-135 케이스 구조와 While 루프

케이스 구조의 조건을 정해 줄 불리언 버튼을 생성해준다.
프런트패널 상에서 마우스 오른쪽 버튼 클릭〉불리언〉누름 버튼을 선택한다.

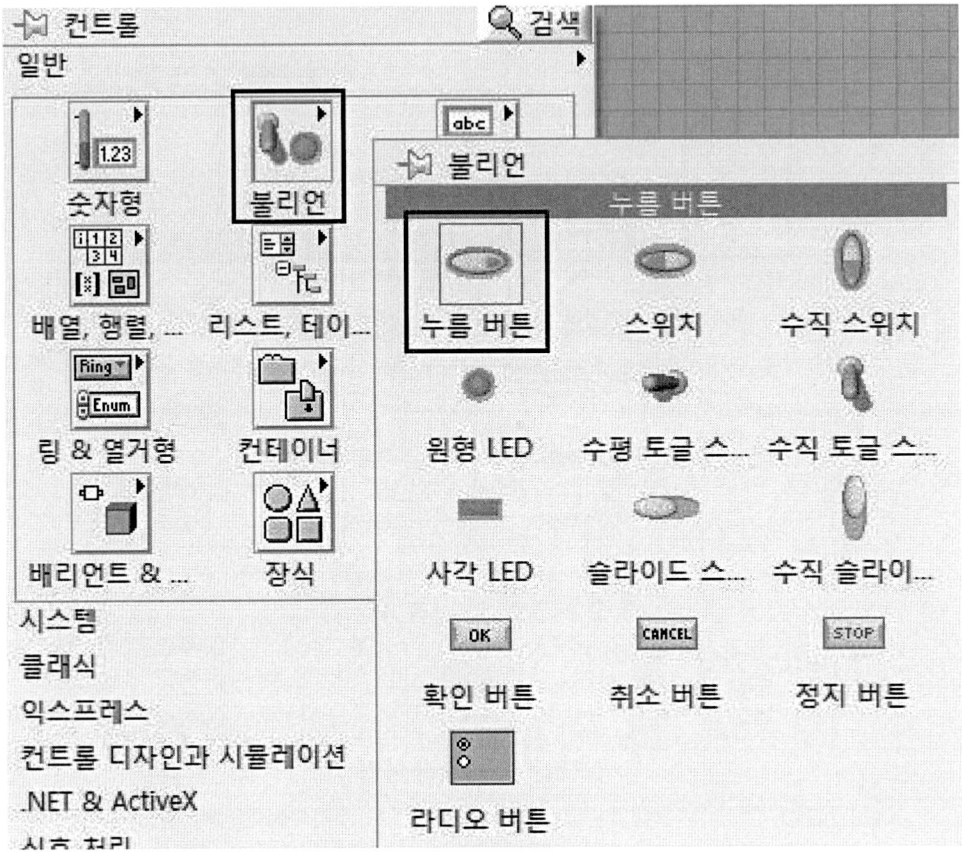

【그림】 5-136 누름 버튼

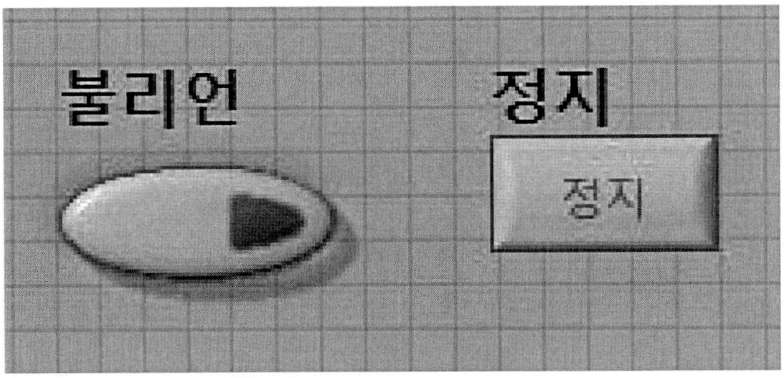

【그림】 5-137 누름 버튼과 정지 버튼

생성된 누름 버튼을 케이스 구조의 조건부에 연결해준다.

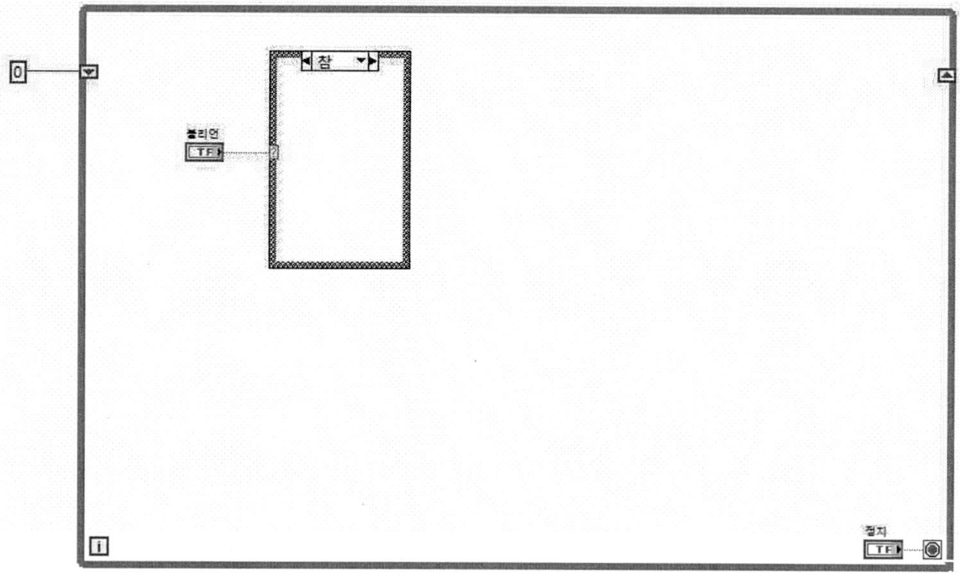

【그림】 5-138 누름 버튼 연결하기

시프트 레지스터를 케이스 구조와 연결해준다.

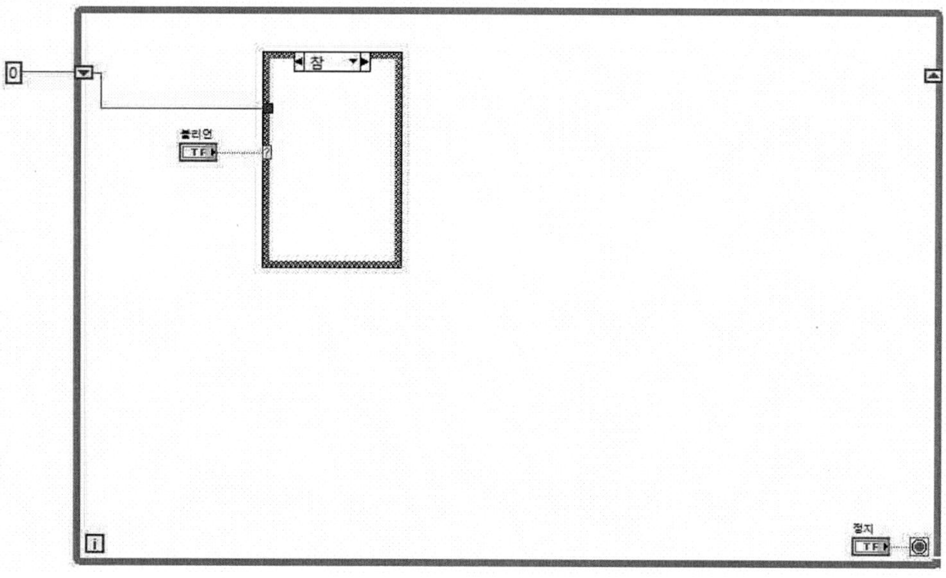

【그림】 5-139 시프트 레지스터와 케이스 구조

증가 함수를 만들어준 뒤 케이스 구조가 참일 때 동작하도록 넣어준다.
블록다이어그램 상에서 마우스 오른쪽 버튼 클릭〉숫자형〉증가 함수를 선택한 뒤 케이스 구조에 넣어주고 케이스 구조에 연결된 시프트 레지스터와 연결해준다.

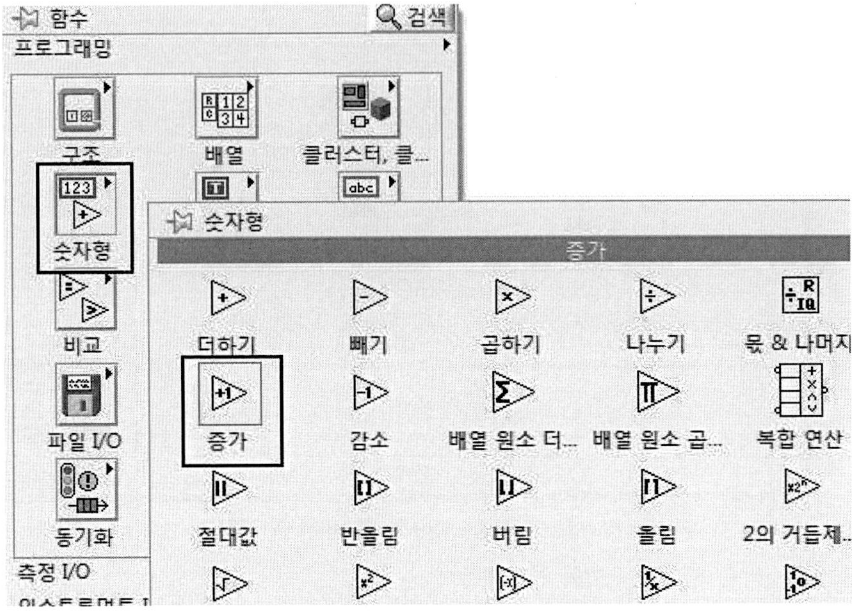

【그림】 5-140 시프트 레지스터와 케이스 구조

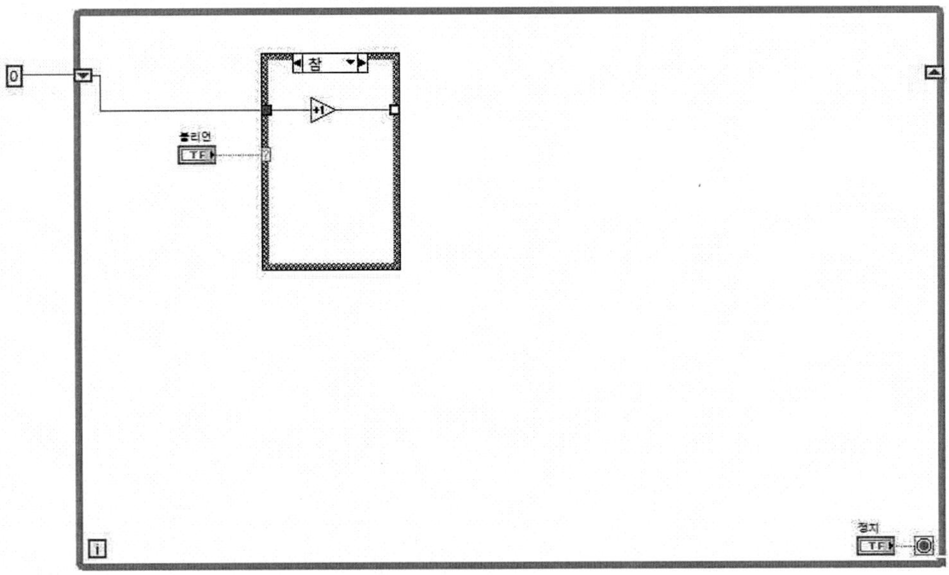

【그림】 5-141 시프트 레지스터와 케이스 구조

케이스 구조의 조건을 '참' 에서 '거짓' 으로 바꿔준다.
케이스 구조 상단의 아랫방향 화살표를 클릭 한 뒤 거짓을 선택한다.

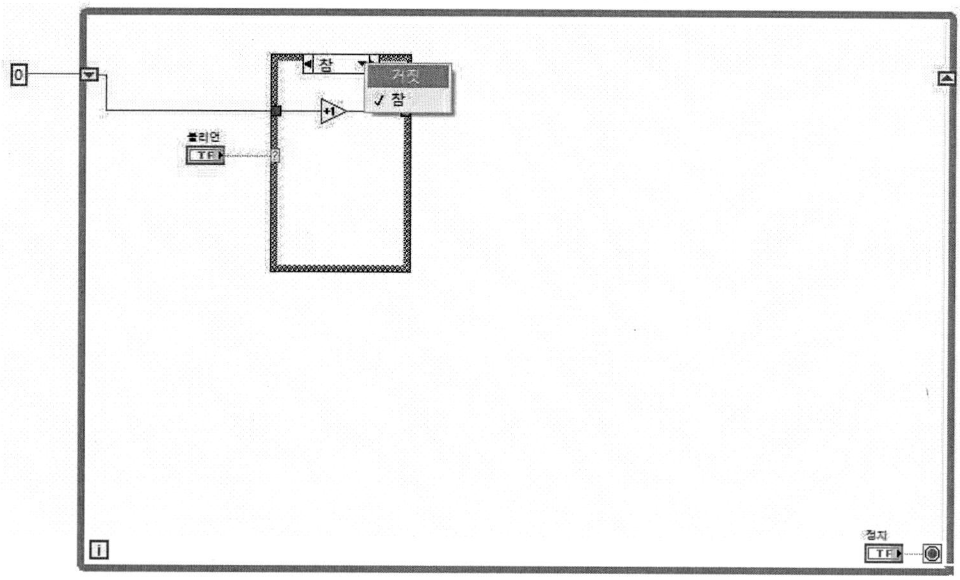

【그림】 5-142 케이스 구조 조건 바꾸기

거짓 조건에서의 케이스 구조에서는 다른 함수 없이 바로 시프트 레지스터를 연결해준다.

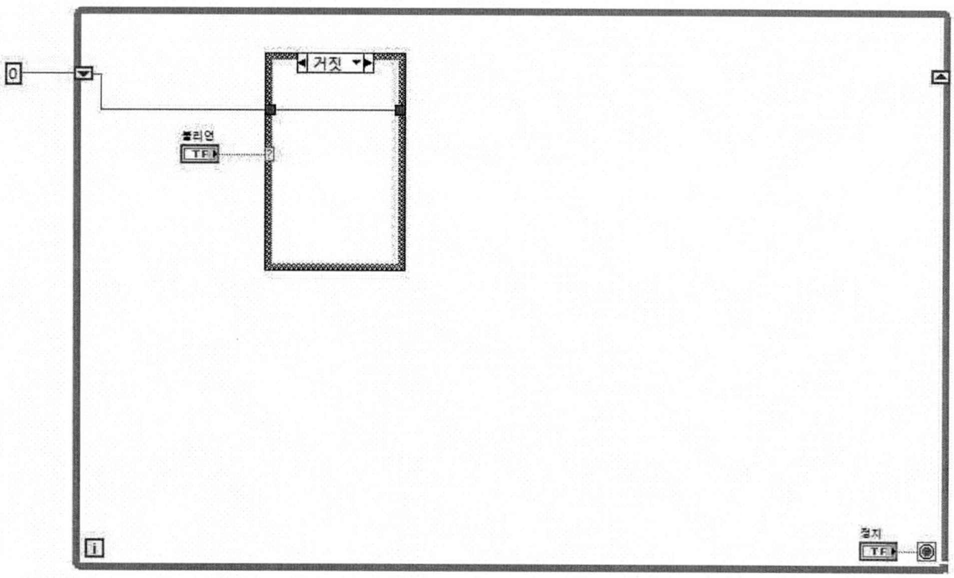

【그림】 5-143 바뀐 조건 상에서의 와이어 연결 1

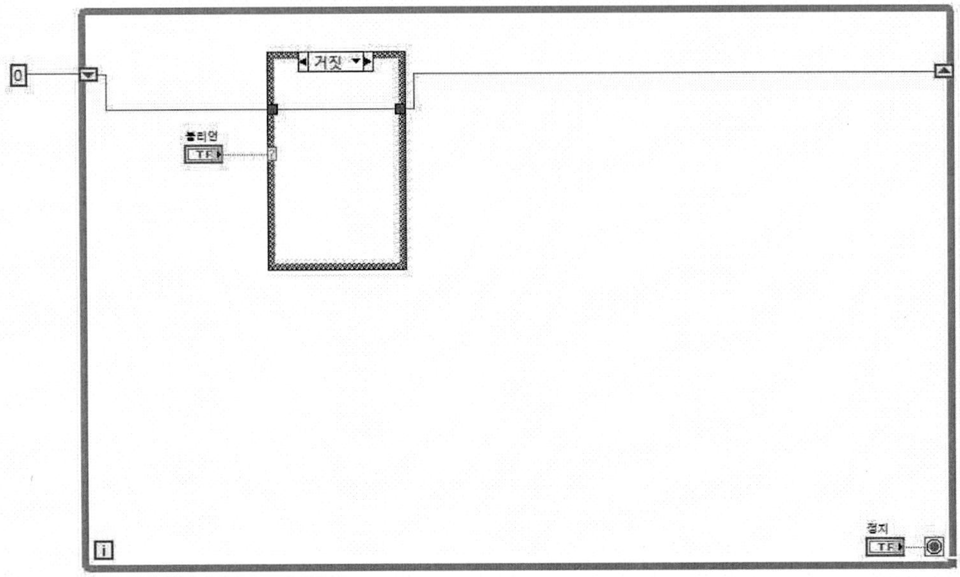

【그림】 5-144 바뀐 조건 상에서의 와이어 연결 2

이번에는 배열 초기화 함수를 만들어보자.
블록다이어그램 상에서 마우스 오른쪽 버튼 클릭〉배열〉배열 초기화 함수를 선택한 뒤 While 루프 안에 넣어준다.

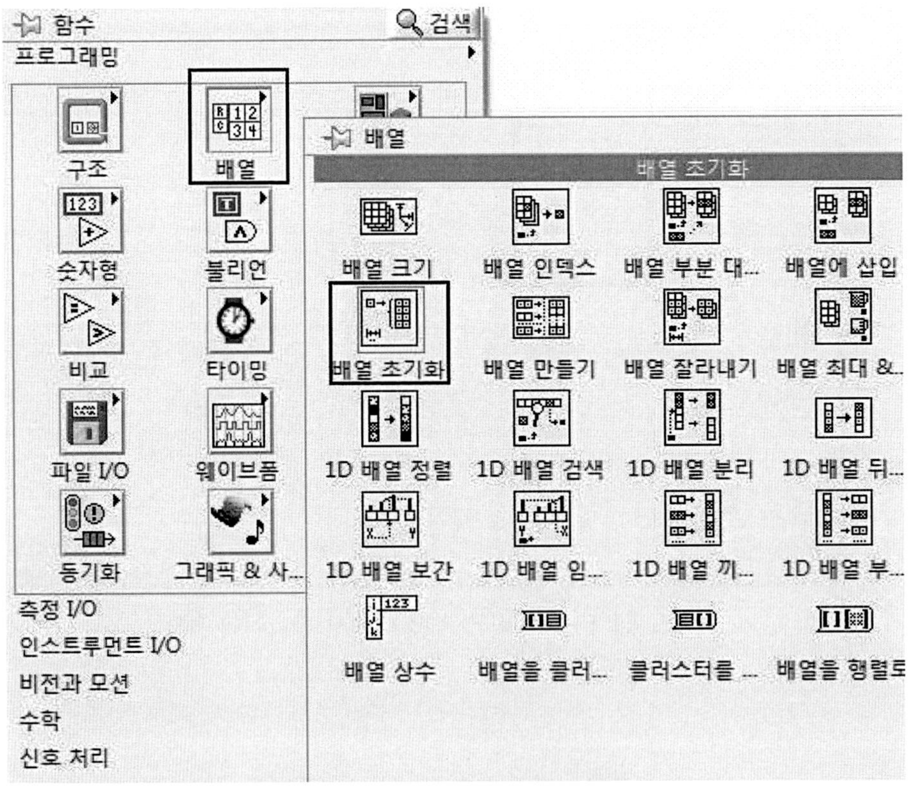

【그림】 5-145 배열 초기화 함수

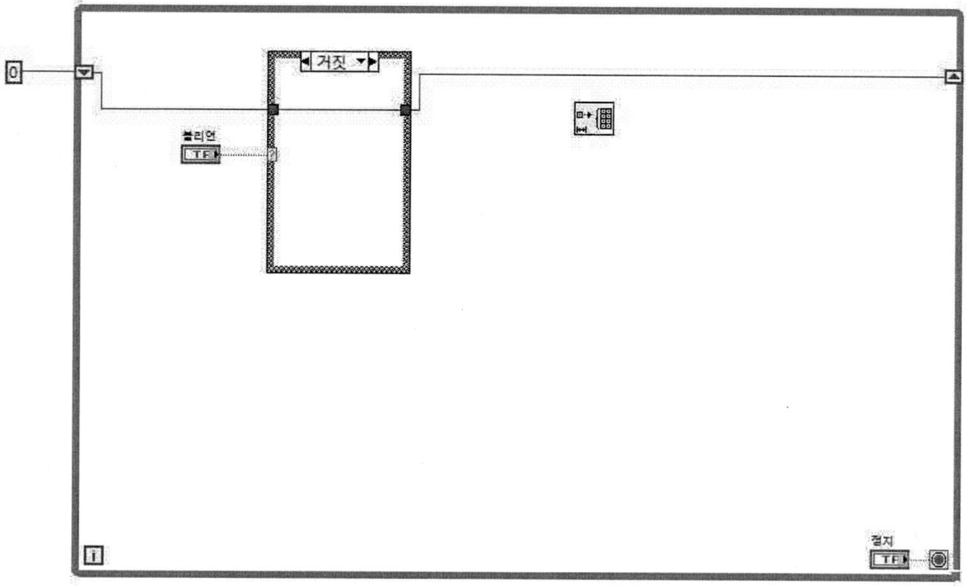

【그림】 5-146 배열 초기화 함수와 While 루프

배열에 값을 넣어 줄 난수 함수를 만들어보자.
블록다이어그램 상에서 마우스 오른쪽 버튼 클릭>숫자형>난수를 선택한 뒤 While 루프 안에 넣어 주고 배열 초기화 함수와 연결해준다.

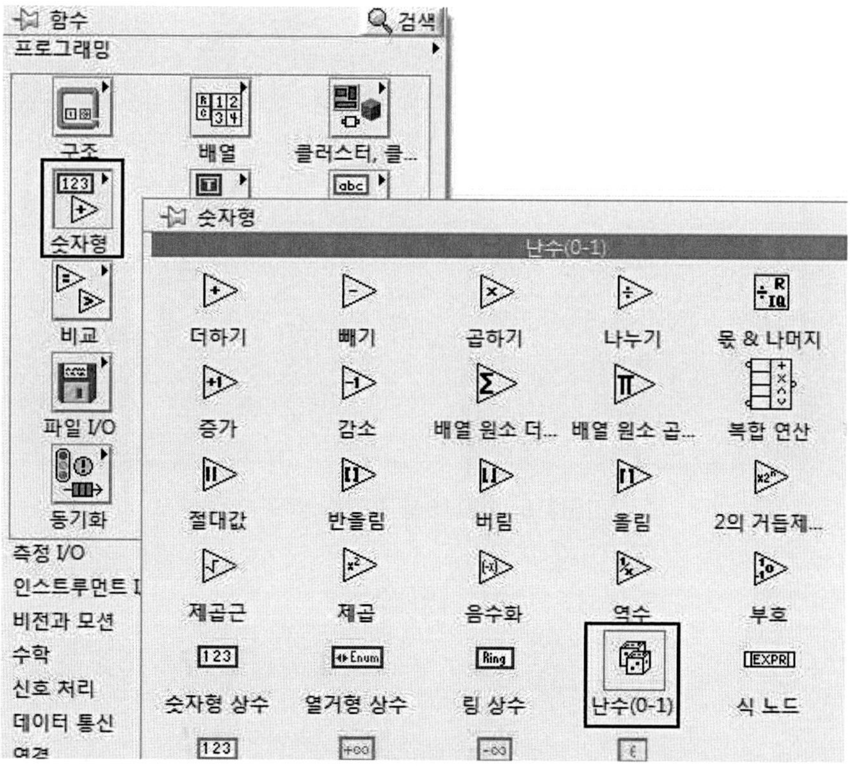

【그림】 5-147 난수 함수

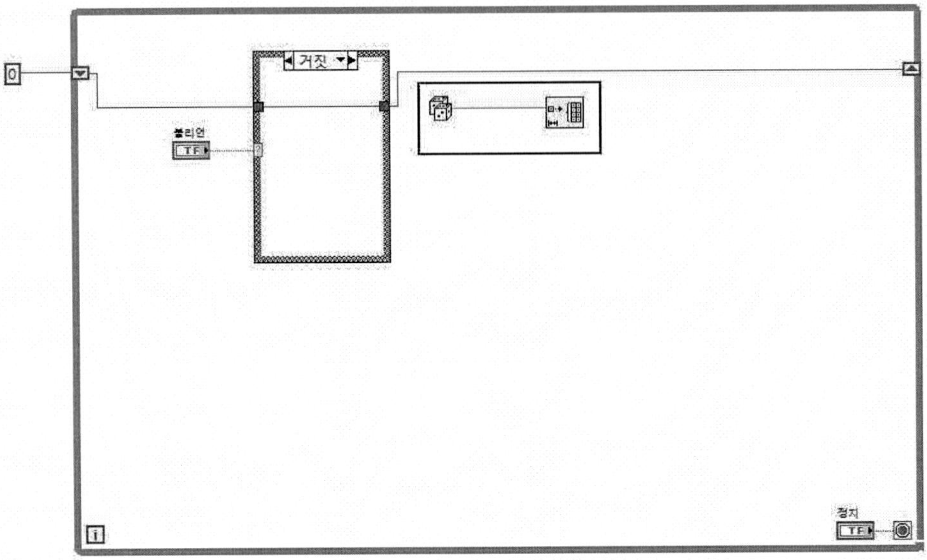

【그림】 5-148 난수 연결하기

시프트 레지스터를 배열 초기화 함수의 차원 크기에 연결해준다.

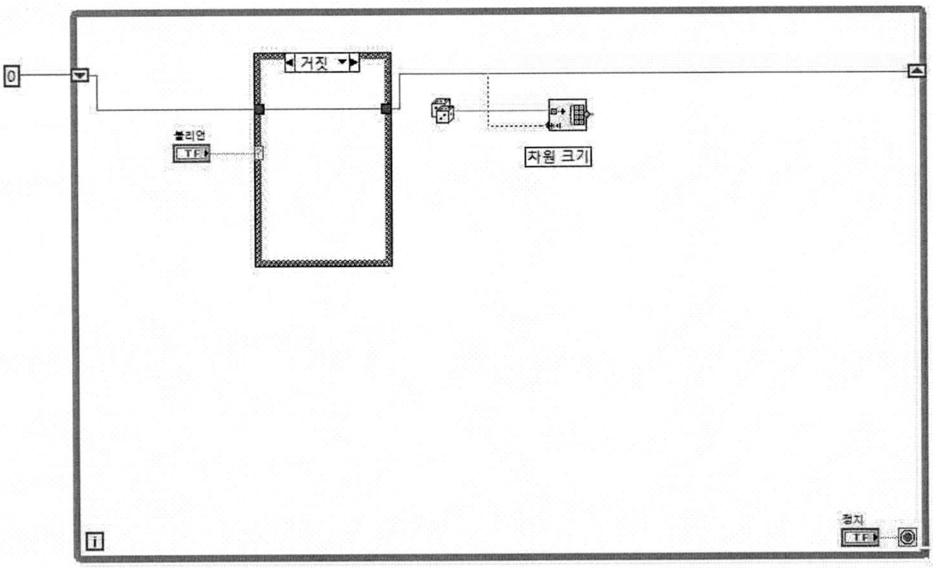

【그림】 5-149 배열 초기화 함수 연결하기

배열 초기화 함수의 출력부를 마우스 오른쪽 버튼을 클릭 하여 단축메뉴를 띄운 뒤 생성>인디케이터를 눌러 배열 인디케이터를 생성해준다.

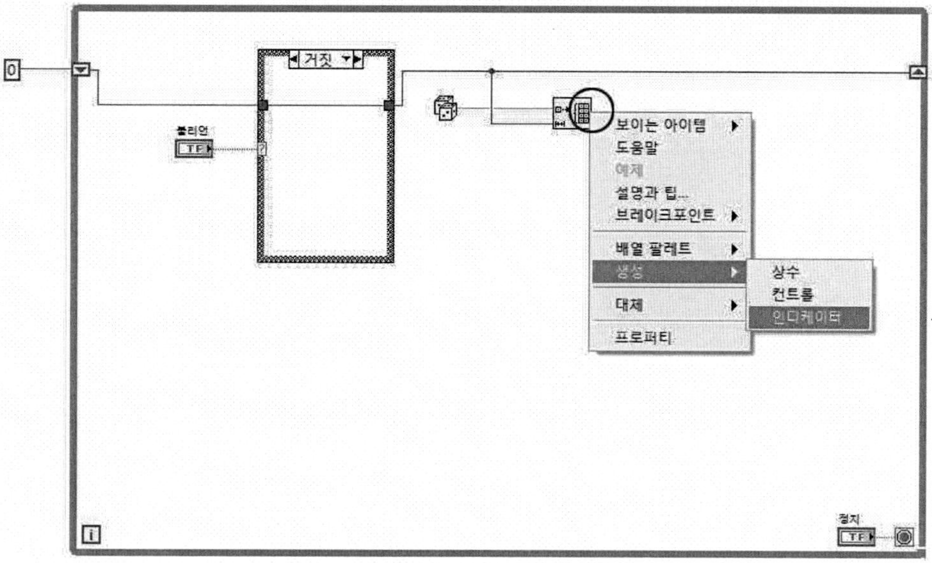

【그림】 5-150 배열 초기화 함수 단축 메뉴

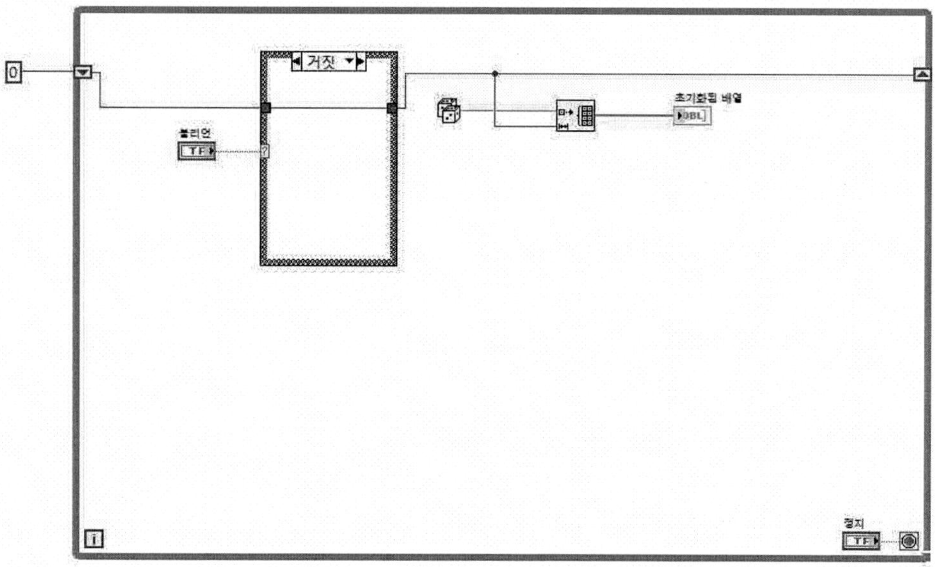

【그림】 5-151 생성된 배열 인디케이터

배열의 크기를 알려주는 배열 크기 함수를 사용해보자.
블록다이어그램 상에서 마우스 오른쪽 버튼 클릭〉배열〉배열 크기 함수를 선택한다.

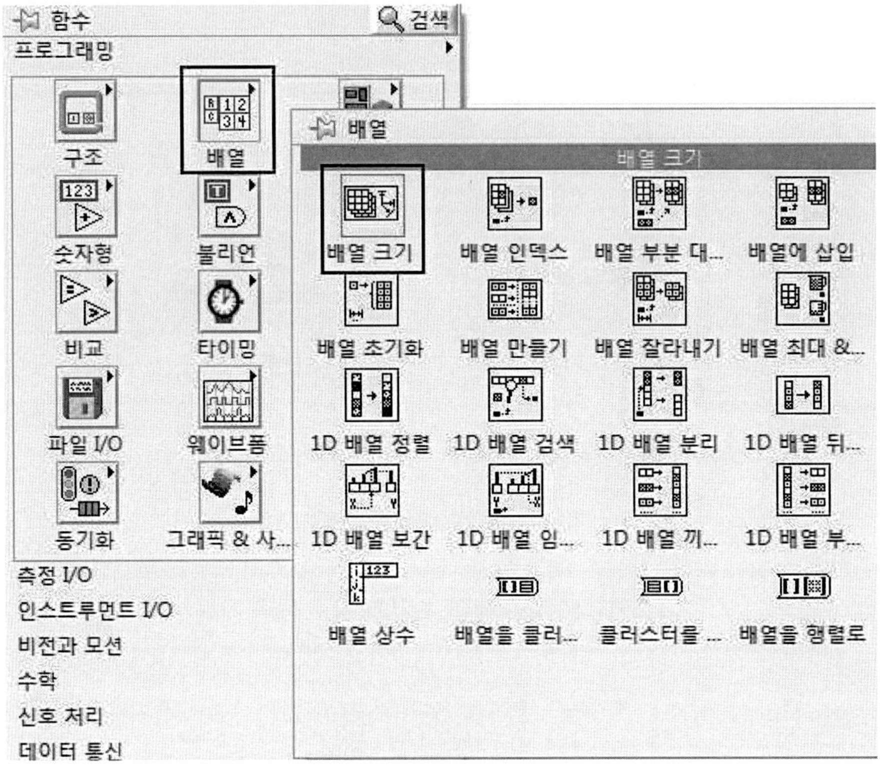

【그림】 5-152 배열 크기 함수

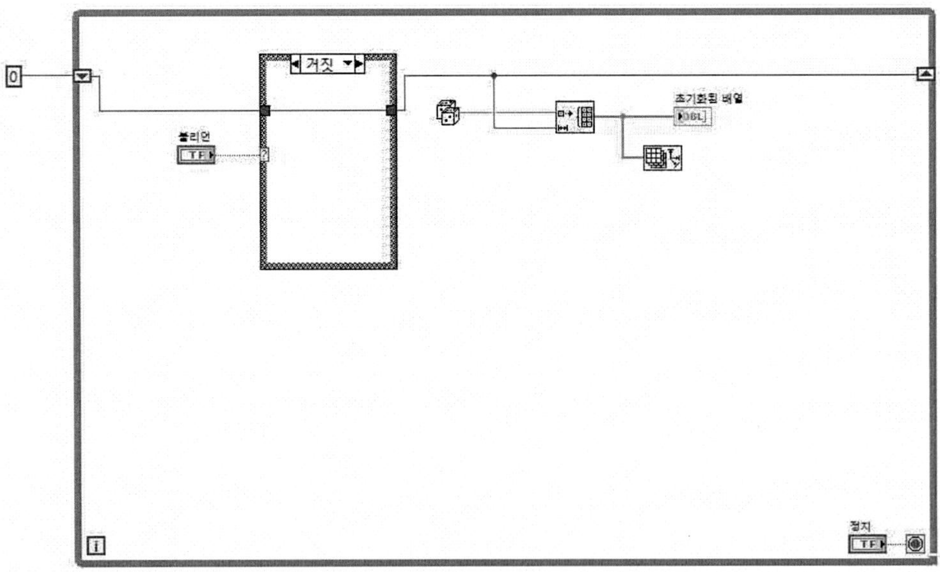

【그림】 5-153 배열 크기 함수 연결하기

5 제5장 구조

배열 크기 함수의 출력부를 마우스 오른쪽 버튼을 클릭하여 단축메뉴를 띄운 뒤 생성>인디케이터를 선택하여 크기값을 표현해줄 숫자형 인디케이터를 생성해준다.

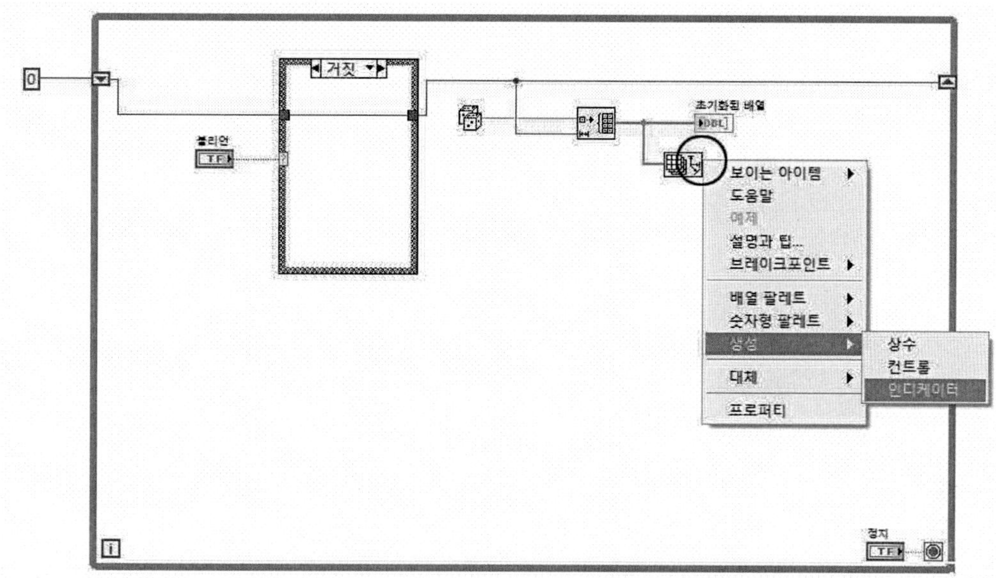

【그림】 5-154 배열 크기 함수 단축 메뉴

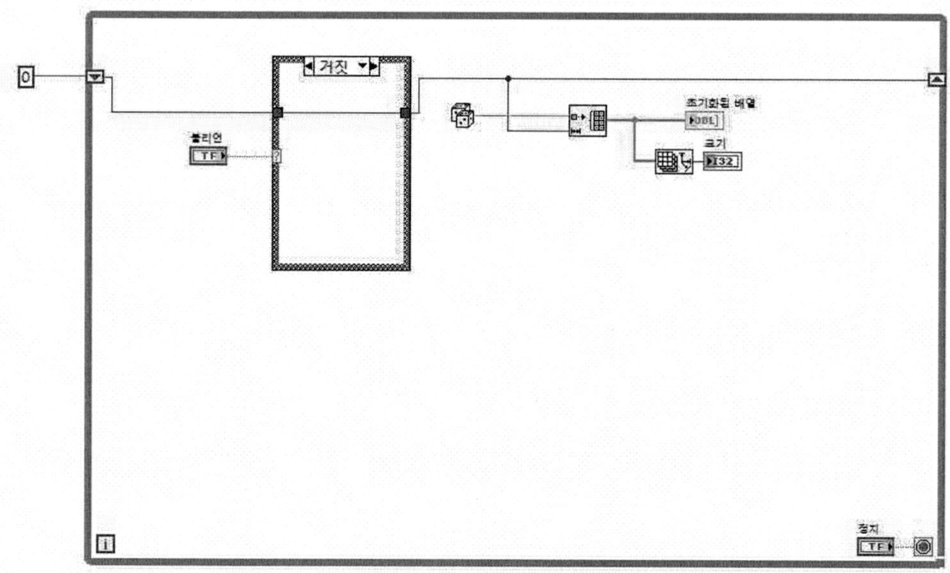

【그림】 5-155 생성된 인디케이터

시프트 레지스터의 값을 표현해줄 숫자형 인디케이터를 생성해준다.
프런트패널 상에서 마우스 오른쪽 버큰 클릭>숫자형>숫자형 인디케이터를 선택한다.

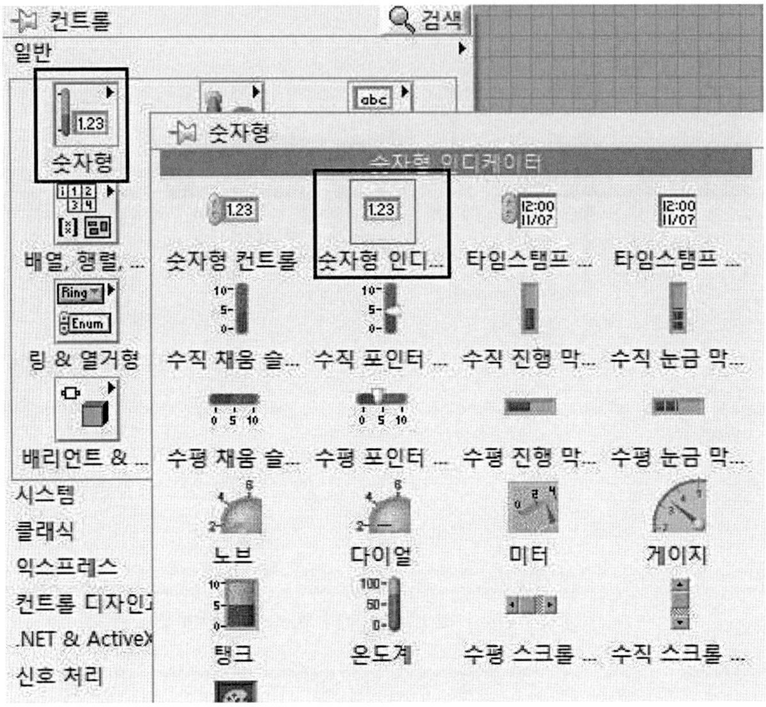

【그림】 5-156 숫자형 인디케이터

생성한 인디케이터를 아래 그림과 같이 입력해주고, 생성된 컨트롤, 인디케이터들의 이름을 【그림】 5-157과 같이 바꾸어 준다.

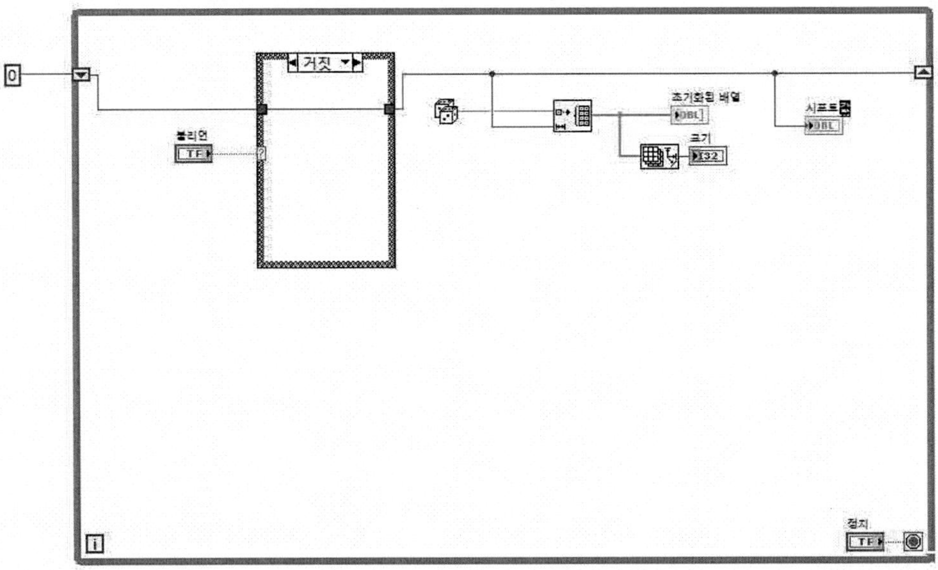

【그림】 5-157 숫자형 인디케이터 연결하기

시프트값 아이콘을 마우스 우클릭하여 단축메뉴를 띄운 뒤 형을 선택하여 I32 타입으로 바꾸어준

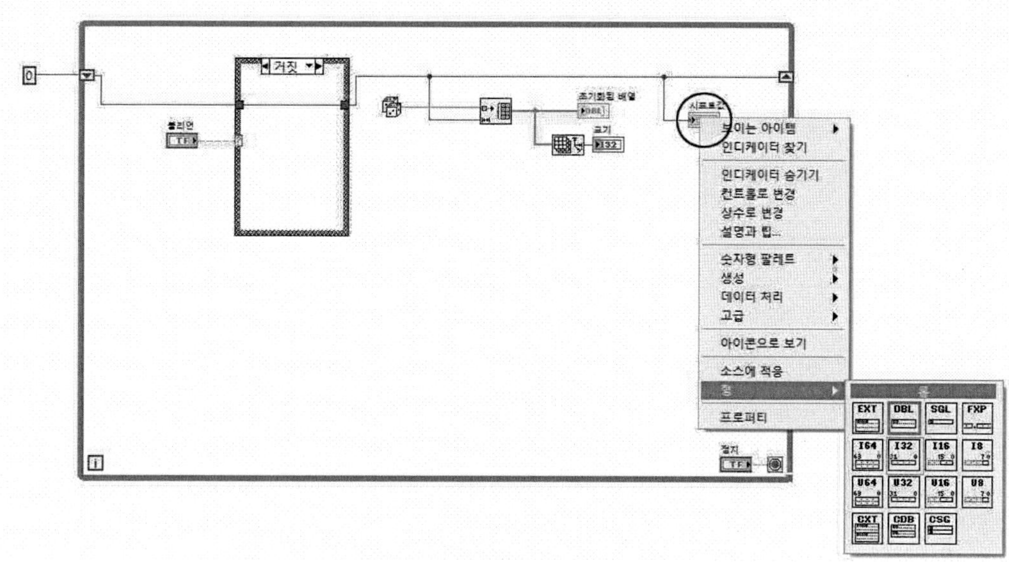

【그림】 5-158 숫자형 인디케이터 형 변환

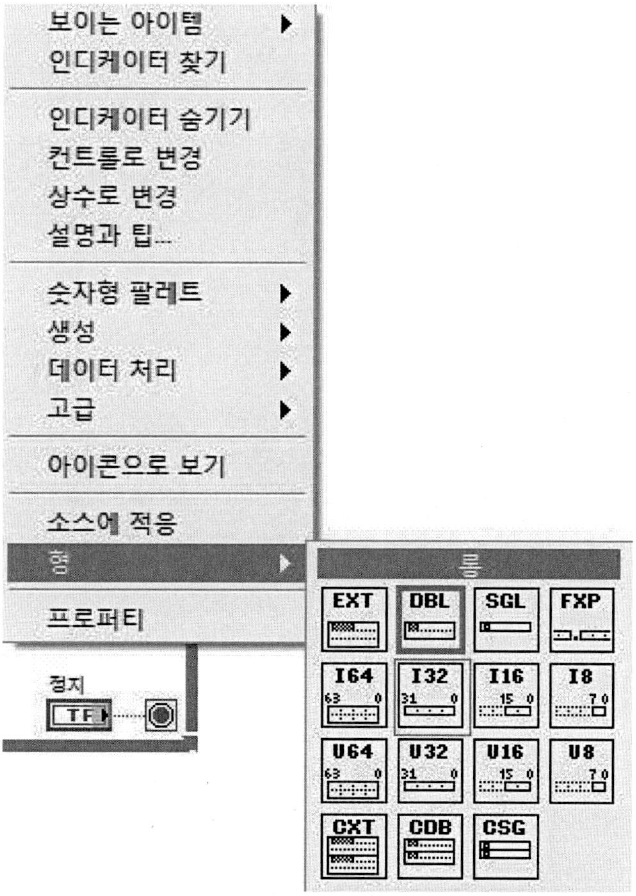

【그림】 5-159 숫자형 인디케이터 형 변환

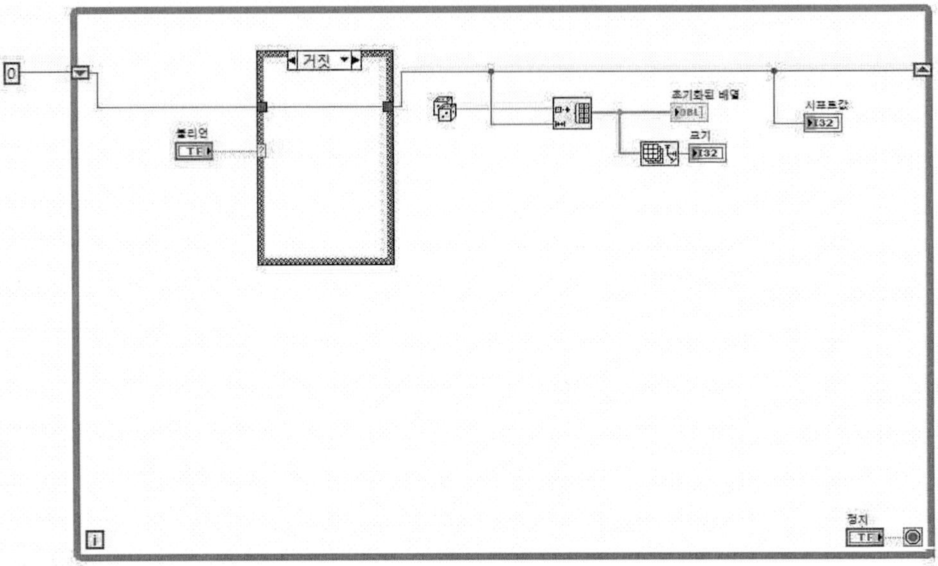

【그림】 5-160 변환된 숫자형 인디케이터

프런트패널의 생성된 아이콘들을 【그림】 5-161처럼 정렬해준다.

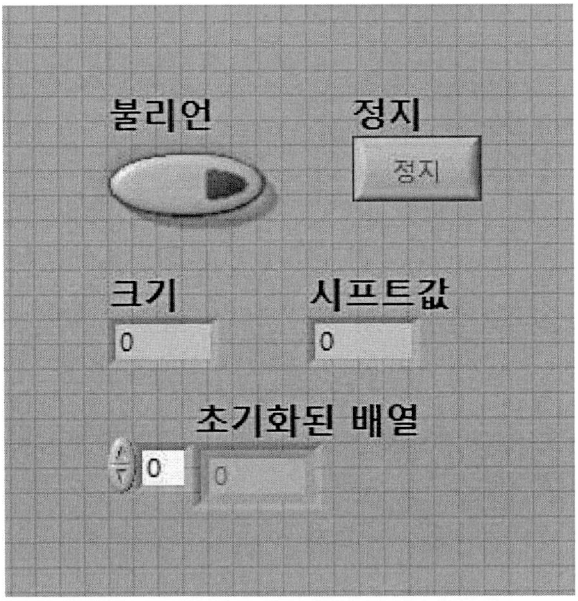

【그림】 5-161 프런트 패널 아이콘 정렬

누름버튼의 이름을 ON/OFF로 바꾸어 준 뒤 초기화된 배열의 원소갯수를 아래 그림과 같이 드래그 하여 늘려준다.

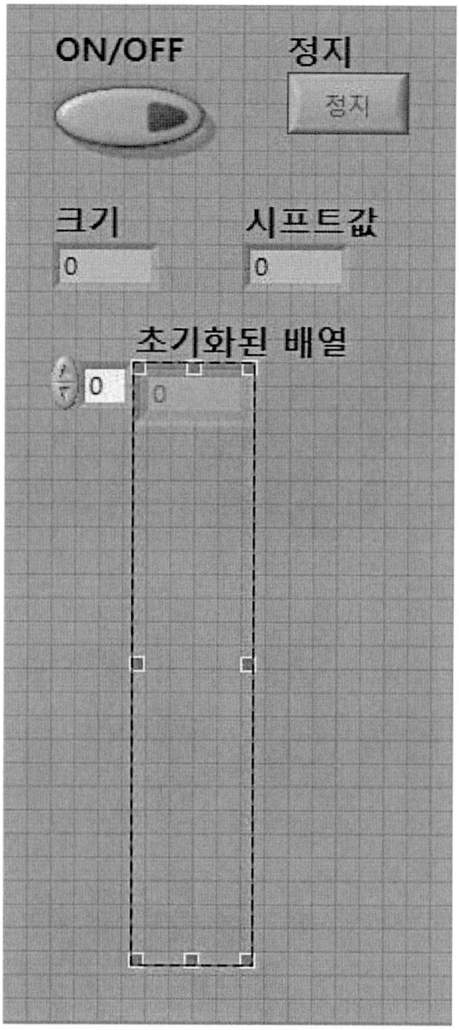

【그림】 5-162 배열 원소 늘이기

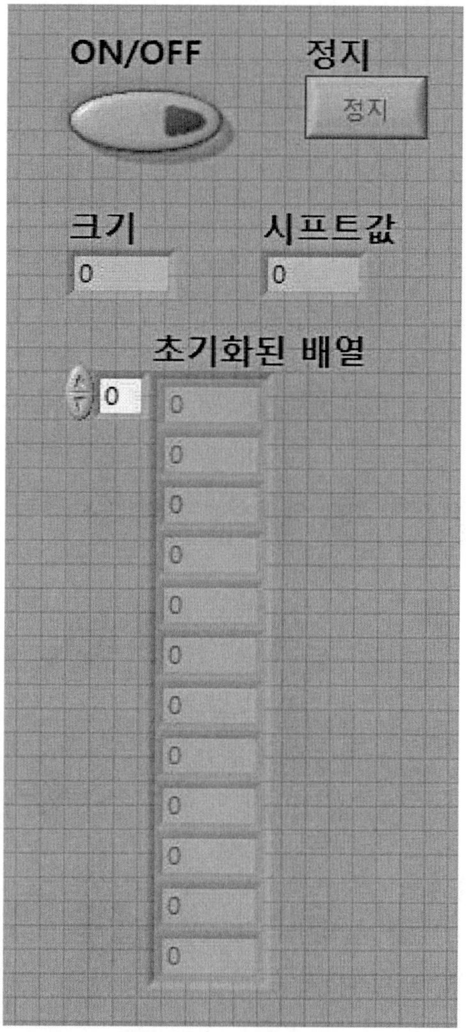

【그림】 5-163 원소 개수가 추가된 배열

프로그램의 구동을 좀 더 관찰하기 편하도록 시간 지연 함수를 While 루프 안에 넣어준다. 블록다이어그램 상에서 마우스 오른쪽 버튼 클릭>타이밍>시간 지연 함수를 선택한 뒤 While 루프 안에 넣어준다.

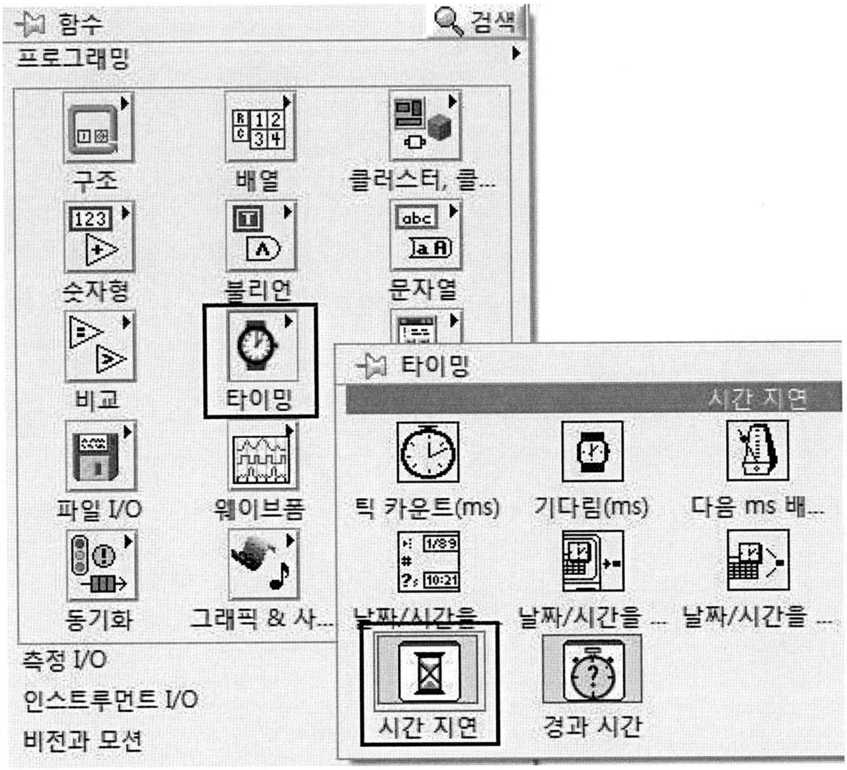

【그림】 5-164 시간 지연 함수

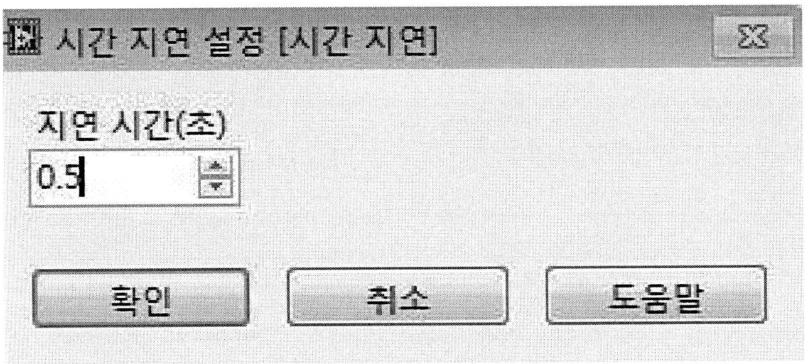

【그림】 5-165 지연 시간 설정

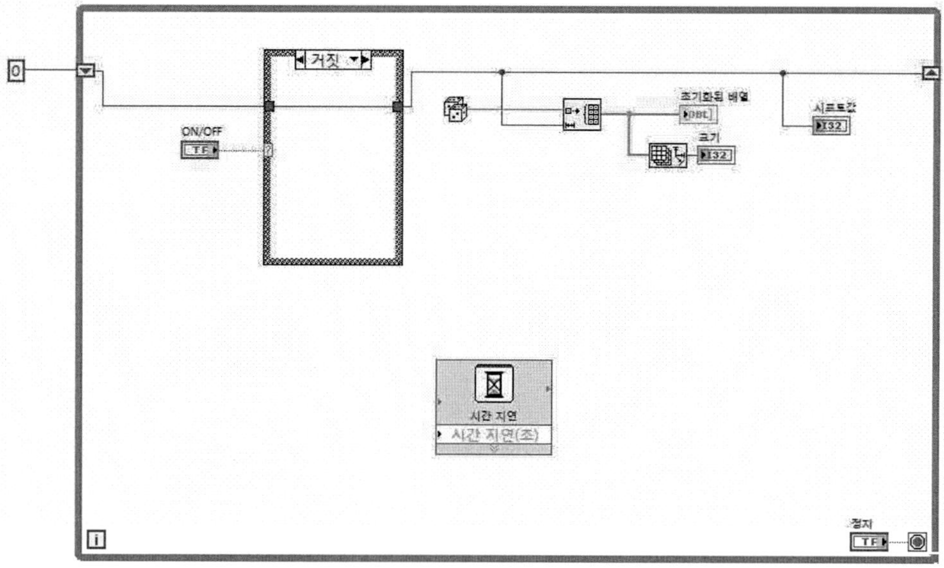

【그림】 5-166시간 지연 함수와 While 루프

프로그램을 실행하여 관찰해보자.

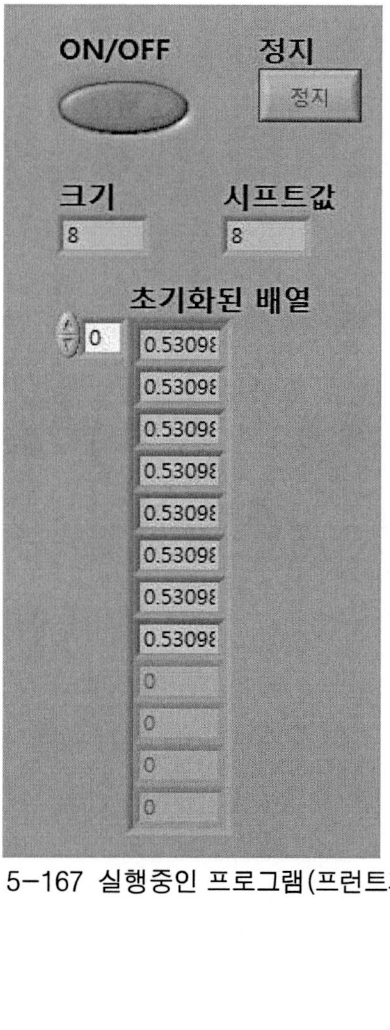

【그림】 5-167 실행중인 프로그램(프런트패널)

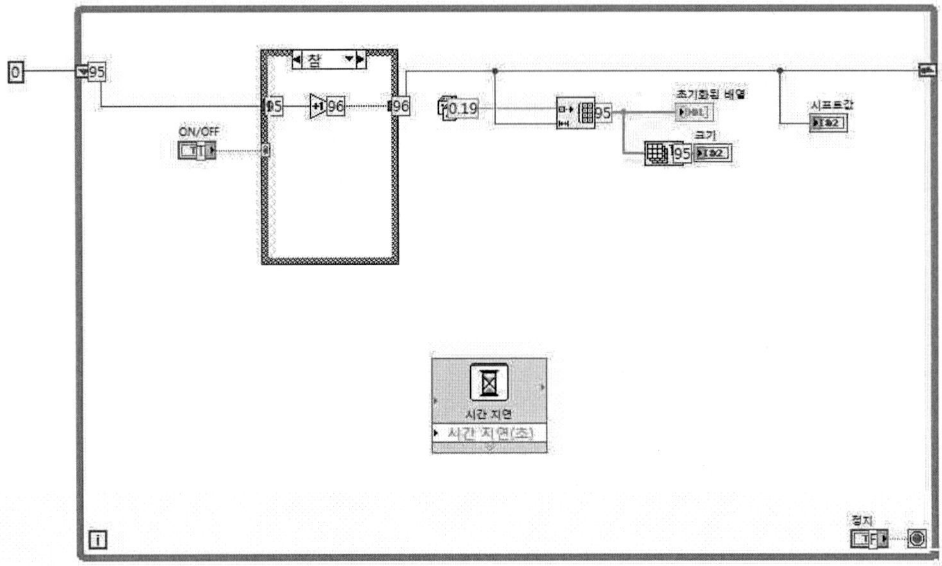

【그림】 5-168 실행중인 프로그램(블록다이어그램)

제6장

그래프

제6장 그래프

웨이브폼 데이터란 하드웨어에서 측정한 실제 신호를 데이터를 획득한 시간, 데이터간의 시간간격, 측정된 값들의 배열을 표현하는 것이다.
이 웨이브폼 데이터를 이용하여 Labview에서는 차트와 그래프를 그릴 수 있다.

1. 웨이브 폼 차트

먼저 누적된 데이터를 볼 수 있는 웨이브 폼 차트를 작성해보자,

① 프런트패널 상에서 마우스 오른쪽 버튼 클릭>그래프>웨이브폼 차트를 선택하여 화면에 놓는다.

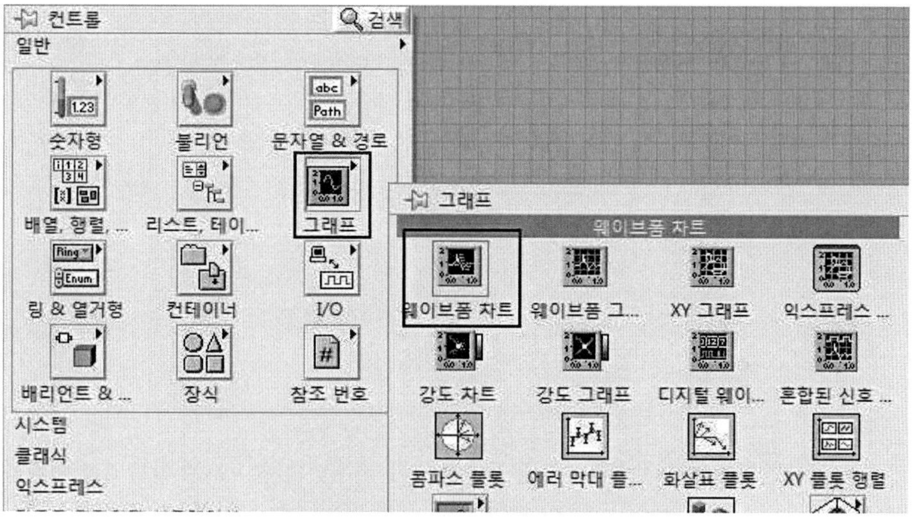

【그림】 6-1 웨이폼 차트

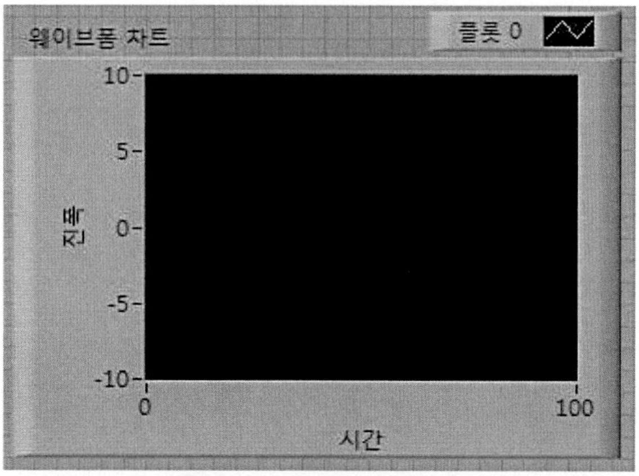

【그림】 6-2 웨이브폼 차트

② 블록다이어그램 상에서 마우스 오른쪽 버튼 클릭〉구조〉While 루프를 선택한 뒤 화면에 드래그하여 놓는다.

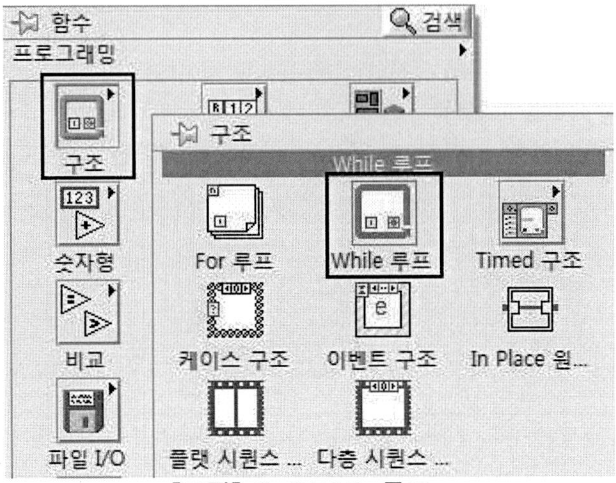

【그림】 6-3 While 루프

【그림】 6-4 While 루프 그리기

③ 생성된 While 루프에 정지버튼을 만들어준 뒤 만들어두었던 웨이브폼 챠트의 터미널을 루프 안에 넣어준다.

【그림】 6-5 While 루프와 웨이브폼 챠트 터미널

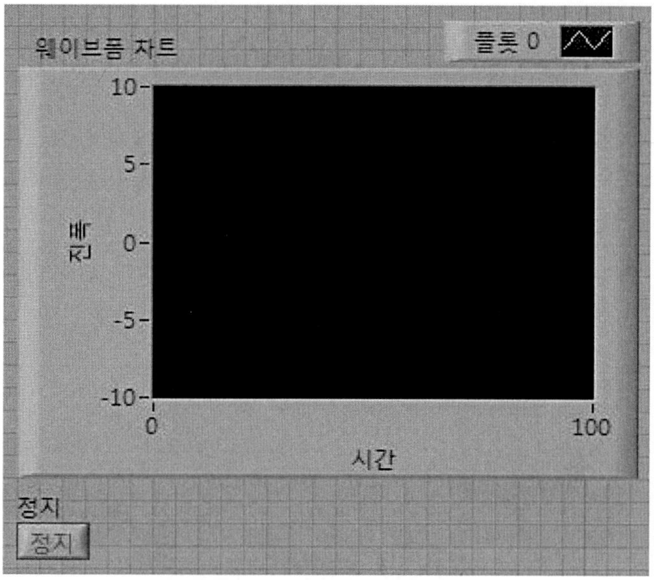

【그림】 6-6 웨이브폼 차트

④ 이번엔 그래프에 데이터를 표시해 줄 입력을 만들어 보자.
블록다이어그램 상에서 마우스 오른쪽 버튼 클릭〉숫자형〉난수를 선택하여 루프 안에 넣고 웨이브 폼 챠트의 터미널과 연결해준다.

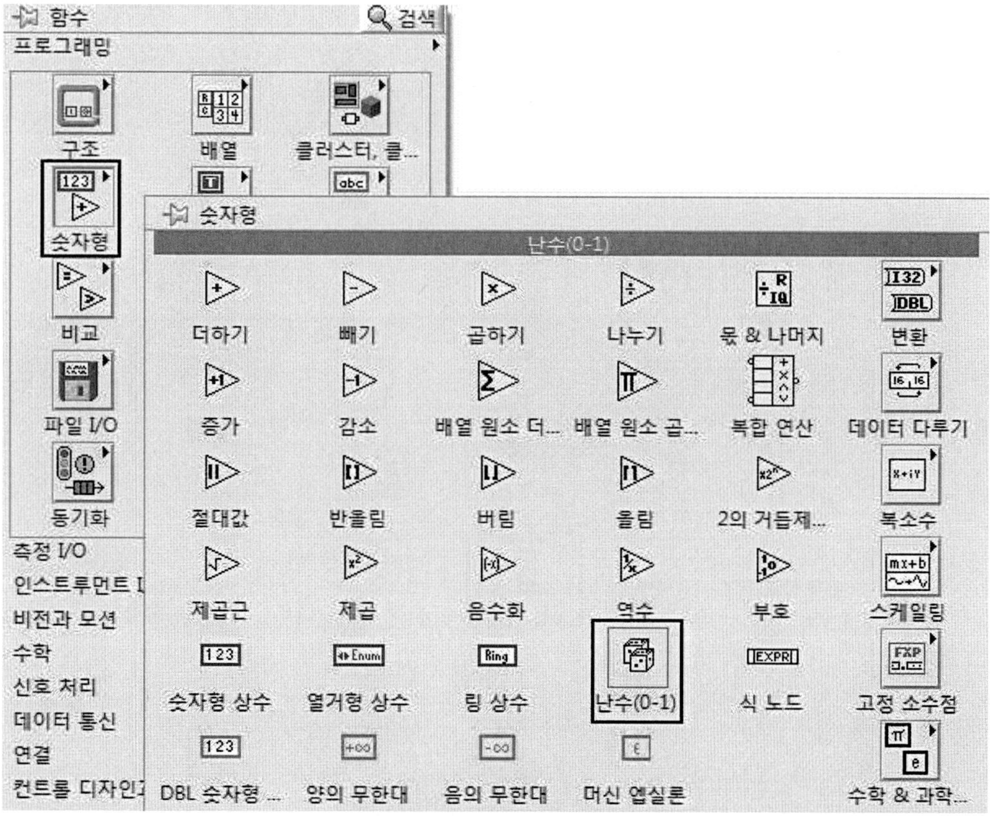

【그림】 6-7 난수 함수

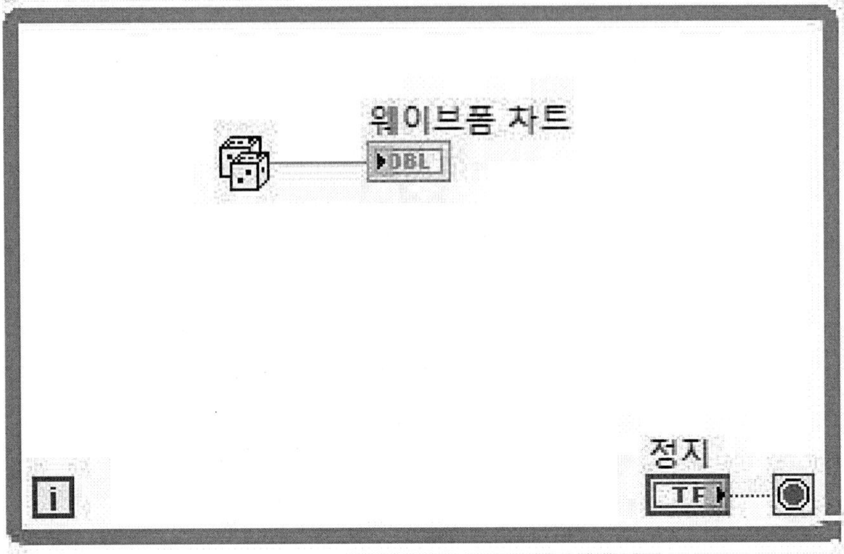

【그림】 6-8 웨이브폼 챠트 연결하기

⑤ 원활한 프로그램 관찰을 위해 타이머를 넣어주자.
블록다이어그램 상에서 마우스 오른쪽 버튼 클릭〉타이밍〉시간 지연을 선택한 뒤 While 루프 안에 넣는다. 지연 시간은 0.5초로 설정한다.

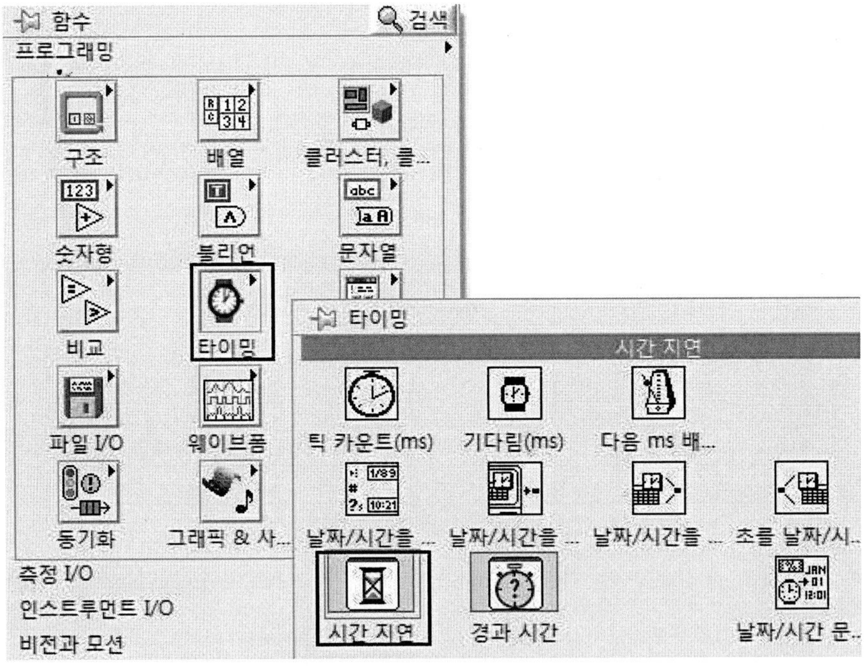

【그림】 6-9 시간 지연 함수

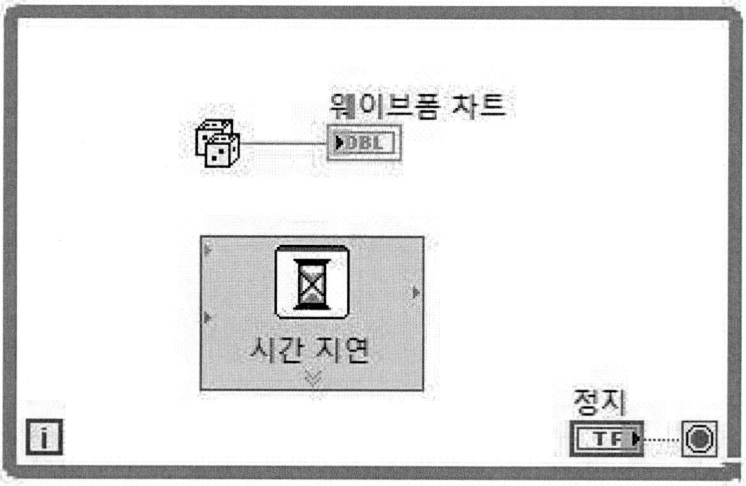

【그림】 6-10 시간 지연 함수와 While 루프

【그림】 6-11 지연 시간 설정하기

이제 프로그램을 시키고 그래프를 확인해보자.

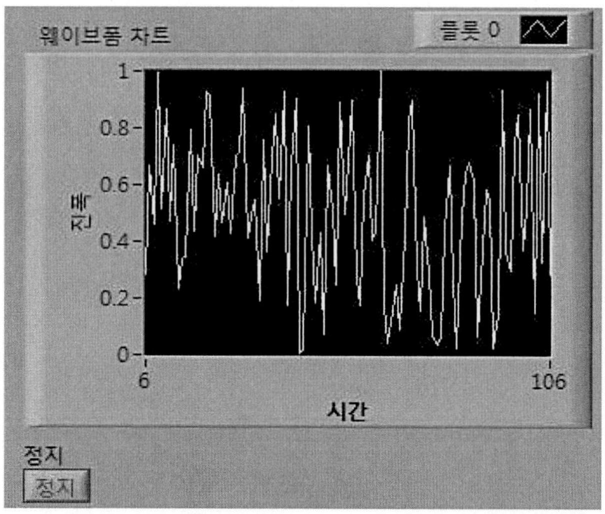

【그림】 6-12 웨이브폼 챠트 프로그램 실행 예시

보이는 것처럼 난수에서 나오는 0에서 1사이의 값을 루프가 도는 동안 계속 웨이브폼 챠트가 표시해준다. 중요한 것은 지나간 데이터가 계속 남아 표시가 된다는 것이다.

2. 웨이브 폼 그래프

웨이브폼 그래프는 챠트와는 다르게 현재의 데이터 값만을 표시해 주며 스칼라 값(한개의 데이터를 의미)을 바로 연결 할 수 없다. 그 말인즉 위에서 작성한 프로그램 중 난수를 바로 연결할 수 없고 배열과 같은 데이터를 입력해야 한다는 뜻이다.

① 프런트패널 상에서 마우스 오른쪽 버튼 클릭〉그래프〉웨이브폼 그래프를 선택하여 화면에 놓는다.

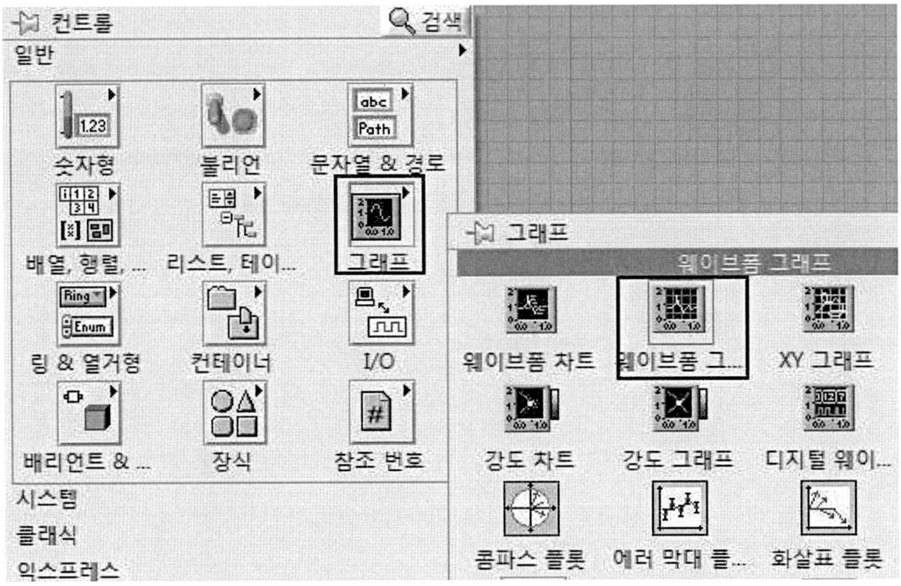

【그림】 6-13 웨이브폼 그래프

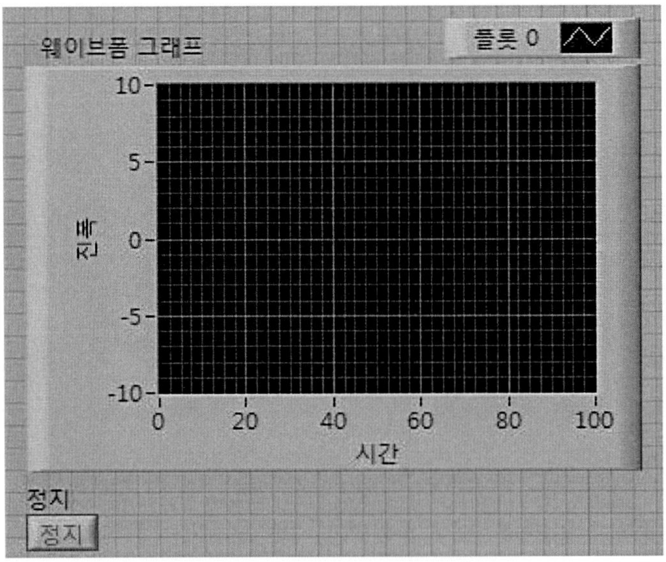

【그림】 6-14 웨이브폼 그래프

② 생성된 터미널을 위에서 생성했던 While루프 안에 넣는다.(기존에 있던 웨이브폼 챠트와 난수는 삭제한다)

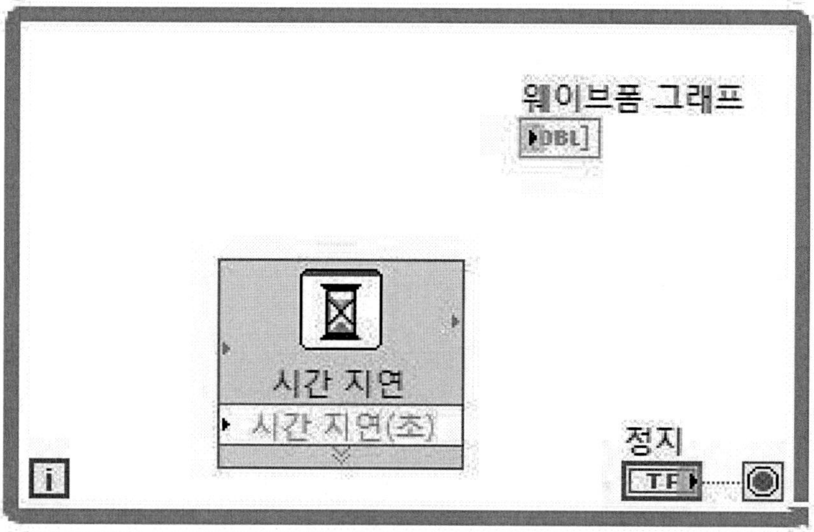

【그림】 6-15 웨이브폼 그래프와 While 루프

③ 이제 그래프에 입력할 배열을 작성해준다.
프런트패널 상에서 마우스 오른쪽 버튼 클릭〉배열, 행렬, 클러스터〉배열을 선택한 뒤 화면에 놓는

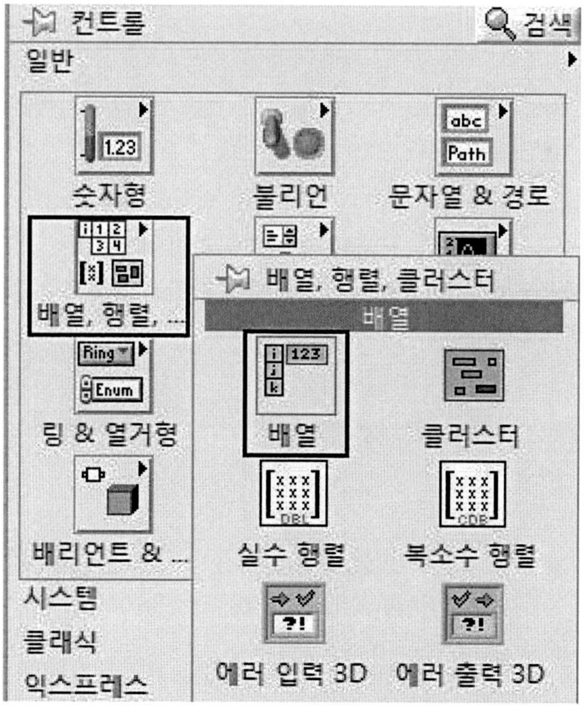

【그림】 6-16 배열

④ 프런트패널 상에서 마우스 오른쪽 버튼 클릭〉숫자형〉숫자형 컨트롤을 선택한 뒤 배열에 넣는다.

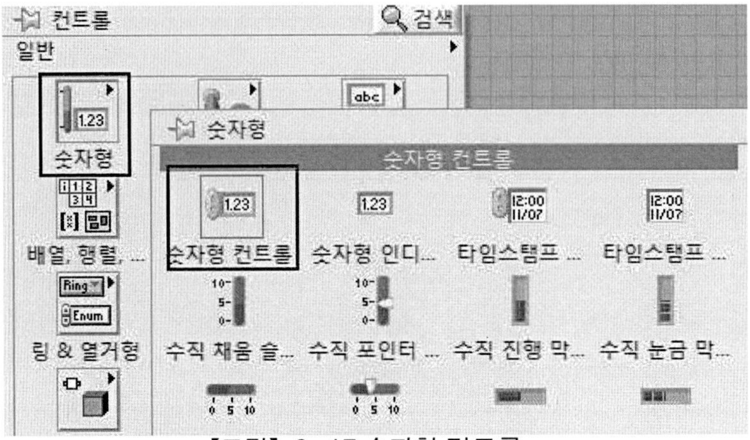

【그림】 6-17 숫자형 컨트롤

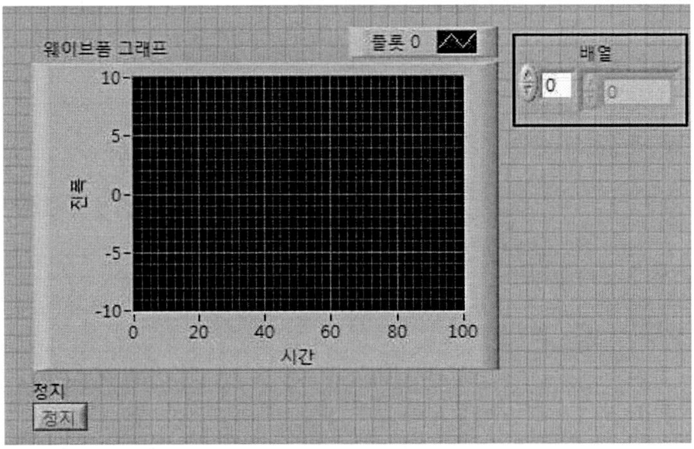

【그림】 6-18 숫자형 배열

⑤ 배열의 크기를 늘려준 뒤 【그림】 6-19와 같이 숫자를 넣고 터미널을 While 루프 안에 웨이브폼 그래프와 연결해준다.

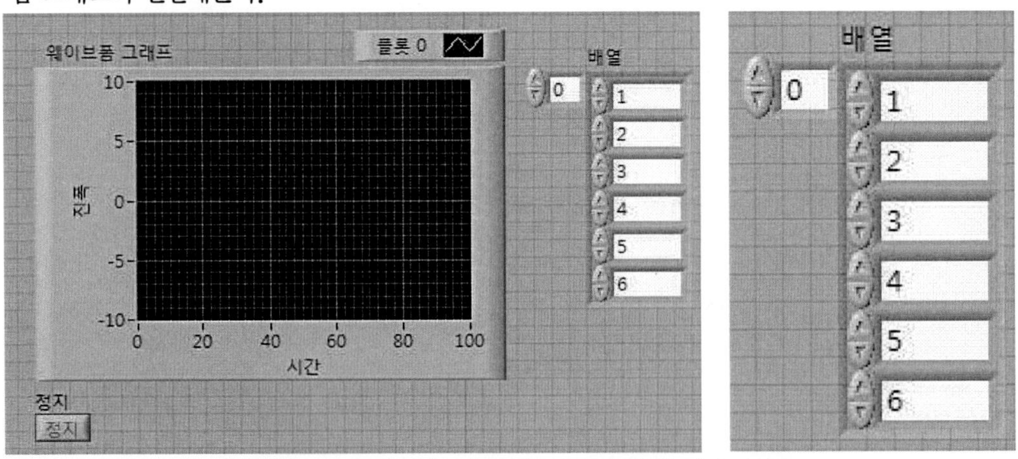

【그림】 7-19 숫자형 배열의 크기 조정과 원소 삽입

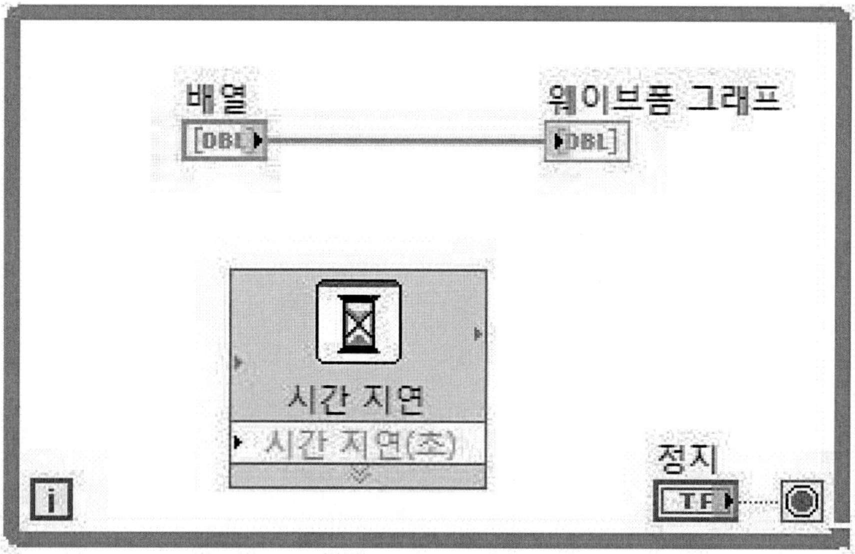

【그림】 6-20 웨이브폼 그래프 연결하기

이제 작성한 프로그램을 실행시켜 보자.

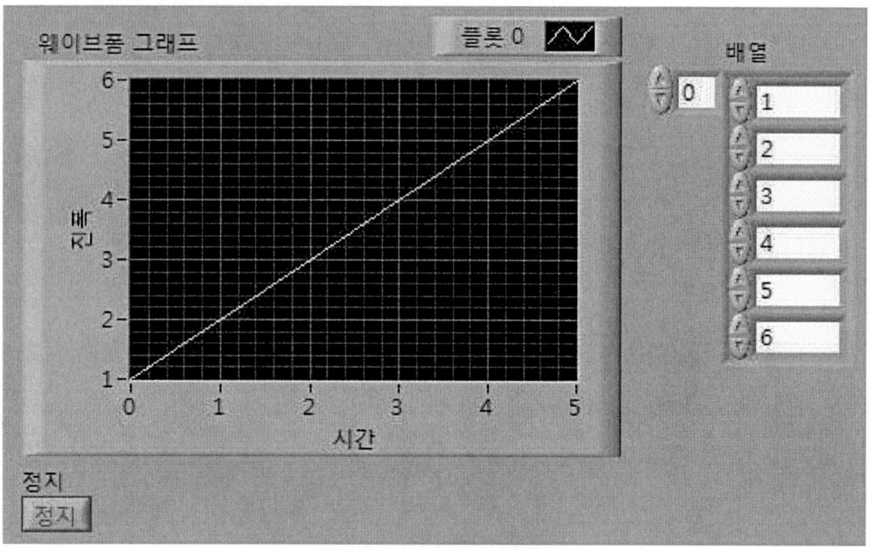

【그림】 6-21 프로그램 실행

현재 배열에 들어있는 원소들의 값을 그래프로 나타내어준다. 만약 배열의 원소들의 값이 바뀐다면 그래프는 모양이 바뀔 것이다. 이렇듯 웨이브폼 그래프는 현재값만을 표시해주고 지나간 기록은 표시해주지 않는다.

응용문제 파형 생성 그래프

사용자가 원하는 만큼의 크기, 길이를 가지는 파형을 생성해내는 프로그램이다.
【그림】 6-22,23을 보며 프로그램을 작성해보자.

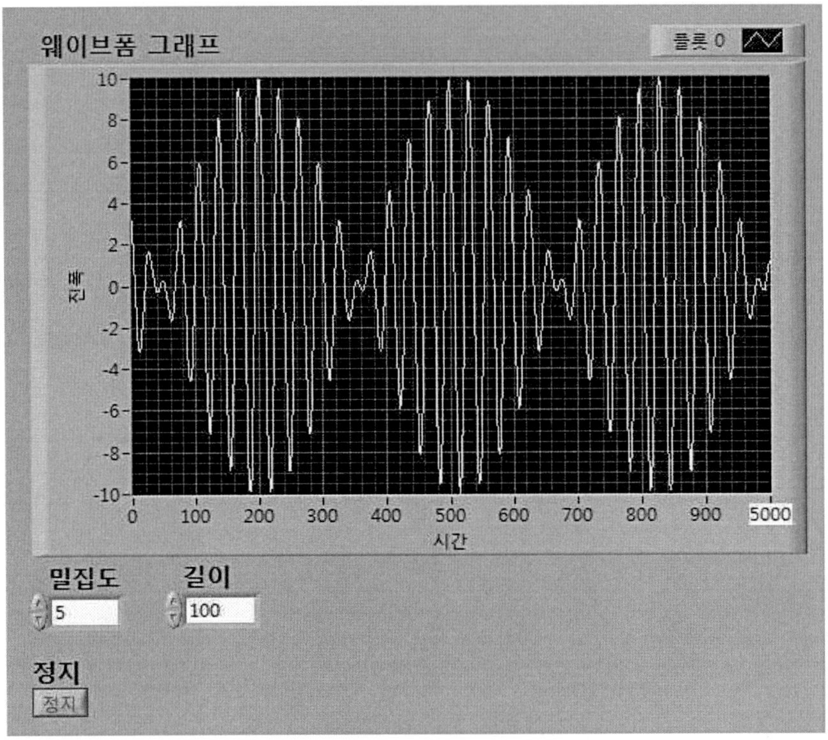

【그림】 6-22 완성된 프로그램(프런트패널)

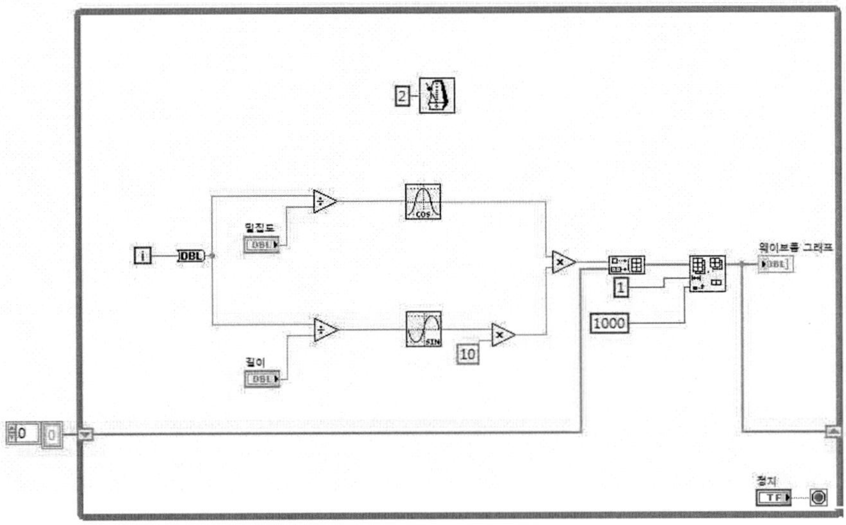

【그림】 6-23 완성된 프로그램(블록다이어그램)

먼저 While 루프를 그려준다.
블록다이어그램 상에서 마우스 오른쪽 버튼 클릭>구조>While 루프를 선택한다.

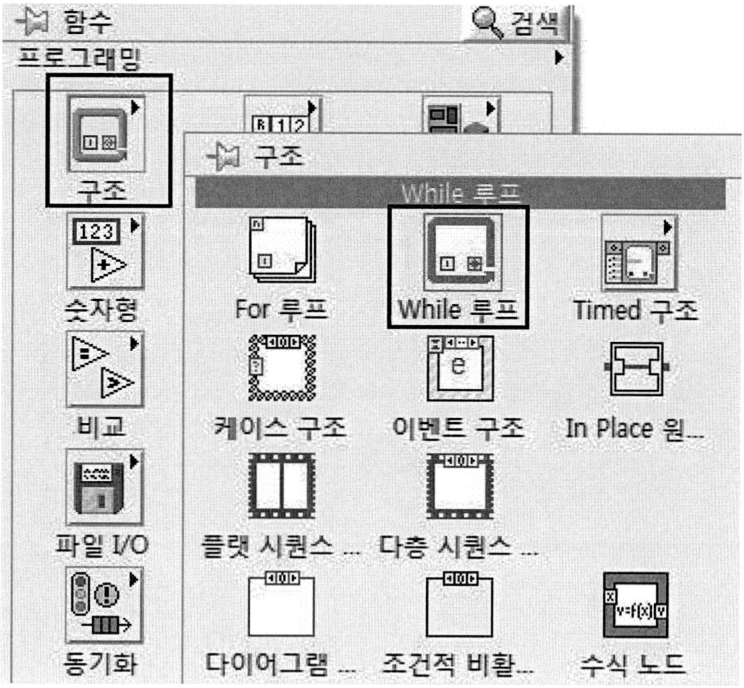

【그림】 6-24 While 루프

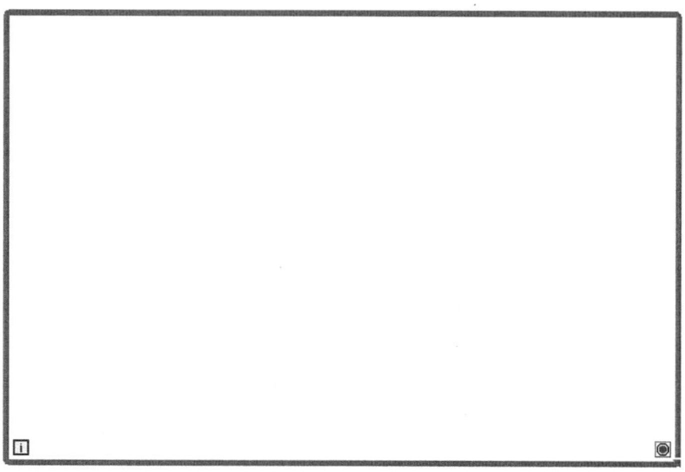

【그림】 6-25 While 루프 그리기

While 루프의 구동 조건에 정지 버튼을 생성해준다.
우측 하단의 구동 조건을 마우스 오른쪽 버튼을 클릭하여 단축메뉴를 띄운 뒤 생성〉컨트롤을 눌러 정지 버튼을 생성해준다.

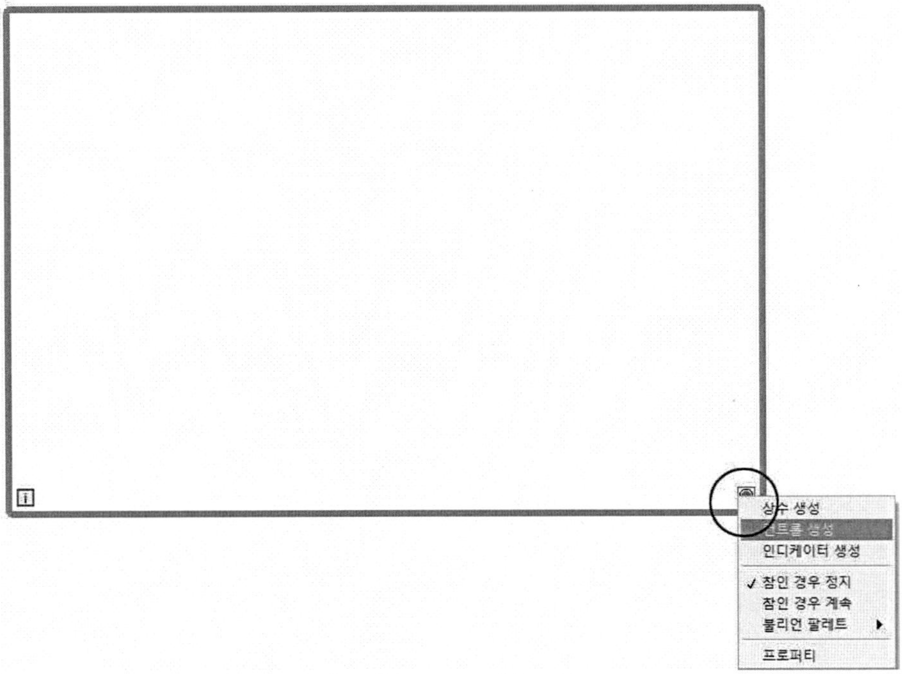

【그림】 6-26 단축 메뉴

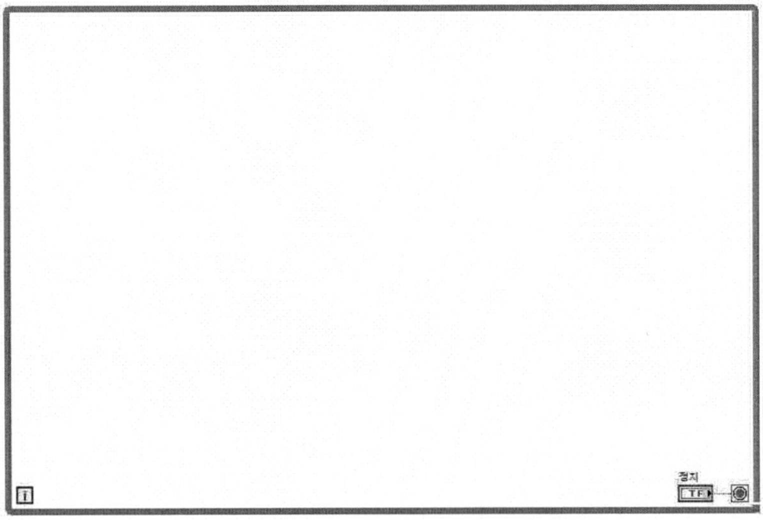

【그림】 6-27 생성된 정지 버튼

좌측 하단의 루프 반복횟수를 클릭>드래그 하여 사용하기 편한 위치로 옮겨준다.

【그림】 6-28 루프 반복횟수

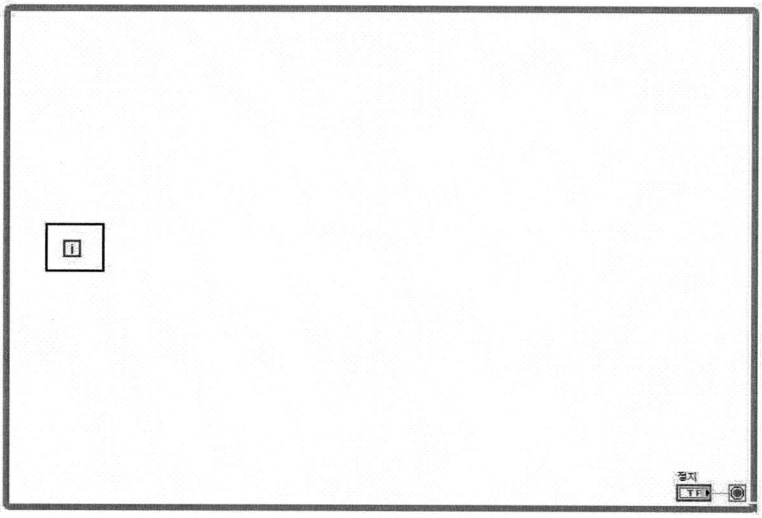

【그림】 6-29 루프 반복횟수 이동시키기

배정도 부동소수로 변환해주는 함수를 생성해보자.

블록다이어그램 상에서 마우스 오른쪽 버튼 클릭〉숫자형〉변환〉배정도 부동소수로를 선택한다.

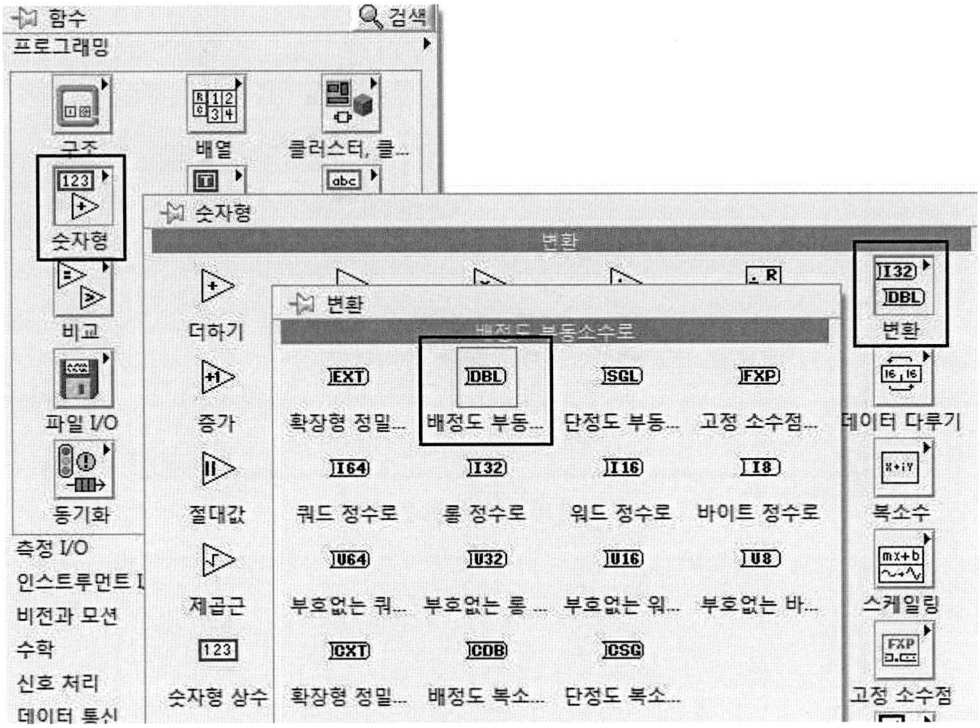

【그림】 6-30 배정도 부동소수로 함수

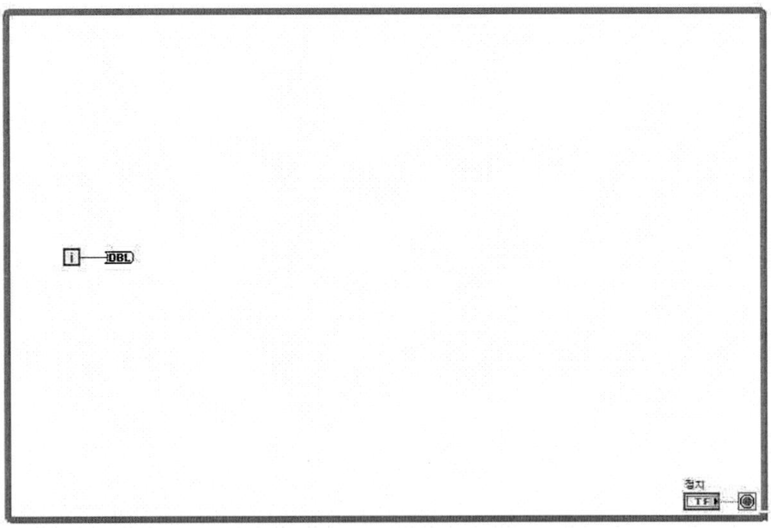

【그림】 6-31 배정도 부동소수로 함수 연결하기

제6장 그래프

나누기 함수를 2개 생성하여 아래 그림과 같이 연결해준다.
블록다이어그램 상에서 마우스 오른쪽 버튼 클릭〉숫자형〉 나누기 함수를 선택한다.

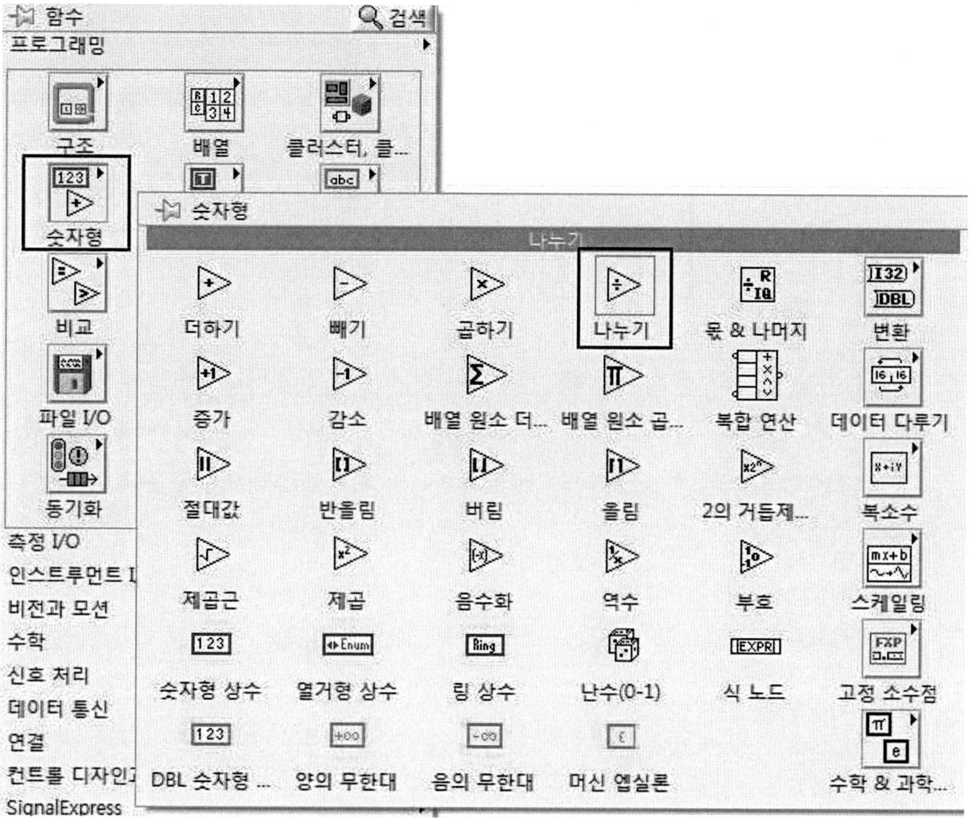

【그림】 6-32 나누기 함수

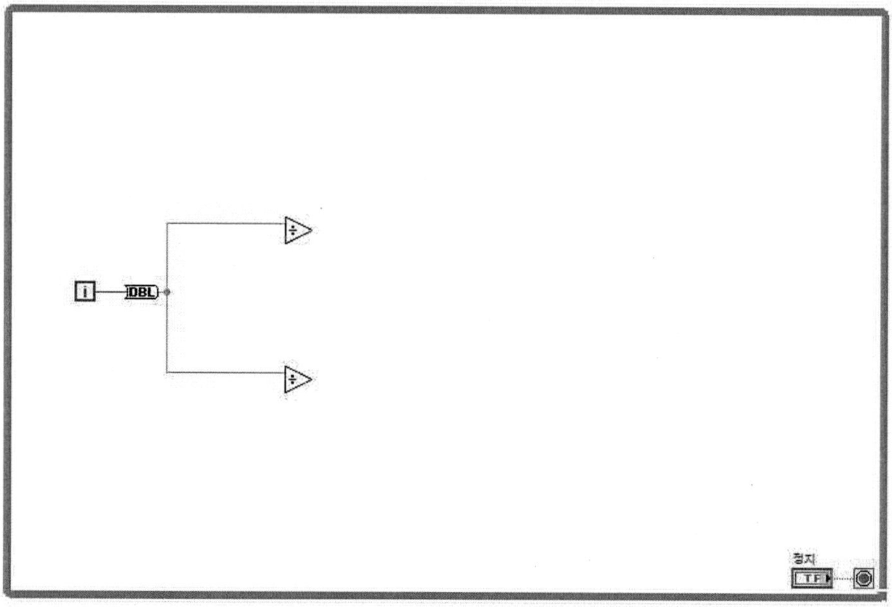

【그림】 6-33 나누기 함수 연결하기

나누기 함수에 연결해줄 숫자형 컨트롤 2개를 생성한다.
프런트패널 상에서 마우스 오른쪽 버튼 클릭>숫자형>숫자형 컨트롤을 선택한다.

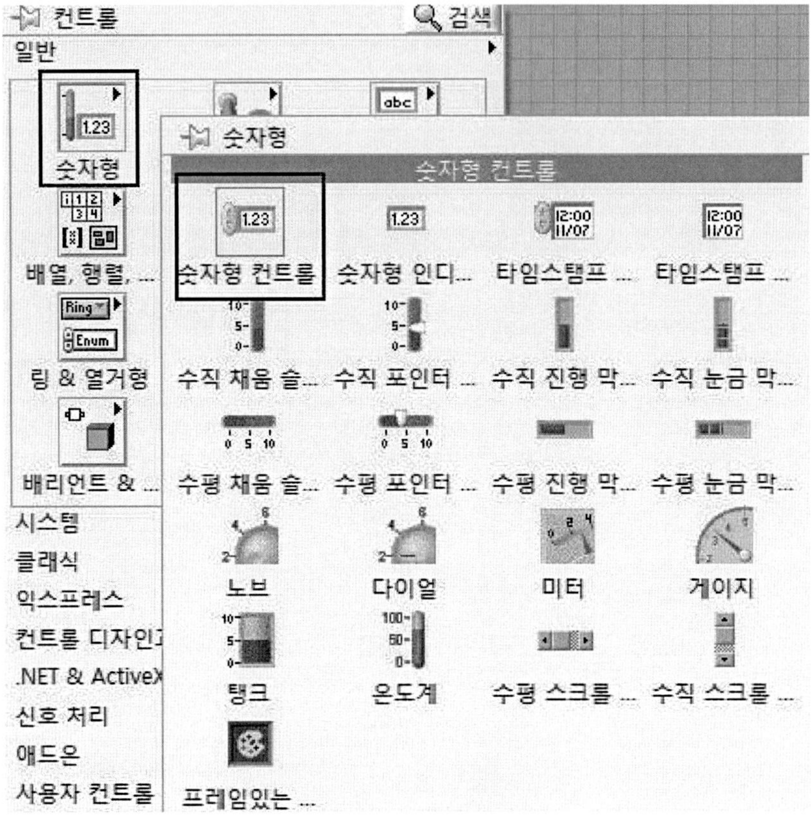

【그림】 6-34 숫자형 컨트롤

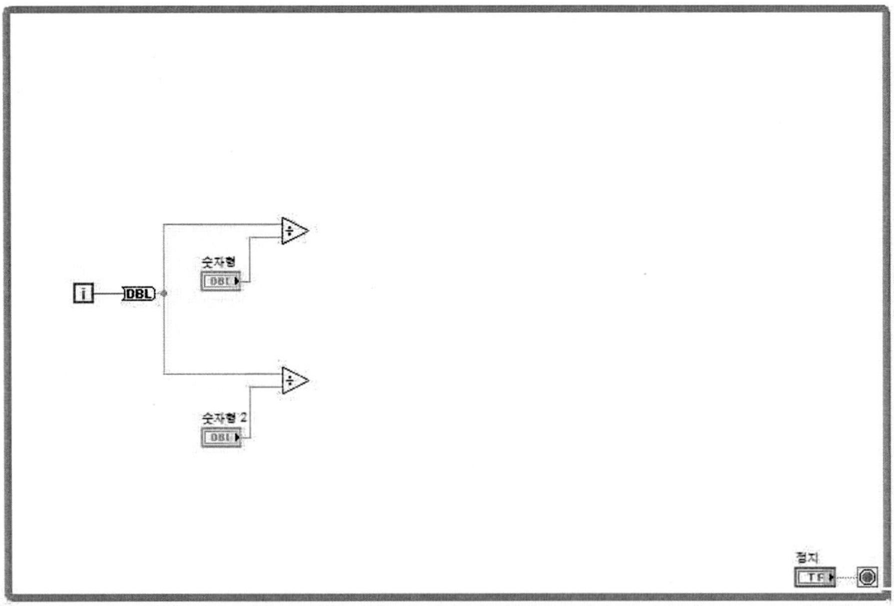

【그림】 6-35 숫자형 컨트롤 연결하기

각각의 나누기 함수에 연결해줄 사인과 코사인 함수를 생성해준다.
블록다이어그램 상에서 마우스 오른쪽 버튼 클릭〉수학〉기본&특수 함수〉삼각 함수에서 사인과 코사인을 선택하여 각각의 나누기 함수에 연결해준다.

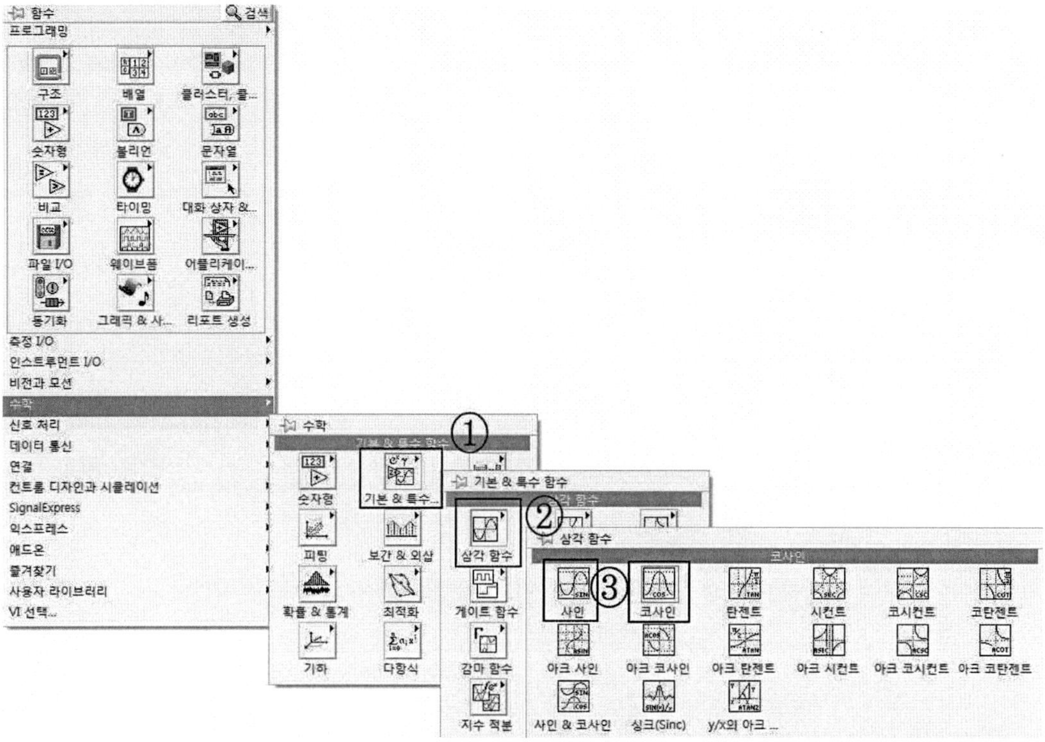

【그림】 6-36 삼각 함수

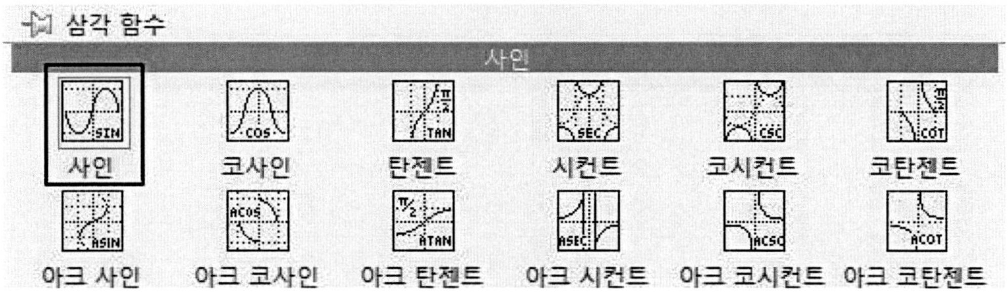

【그림】 6-37 사인함수

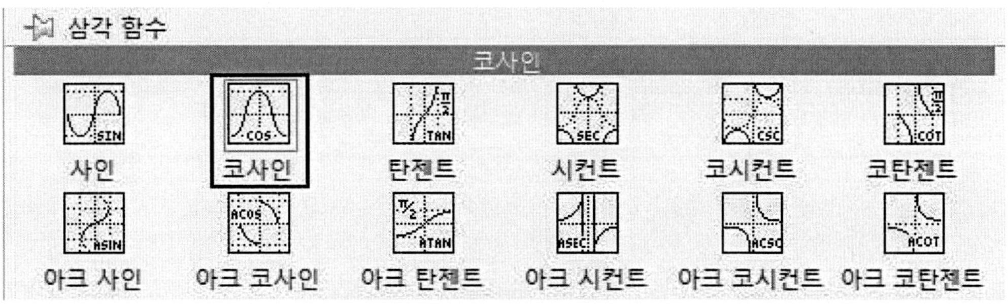

【그림】 6-38 코사인함수

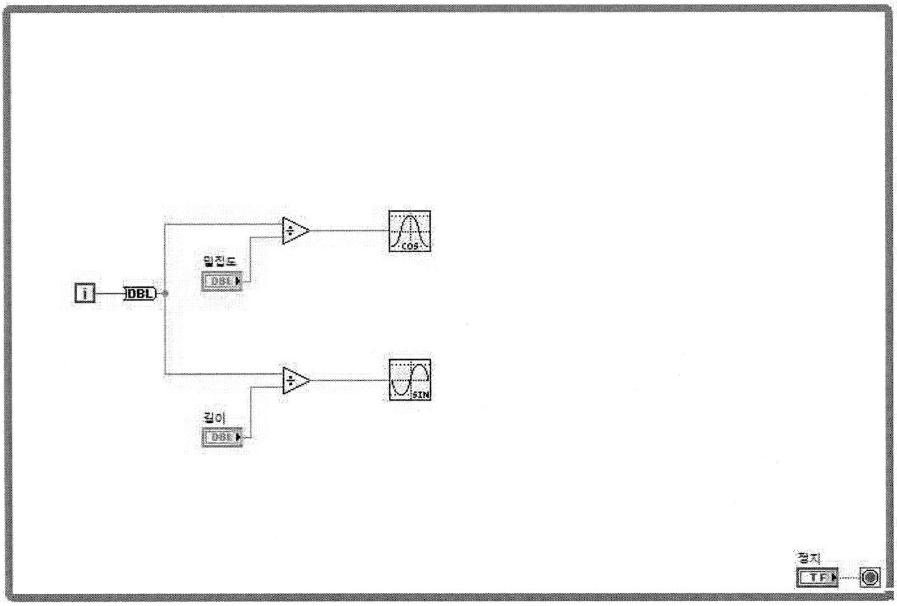

【그림】 6-39 사인과 코사인 함수 연결하기

사인 함수에 연결해줄 곱하기 함수를 생성해준다.
블록다이어그램 상에서 마우스 오른쪽 버튼 클릭>숫자형>곱하기 함수를 선택한다.

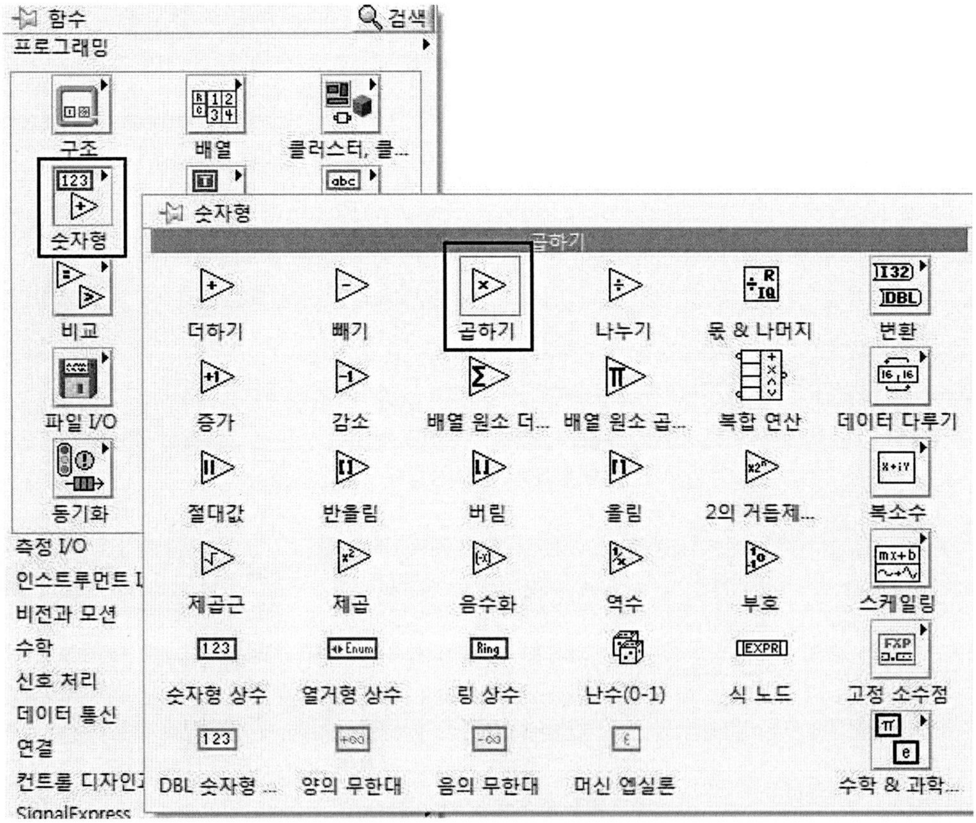

【그림】 6-40 곱하기 함수

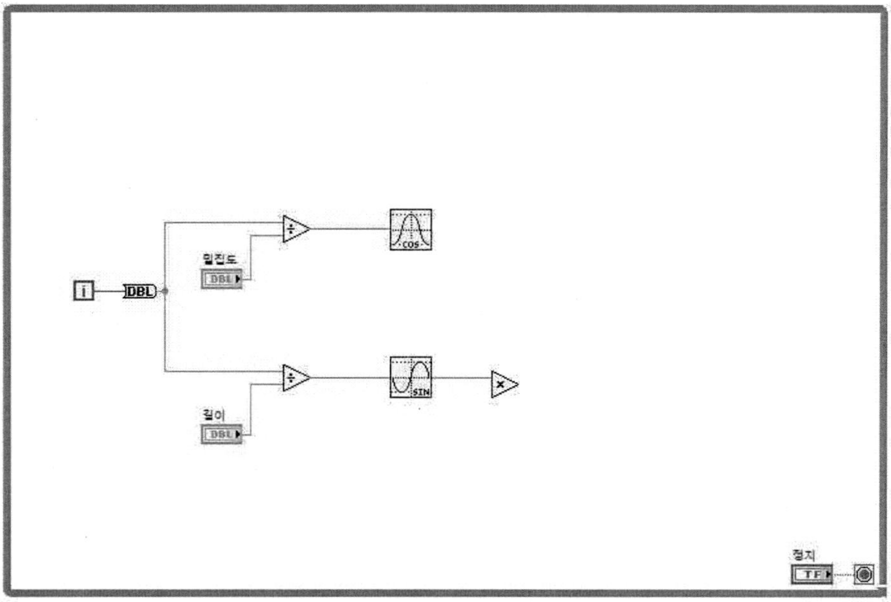

【그림】 6-41 곱하기 함수 연결하기

곱하기 함수와 숫자형 상수를 생성하여 【그림】 6-44와 같이 연결해준다.
블록다이어그램 상에서 마우스 오른쪽 버튼 클릭〉숫자형에서 DBL 숫자형 상수를 선택한다.

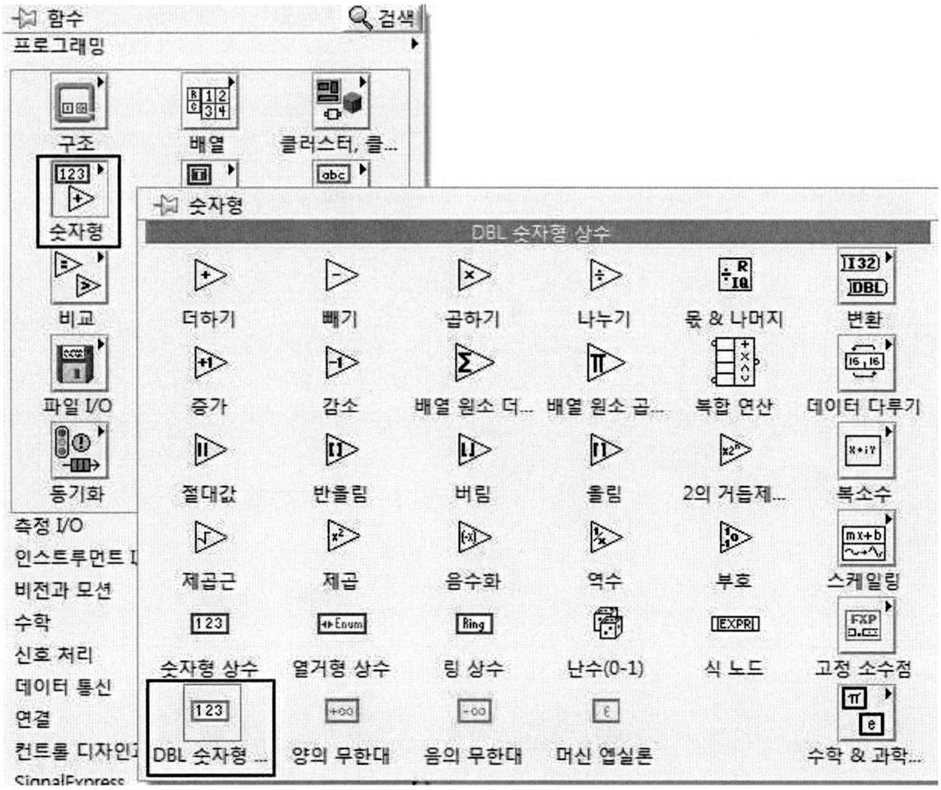

【그림】 6-42 곱하기 함수 연결하기

블록다이어그램 상에서 마우스 오른쪽 버튼 클릭>숫자형>곱하기 함수를 선택한다.

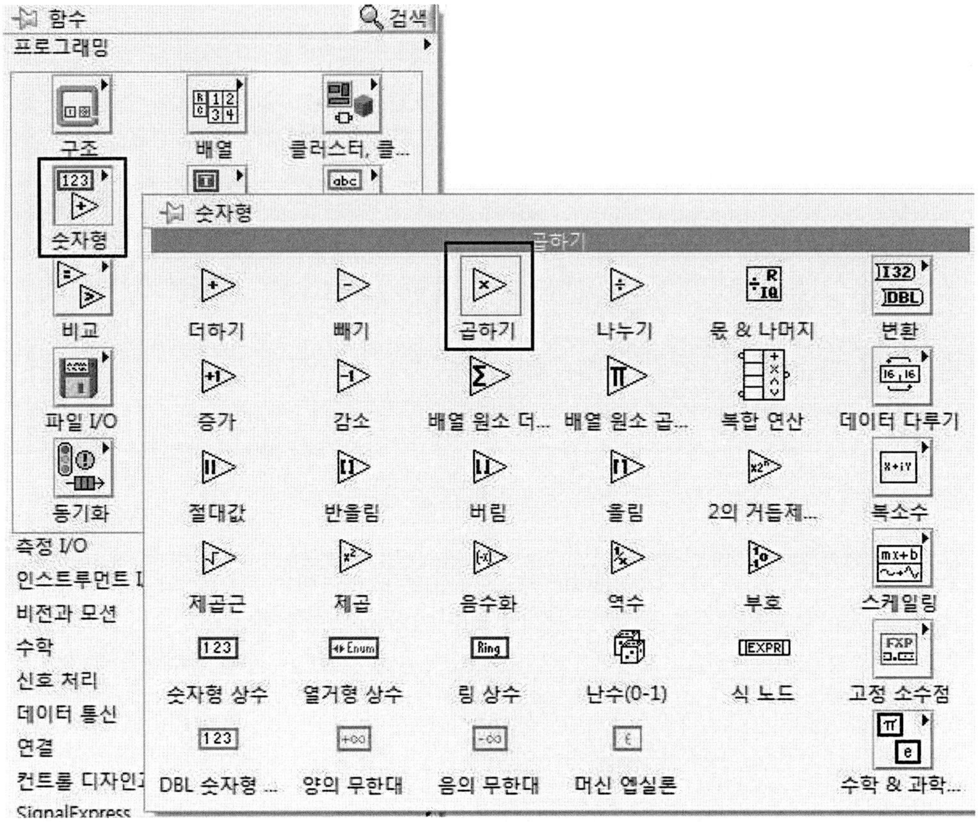

【그림】 6-43 곱하기 함수

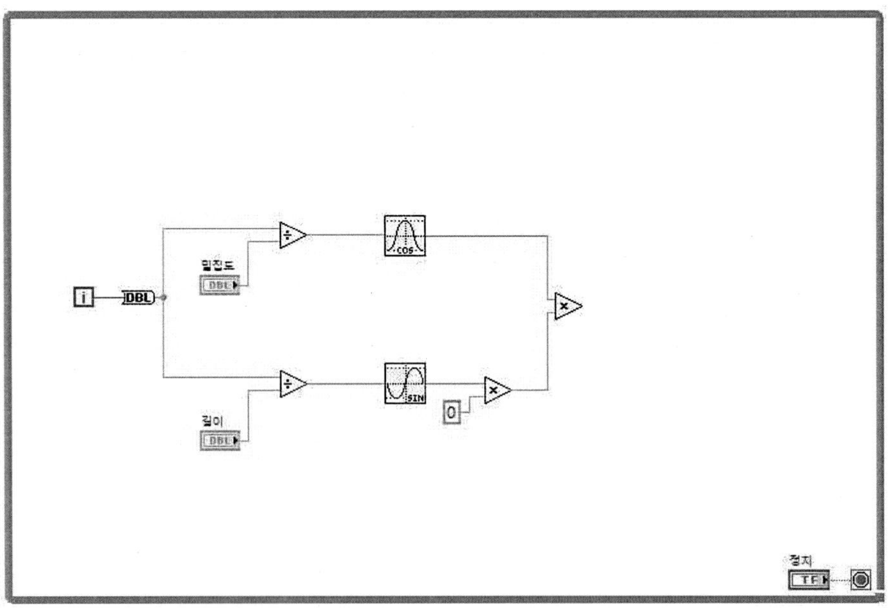

【그림】 6-44 숫자형 상수와 곱하기 함수 연결하기

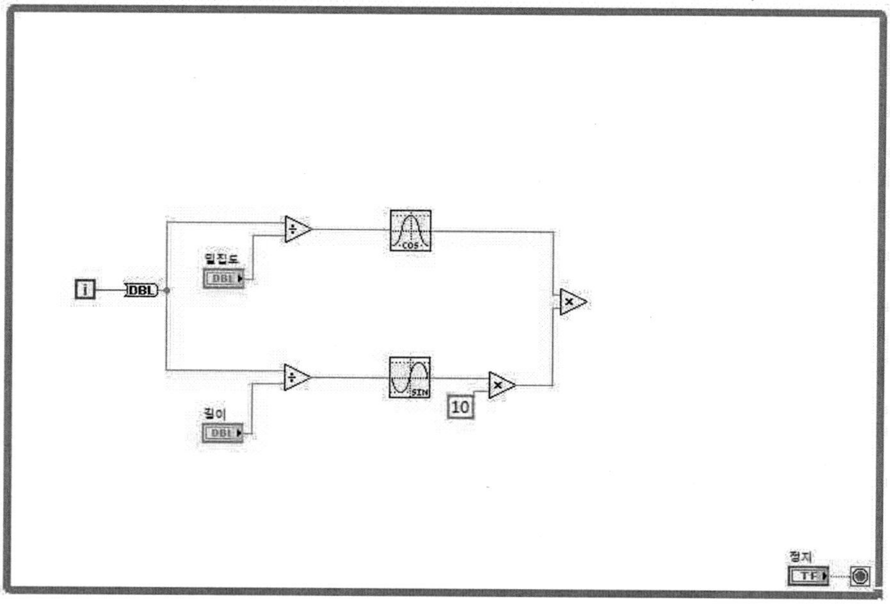

【그림】 6-45 DBL 숫자형 상수에 숫자 입력하기

연산 데이터를 배열 데이터로 바꾸어 주기 위해 아래 그림과 같이 배열 만들기 함수를 만들어서 연결해준다. 블록다이어그램 상에서 마우스 오른쪽 버튼 클릭〉배열〉배열 만들기를 선택한다.

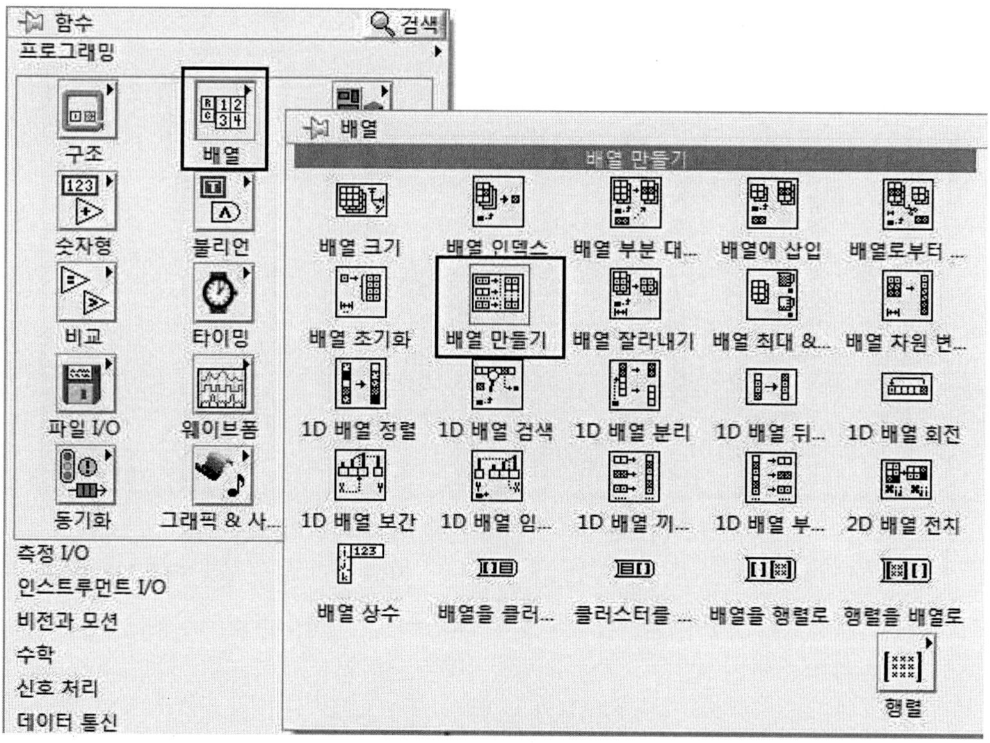

【그림】 6-46 배열 만들기 함수

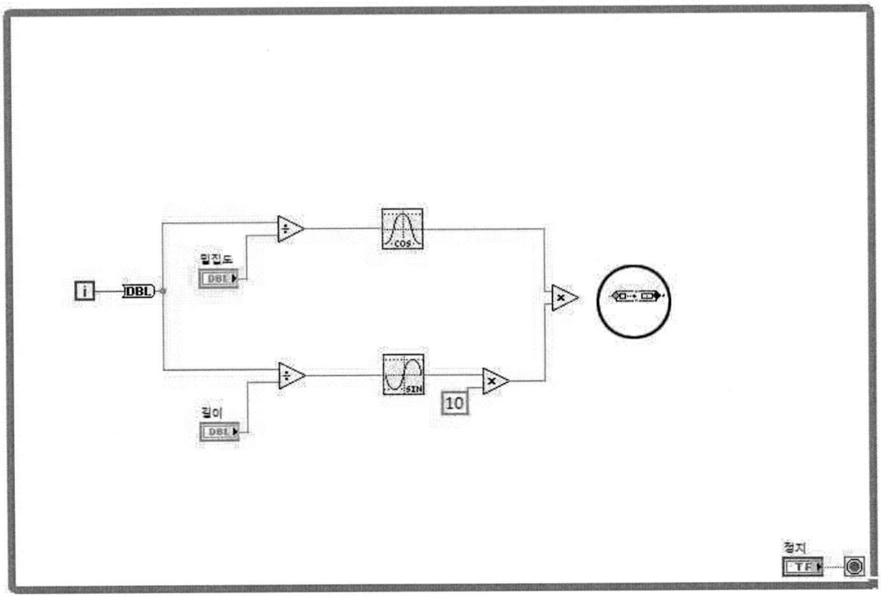

【그림】 6-47 배열 만들기 함수의 크기 조절

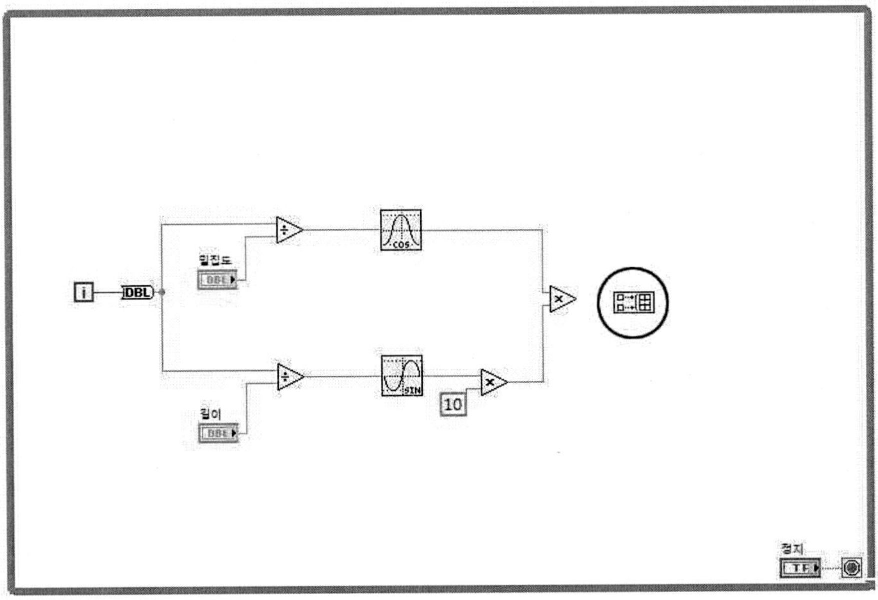

【그림】 6-48 크기 조절된 배열 만들기 함수

While 루프를 마우스 오른쪽 버튼 클릭하여 단축메뉴를 띄운 뒤 시프트 레지스터를 생성해준다.

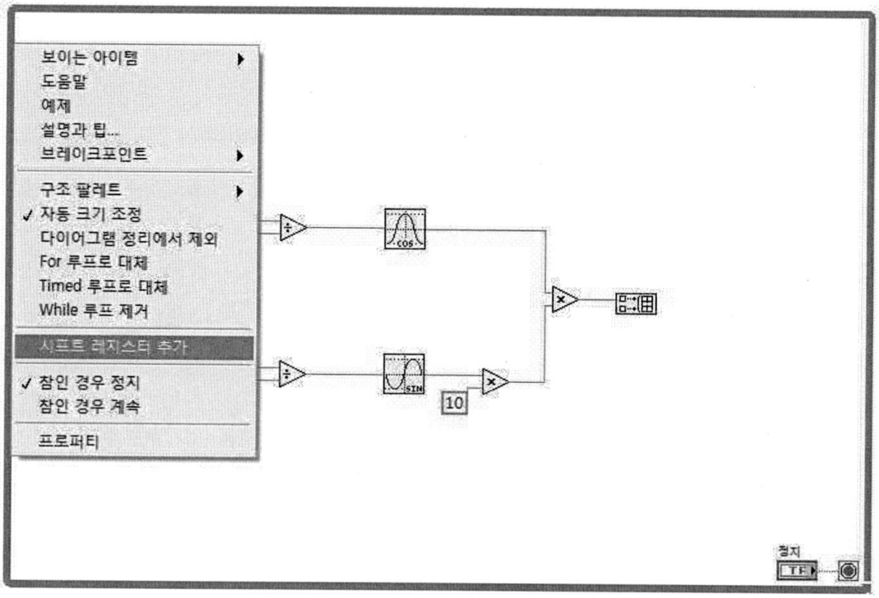

【그림】 6-49 단축메뉴

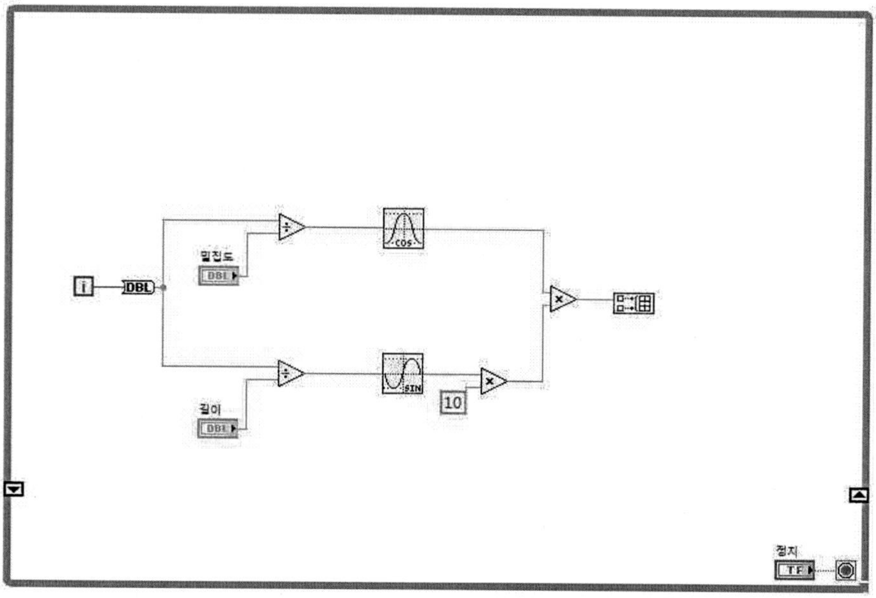

【그림】 6-50 배열 만들기 함수 연결하기

시프트 레지스터에 연결해줄 배열 상수를 생성해준다.
블록다이어그램 상에서 마우스 오른쪽 버튼 클릭>배열>배열 상수를 선택한다.

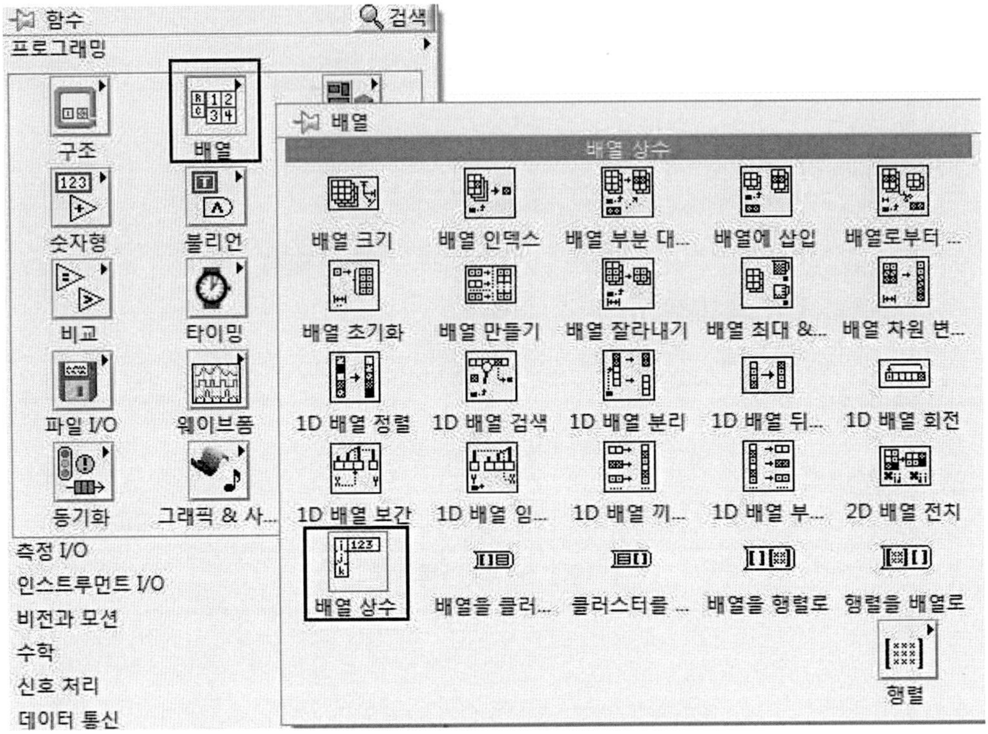

【그림】 6-51 배열 만들기 함수 연결하기

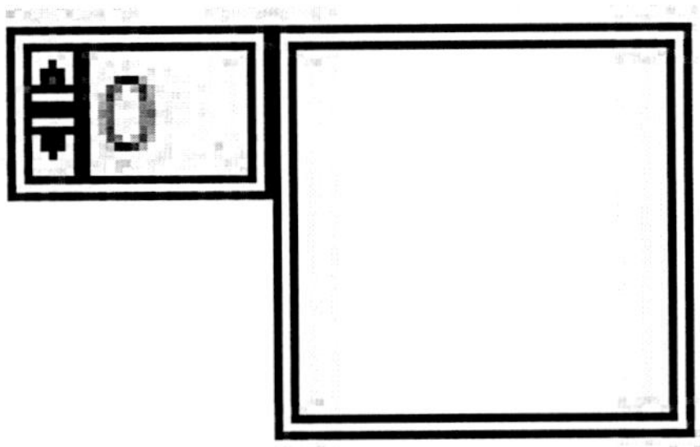

【그림】 6-52 생성된 배열 함수

배열 상수의 데이터 타입을 숫자형으로 만들어 주기 위해 DBL 숫자형 상수를 생성하여 배열 상수 안에 넣어준다. 블록다이어그램 상에서 마우스 오른쪽 버튼 클릭>숫자형>DBL 숫자형 상수를 선택한다.

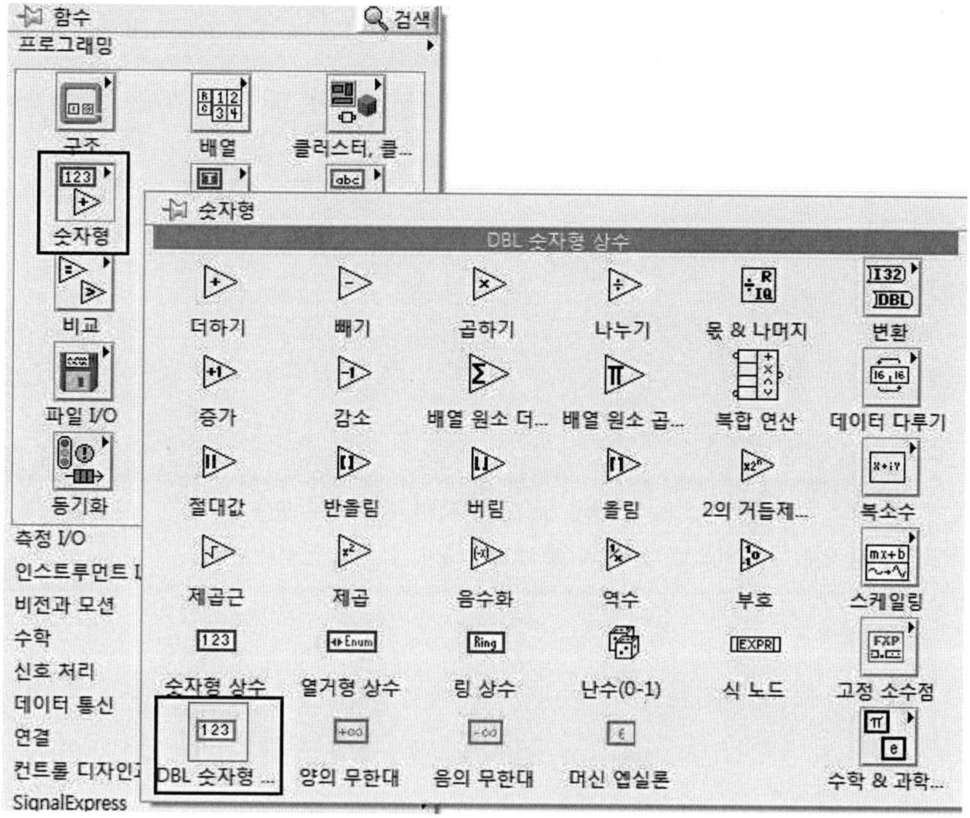

【그림】 6-53 DBL 숫자형 상수

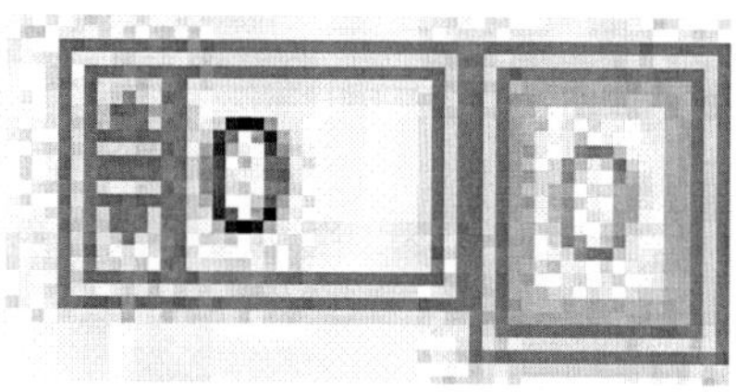

【그림】 6-54 숫자형 배열 상수

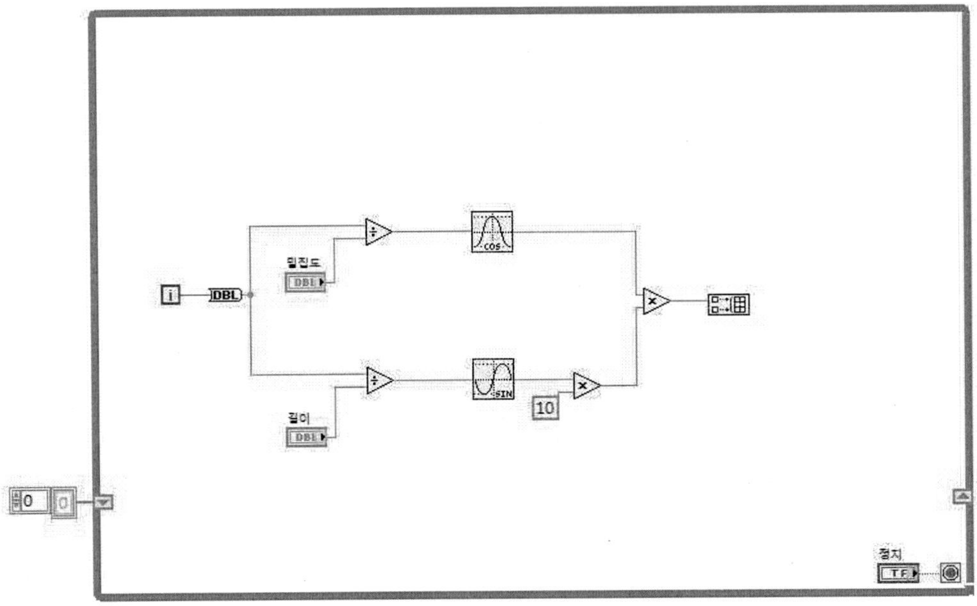

【그림】 6-55 숫자형 배열 상수 연결하기

배열 상수를 연결해준 시프트 레지스터를 배열 만들기 함수에 연결해준다.

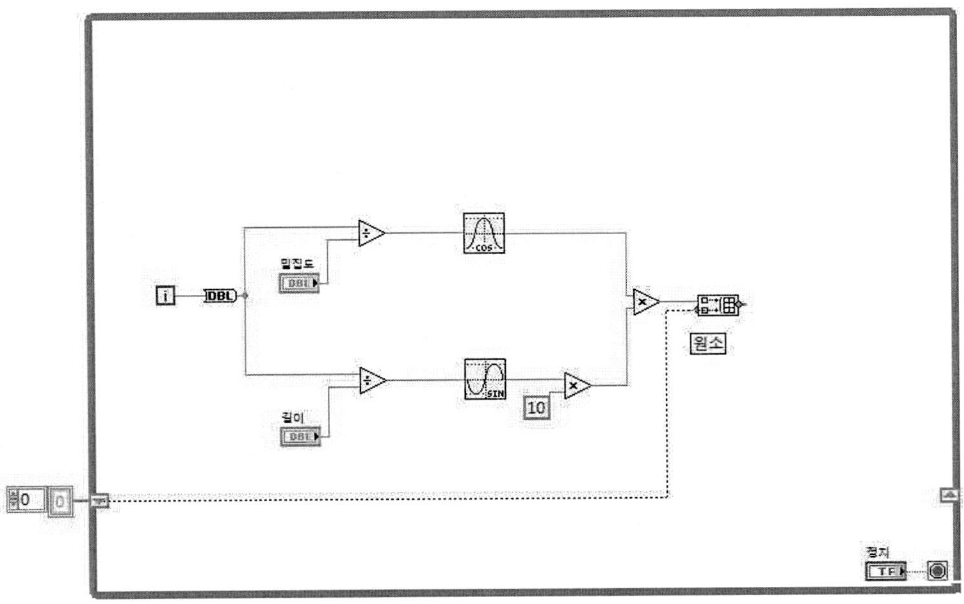

【그림】 6-56 시프트 레지스터 연결하기

파형의 길이를 설정해주는 배열로부터 삭제 함수를 생성해준다.
블록다이어그램 상에서 마우스 오른쪽 버튼 클릭>배열>배열로부터 삭제 함수를 선택한다.

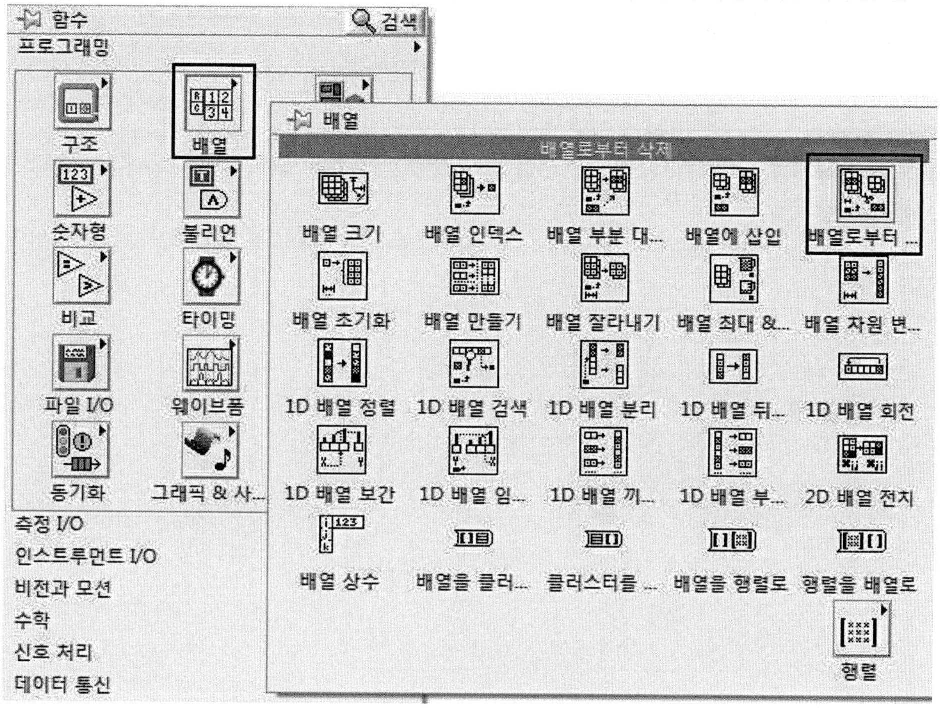

【그림】 6-57 배열로부터 삭제 함수

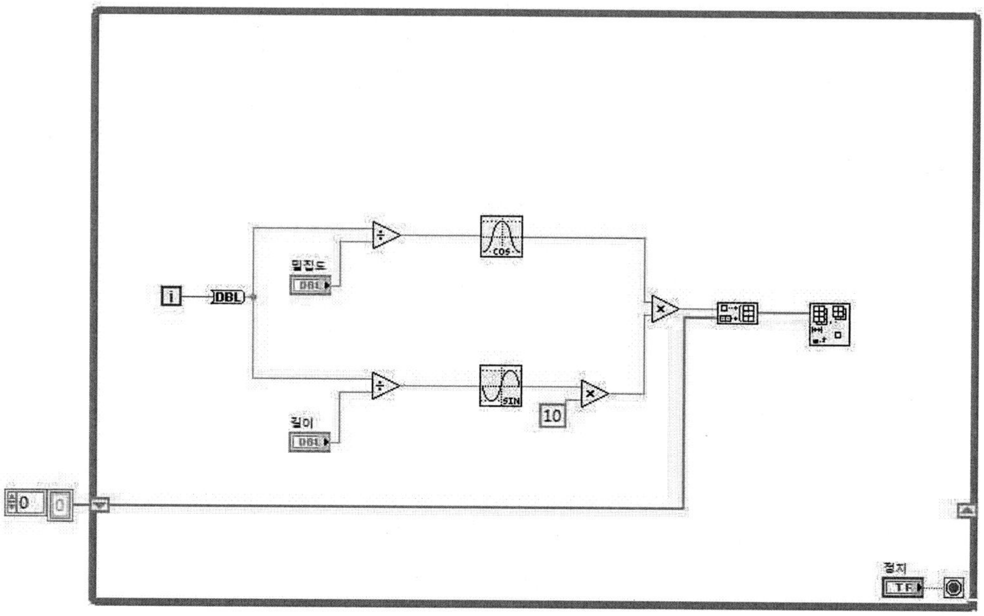

【그림】 6-58 배열로부터 삭제 함수 연결하기

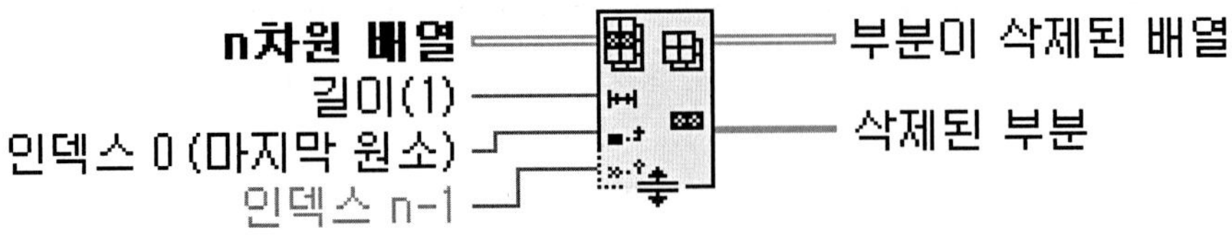

【그림】 6-59 배열로부터 삭제 함수의 연결 방법

배열로부터 삭제 함수의 길이와 인덱스부를 마우스 오른쪽 버튼 클릭하여 단축메뉴를 띄운 뒤 생성>상수를 선택한다.

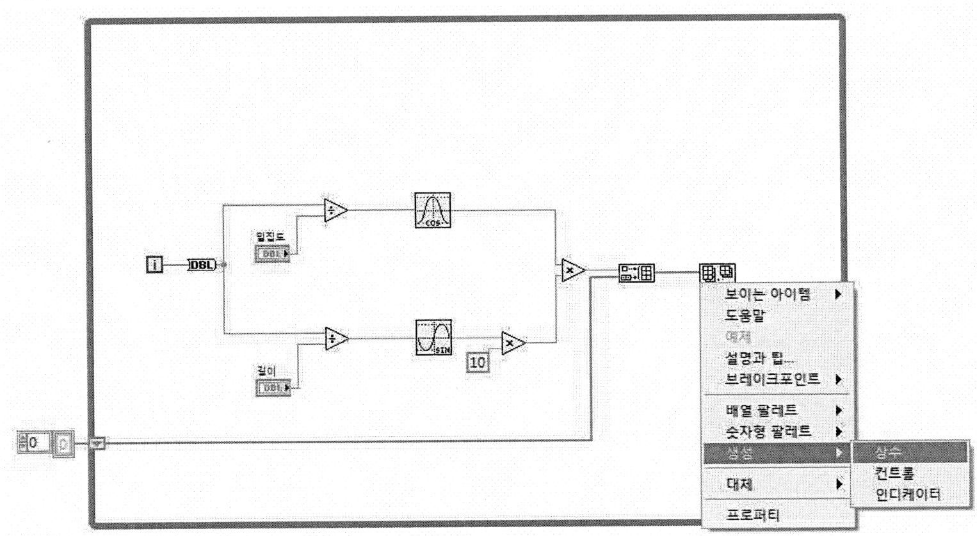

【그림】 6-60 단축 메뉴

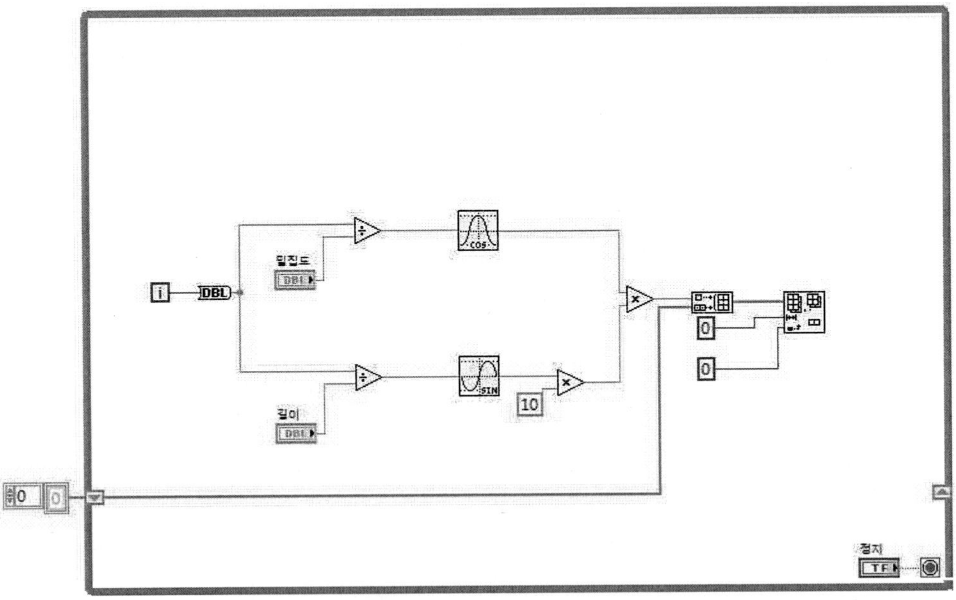

【그림】 6-61 길이와 인덱스 상수

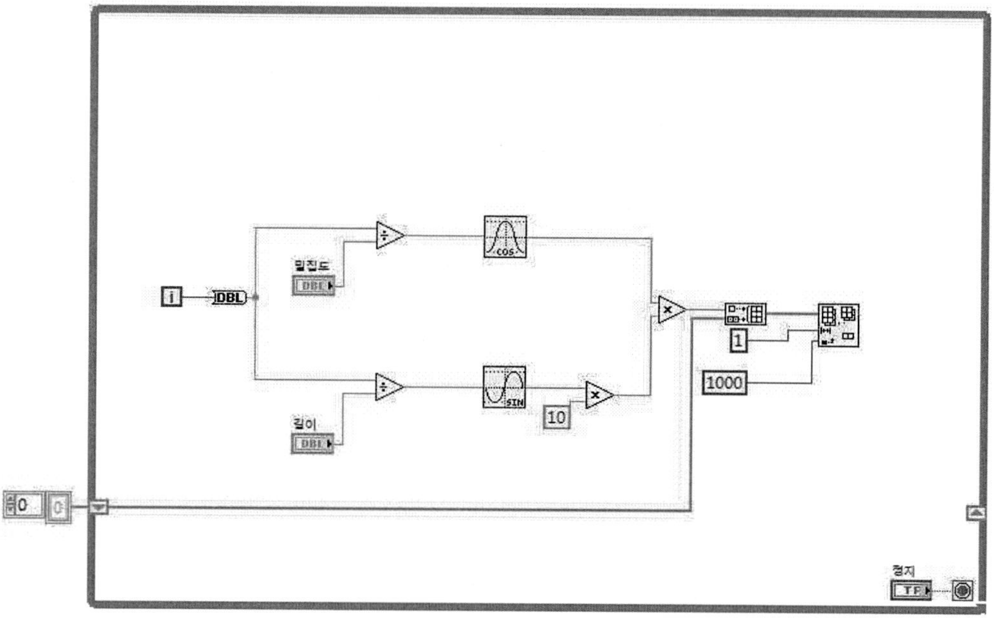

【그림】 6-62 각 상수에 값 넣기

파형을 표현해 줄 웨이브폼 그래프를 생성해준다.
프런트패널 상에서 마우스 오른쪽 버튼 클릭>그래프>웨이브폼 그래프를 선택한다.

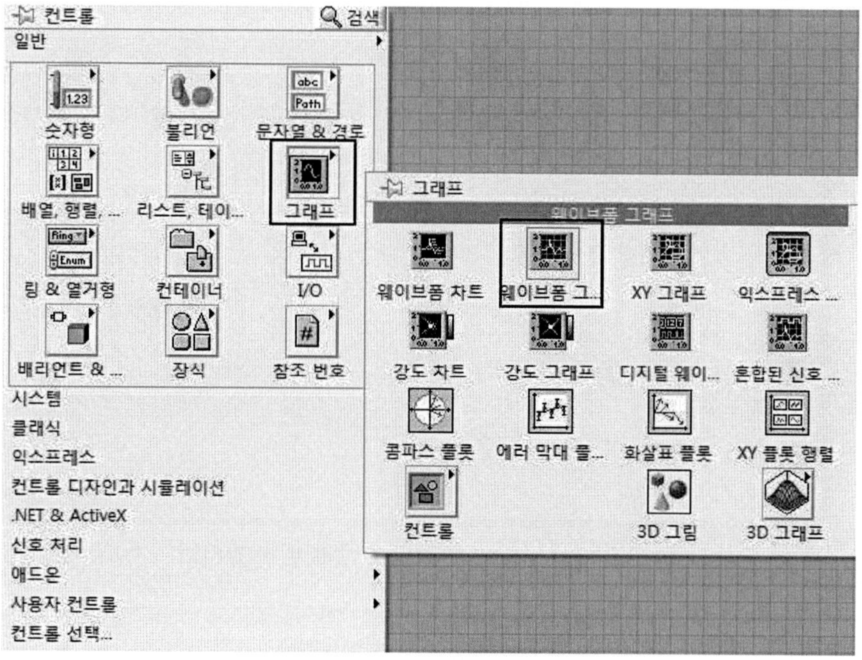

【그림】 6-63 웨이브폼 그래프

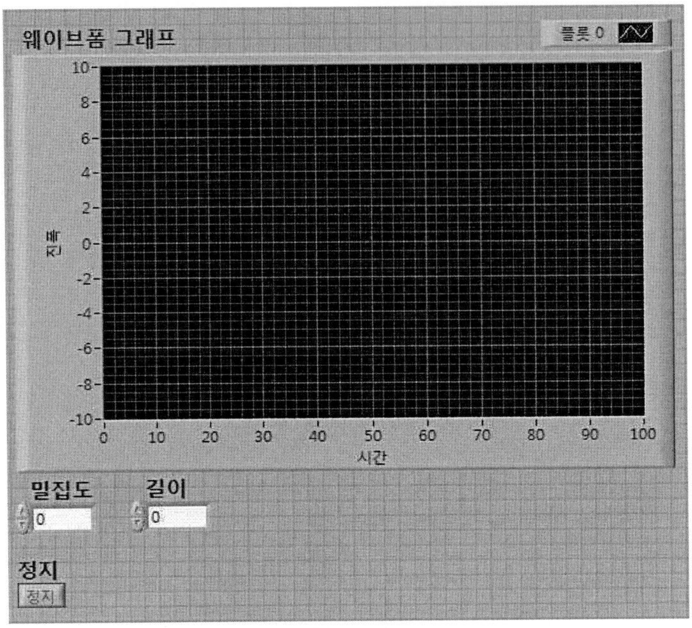

【그림】 6-64 생성된 웨이브폼 그래프

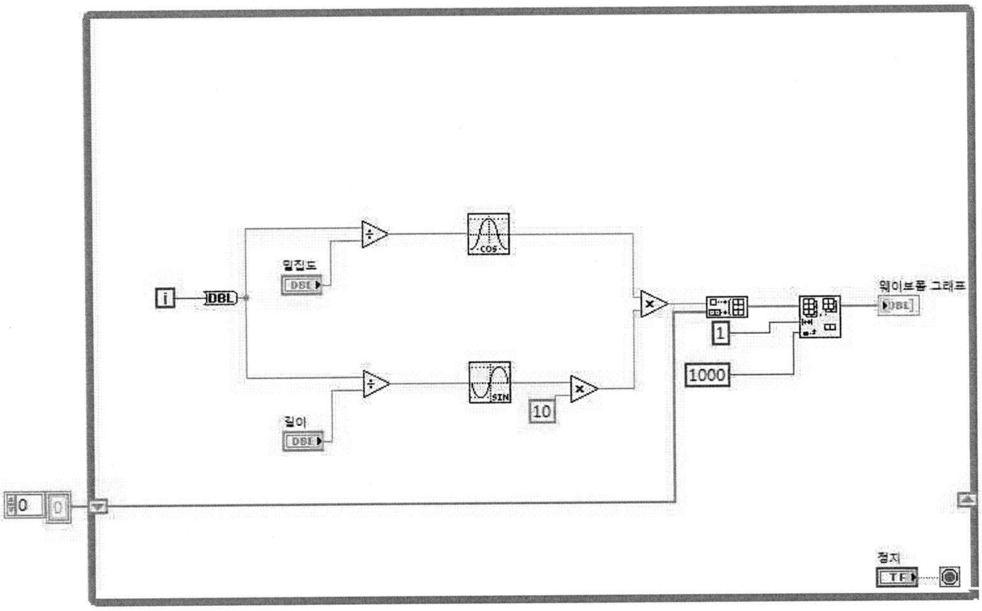

【그림】 6-65 웨이브폼 그래프 연결하기

배열로부터 삭제에서 나온 값을 시프트 레지스터로 연결해준다.

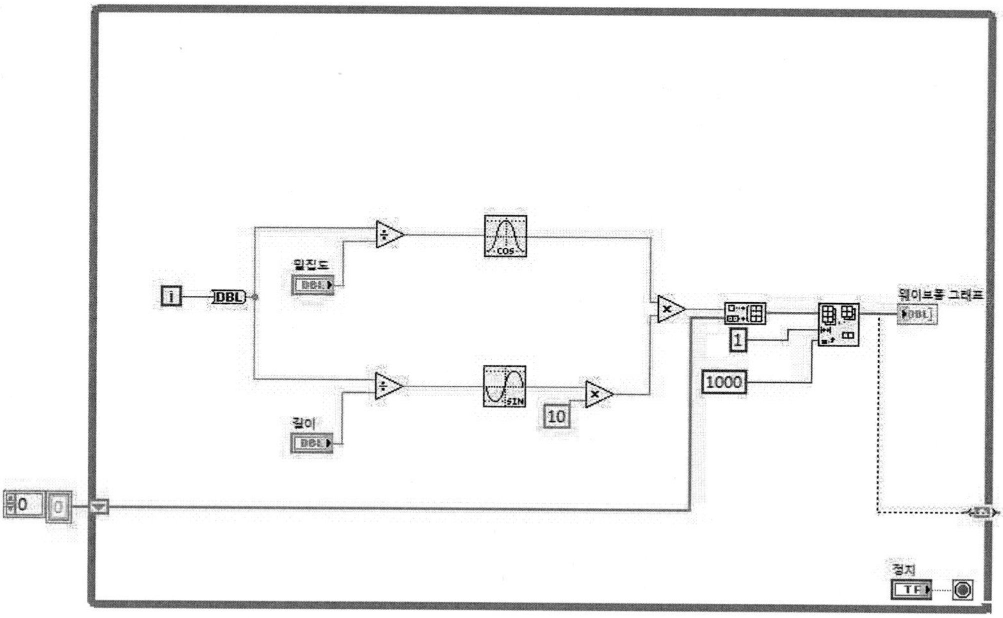

【그림】 6-66 시프트 레지스터 연결하기

프로그램 관찰을 위한 타이머를 생성해준다.
블록다이어그램 상에서 마우스 오른쪽 버튼 클릭>타이밍>다음 ms배수까지 기다림을 선택한다.

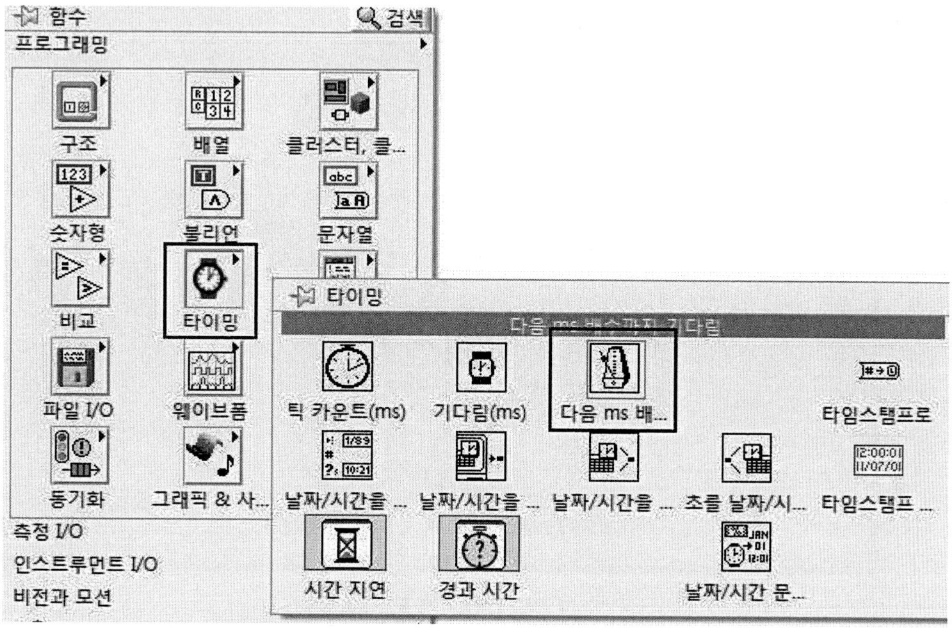

【그림】 6-67 다음 ms배수까지 기다림 함수

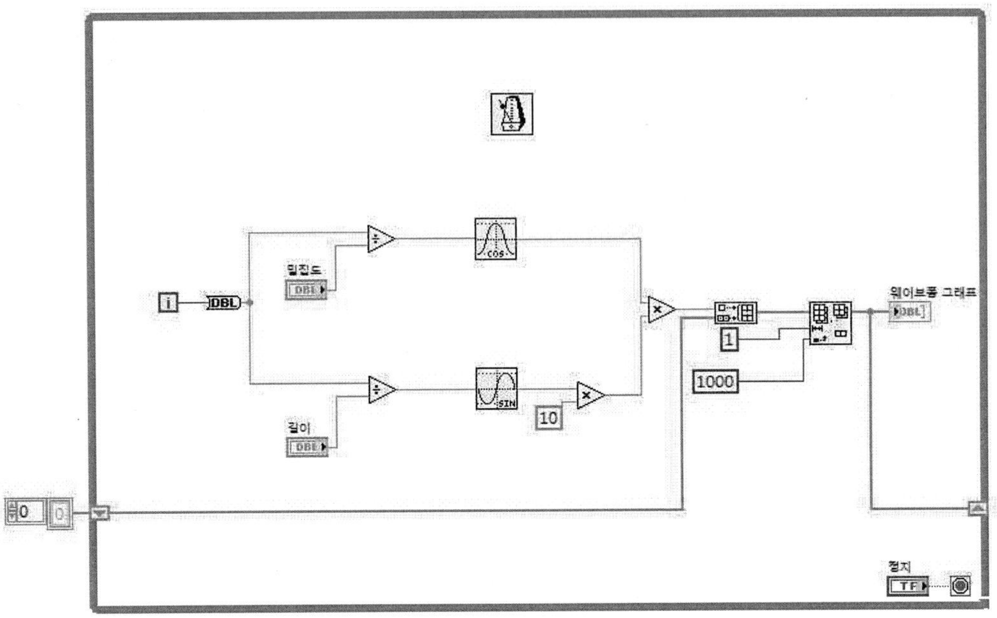

【그림】 6-68 다음 ms배수까지 기다림 함수 아이콘

다음 ms배수까지 기다림 함수의 좌측부분을 마우스 오른쪽 버튼 클릭하여 단축메뉴를 띄운 뒤 생성〉상수를 선택하여 지연 시간을 설정해줄 상수를 생성한다.

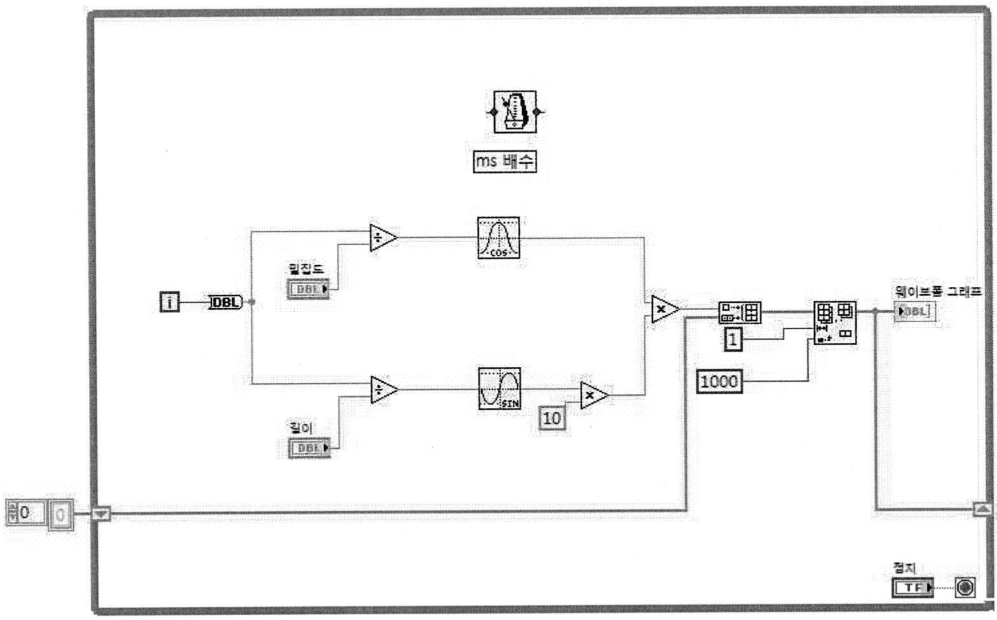

【그림】 6-69 단축 메뉴

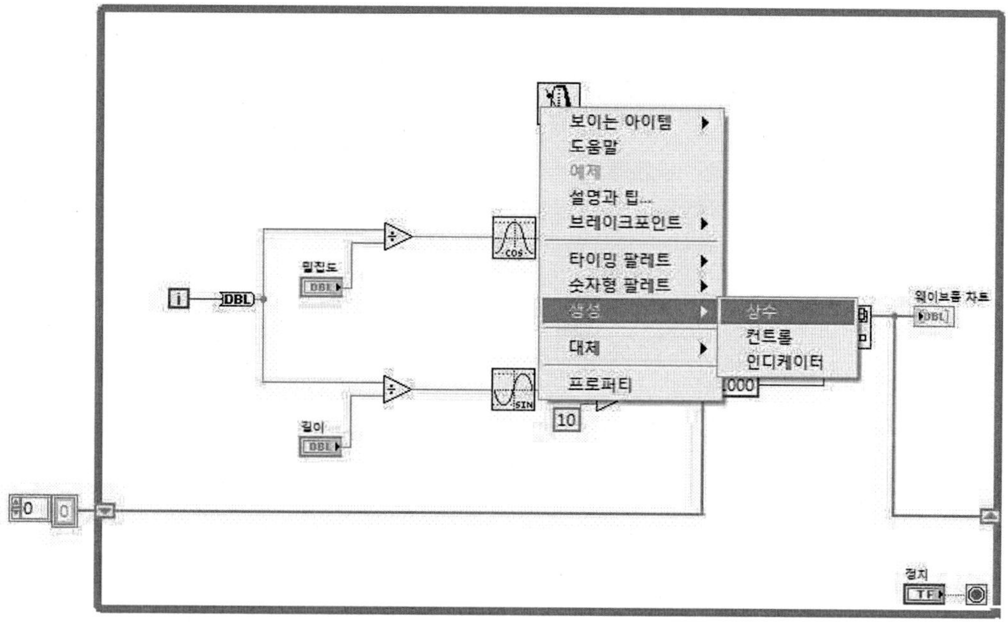

【그림】 6-70 단축 메뉴

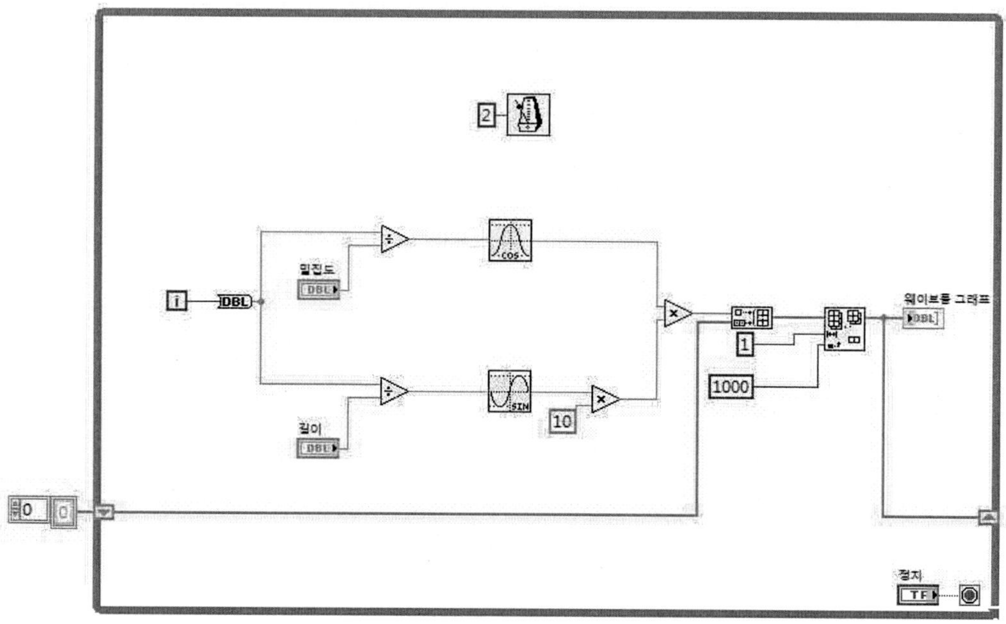

【그림】 6-71 시간 지연 상수

생성된 아이콘들을 【그림】 6-72와 같이 정렬한 뒤 밀집도와 길이의 값을 정해주고 프로그램을 실행시켜 보자.

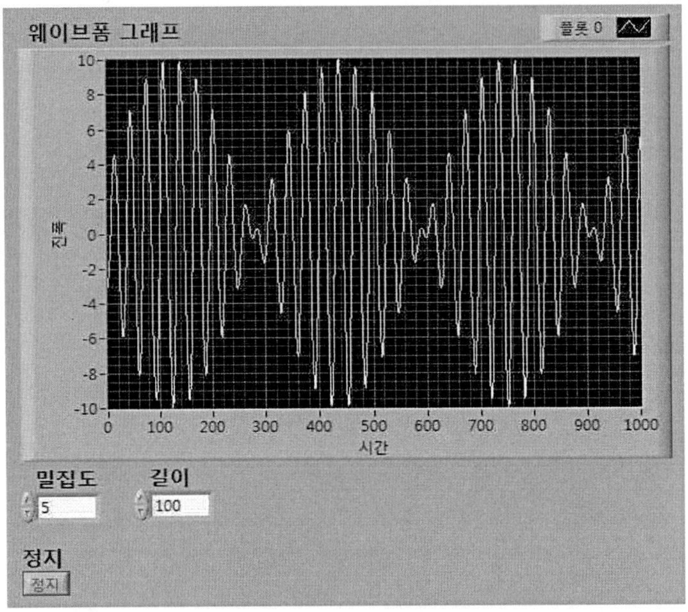

【그림】 6-72 정렬된 프런트패널 아이콘

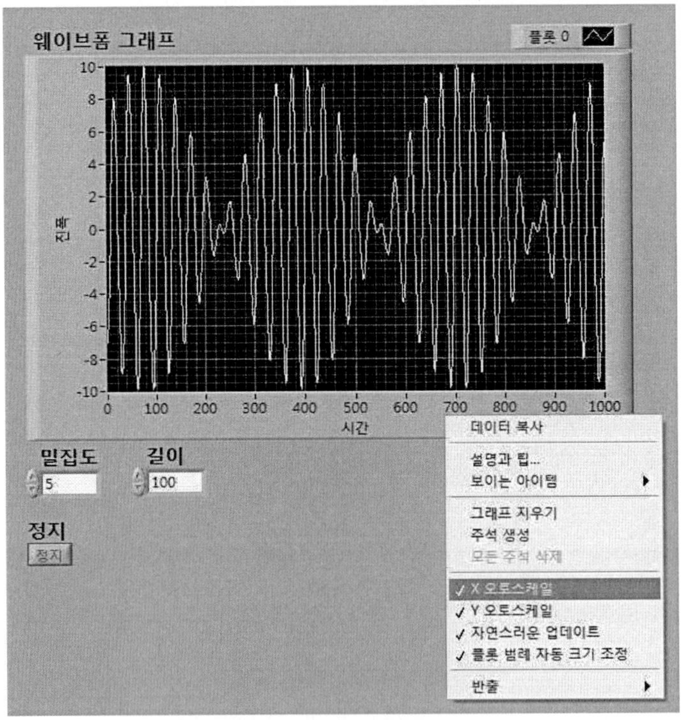

【그림】 6-73 스케일 설정

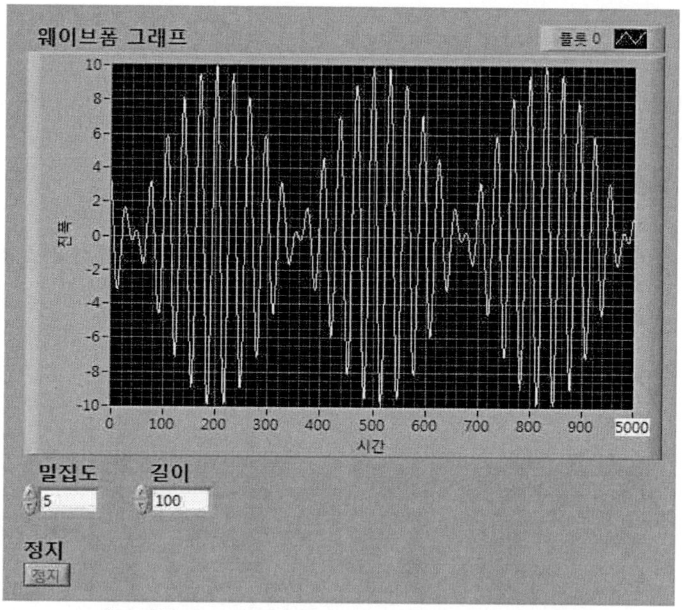

【그림】 6-74 완성된 프로그램(프런트패널)

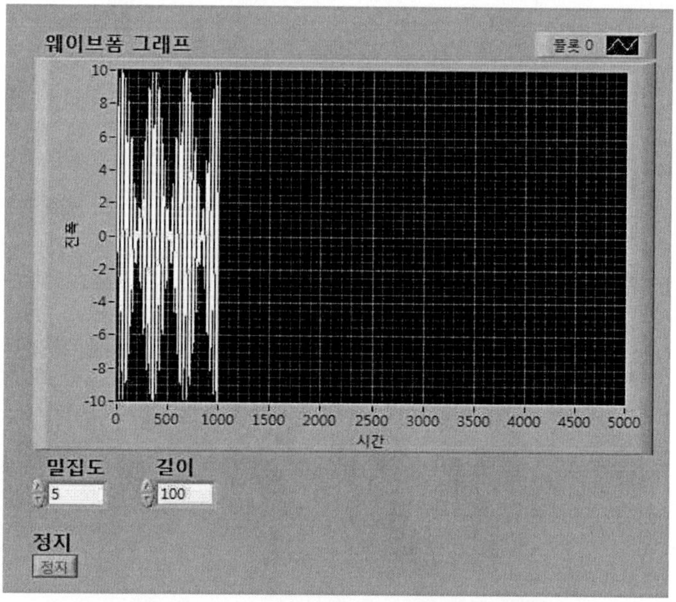

【그림】 6-75 완성된 프로그램(프런트패널)

3. 다중 그래프

지금까지 사용해왔던 웨이브폼 챠트나 그래프는 여러 가지 데이터를 한꺼번에 표현하는 것도 가능한데 이를 다중 그래프라 한다.
다중그래프 기능을 사용하여 프로그램을 작성해보자.

① 프런트패널 상에서 마우스 오른쪽 버튼 클릭〉그래프〉웨이브폼 챠트를 선택하여 화면에 놓는다.

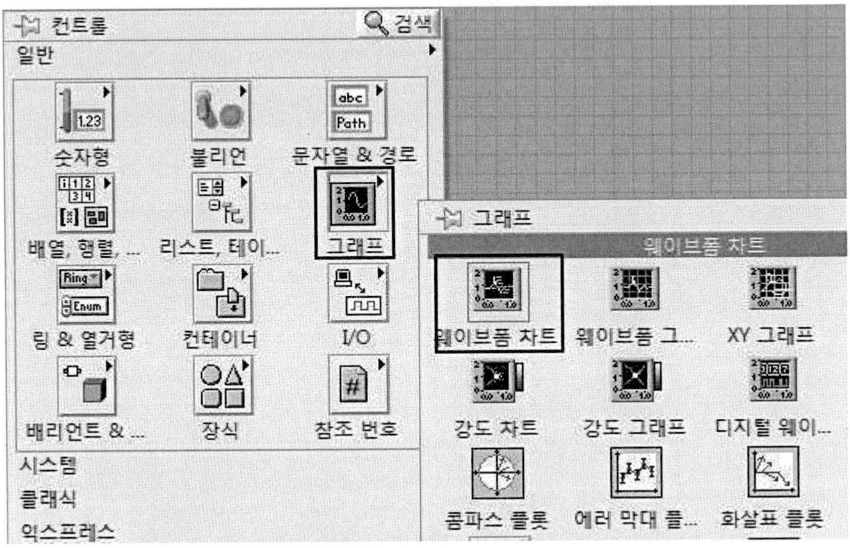

【그림】 6-76 웨이브폼 챠트

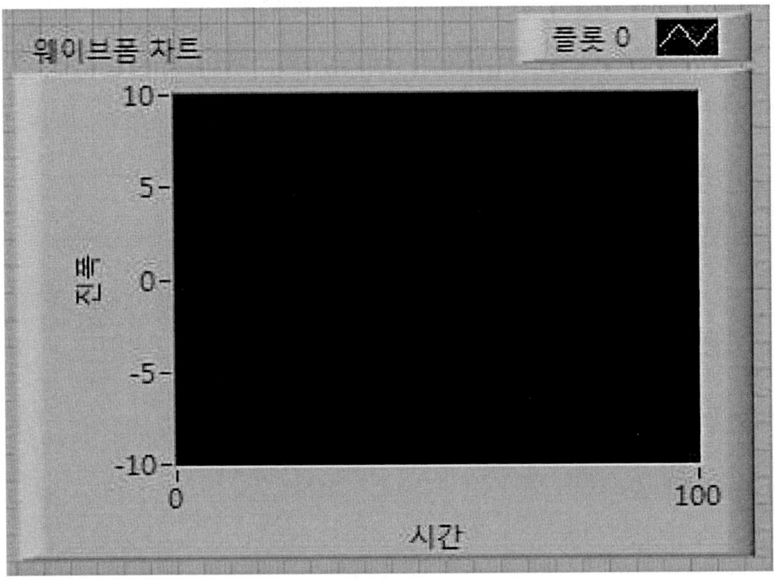

【그림】 6-77 웨이브폼 챠트

② 블록다이어그램 상에서 마우스 오른쪽 버튼 클릭〉구조〉While 루프를 선택한 뒤 화면에 드래그하여 놓는다.

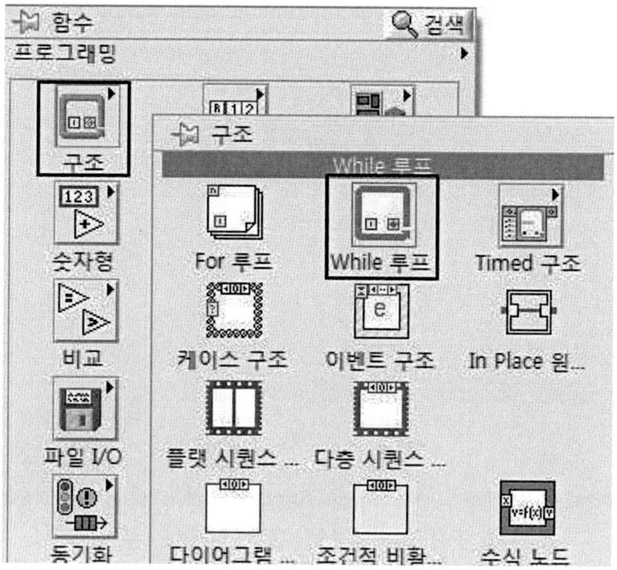

【그림】 6-78 While 루프

【그림】 6-79 While 루프 그리기

③ 생성된 While 루프에 정지버튼을 만들어준 뒤 만들어두었던 웨이브폼 챠트의 터미널을 루프 안에 넣어준다.

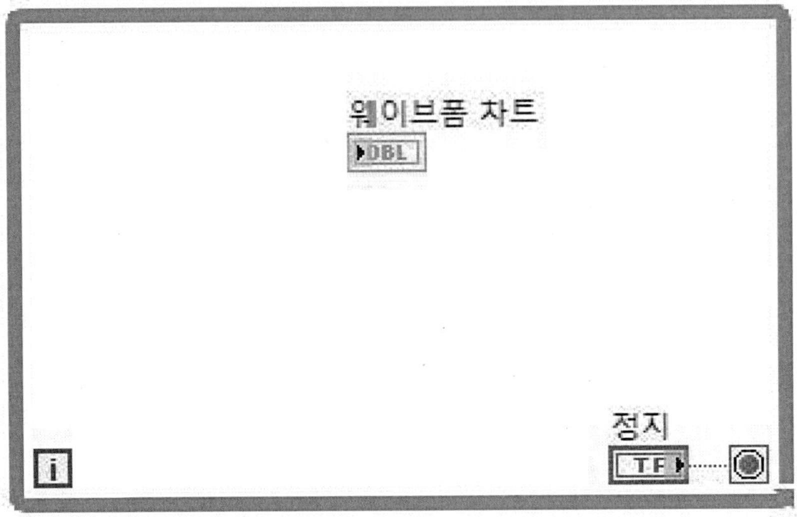

【그림】 6-80 웨이브폼 챠트와 While 루프

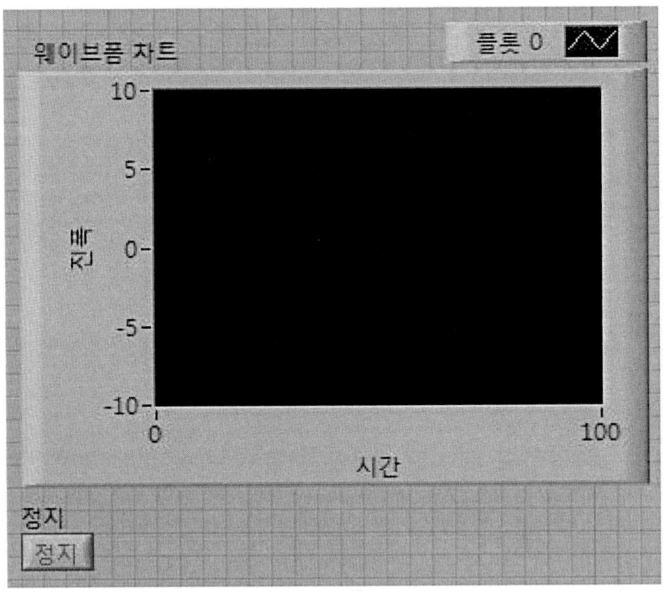

【그림】 6-81 웨이브폼 챠트와 정지 버튼

④ 블록다이어그램 상에서 마우스 오른쪽 버튼 클릭〉숫자형〉난수를 선택하여 루프 안에 넣는다.

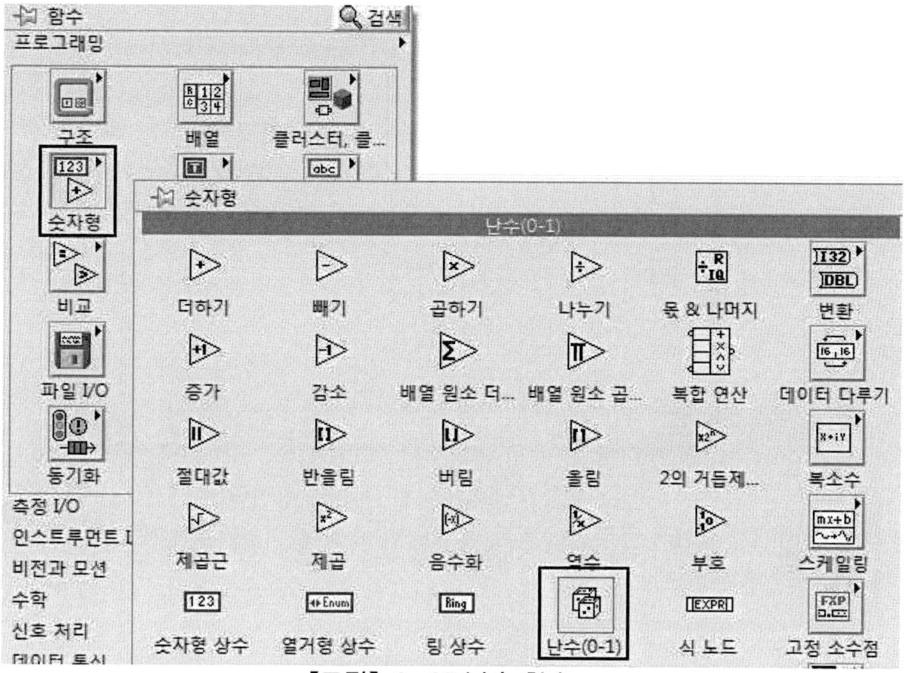

【그림】 6-82 난수 함수

⑤ 블록다이어그램 상에서 마우스 오른쪽 버튼 클릭〉숫자형〉숫자형 상수를 2개 화면에 놓는다.

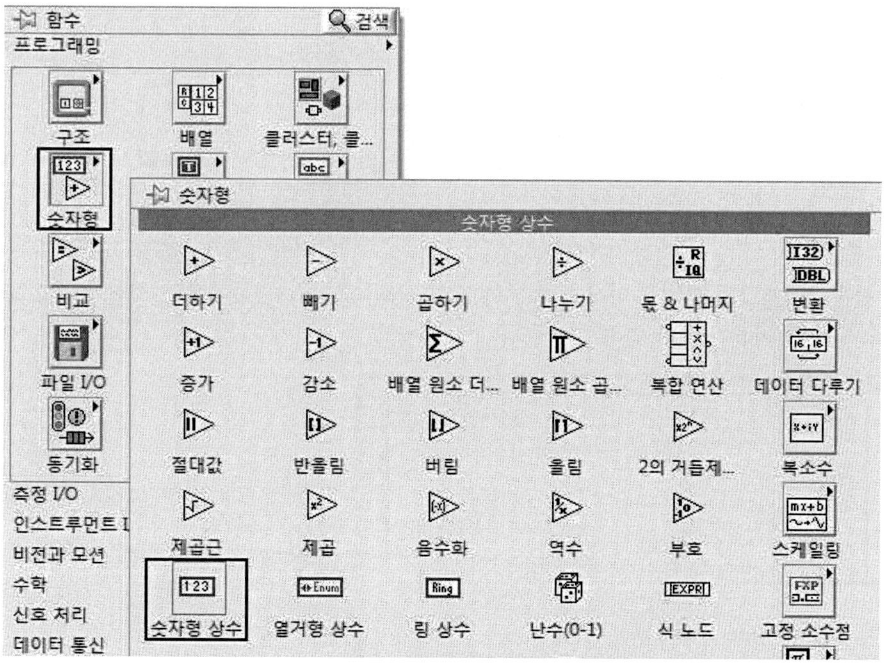

【그림】 6-83 숫자형 상수

⑥ 생성된 While 루프에 정지버튼을 만들어준 뒤 만들어두었던 웨이브폼 챠트의 터미널을 루프 안에 넣어준다.

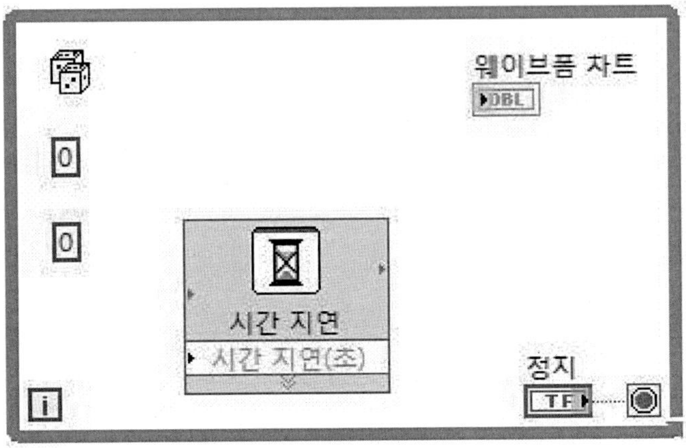

【그림】 6-84 생성된 터미널 배치도

⑦ 블록다이어그램 상에서 마우스 오른쪽 버튼 클릭>숫자형>더하기를 선택한 뒤 While 루프안에 넣어 상수들과 연결해준다.

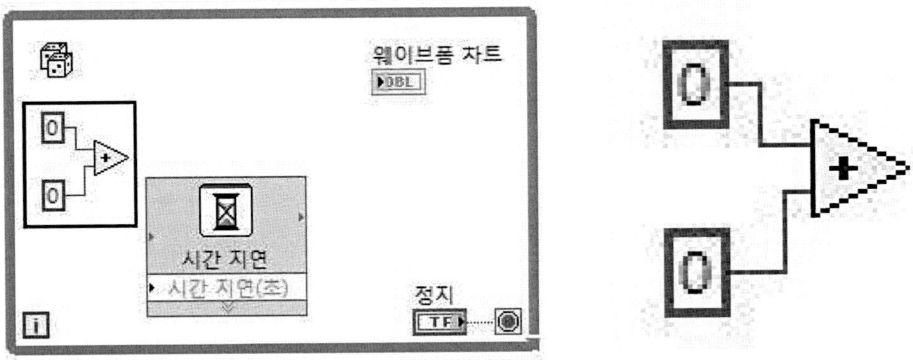

【그림】 6-85 더하기 함수 연결하기

⑧ 블록다이어그램 상에서 마우스 오른쪽 버튼 클릭>클러스터>묶기를 선택한 뒤 While 루프 안에 넣고 난수와 더하기를 각 원소로 넣는다.

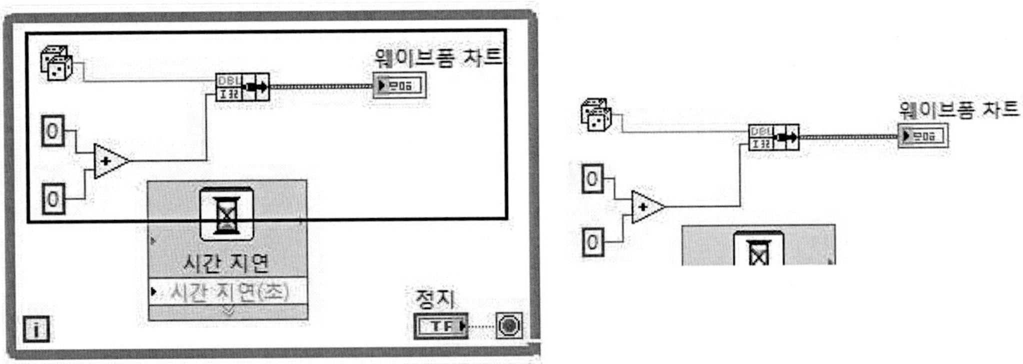

【그림】 6-86 묶기 함수와 웨이브폼 챠트 연결하기

⑨ 생성한 2개의 상수값을 【그림】 6-87과 같이 지정해준 뒤 프로그램을 실행시키고 차트를 살펴보자.

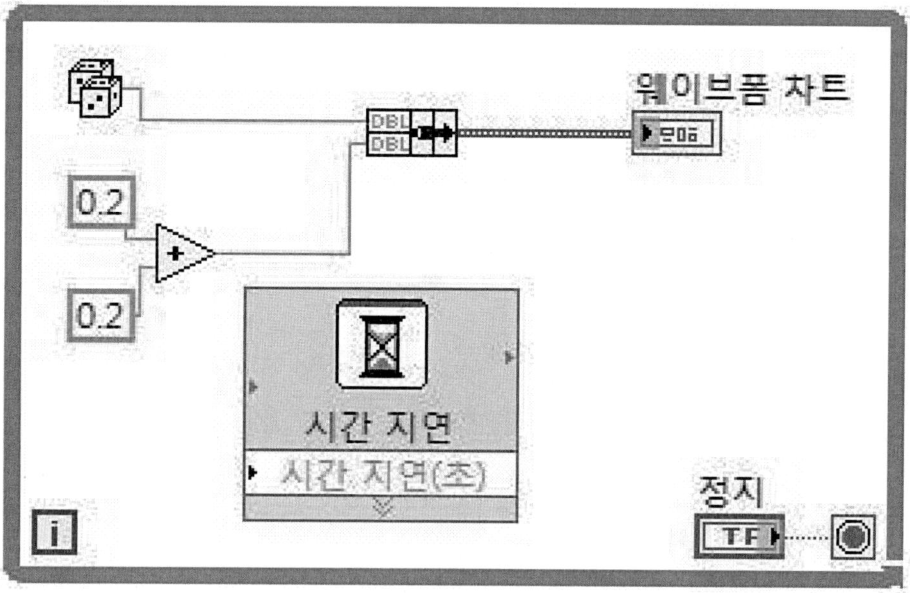

【그림】 6-87 상수 지정

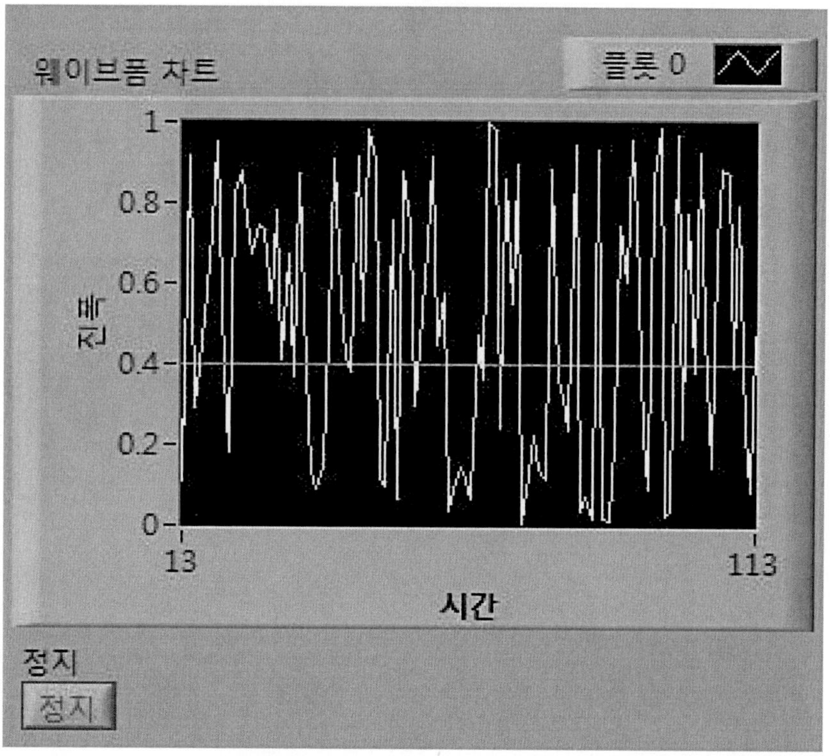

【그림】 6-88 프로그램 실행 예시

차트에서 보이다 싶이 2개의 데이터를 동시에 표시해줄 수 있다. 이를 다중그래프라 한다.

4. XY 그래프, Express XY그래프

XY 그래프는 X축 및 Y축의 좌표축 상에 주어진 데이터들을 연결하는 그래프이다. 따라서 웨이브폼 그래프와 달리 원과 같은 형상도 그릴 수 있다. Express XY그래프는 사용법이 약간 틀릴 뿐 그 용도는 XY그래프와 동일하다. 아래 그림을 보며 XY그래프를 사용해보자.

① 블록다이어그램 상에서 마우스 오른쪽 버튼 클릭〉구조〉While 루프를 선택한 뒤 화면에 드래그하여 놓는다.

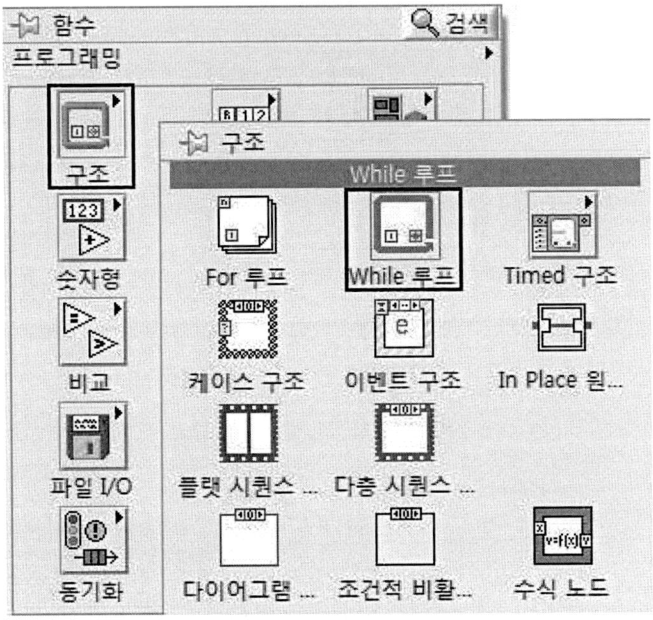

【그림】 6-89 While 루프

【그림】 6-90 While 루프 그리기

② 프런트패널 상에서 마우스 오른쪽 버튼 클릭〉불리언〉정지버튼을 선택하여 화면에 놓고 블록다이어그램 화면에 생성된 터미널을 While 루프의 루프 동작조건(While 루프 우측 하단의 빨간 아이콘)에 연결해준다.

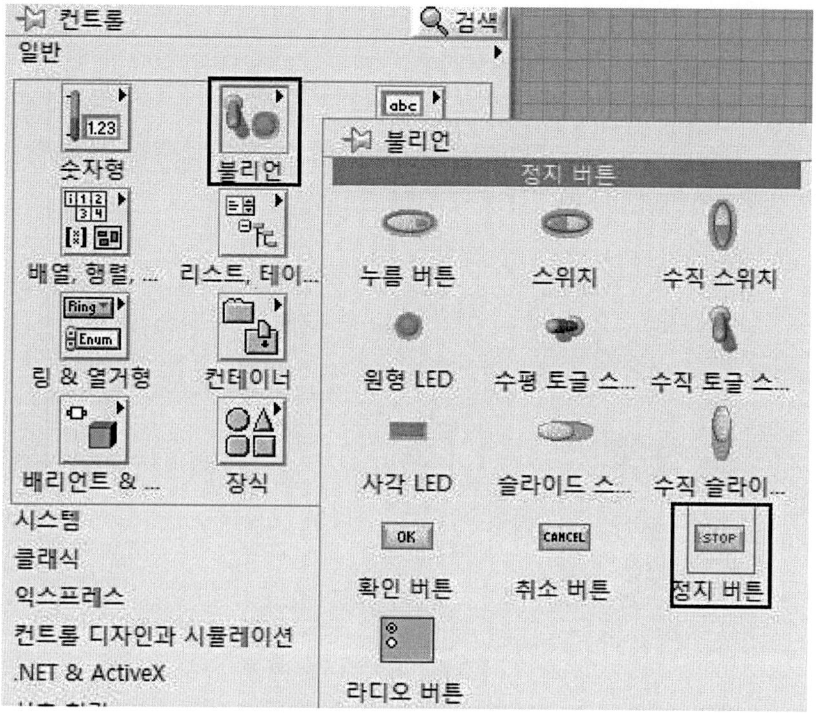

【그림】 6-91 정지 버튼

【그림】 6-92 정지 버튼 연결하기

③ 블록다이어그램 상에서 마우스 오른쪽 버튼 클릭〉구조〉For 루프를 선택한 뒤 While 루프 안에 드래그하여 넣어준다.

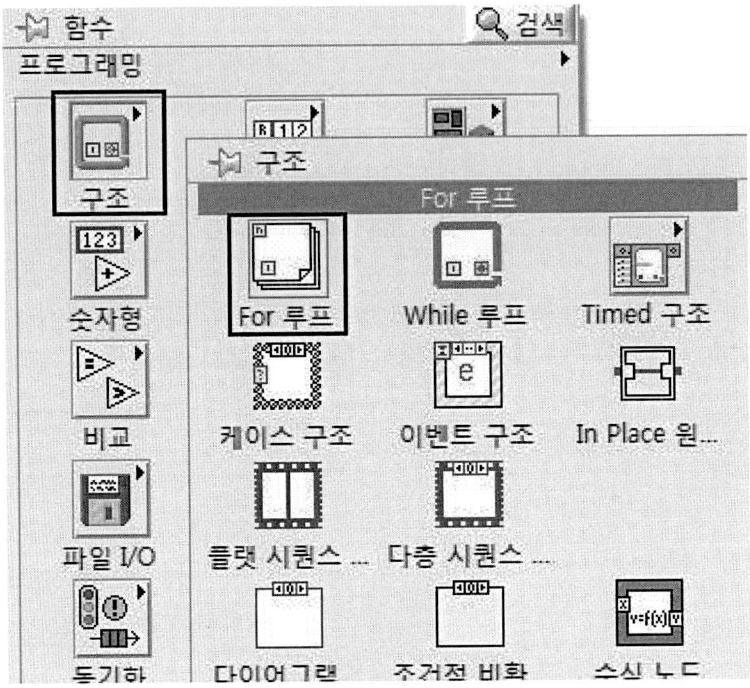

【그림】 6-93 For 루프

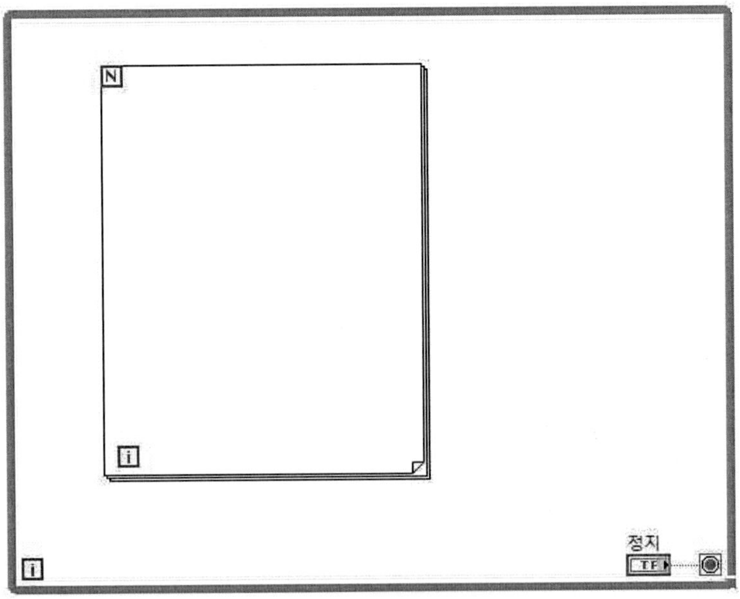

【그림】 6-94 For 루프 그리기

④ 프런트패널 상에서 마우스 오른쪽 버튼 클릭>숫자형>숫자형 컨트롤 선택한 뒤 화면에 놓고 블록다이어그램에 생긴 터미널을 For 루프의 루프 카운트(좌측 상단의 N모양 아이콘)의 좌측에 연결하여 For 루프의 루프 반복횟수를 설정해준다.

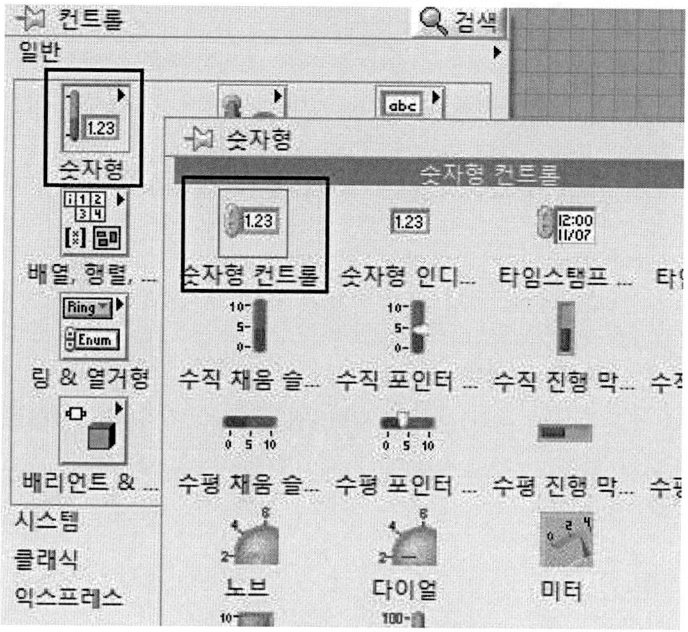

【그림】 6-95숫자형 컨트롤

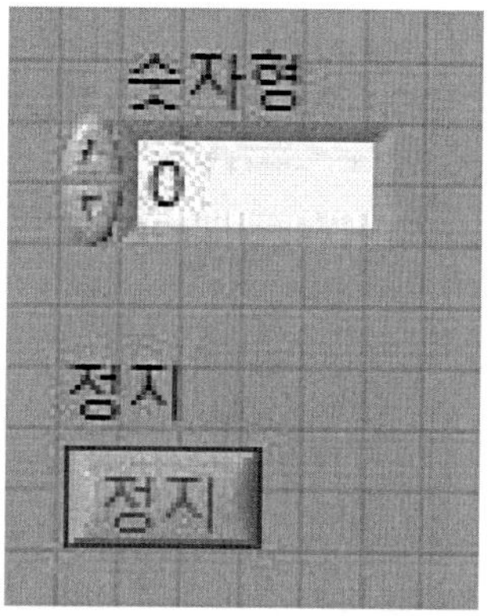

【그림】 6-96 숫자형 컨트롤 및 정지버튼

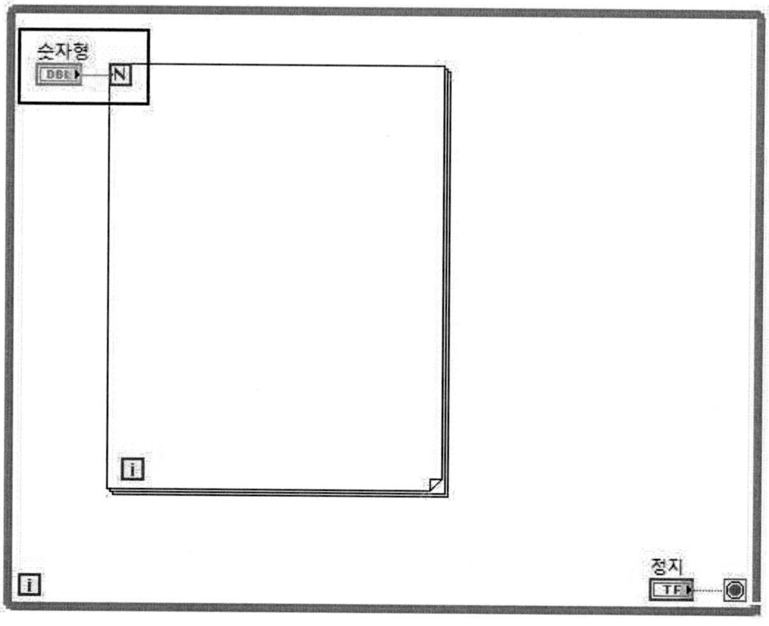

【그림】 6-97 루프 카운트 연결하기

⑤ 연결해준 숫자형 컨트롤의 이름을 루프 카운트로 바꾸어준다.

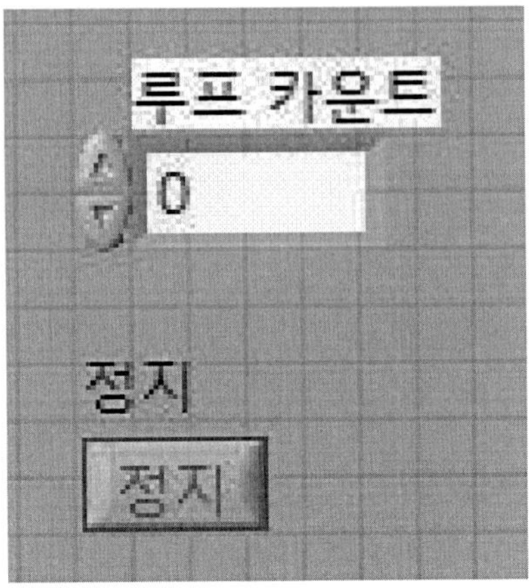

【그림】 6-98 이름(라벨) 바꾸기

⑥ 블록다이어그램 상에서 마우스 오른쪽 버튼 클릭>숫자형>수학&과학 상수>2로 곱한 원주율을 선택하여 For 루프 안에 넣어준다.

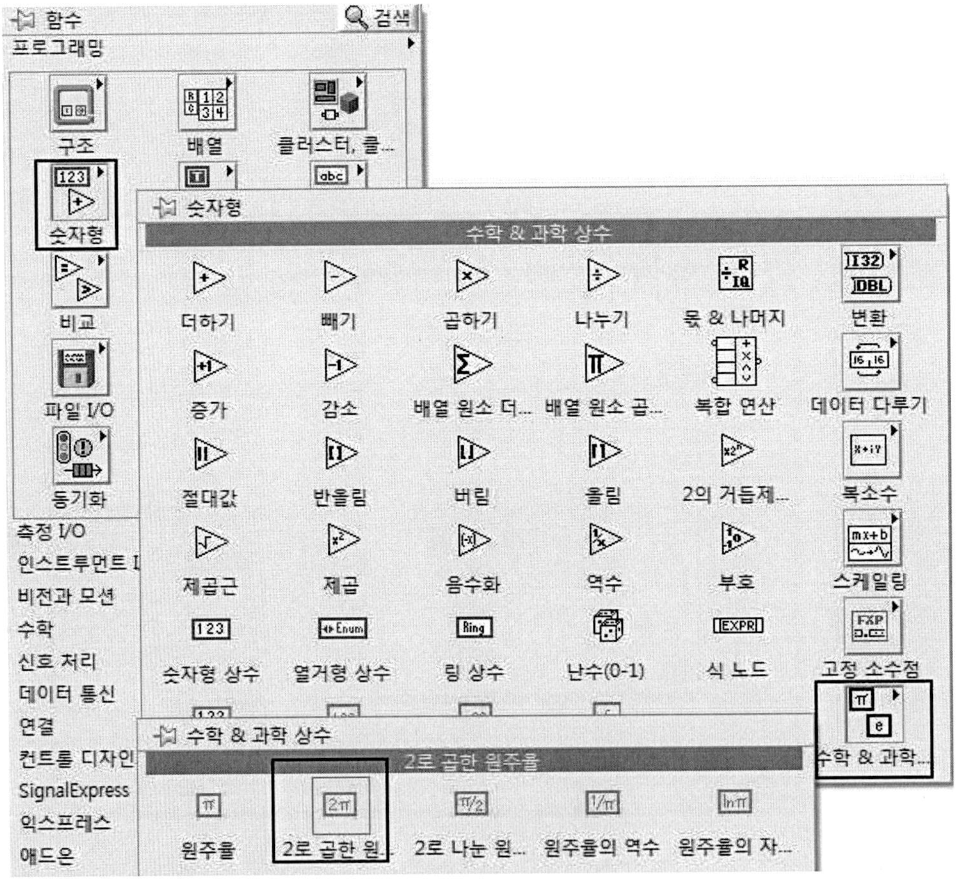

【그림】 6-99 2로 곱한 원주율

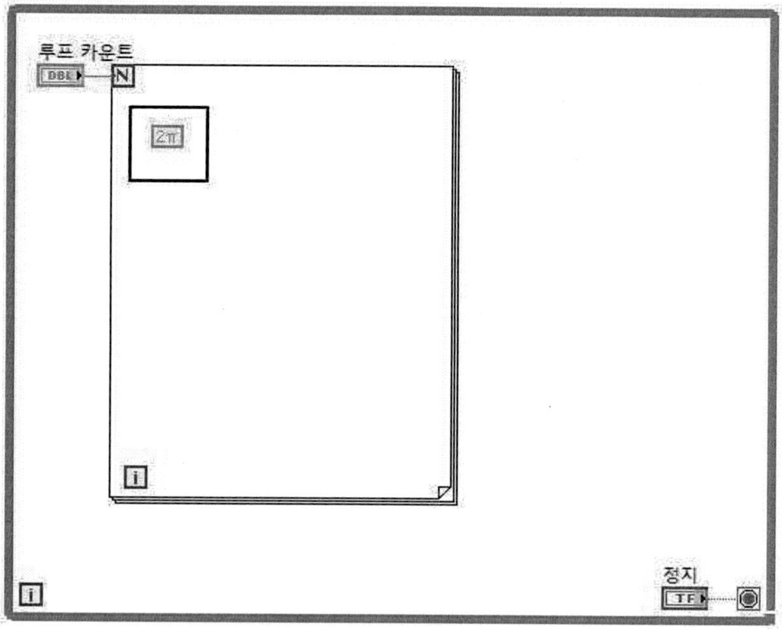

【그림】 6-100 2로 곱한 원주율 함수와 While 루프

⑦ 블록다이어그램 상에서 마우스 오른쪽 버튼 클릭〉숫자형〉곱하기 함수를 선택한 뒤 For 루프 안에 넣어주고 위에서 생성한 2를 곱한 원주율을 곱하기 함수의 X에, For 루프의 루프 반복횟수(좌측 하단의 I모양 아이콘)의 우측에서 나오는 출력을 Y에 연결해준다.

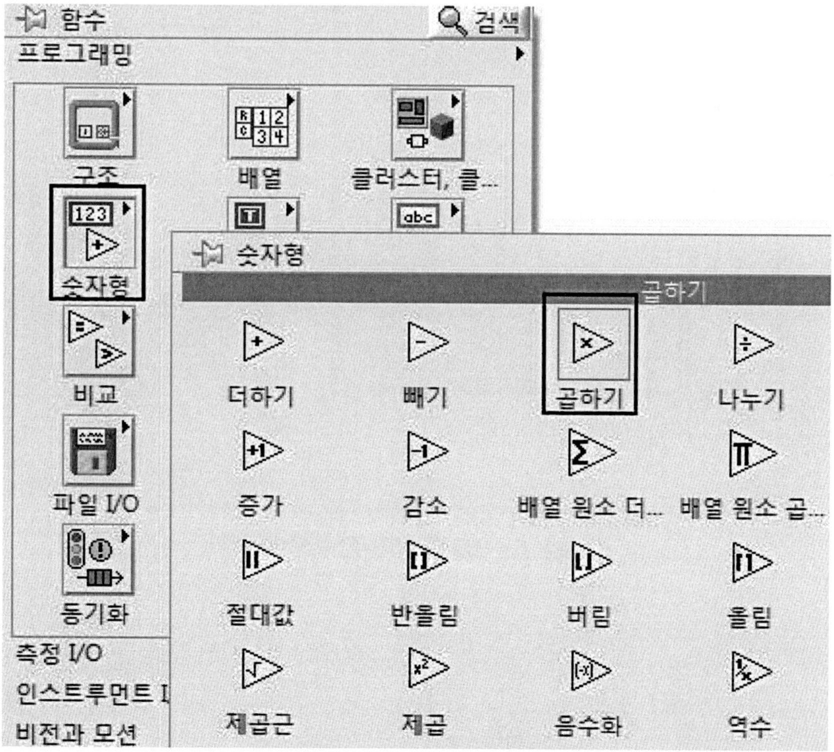

【그림】 6-101 곱하기 함수

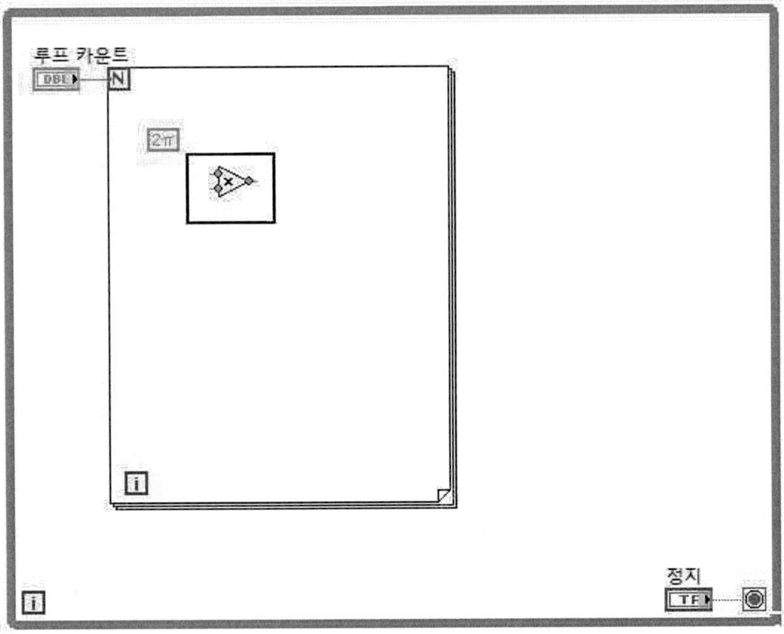

【그림】 6-102 곱하기 함수와 While 루프

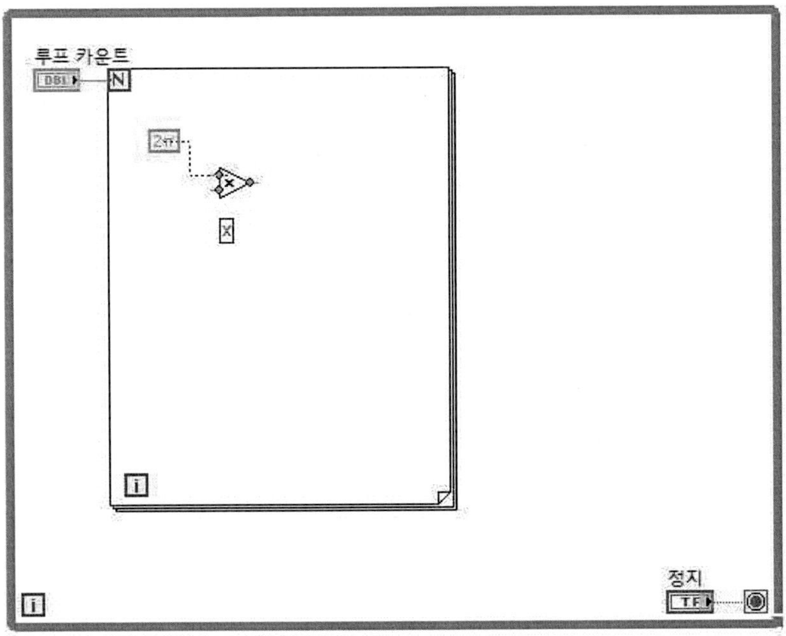

【그림】 6-103 곱하기 함수 연결하기

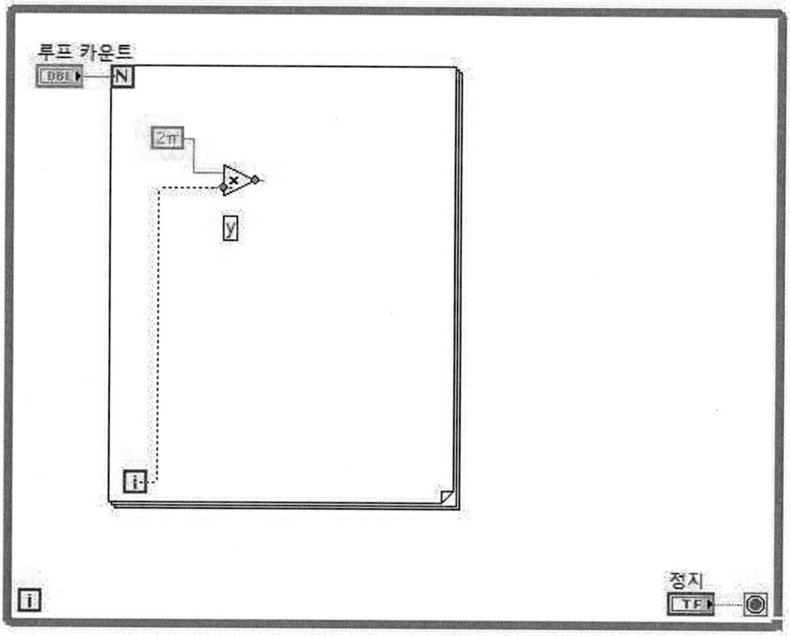

【그림】 6-104 루프 반복횟수와 곱하기 함수 연결하기

⑧ 블록다이어그램 상에서 마우스 오른쪽 버튼 클릭>숫자형>나누기 함수를 선택한 뒤 For 루프 안에 넣어준다. 이후 나누기 함수의 X에 위에서 생성했던 곱하기 함수의 출력을, Y에는 숫자형 상수를 생성하여 연결해준다.

숫자형 상수는 블록다이어그램 상에서 마우스 오른쪽 버튼 클릭>숫자형>숫자형 상수를 선택할 수 있다.

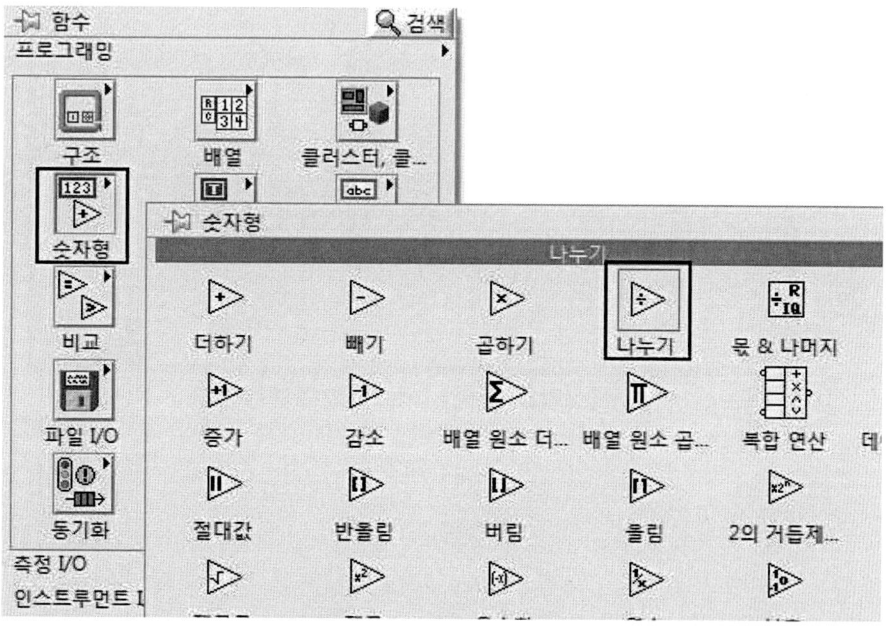

【그림】 6-105 나누기 함수

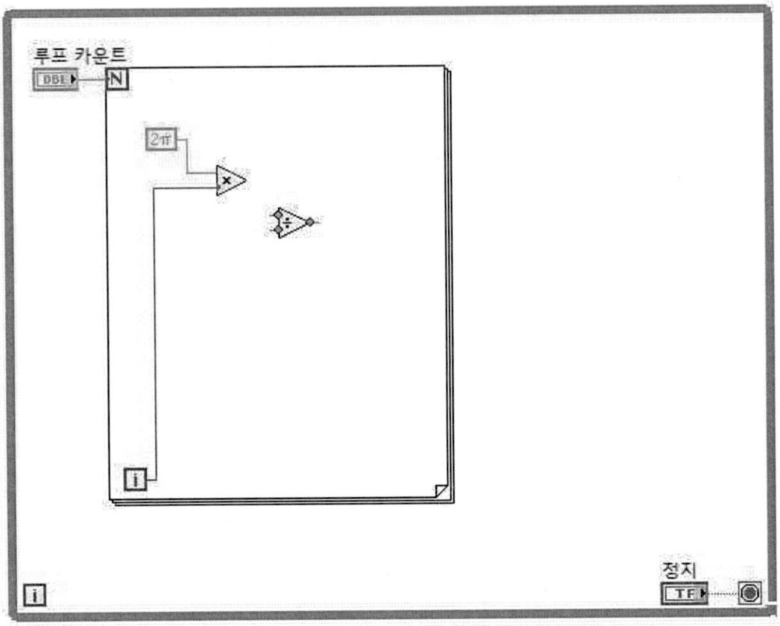

【그림】 6-106 나누기 함수와 While 루프

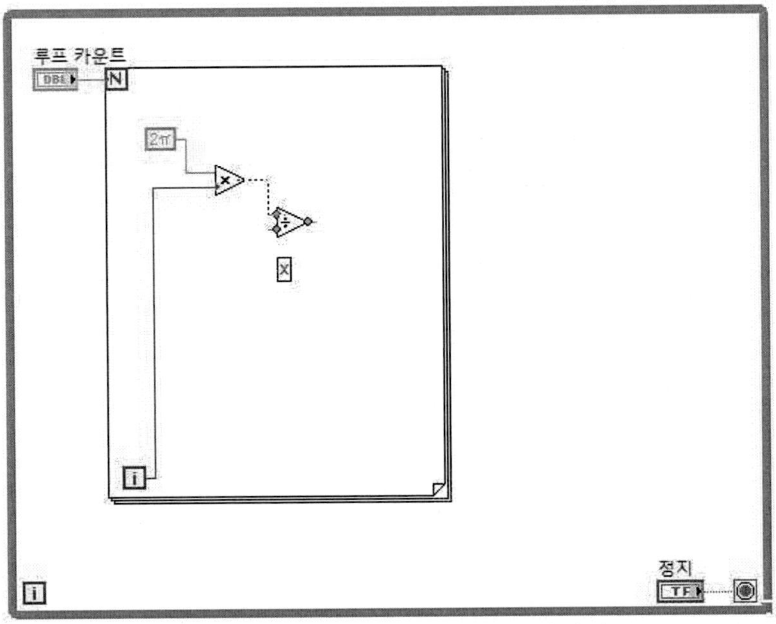

【그림】 6-107 나누기 함수 연결하기

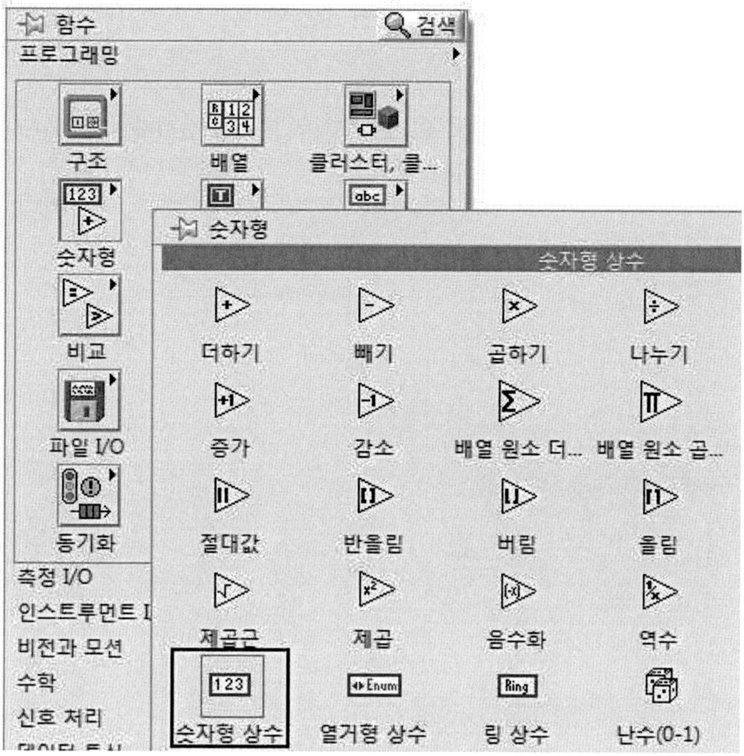

【그림】 6-108 숫자형 상수

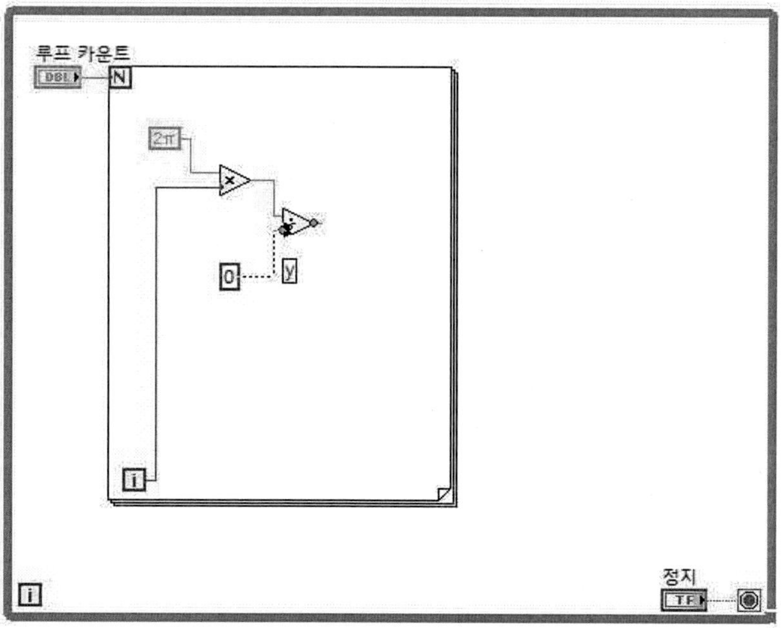

【그림】 6-109 나누기 함수와 숫자형 상수 연결하기

⑨ 블록다이어그램 상에서 마우스 오른쪽 버튼 클릭>기본적으로 열려있는 프로그래밍이 아닌 하단에 수학이라는 메뉴에 들어간다.

수학 메뉴에서 기본&특수 함수>삼각함수>사인&코사인 함수를 선택하여 For 루프 안에 넣어주고 【그림】 6-112 같이 연결해준다.

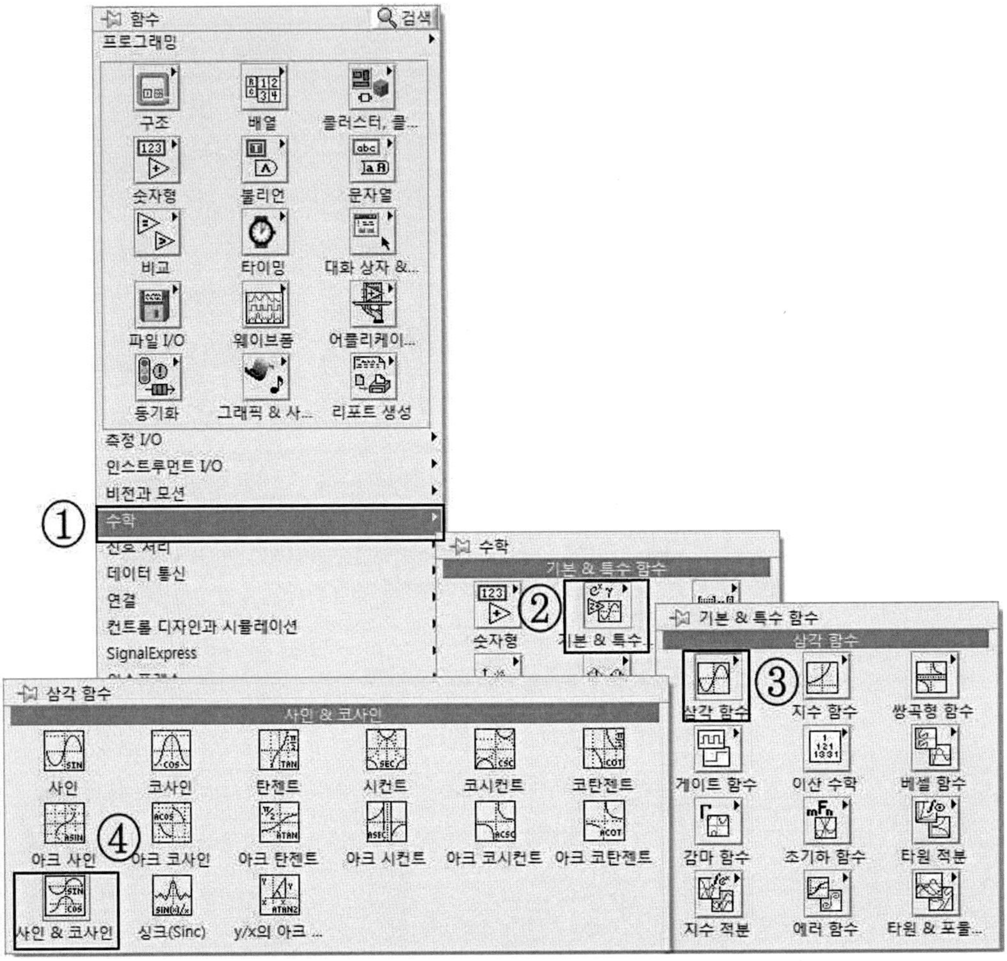

【그림】 6-110 사인&코사인 함수

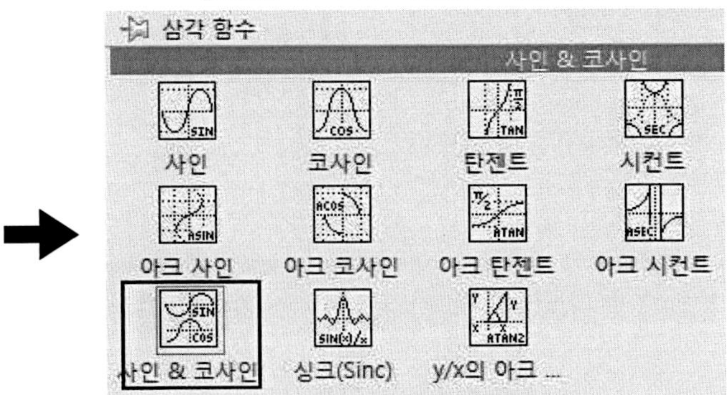

【그림】 6-111 사인&코사인 함수

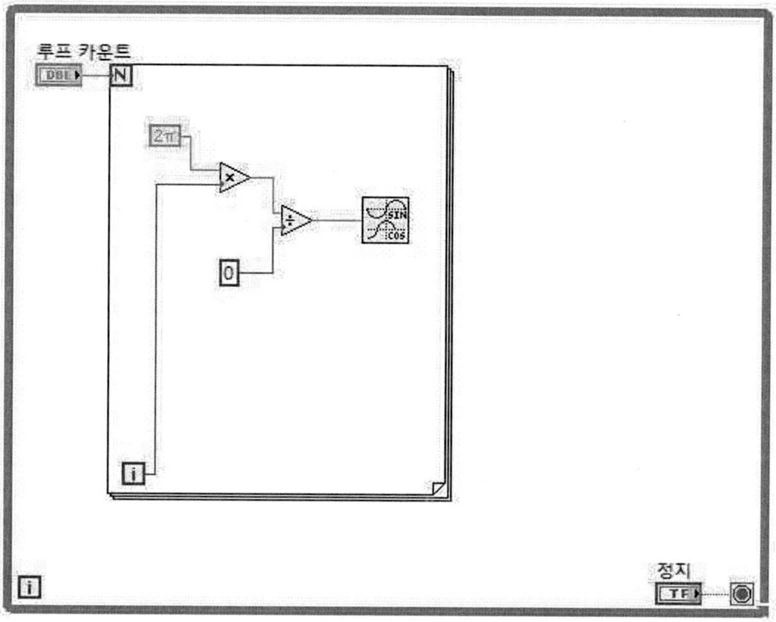

【그림】 6-112 사인&코사인 함수 연결하기

⑪ 사인&코사인 함수에서 나오는 각각의 사인값과 코사인값을 클러스터 묶기로 묶어준다. 클러스터 묶기 함수는 블록다이어그램 상에서 마우스 오른쪽 버튼 클릭>클러스터에서 선택할 수 있다.

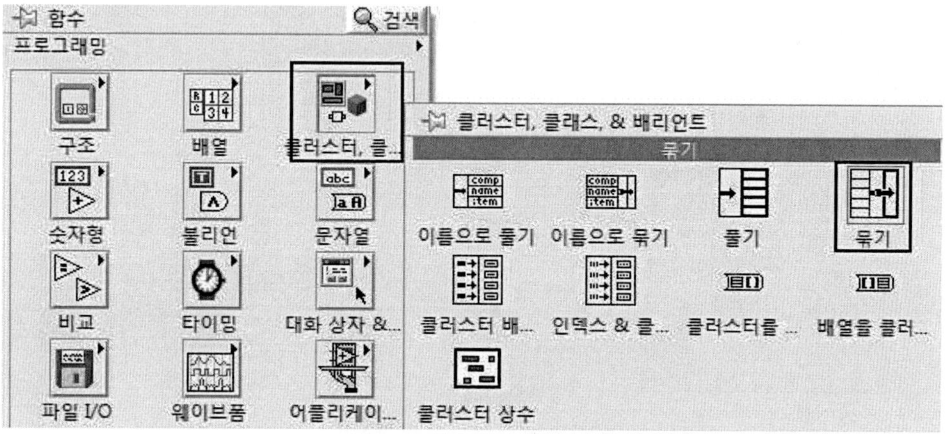

【그림】 6-113 묶기 함수

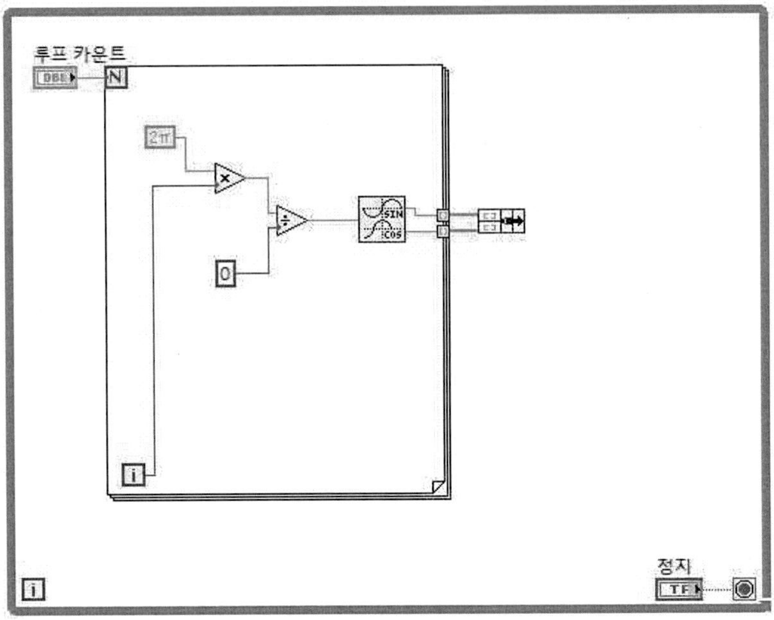

【그림】 6-114 사인&코사인 함수와 묶기 함수 연결하기

⑫ 이제 가장 중요한 XY그래프를 생성하여 묶기 함수에 연결해준다.
프런트패널 상에서 마우스 오른쪽 버튼 클릭〉그래프〉XY그래프를 선택하여 화면에 놓고, 블록다이어그램에 생성된 터미널을 【그림】 6-116과 같이 연결해준다.

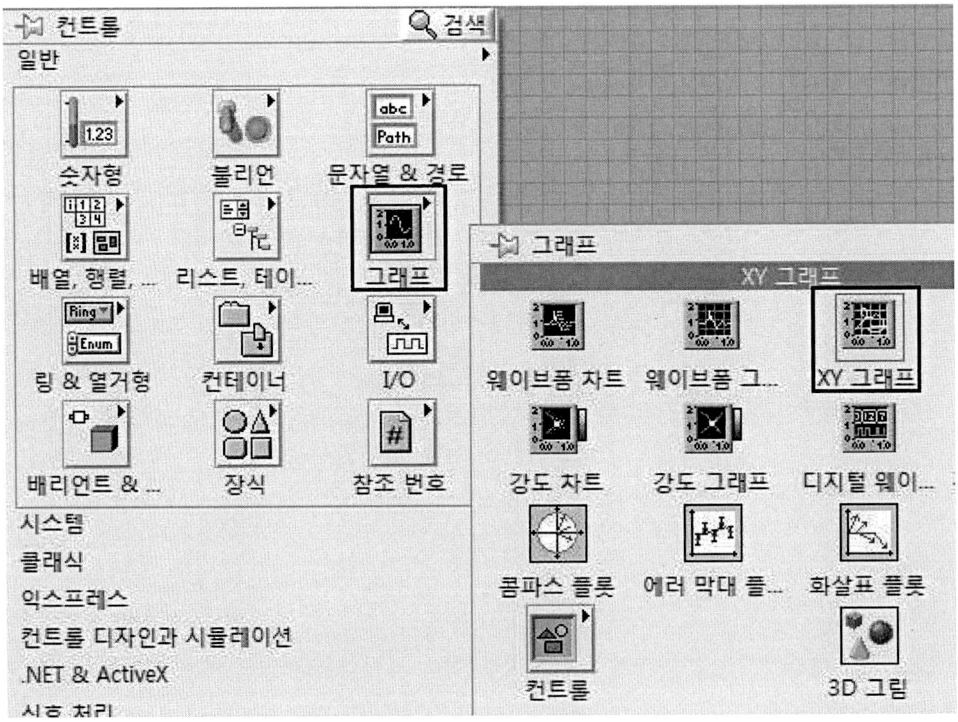

【그림】 6-115 XY 그래프

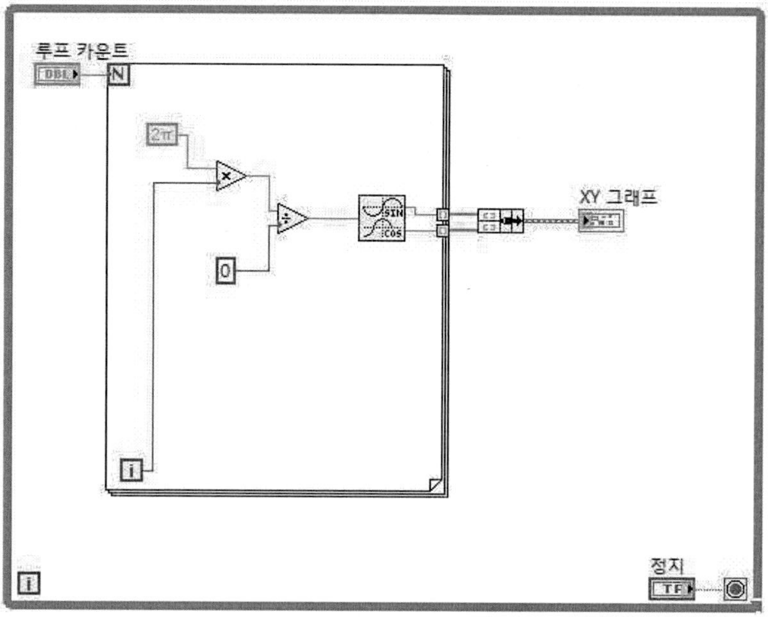

【그림】 6-116 XY 그래프 연결하기

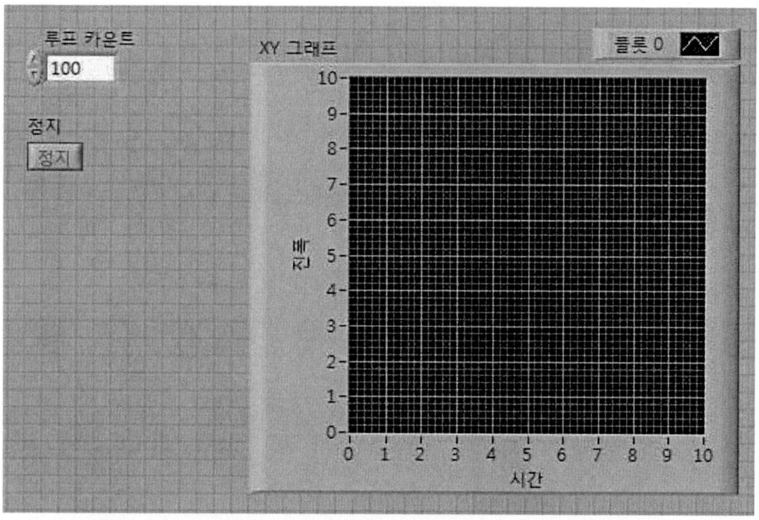

【그림】 6-117 XY그래프 프로그램 예시(프런트패널)

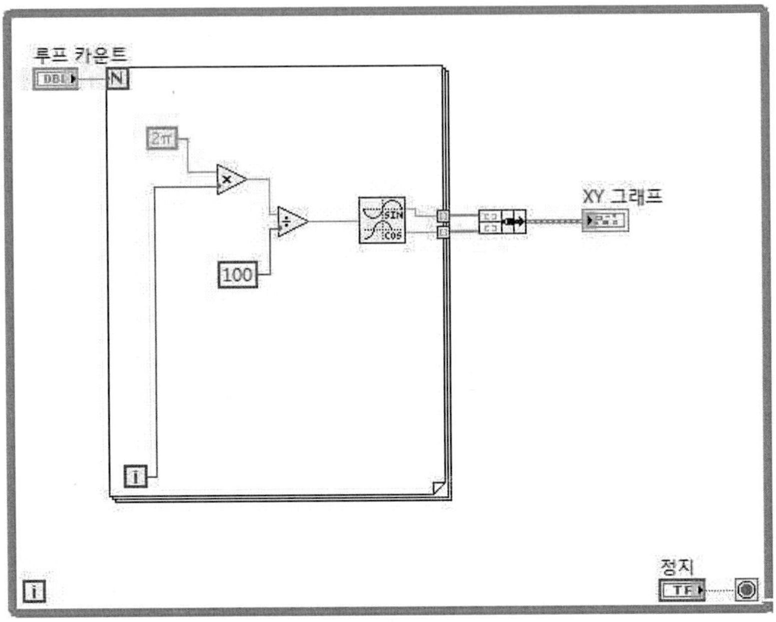

【그림】 6-118 XY그래프 프로그램 예시(블록다이어그램)

⑬ 사인&코사인 함수에 계산값을 넣고 출력되는 XY의 값을 그래프로 출력해주면 그래프가 원을 그리게 된다.

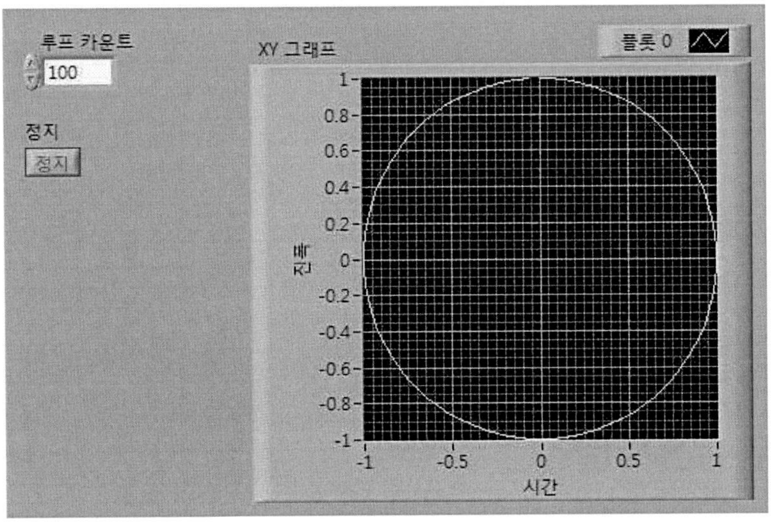

【그림】 6-119 XY그래프 프로그램 실행 예시

⑭ 이번엔 Express XY그래프를 사용해보자. 위 프로그램에서 클러스터 묶기와 XY그래프를 지우고 거기에 Express XY그래프를 연결해보자.

Express XY그래프는 프런트패널 상에서 마우스 오른쪽 버튼 클릭>그래프에서 선택이 가능하다. 블록다이어그램에 생긴 터미널은 While 루프 안에 넣어준다.

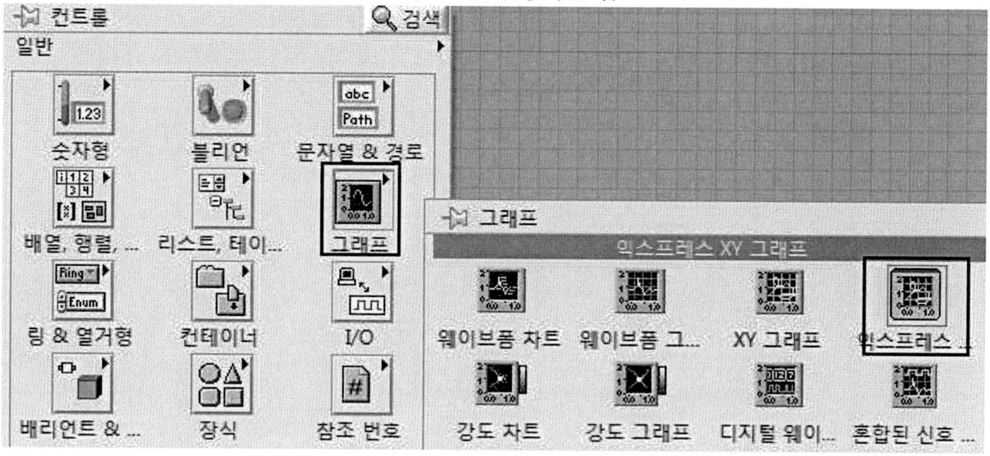

【그림】 6-120 Express XY그래프

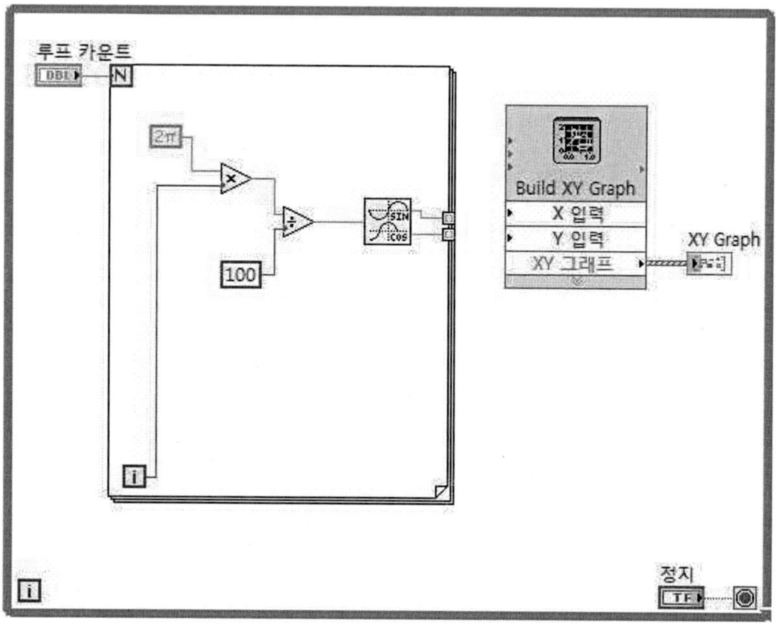

【그림】 6-121 Express XY그래프와 While 루프

⑮ Express XY그래프는 사인&코사인의 데이터값을 클러스터 묶기로 묶어줄 필요 없이 터미널에 있는 X입력과 Y입력에 곧바로 연결해주면 된다.

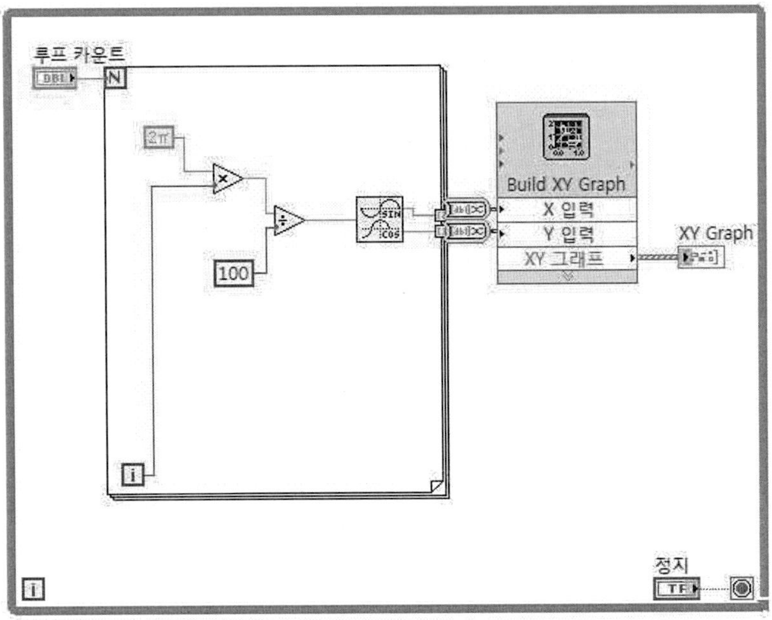

【그림】 6-122 Express XY그래프 연결하기

⑯ 이제 프로그램을 실행해보자.

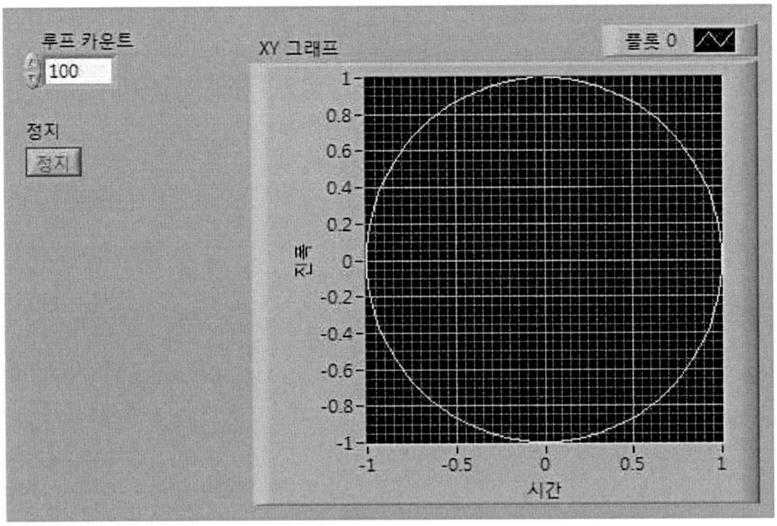

【그림】 6-123 XY그래프 프로그램 실행 예시

응용문제 원 생성 그래프

천천히 원을 그리는 그래프를 작성해보자.

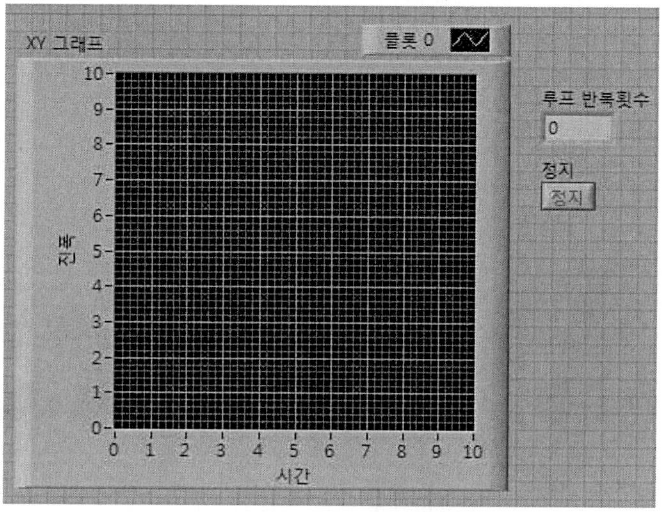

【그림】 6-124 프런트패널

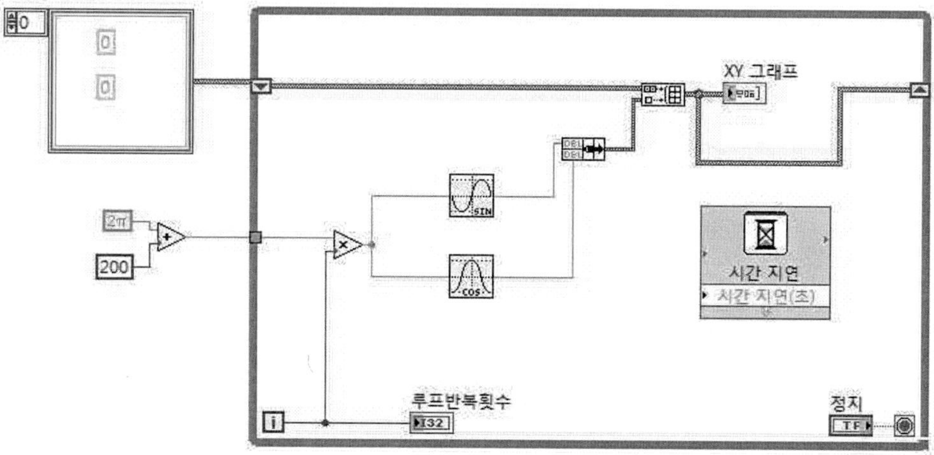

【그림】 6-125 블록다이어그램

먼저 While 루프를 그려준다.
블록다이어그램 상에서 마우스 오른쪽 버튼 클릭>구조>While 루프를 선택한다.

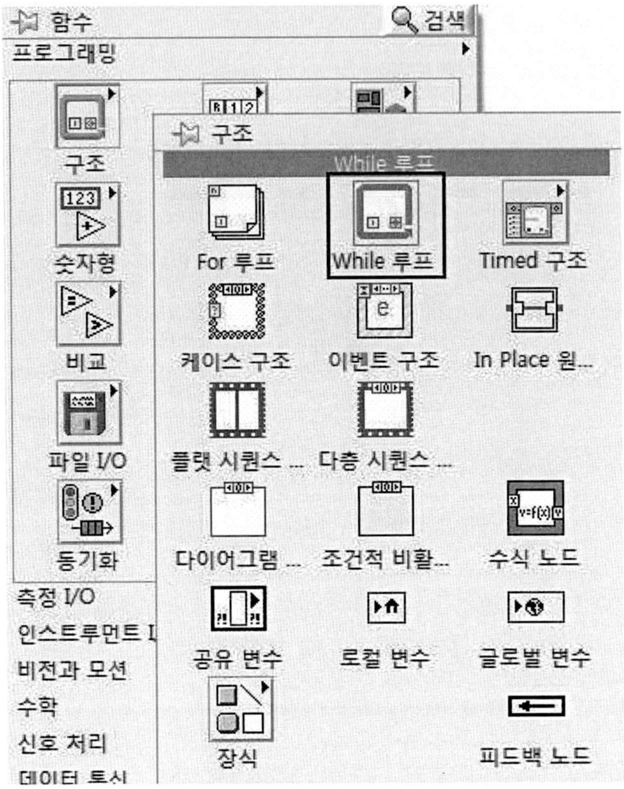

【그림】 6-126 While 루프

【그림】 6-127 While 루프 그리기

While 루프에 기본적인 설정을 해준다.
우측 하단의 빨간 구체를 마우스 오른쪽 버튼 클릭〉단축 메뉴〉컨트롤 생성을 누른다.

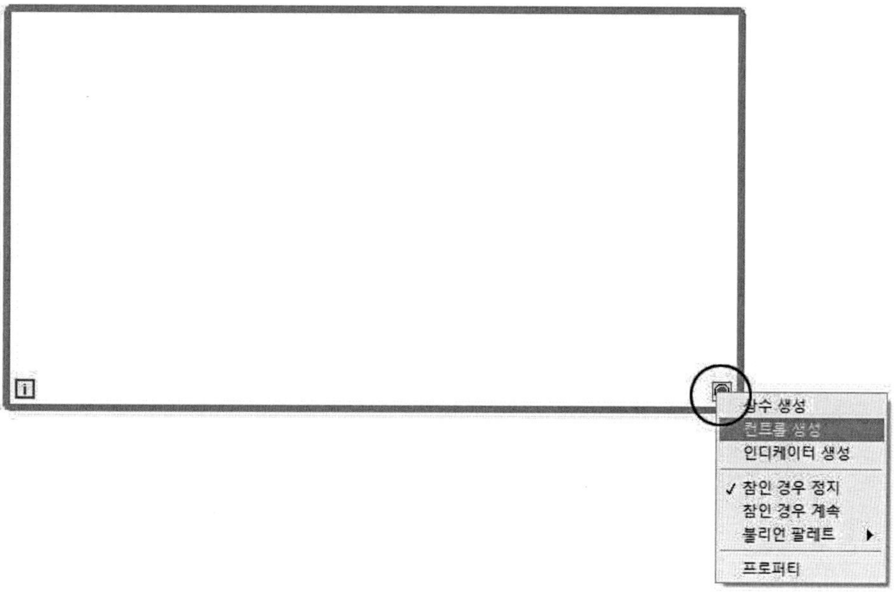

【그림】 6-128 단축 메뉴

【그림】 6-129 정지 버튼 생성

좌측 하단의 루프 반복횟수를 마우스 오른쪽 버튼 클릭>인디케이터 생성을 누른다.

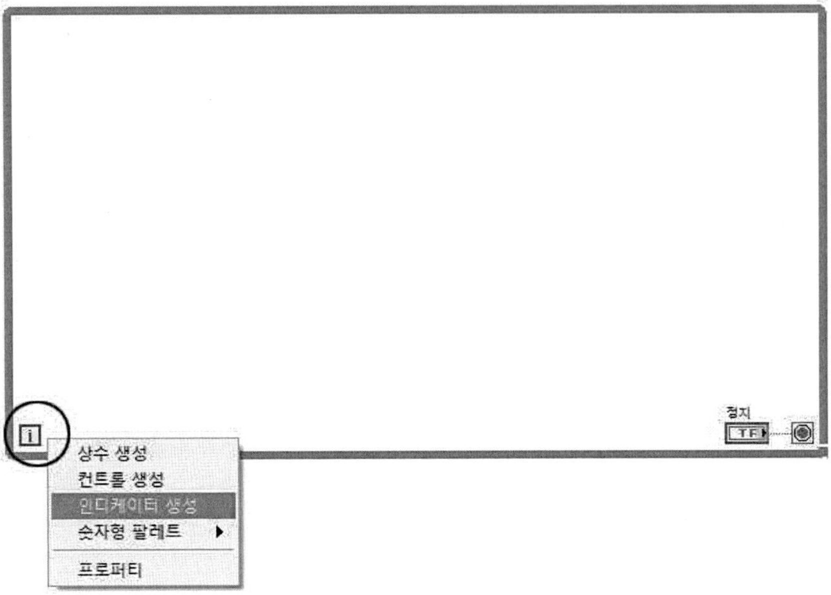

【그림】 6-130 단축 메뉴

【그림】 6-131 루프 반복횟수 인디케이터 생성

생성된 인디케이터의 이름(라벨)을 '루프 반복횟수' 로 바꾸어준다.

【그림】 6-133과 같이 시프트 레지스터를 생성해준다. While 루프를 마우스 오른쪽 버튼 클릭〉시프트 레지스터 추가

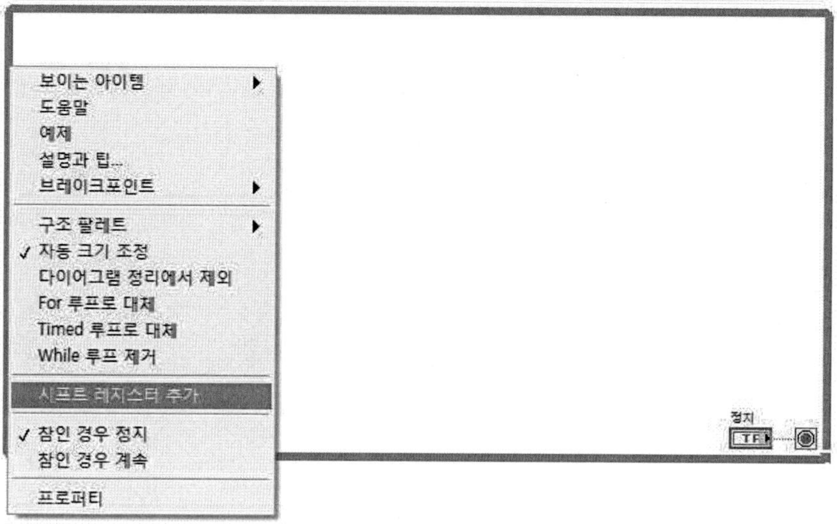

【그림】 6-132 단축 메뉴

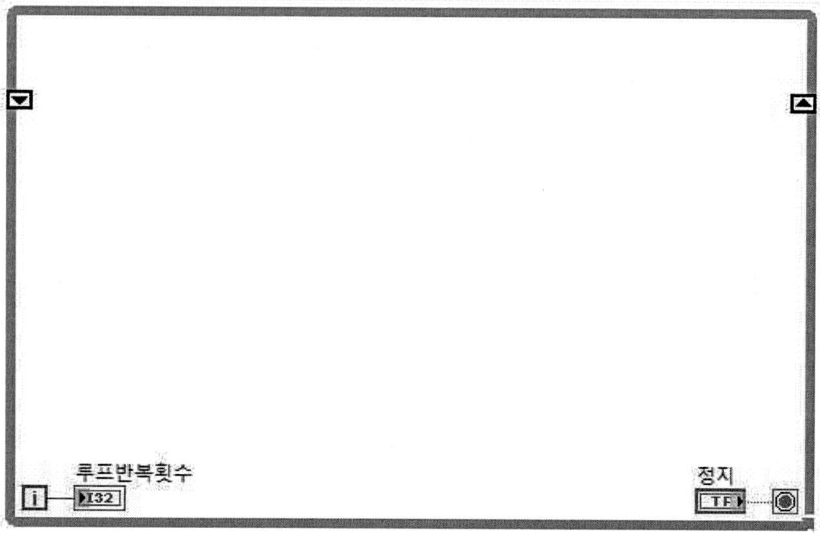

【그림】 6-133 시프트 레지스터 추가

상단 시프트 레지스터에 연결할 배열을 만들어 보자.
블록다이어그램 상에서 마우스 오른쪽 버튼 클릭〉배열〉배열 상수를 선택한다.

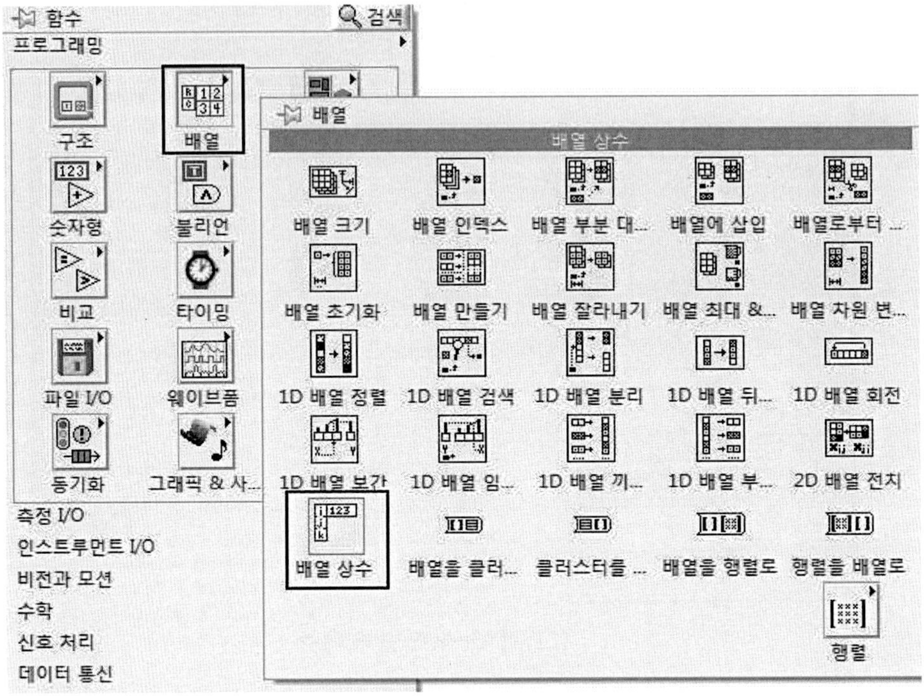

【그림】 6-134 배열 상수

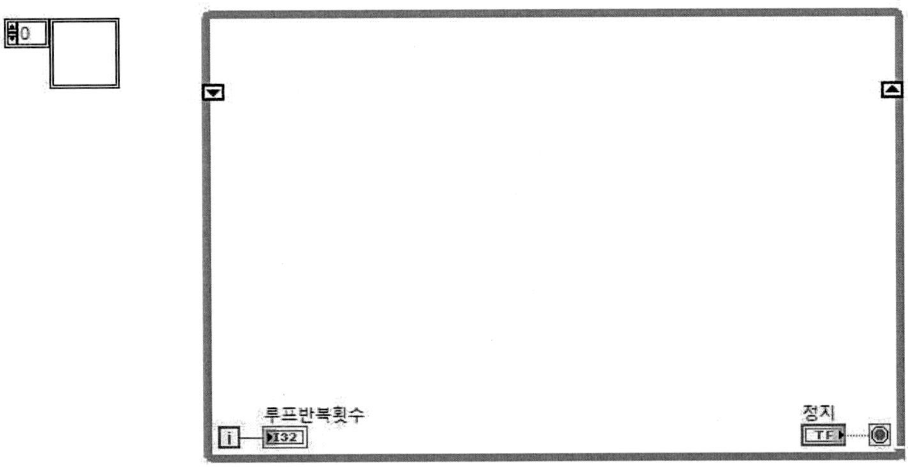

【그림】 6-135 배열 상수와 While 루프

생성된 배열 상수 안에 데이터를 넣어보자. 블록다이어그램 상에서 마우스 오른쪽 버튼 클릭>클러스터,클래스&베리언트에서 클러스터 상수를 선택한 뒤 배열 상수 안에 넣는다.

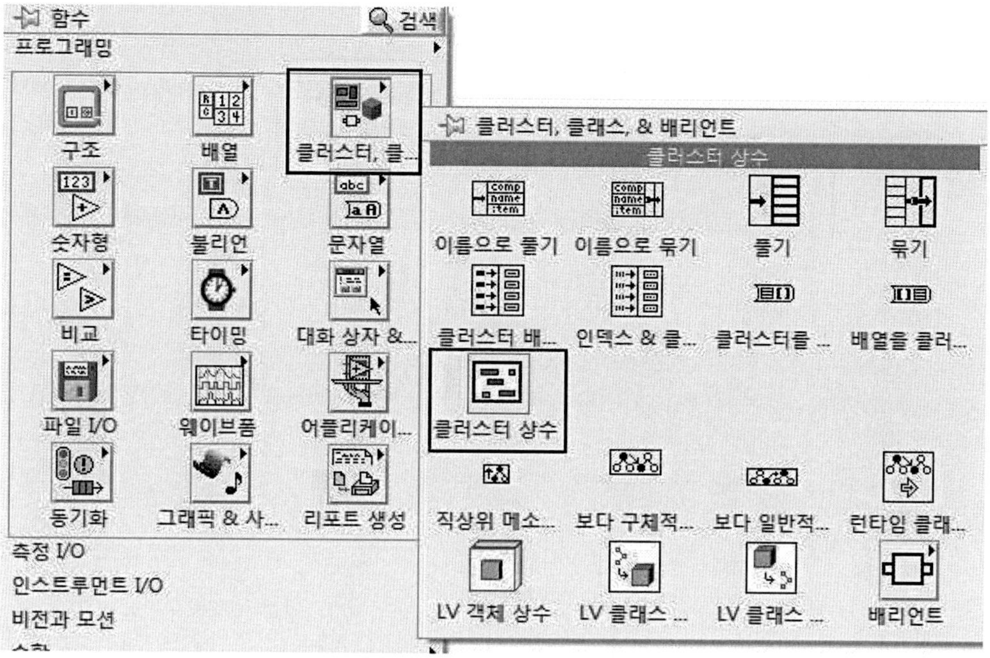

【그림】 6-136 클러스터 상수

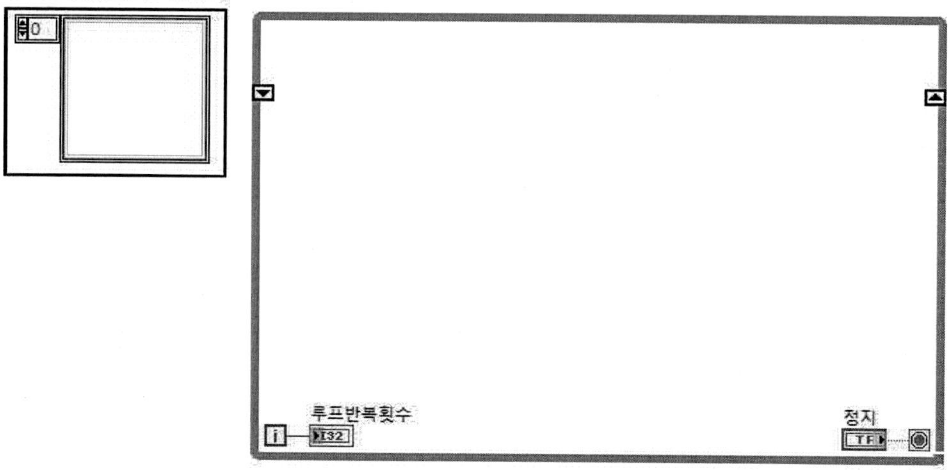

【그림】 6-137 배열 안에 클러스터 상수 넣기

완성된 배열 클러스터 안에 DBL 숫자형 상수를 2개 넣고 시프트 레지스터와 배열 클러스터의 와이어를 연결해준다.

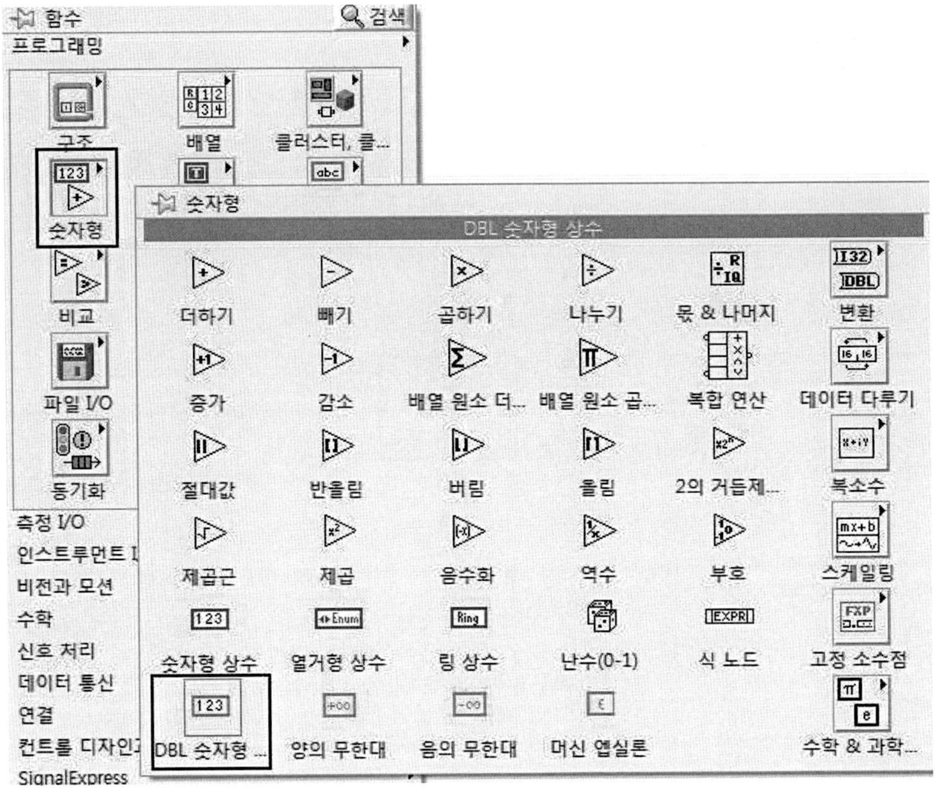

【그림】 6-138 DBL 숫자형 상수

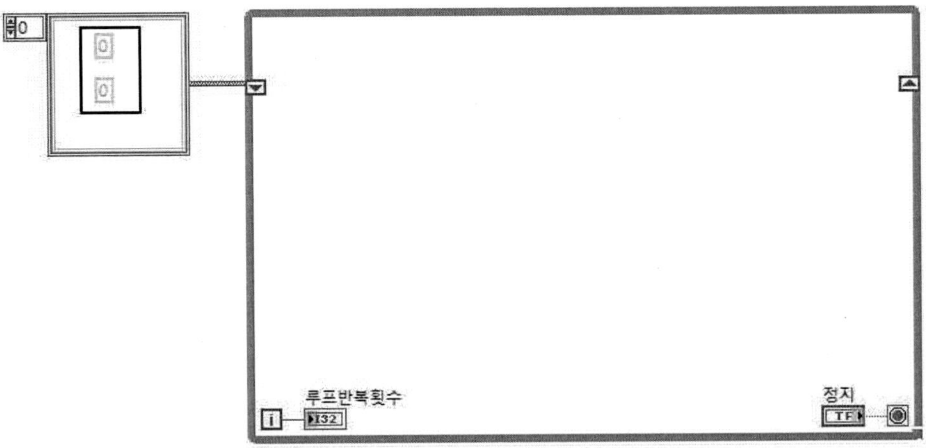

【그림】 6-139 배열 클러스터 안에 숫자형 상수 넣기

연결된 시프트 레지스터의 데이터를 배열 만들기 함수를 생성하여 연결해주고 배열 만들기의 원소 입력을 2개로 늘려준다.
블록다이어그램 상에서 마우스 오른쪽 버튼 클릭>배열>배열 만들기 선택한다.

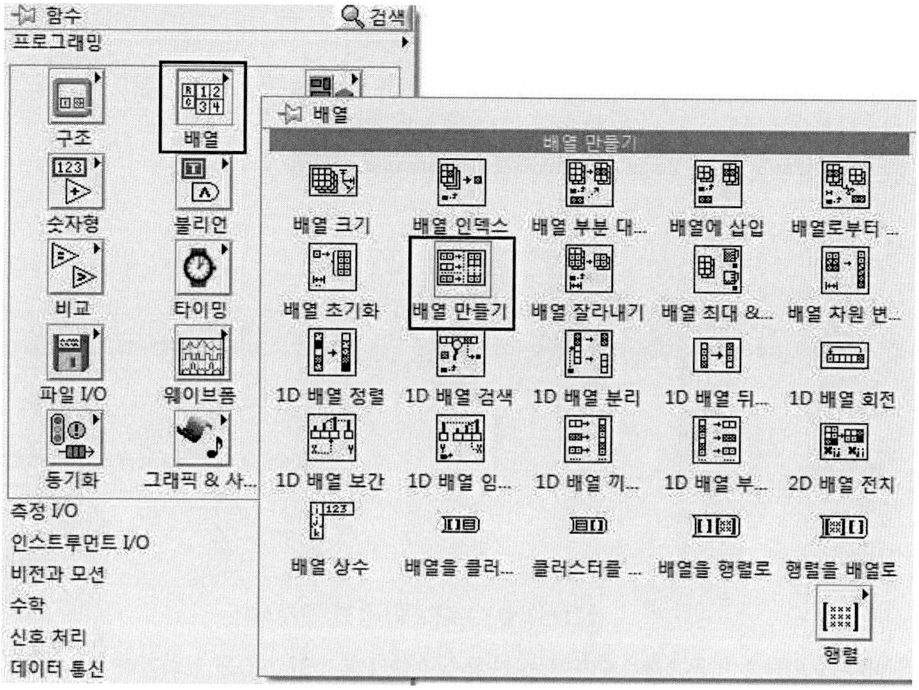

【그림】 6-140 배열 만들기

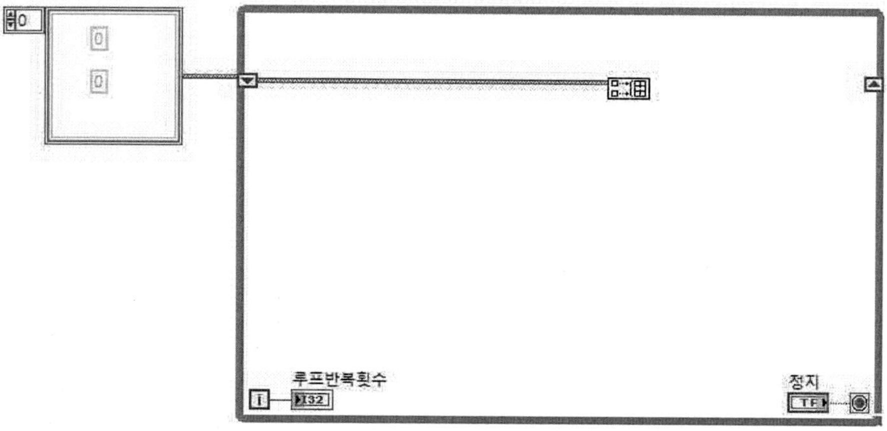

【그림】 6-141 배열 만들기 연결하기

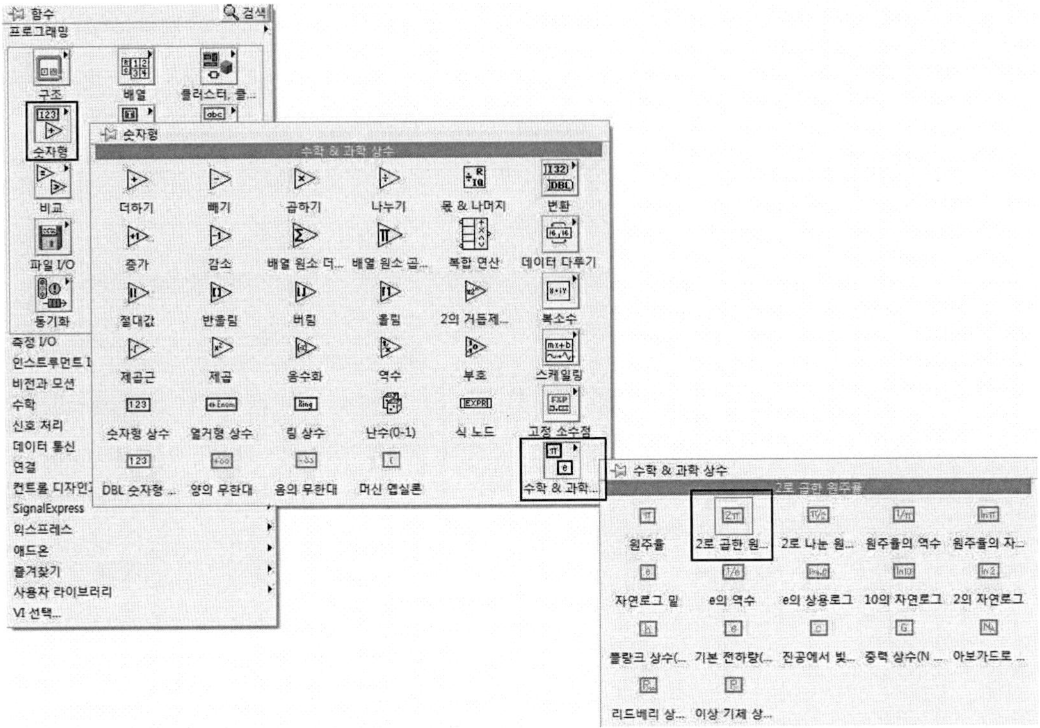

【그림】 6-142 2로 곱한 원주율

다음 마우스 오른쪽 버튼 클릭>숫자형>숫자형 상수를 1개 놓고 200을 입력한다

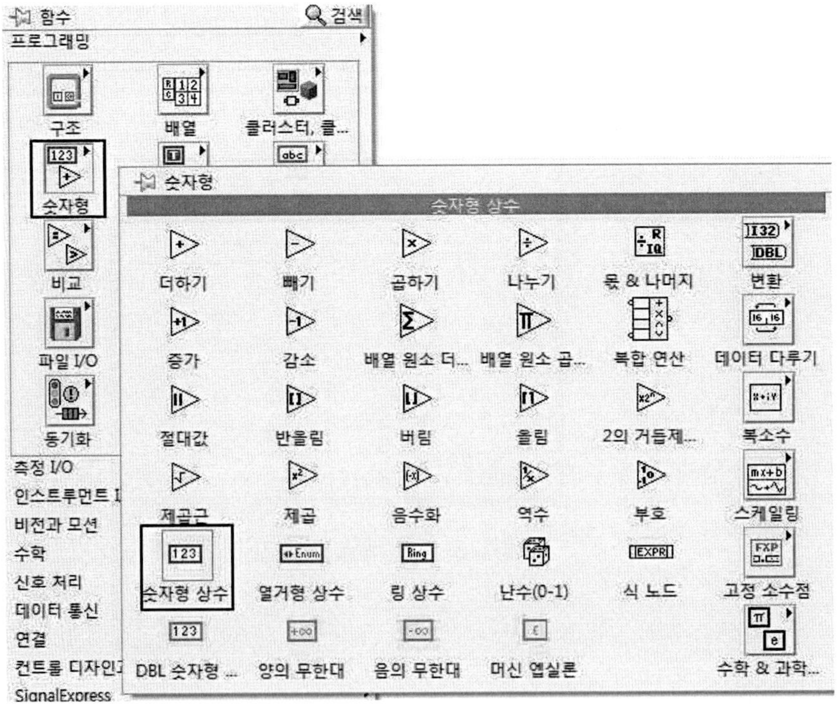

【그림】 6-143 숫자형 상수

오른쪽 마우스 버튼 클릭>숫자형>더하기 를 놓고 【그림】 6-145와 같이 와이어를 연결한다.

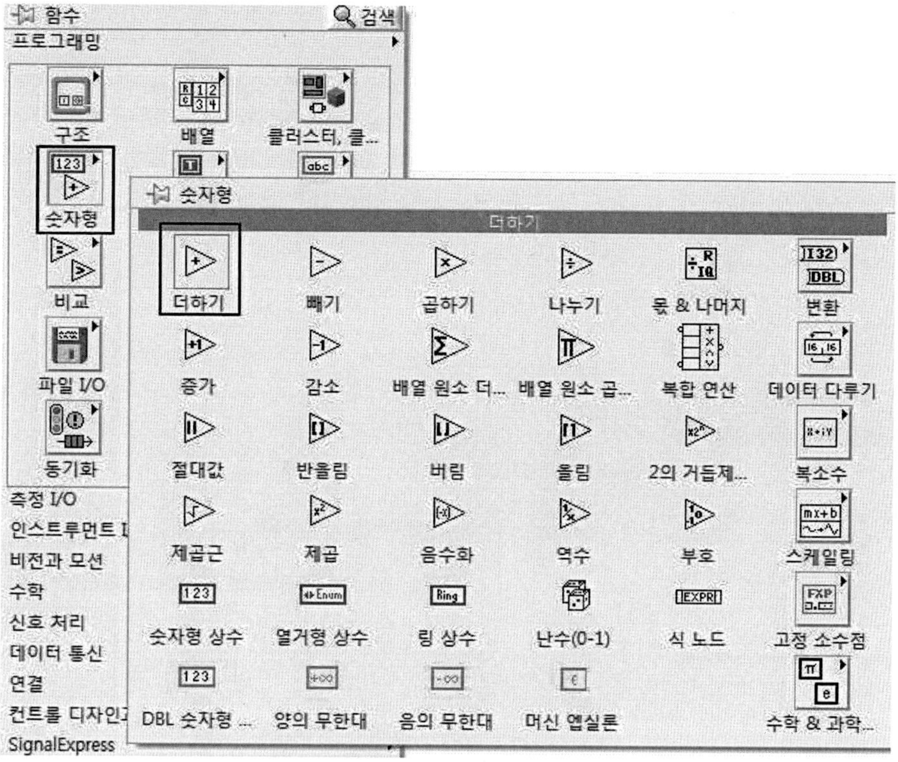

【그림】 6-144 더하기 함수

2로 곱한 원주율과 숫자형 상수를 더하기 함수로 묶어 While 루프 밖에 연결해준다.

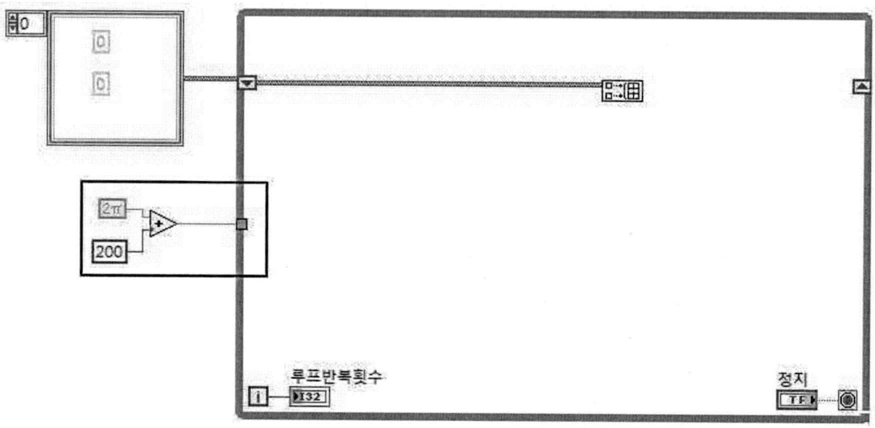

【그림】 6-145 원주율과 숫자형 상수 연결

다음 삼각 함수인 사인과 코사인을 While루프 안에 넣어보자. 블록다이어그램에서 마우스 오른쪽 버튼 클릭>수학>기본&특수 함수>삼각 함수>사인,코사인을 차례대로 클릭하여 화면에 놓는다.

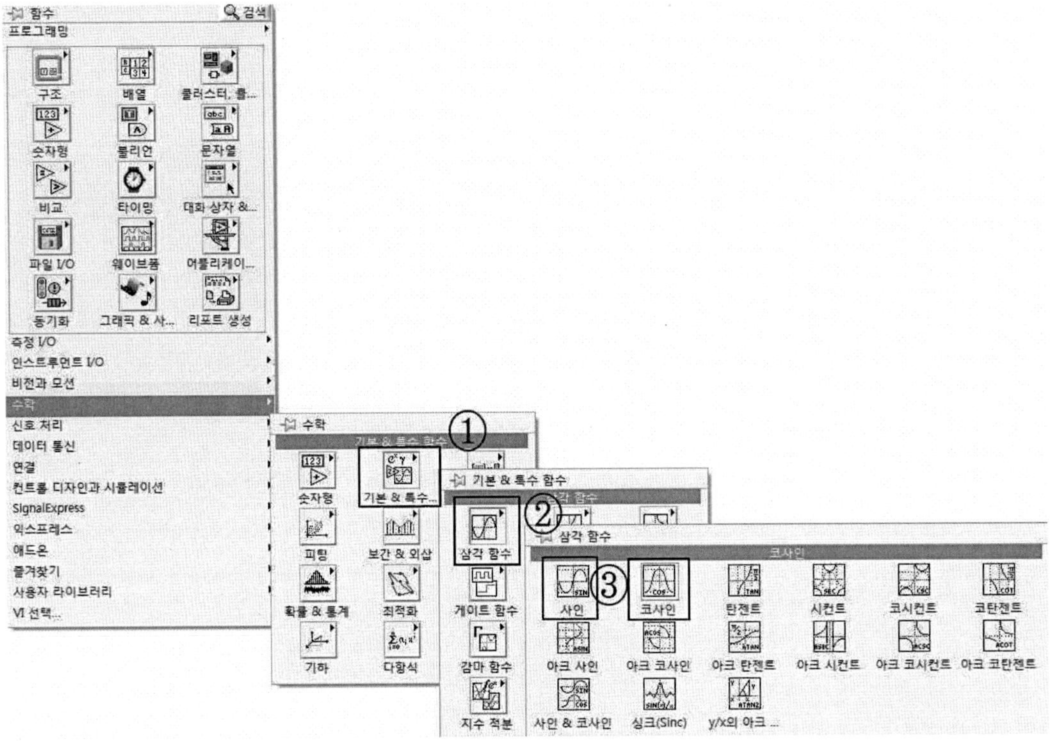

【그림】 6-146 삼각 함수

【그림】 6-147 사인함수

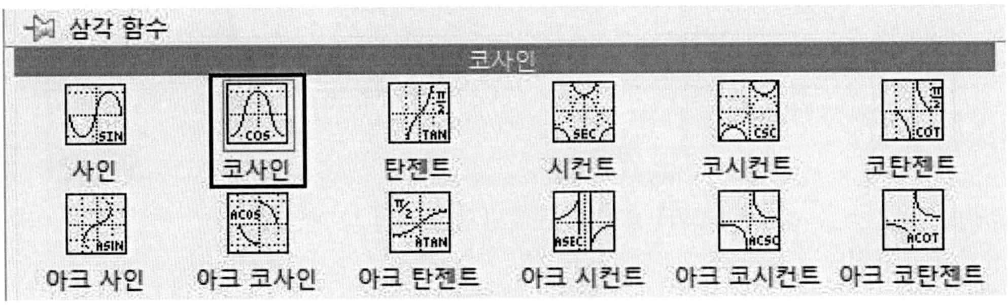

【그림】 6-148 코사인함수

이번에는 곱하기 함수를 넣어 【그림】 6-150과 같이 와이어를 연결해보자.

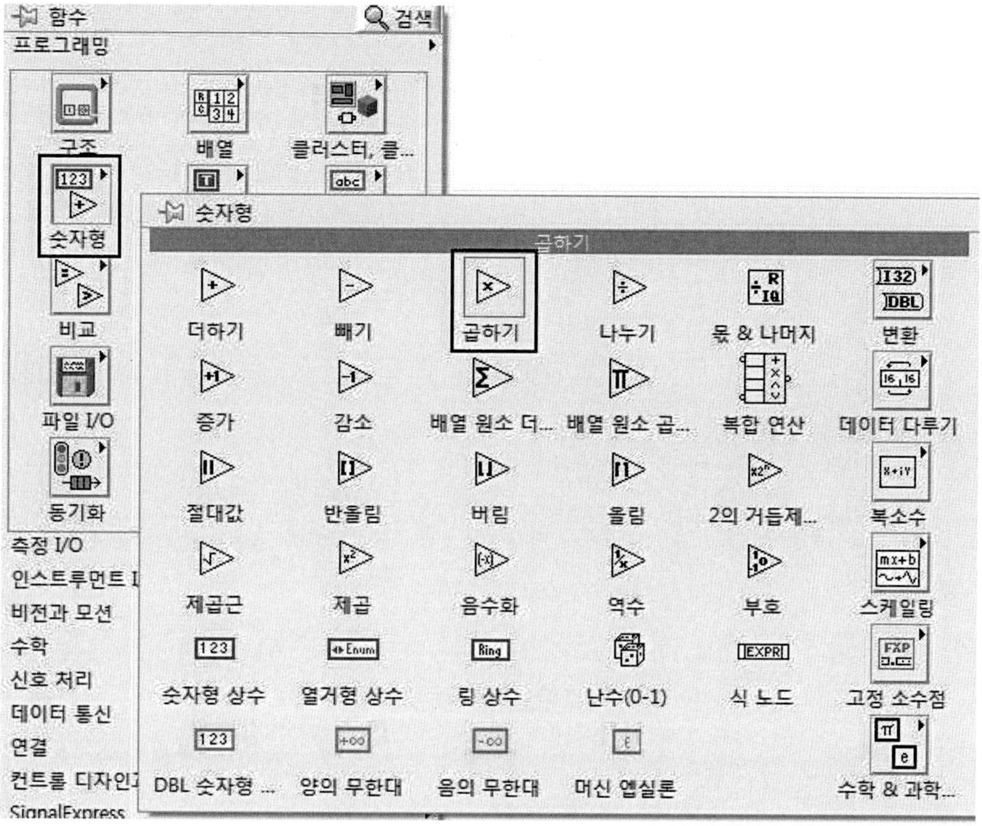

【그림】 6-149 곱하기 함수

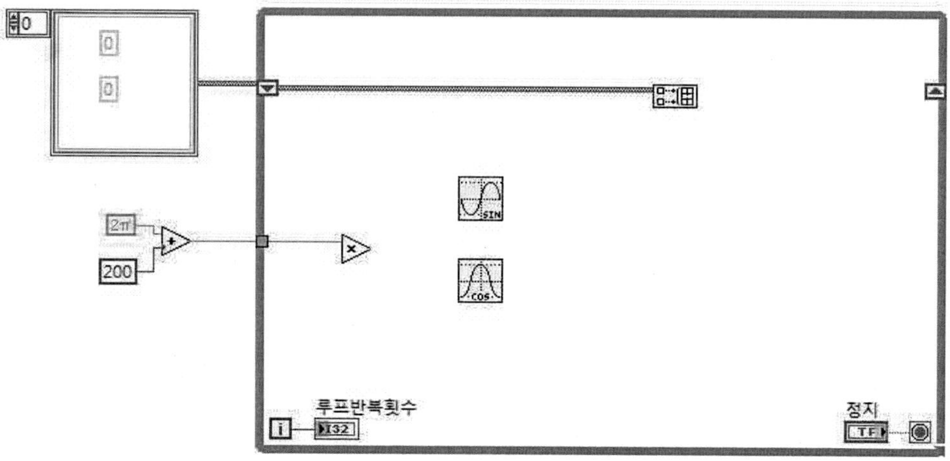

【그림】 6-150 곱하기 함수 선연결하기

곱하기 함수에 와이어가 연결이 되었으면 블록다이어그램〉오른쪽 마우스 버튼 클릭〉클러스터, 클래스,&배리언트〉묶기 함수를 불러와서 삼각함수 사인, 코사인과 곱하기 함수에 와이어를 연결해 보자.

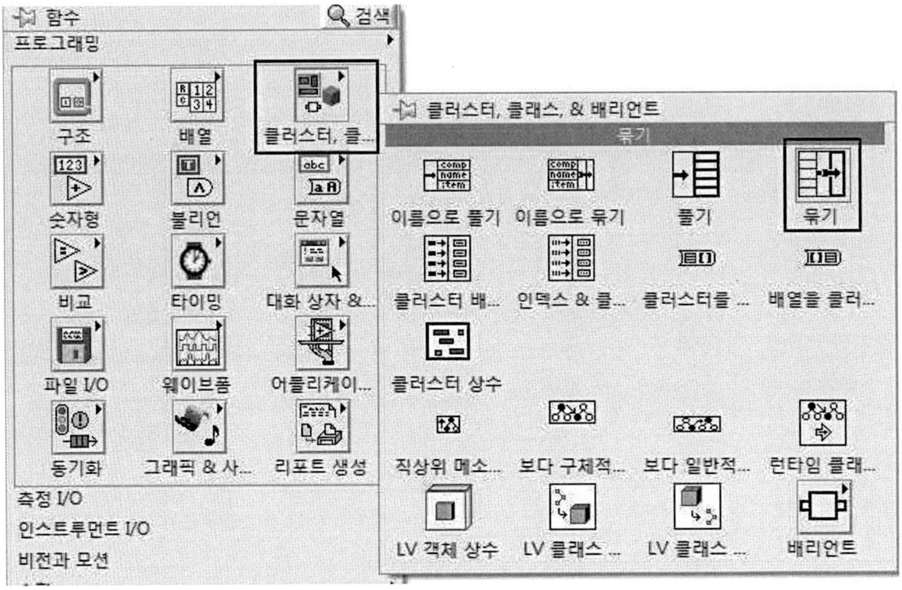

【그림】 6-151 묶기 함수

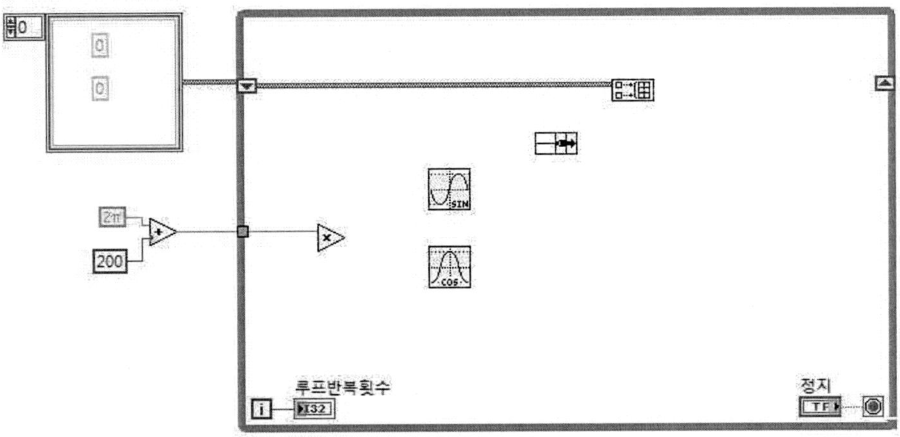

【그림】 6-152 묶기 함수

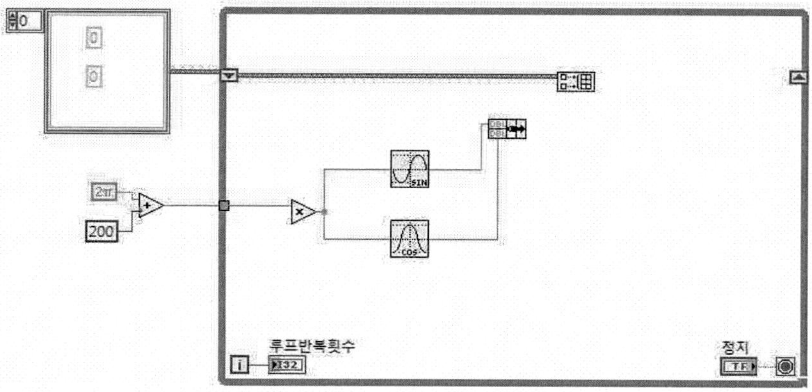

【그림】 6−153 선연결하기

배열 만들기 함수와 묶기 함수에 와이어를 연결한 후 프런트패널에서 마우스 오른쪽 버튼 클릭〉그래프〉XY 그래프 클릭하여 프로그램에 생성하여 블록다이어그램으로 다시 와서 묶기함수와 와이어를 연결해준다.

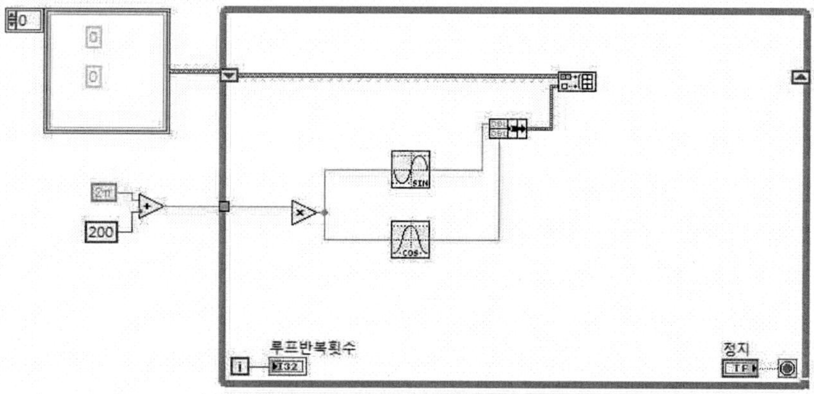

【그림】 6−154 선연결하기

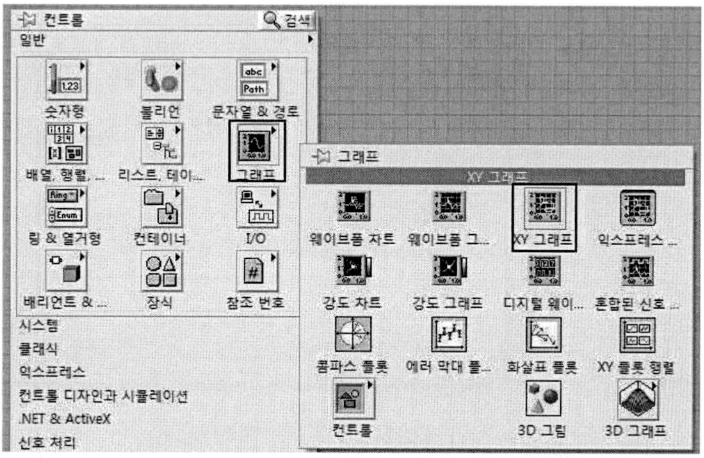

【그림】 6−155 XY 그래프 생성(프런트패널)

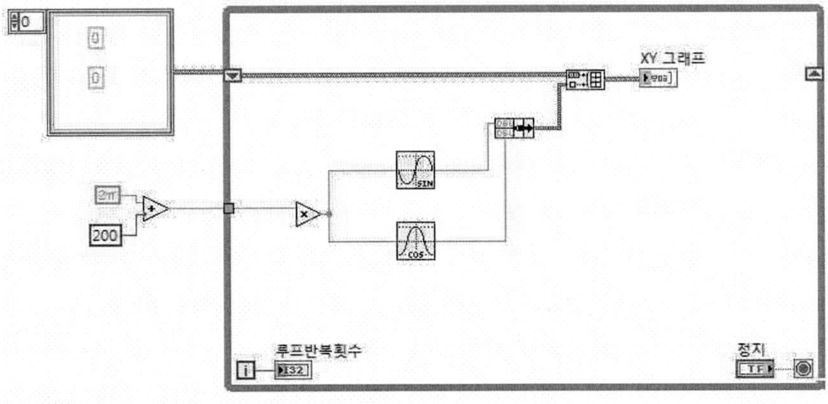

【그림】 6-156 XY그래프 와이어 연결

선 연결한 XY그래프를 다시 시프트 레지스터에 와이어를 연결한 후 【그림】 6-158과 같이 더하기 함수와 루프 반복횟수 함수에 와이어를 연결한다.

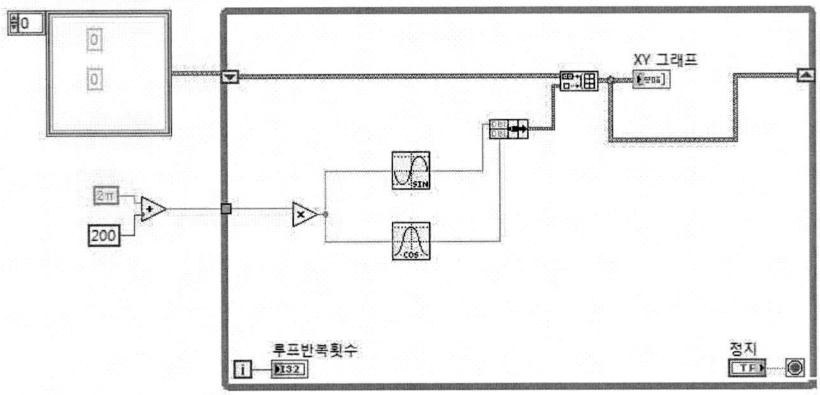

【그림】 6-157 선연결하기

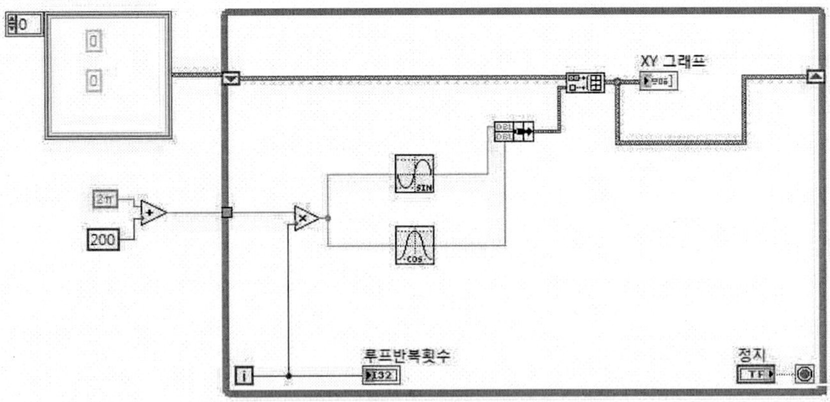

【그림】 6-158 선연결하기2

마지막으로 블록다이어그램>오른쪽 마우스 버튼 클릭>타이밍>시간 지연 아이콘을 클릭하여 화면에 놓고 사용자가 원하는 시간으로 지정하여 실행해보자.

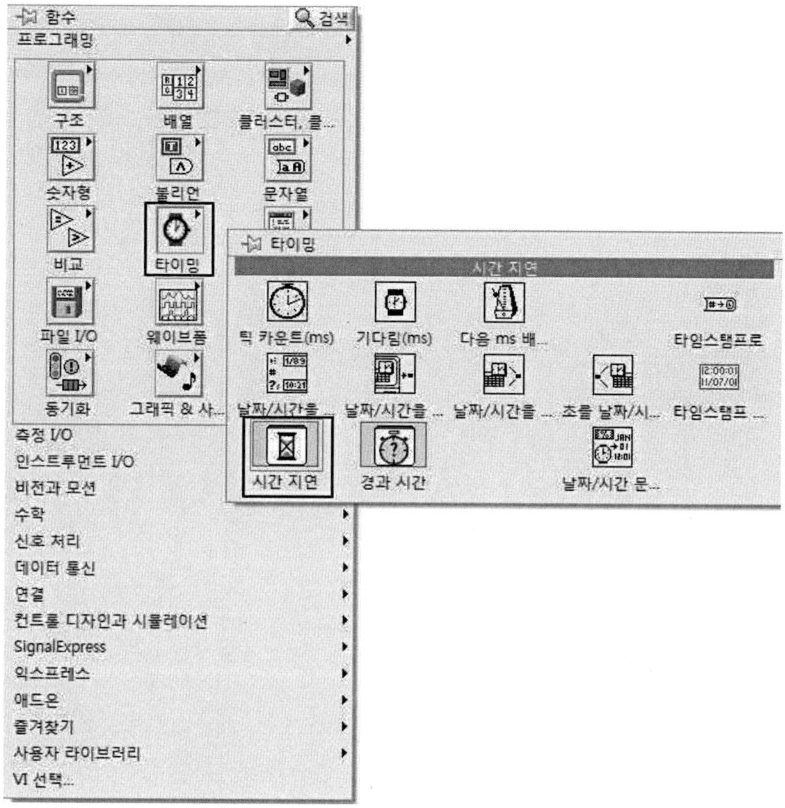

【그림】 7-159 시간 지연 함수

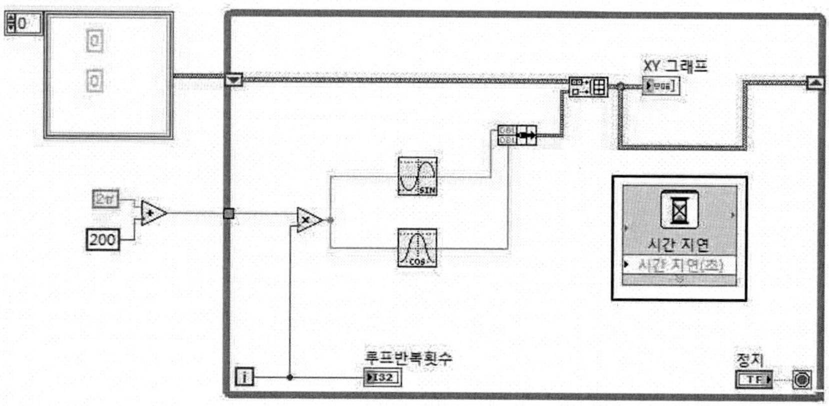

【그림】 7-160 시간 지연 함수

공학도를 위한

LabVIEW 기초

1판 4쇄 2020년 8월 25일

저 자 이영석
발행인 송광헌
발행처 복두출판사
주 소 서울특별시 영등포구 경인로82길 3-4
센터플러스 807호
(우) 07371
전 화 02-2164-2580
FAX 02-2164-2584
등 록 1993. 11. 22. 제 10-902 호

정가 : 20,000원

ISBN : 978-89-8000-344-0 93560

한국과학기술출판협회 회원사